**Tomás
Maldonado**

**Cultura,
Sociedade
e Técnica**

Blucher

Tomás Maldonado

Cultura, Sociedade e Técnica

Cultura,
Sociedade
e Técnica

Publisher:
Edgard Blücher

Editor:
Eduardo Blücher

Editor de desenvolvimento:
Fernando Alves

Tradução:
Paulo Antonio Barbosa

Revisão técnica:
Dijon De Moraes
Itiro Iida

Preparação de textos:
Eugênia Pessotti

Revisão de textos:
Vânia Cavalcanti

Projecto gráfico:
Silvia Fernández

Diagramação:
Gaspar Mostafá
Pau Servera Fernandez

Cultura, sociedade e técnica
Tomás Maldonado © 2012
Editora Edgard Blücher Ltda.

Rua Pedroso Alvarenga, 1245, 40 andar
04531-012 – São Paulo – SP – Brasil
Tel.: 55 (11) 3078 5366
editora@blucher.com.br
www.blucher.com.br

Segundo Novo Acordo Ortográfico,
conforme 5. ed. do Vocabulário
Ortográfico da Língua Portuguesa.
Academia Brasileira de Letras, março
de 2009.

É proibida a reprodução total ou parcial
por quaisquer meios, sem
autorização escrita da Editora.

Todos direitos reservados pela
Editora Edgard Blücher Ltda.

Ficha Catalografica

Maldonado, Tomás
    Cultura, sociedade e técnica / Tomás Maldonado;
    [tradução Paulo Antonio Barbosa]. --
    São Paulo: Blucher, 2012.

    Título original: Digitale Welt und Gestaltung
    Bibliografia
    ISBN 978-85-212-0625-5

    1. Arquitetura 2. Ciberespaço 3. Comunicação visual
    4. Cultura projetual 5. Desenho industrial 6. Design
    7. Filosofia da técnica 8. Sociedade 9. Tecnologia
    10. Telemática I. Título.

    12-00617   CDD-745.4

Índices para catálogo sistemático:
1. Design: Artes   745.4

Conteúdo

Apresentação	7
Prefácio	11
1. O ciberespaço é um espaço democrático?	15
2. Telemática e novos cenários urbanos	83
3. O corpo humano e o conhecimento digital	119
4. Pensar a técnica hoje	153
5. Os óculos levados a sério	175
6. A "idade projetual" e Daniel Defoe	185
7. A arquitetura é um texto?	195
8. Notas sobre a iconicidade	203
9. Falar, escrever e ler	225
Bibliografia	255

Apresentação

Os textos selecionados de Tomás Maldonado referem-se a temáticas que desde sempre se encontram no centro dos interesses filosóficos, científicos, culturais e políticos. As temáticas têm sido reflexionadas na maioria nas disciplinas filosóficas e científicas; sobretudo, na filosofia da linguagem, antropologia, informática, medicina, economia política, semiótica e história da técnica. Partindo de análises minuciosas e fazendo uso de fontes pertinentes altamente diferenciadas, Maldonado desenvolve uma perspectiva que se pode caracterizar como filosofia do projeto, ou melhor, filosofia da técnica. Partindo dessa perspectiva, os textos de Maldonado fornecem uma base para o discurso projetual com uma visão ampla que vai muito além das disciplinas específicas.

A seleção dos textos visa ilustrar o leque da obra do autor e as temáticas que ele, durante as últimas três décadas, elaborou com insistência minuciosa. O autor usa diferentes formas de textos – desde ensaios literários até contribuições científicas que, em geral, são complementadas com um extenso aparato de notas e referências bibliográficas que permitem aprofundar os argumentos.

No capítulo sobre ciberespaço se criticam as, muitas vezes exageradas, esperanças de um determinismo tecnológico que vê na rede digital um motor para fomentar autonomia e democracia. Muito cedo Maldonado desmascarou a ciberingenuidade e o ciberutopismo dos entusiastas digitais que atribuem à rede um potencial democrático sem tomar em conta que a rede também pode servir para interesses antidemocráticos.

Os efeitos da telemática para novas formas de trabalho e ensino e a questão da inclusão/exclusão são tratados no segundo capítulo.

No terceiro capítulo, são analisadas as possibilidades e limites da aplicação da virtualidade para fins medicinais. Usando o exemplo da percepção de cores, o autor revela os limites da percepção artificial.

Em "Pensar a técnica hoje", comentam-se questões centrais da filosofia da técnica; sobretudo, a validade e não validade de uma concepção autocrática da técnica.

Diferentemente das reflexões de caráter geral, o capítulo sobre óculos pode servir como paradigma para escrever uma história detalhada de um objeto técnico, de um artefato, de uma prótese. O enfoque está diametralmente oposto ao da história da arte (e, em boa parte, do design), que se limita predominantemente aos aspectos formal-estéticos. O erro de subsumir a história do design na disciplina da história da arte, Maldonado comenta em outro capítulo.

Um arquétipo do projetista, dos *project makers*, Maldonado vê representado na figura de Robinson Crusoé, de Daniel Defoe. Explicando as qualidades dessa figura, revela o projetista como figura central da modernidade.

No texto sobre arquitetura, Maldonado analisa com intenção explicitamente polêmica alguns teoremas preferenciais dos pós-modernistas – mais precisamente, algumas teses de Derrida sobre a arquitetura, revelando-as como *letteratura buffa*.

A análise do conceito de iconicidade, como conceito fundamental para a comunicação visual, pertence possivelmente aos textos mais complexos da seleção. Trata-se de uma vindicação da visualidade como domínio cognitivo.

A informática e a tecnologia da comunicação têm levado a uma exuberante massa de publicações sobre as chamadas Novas Mídias. Frequentemente, os textos sobre esse fenômeno se caracterizam por uma distância da base empírica – perdem-se no mundo de meras especulações. Contra essa tendência, estão orientadas as reflexões de Maldonado sobre *Escrever, Ler, Falar*.

Seria errado tratar de captar a pessoa multifacetica de Maldonado com etiquetas – pintor, filósofo, designer, educador, crítico, teórico... Em parte, essas caracterizações são corretas; porém, não alcançam captar a complexidade da pessoa. Em sua juventude, era um representante do movimento da arte concreta, que criticou com um manifesto implacável o academicismo dominante, incluindo a pintura abstrata. Na hfg-ulm, entrou no campo da pesquisa, desenvolvimento e ensino das disciplinas projetuais (sobretudo, design de produto e programação visual). Na Itália, perfilou-se como um representante líder no debate cultural sobre questões do projeto. Pode-se detectar uma série de características constantes: uma antipatia contra explicações simplistas e monocasuais, uma desconfiança frente às tendências de desmaterialização, uma crítica da ingenuidade tecnopolítica, uma sensibilidade sismográfica contra forças antiemancipatórias, autoritárias e antidemocráticas, uma desconfiança contra o radicalismo verbal, um racionalismo militante, uma insistência na verificabilidade, uma análise cuidadosa dos argumentos; sobretudo, dos antagonistas, uma preferência para a *lucidité*, uma sensibilidade para contextos históricos, uma predisposição de passar por cima das fronteiras das disciplinas, e buscar – sobretudo nos estudos de caráter científico – possíveis nexos com a literatura e a vanguarda artística, e tudo isso sem perder um humor cáustico, às vezes contra ele mesmo. Essas características transformam a Maldonado em uma figura central do debate cultural cotidiano, incluindo a atividade projetual nas diversas manifestações.

Gui Bonsiepe
Florianópolis, janeiro 2012

Prefácio

É com um misto de satisfação e também de grande responsabilidade que aceitei escrever o prefácio, em nome da comunidade brasileira de design, do primeiro livro de Tomás Maldonado traduzido e editado no Brasil.

Falar de Tomás Maldonado é possivelmente discorrer sobre a história do design mundial, pelo menos como hoje conhecemos essa atividade que opera no âmbito da cultura material, e mais precisamente no âmbito da cultura industrial da era moderna. O professor Maldonado desponta, dessa forma, como um protagonista de primeira grandeza no intelecto ativo e fascinante percurso do desenho industrial do século XX, tornando-se, por vez, um de seus maiores protagonistas justamente por conferir a esta jovem atividade contornos próprios e bem definidos como área de conhecimento que opera entre as ciências sociais aplicadas e as áreas tecnológicas e científicas.

Nesse sentido, é oportuno recordar o impulso dado por Tomás Maldonado às renovações feitas aos conteúdos da metodologia projetual e aos objetivos destinados ao design industrial no século XX. Recordemos que, no longínquo ano de 1949, Maldonado participava ativamente do Movimento de Arte Concreta da Argentina. Nesse período, o Centro dos Estudantes de Arquitetura de Buenos Aires (cidade de nascimento do Maldonado) publicou um seu artigo com o título *El diseño y la vida social* que representa, de fato, o primeiro documento em que se fala de design em toda a América Latina. Seguidamente, sempre em Buenos Aires, Maldonado institui e dirige a Revista *Nueva Visión*, publicada entre os anos de 1951 a 1954, que refletia, além da arte, as questões da arquitetura e do design, esta última ainda em fase emergente.

Já na sua experiência europeia, o professor Maldonado parte para aquela que podemos intuir ter sido a sua maior experiência em nível profissional prático e didático em design, ao conceber junto com Max Bill, em 1955, na Alemanha, a lendária *Hochschule für Gestaltung*, conhecida mundialmente como a Escola de Ulm. Inicialmente, a escola propunha seguir os passos da dialética da Bauhaus, fechada pelos nazistas em 1933. Maldonado e seus colaboradores souberam, portanto, com grande capacidade, impor outros rumos à escola, concedendo a ela uma dialética e poética próprias sem perder de rota as questões sociais tão caras à Bauhaus. A Escola de Ulm antecipa a importância para o design de disciplinas como a cibernética, a teoria da informação, a teoria dos sistemas, o *basic design*, a semiótica e a ergonomia, bem como outras disciplinas técnicas e científicas, como a filosofia da ciência, a lógica matemática, os estudos da tipologia e os elementos básicos da geometria fractal.

Mas, se, por um lado, a Escola de Ulm continua a tradição da Bauhaus, por outro, podemos dizer que, em relação ao design, ela a supera. Na medida em que Ulm crê, como a Bauhaus, no papel social do design, ao mesmo tempo, a Escola de Ulm propõe fazê-lo de uma maneira ao todo diferente da primeira. Na Escola de Ulm, vem acrescido, para atingir esses objetivos, o rigor técnico, e ainda existia uma clara determinação de fornecer uma sólida base metodológica à questão projetual.

Na experiência ulmiana, Maldonado soube mostrar ao mundo, usando as suas próprias palavras, que "indústria é cultura" e que existe a possibilidade e – por que não dizer? – a necessidade de uma "cultura industrial", tudo isso hoje pode nos parecer óbvio, mas não naquela fase em que o design emergia ainda como uma disciplina a ser sistematizada e, mesmo, consolidada. Na época de sua presença em Ulm, Maldonado procurou fornecer a essa atividade projetual, além de uma base metodológica sólida, instrumentos científicos próprios e um forte conceito social intrínseco ao design. Podemos mesmo dizer, utilizando uma das tantas metáforas do nosso protagonista em tela, que ele perseguia o ambicioso projeto de adequação e consolidação do design como uma atividade autônoma equivalente mesmo ao "processo que levou a Alquimia a se tornar Química".

Seguindo o pensamento neopositivista maldonadiano, a função do design seria também aquela de sistematizar antecipadamente as próprias decisões projetuais, ao fazer premeditadamente, e com cálculo bastante aproximativo, aquilo que, às vezes, se produzia por acaso ou por meio da simples intuição. Maldonado, como grande intelectual e filósofo da técnica, não poderia também deixar de expor o seu lado utópico, nesse sentido, defendeu, e defende ainda, que projetar, além de um ato técnico, pode ser também um ato de esperança. Ele mantém, portanto, a fé que em os objetos técnicos possam ainda contribuir para melhorar as nossas vidas no planeta.

Mas foi na Itália, primeiro na *Università di Bologna* e depois no *Politécnico di Milano*, que Maldonado explorou, em toda a sua extensão, o seu lado de filósofo da técnica e de um consistente crítico da tecnologia e do tecnologismo. Ali também consolidou o seu perfil de operador cultural em diversos âmbitos do conhecimento, e não somente na questão da Cultura Projetual, mas, de igual forma, indo da Cultura Tecnológica à Cultura Industrial. Nessa fase italiana, Maldonado contesta a hipótese de ser a história da técnica uma disciplina autárquica, uma história fechada em si mesma, e defende a necessidade de estudar a história da técnica dentro do âmbito da História Geral. Maldonado acredita, então, que é improvável que se possa estudar a técnica sem considerar o encontro entre diversas outras disciplinas e de forma bastante atenta discorre: "Somente com a confluência de filósofos, históricos, etnólogos, engenheiros, economistas, psicólogos e sociólogos será possível desenvolver uma história da técnica que esteja mais próxima dos nossos problemas diários", disserta Maldonado e continua: "a técnica vem considerada sempre no contexto de um *milieu* técnico, uma realidade composta e articulada, cuja interpretação clama pela confluência de várias outras disciplinas".

Com essa minha análise preliminar, podemos, então, realmente dizer, como diria Anceschi, que a fase Argentina de Maldonado tenha sido aquela do artista, a fase da Alemanha foi a do profissional de design e do educador, sendo a fase italiana aquela do filósofo e crítico da técnica. Mas, devemos recordar que Maldonado atravessa todas essas suas fases sem jamais deixar de ser um grande intelectual comprometido com as causas sociais, com as questões do meio ambiente, do papel do projeto na modernidade, firmando-se, assim, como um crítico perspicaz e, muitas vezes, irônico sobre os caminhos tomados pela humanidade e, em particular, pela cultura projetual por meio do design. É interessante notar que, como operador no âmbito da cultura e como arguicoso educador, Maldonado influenciou diversas escolas mundo a fora mesmo em diferentes fases em que atuou como ator protagonista, sempre com presença singular. Isso se comprova com mais visibilidade por meio de sua influência e das marcas deixadas na *Facultad de Arquitectura, Diseño y Urbanismo* – FADU de Buenos Aires, na Escola de Ulm na Alemanha, na Escola Superior de Desenho Industrial – ESDI no Rio de Janeiro, no *Politecnico di Milano* e, mais recentemente, na *Università IUAV di Venezia* na Itália.

Foi propriamente no *Politecnico di Milano*, durante minha estadia de seis anos na Itália, que tive a oportunidade de constatar mais de perto o que representava o personagem Tomás Maldonado para o mundo do design. Vários acontecimentos envolvendo Maldonado, durante a minha permanência em Milão, me marcaram e me permito descrever dois deles neste pequeno prefácio do seu livro. O primeiro ocorreu quando realizamos o Congresso *Design plus Research* no *Politecnico di Milano*, e convidamos Maldonado para conferir a *open lecture* do evento. O professor Maldonado, em um gesto inusitado, surpreendeu a todos os pesquisadores provenientes de diversos países e continentes do mundo, ao colocar à disposição da comunidade de referência em design, ali presentes, a definição sobre design por ele criada e adotada oficialmente a partir do Congresso de Veneza, ocorrido em 1961, evento realizado pelo *International Council of Societies of Industrial Design* – ICSID (órgão que Maldonado presidiu de 1966 a 1969). Como podemos perceber, já se passou mais de uma década da realização do nosso referido congresso em Milão e, até hoje, a definição continua praticamente a mesma. Isto é: ninguém ainda foi capaz de fazer outra denominação ou modificar a definição existente no ICSID, de forma consistente e consensual.

Outra passagem bastante interessante, que também presenciei e que nos atesta a importância de Maldonado para o universo do design, foi por ocasião do lançamento do livro *Achille Castiglioni tutte le opere*: 1932-2000, na *Triennale di Milano*, com intervenções de Tomás Maldonado, Augusto Morello e Gillo Dorfles. Ao discorrer sobre a obra de Castiglioni, Maldonado revela ao público que "Castiglioni, com seus projetos, tinha rompido com os dogmas do design, mas sem se tornar banal", o que mereceu do autor da obra e da biografia de Castiglioni, o teórico Sérgio Polano, o seguinte comentário a um Castiglioni visivelmente emocionado: "Veja, 'Ciccio', Maldonado gosta de você". O que nos faz deduzir a importância que era para um designer reconhecido, premiado e aclamado mundialmente como o Achille Castiglioni ser reconhecido publicamente por Tomás Maldonado.

Tive também a oportunidade de conhecer e conviver com grandes personagens que foram alunos e seguidores do pensamento maldonadiano como Gui Bonsiepe (que fez a seleção dos textos para esta edição brasileira), Andries van Onck, Giovanni Anceschi, Raimonda Riccini e Medardo Chiapponi e percebo até hoje o fascínio e a admiração por eles merecidamente dispensados ao eterno mestre.

Por fim, gostaria de dizer que coube a mim e ao colega Itiro Iida fazer a revisão técnica do livro, decodificando as metáforas, os neologismos, os silogismos, as metáfrases e as paráfrases constantemente presentes na narrativa de Maldonado.

Cumprimento, vivamente, a Editora Blucher por disponibilizar esta importante obra aos brasileiros que tardiamente, mas ainda em tempo, poderão usufruir em nossa própria língua a riqueza e a grandeza de pensamentos, críticas e reflexões de um dos maiores intelectuais e filósofos da técnica do século XX. Citando o próprio Tomás Maldonado, "para se conhecer um autor deve-se, primeiro, conhecer a sua dinastia, isto é, os autores que ele lê e cita", sendo assim, não estaria exagerando em dizer que o professor Tomás Maldonado estará sempre presente em qualquer dinastia de autores da era moderna em diante.

Dijon De Moraes

1. O ciberespaço é um espaço democrático?[1]

Existe atualmente uma crença, muito comum em alguns setores da nossa sociedade, de que as tecnologias interativas e multimídia possam contribuir para uma drástica mudança no nosso modo de entender e praticar a democracia. Acredita-se que a difusão destas tecnologias seria capaz, sozinha, de abrir um caminho *direto* e participativo para a prática da democracia[2]. Desse modo, argumenta-se, seria possível superar as fragilidades, incoerências e farsas do atual sistema parlamentar e representativo da democracia, já tantas vezes denunciadas.

Mais uma vez, atribui-se um papel taumatúrgico à tecnologia para a resolução das questões cruciais da nossa sociedade. Este é um fato que merece atenta consideração, não somente pelas implicações de caráter

---

[1] Este texto foi publicado originalmente em italiano, como primeiro capítulo do livro *Critica della ragione informática* (p. 11-92), Feltrinelli, Milão, 1997. Naturalmente, alguns aspectos aqui abordados perderam atualidade devido aos rápidos e incessantes avanços no campo da telemática. Desse modo, talvez alguns autores citados, como George Gilder, Newt Gingrich e Ross Perot não continuem tendo tanta importância. Houve também mudanças significativas nas normas e regulamentos sobre propriedades e usos das redes, como a legislação sobre telecomunicações nos EUA. Apesar dessas defasagens, estou certo de que o texto abre perspectivas para análise de algumas questões que ainda estão no centro de debates sobre o desenvolvimento e aplicações da informática.

[2] Certamente, este não é um assunto novo. Nos últimos quinze anos foi amplamente discutido: Cf. I. de S. Pool (1983 e 1990), P. Virgilio (1984), L. Winner (1986), Th. Roszak (1986), F. Ch. Artherton (1987), H. Delahaie (1987), J. B. Abramson *et al.* (1988), J. Ellul (1988), J. Chesnaux (1989), J. Rifkin (1989 e 1995), G. Gilder (1992), J. Rauch (1994), A. Kroker e M. A. Weinstein (1994), M. Surman (1994), R. Spears e M. Lea (1995), A. e H.

16 Cultura, Sociedade e Técnica

teórico que suscita, mas também pelos interesses concretos que mobiliza. Esse grandioso projeto é calorosamente acalentado por forças econômicas, que nem sempre se alinham com os interesses das instituições democráticas. Refiro-me às empresas multinacionais, que seguem uma rígida lógica de mercado, antepondo os próprios interesses àqueles da sociedade.

É preciso, porém, admitir a existência de outros grupos de opinião que creem no efeito benéfico das novas tecnologias para o desenvolvimento democrático, através de óticas diversas e, até mesmo, contrapostas àquelas das multinacionais. Se pensarmos nos capitalistas do Vale do Silício, ironicamente tachados de *cyber-hippies*, realmente não temos certeza se esses grupos podem ser considerados totalmente imunes à influência implícita ou explícita da lógica do mercado. Seria, de igual forma, um raciocínio simplista e equivocado acreditar que *todos* esses grupos sejam apenas a expressão de tais interesses.

Entre os que anunciam o advento iminente de uma república da informática, existem também aqueles – talvez os mais ativos – que denunciam a tentativa dos governos de tentar exercer um controle normativo e censor sobre as redes. Esse controle, em última análise, se configuraria como uma ameaça para os potenciais conteúdos emancipadores das tecnologias da informação[3]. Mas não ficamos só nisso. Simultaneamente a esses grupos, surgem as tendências monopolísticas das empresas multinacionais do setor. Elas pressentem riscos maiores e insidiosos para o futuro da democracia.

Essa situação, por vez, apresenta uma embaraçosa semelhança com aquela sustentada pelas multinacionais, em nome do livre mercado. Efetivamente, as multinacionais também rejeitam quaisquer formas de controle estatal. Seu único escopo é o de favorecer uma radical liberalização da mídia e das redes em benefício próprio. Essa estratégia tem o objetivo de transferir o poder de controle do Estado para a iniciativa privada. Em resumo, substitui-se o controle estatal existente, notadamente de caráter antimonopolista (mas não somente), por aquele das novas empresas monopolistas. Estas, por sua vez, tornam-se onipotentes graças

---

Toffler (1995), S. L. Tablott (1995), Ph. Breton (1995), C. Stoll (1995), L. Grossman (1995), S. London (1994 e 1995), N. P. Negroponte (1995), H. I. Schiller (1995), D. Burstein e D. Kline (1995), J. Guisnel (1995), D. Kline e D. Burstein (1996), R. Barbrook e A. Cameron (1996), J. Habermas (1996), P. Virgilio (1996). Na Itália: G. Cesareo (1984), G. Sartori (1989), G. De Michelis (1990), P. Manacorda (1990), L. Ardesi (1992), D. Zolo (1992), S. Rodotà (1992 e 1995), D. Campana (1994), N. Bobbio (1995), G. De Michelis (1995), P. Colombo (1995), A. Abruzzese (1995 e 1996).

[3]   Nos EUA, as associações como a EFF – *Electronic Frontier Foundation*, a CPSR – *Computer Professionals for Social Responsability* e a CDT – *Center for Democracy and Technology* – são os baluartes contra as tentativas para legitimar a vigilância capilar e o controle das redes telemáticas por parte da NSA – *National Security Agency* –, do FBI e de alguns membros do senado (por exemplo, o projeto de lei Communications Decency Act, dos senadores Exon e Gordon). Ver: J. Guisnel (1995).

a uma crescente falsa liberalização. Esse fato não é uma eventualidade teórica ou um cenário hipotético para as próximas décadas – já é uma realidade.

A *Telecommunications Act*, lei promulgada pelo Senado dos EUA, em 1996, criou as bases jurídicas para *desregulamentação* quase total dos meios de comunicação. Nos EUA, os efeitos dessa nova ordem estão à vista de todos! Inicialmente, houve uma explosão de múltiplas iniciativas que poderiam fazer pensar em um grande crescimento da concorrência no mercado. O resultado obtido, contudo, foi o oposto: houve agregação das empresas, resultando em um número cada vez menor de grandes conglomerados multinacionais[4]. Não seria arriscado prever que essa tendência a uma integração sem regras, sob a égide da famigerada 'mão invisível do mercado', acabará, cedo ou tarde, banindo as pequenas empresas do mercado. E isso não seria propriamente uma surpresa.

Para prosseguir em um tema tão complexo, parece-me necessário ilustrar os argumentos utilizados para sustentar a teoria, já citada, sobre os conteúdos emancipatórios das novas tecnologias de informática (e de suas consequências). Gostaria de apresentar apenas alguns argumentos mais frequentes, a meu ver, mais significativos. Ao mesmo tempo procurarei explicitar a minha posição sobre cada um deles.

Os autores que consideram a telemática como fator de alargamento e consolidação das bases democráticas da nossa sociedade frequentemente omitem a questão do formidável impacto exercido por essas tecnologias nos meios de comunicação. Exatamente nesse contexto são feitas ásperas críticas às mídias tradicionais. Segundo esses autores, essas mídias não suportariam o confronto com as novas mídias da informática, devido à riqueza interativa destas últimas. Com efeito, as mídias tradicionais, por seu *modus operandi* vertical, descendente e unidirecional, tornam impraticável uma efetiva comunicação interativa.

Isso é verdade especialmente para a televisão, que é o principal alvo das críticas. Aceitando-se ou não tais críticas *in toto*, não há dúvida que a televisão é um meio de comunicação que se caracteriza pela absoluta passividade do receptor das mensagens. Não é nenhuma novidade que a mensagem recebida pelo telespectador é fornecida *unilateralmente* pela emissora.

Nos últimos anos procurou-se introduzir alguns artifícios técnicos para permitir uma limitada interatividade com o telespectador. As intervenções telefônicas, inseridas no debate em tempo real, permitem que o telespectador exprima sua opinião em questões pontuais. Transmissões de espetáculos e de reuniões políticas e entrevistas ao vivo foram outros

---

[4] Esta tendência já estava presente alguns meses antes da *Telecommunications Reform Act*, talvez porque se sabia de antemão, oficiosamente, que a desregulamentação era iminente. Refiro-me, em particular, às associações entre Walt Disney e ABC; NBC e Microsoft; CNN e Time Warner, sobre o papel das multinacionais na difusão de velhas e novas mídias, cf. A.W. Branscomb (1994).

18 Cultura, Sociedade e Técnica

artifícios encontrados. Mas não são os únicos esforços para incentivar uma maior participação do telespectador.

Deve-se notar o recente desenvolvimento e os avanços tecnológicos da televisão interativa: *video on demand, near video on demand, pay per view, teleshopping, telebanking,* etc. Tudo isso, porém, não convence os mais recalcitrantes opositores da televisão. Essas modalidades, dizem eles, são meros paliativos. São expedientes bem grosseiros, destinados a mascarar uma participação interativa, que é absolutamente inexistente.

A televisão, portanto, pelo menos como a conhecemos hoje, teria um futuro incerto. Alguns se antecipam e anunciam o seu desaparecimento para breve. Segundo eles, a televisão já não estaria atendendo às exigências de amplos setores da nossa sociedade. Ela não teria condições de mudar os meios de comunicação, tornando-os menos coercitivos e mais permeáveis à interação com os usuários. Observando atentamente, a televisão estaria irremediavelmente comprometida com um sistema de comunicação considerado "não democrático" e até mesmo autoritário. Sua estrutura sempre foi (e continua sendo) assimétrica: de um lado, coloca-se o emissor da informação e, do outro, o seu destinatário.

Teleputer

As novas tecnologias deveriam contribuir para quebrar esse círculo vicioso e possibilitar um caminho alternativo. No centro desse desenvolvimento, como fato gerador de uma fundamental renovação democrática, estaria um novo objeto tecnológico: o *Teleputer* (*Teleputer* = televisão + computador + telefone)[5].

Sem desmerecer os novos aspectos da atual controvérsia sobre a televisão, cumpre lembrar que muitos dos temas atualmente discutidos já estavam na berlinda nos anos 1950[6]. O problema da passividade do telespectador, por exemplo, agora considerado como um dos aspectos mais alienantes da televisão, já era discutido naquela época pelos sociólogos de comunicação.

A bem da verdade, frequentemente, as discussões levavam a conclusões genéricas e vazias. Isso se deve a uma noção superficial de passividade, como notou o arguto sociólogo R. B. Meyersohn (1957). Ele instigava seus colegas a fazer uma importante distinção entre dois aspectos do problema: a) o fato de que "ver televisão possa conduzir à passividade"; b) o fato de que "assistir televisão possa ser, em si mesmo,

---

[5]   Um ferrenho opositor da televisão e apaixonado defensor do *Teleputer* é o polêmico George Gilder: racista, antifeminista, consultor do político ultraconservador norte-americano Newt Gingrich. Gilder anuncia profeticamente o declínio definitivo da televisão e o advento da era do *Teleputer*, que deveria nos liberar dos "espetáculos de demência" a que nos habituou aquele "pântano niilista" que é a televisão. Ver em P. Bronson (1996).

[6]   Foram importantes os ensaios de T. W. Adorno (1964), G. Anders (1957), H. Rabassière (1957) e M. Hausknecht (1957).

um ato passivo". Conforme Meyersohn, a investigação deveria se concentrar mais nas causas que levam as pessoas à passividade e menos nos motivos pelos quais a televisão seria um ótimo criador de passividade. No final das contas, dizia Meyersohn, frequentemente nos esquecemos que "a passividade é uma característica humana e não uma característica da televisão"[7].

Acredito que essa linha de interpretação possa ser útil, *mutatis mutandis*, no atual debate sobre a passividade. Parece-me plausível que o problema não esteja tanto em procurar estabelecer qual será o equipamento tecnológico que irá favorecer a passividade e qual deles, a atividade; mas em compreender os motivos básicos pelos quais, em um determinado contexto histórico, os sujeitos sociais optam pela passividade, em detrimento da atividade.

Colocado dessa maneira, o tema assume uma dimensão muito concreta. Por essa ótica, o papel dos equipamentos tecnológicos deixa de ser o habitual centro da questão, embora continue importante no nosso contexto.

É necessário redimensionar certos determinismos tecnológicos. De forma superficial, tende-se a atribuir, a cada tecnologia, uma responsabilidade pelos fenômenos sociais e políticos de complexidade elevada, para o bem ou para o mal. Refiro-me especificamente às teorias que têm como hipótese uma radical dicotomia entre a televisão 'passividade-pura' e um *teleputer* 'interação-pura'. Sem meios-termos, elas atribuem uma natureza antidemocrática para a primeira e democrática para o segundo. Percebe-se que são teorias arriscadas e, por certos aspectos, não intuitivas, mas que agora se torna necessário analisá-las.

Não tenho dificuldade em admitir que a comunicação televisiva, por motivos que já discutimos, é caracterizada por uma forte passividade. Nos EUA, usa-se a curiosa expressão "batata de sofá" (*couch potato*) para definir o comportamento de um teledependente, em estado da quase absoluta prostração física e psíquica – inerte como uma grande batata afundada em um em um sofá – enquanto engole compulsivamente todo tipo de porcaria.

A este ponto, pergunta-se: temos certeza que o advento do *teleputer* possa dar início a um comportamento substancialmente diverso? Estamos certos que a nossa relação com o *teleputer* não irá se configurar em uma nova versão de batata de sofá? Tudo nos leva a crer que alguma coisa parecida possa ocorrer. Existe o risco potencial de que a passividade-no-sofá-em-frente-à-televisão se transforme em uma paradoxal interatividade-no-sofá-em-frente-ao-*teleputer*. Ou seja, o nosso frenético nomadismo exploratório da Internet não elimina a nossa inércia contemplativa nem o nosso sedentarismo em frente à telinha, como somos forçados a acreditar. Ao contrário, esse fenômeno pode tornar-se ainda mais agudo e alarmante.

---

[7] Sobre este assunto, ver o clássico tratado de H. Arendt (1959) sobre o dilema *vida ativa* ou *vida contemplativa*.

20 Cultura, Sociedade e Técnica

Não obstante, seria errado não reconhecer algumas diferenças que existem de fato. Sem dúvidas, em ambos os casos, a atividade física é relativamente reduzida. Mas o comprometimento físico assume características distintas. No caso do telespectador, a atividade física é muito pequena – consiste quase que exclusivamente no uso do controle remoto e no uso esporádico do telefone. Com o *teleputer* a atividade é maior, pois há contínua interação através do teclado ou de outros dispositivos manuais. Se desejarmos nos exprimir com a devida cautela, seria melhor falar de uma atividade 'menos passiva'. Por outro lado, essa situação poderia se modificar no dia – não muito distante – em que o comando do *teleputer* for feito via voz.

Existe ainda uma última diferença, talvez a mais importante, relativa ao envolvimento psíquico. O universo das escolhas submetidas ao telespectador é limitado, em virtude de sua natureza programada e, portanto, predeterminada. Já o universo do usuário do *teleputer* é aparentemente ilimitado. Em outras palavras: enquanto as possibilidades de navegação do primeiro não dependem dele, pois os percursos são impostos (ou sugeridos) pelas escolhas de outros, as possibilidades do segundo dependem dele e somente dele. A área de intervenção do primeiro seria finita e a do segundo, infinita.

Embora isso seja verdadeiro, é necessário fazer uma ponderação. Se tomarmos como exemplo a comunicação através da Internet, é claro que o usuário tem liberdade para decidir com o que e com quem quer entrar em contato. E isso ocorre pelo simples motivo de que "todas as pessoas e todas as coisas estão na rede" (*every one and every thing is on the net*)[8], como dizem os promotores de serviços na Internet.

É necessário buscar um entendimento sobre essa propalada possibilidade de acesso absolutamente livre à rede. Trata-se de um ponto crucial no debate atual sobre a relação informação–democracia. Uma coisa é a *possibilidade* de um acesso livre à informação. Outra é a *probabilidade* dos cidadãos usufruírem desse acesso. A possibilidade de estabelecer contato com *tudo* e com *todos* pode ser técnica e legalmente garantida, mas não significa que ela aconteça efetivamente. E isso se deve a duas razões.

Em primeiro lugar, porque um universo de acesso homogeneamente disponível levanta o problema dos vínculos subjetivos de acesso. Ou seja, os vínculos que os atores constroem, baseados nos próprios valores, crenças e preferências, além dos preconceitos que deles derivam. Não se busca sem saber 'o que' se quer encontrar, e onde. Isso implica a escolha de determinados objetivos e percursos e consequente renúncia a outros.

Em segundo lugar, existe o problema das limitações externas da nossa liberdade. Embora nos seja garantido o que Isaiah Berlin chama de "liberdade negativa"[9], ou seja, a "ausência de interferência" no uso da rede. Portanto, a fruição efetiva de tal liberdade, na prática, é mínima.

---

[8]   Cf. W. R. Johnson (1991, p. 150-175).

[9]   I. Berlin (1969, p. 122) Cf. G. W. F. Hegel (1965, p. 413).

Sob esse aspecto, o exemplo fornecido por Berlin me parece muito instrutivo: a liberdade de se viajar pelo mundo, que é formalmente garantida a todos os cidadãos dos países democráticos. Porém, para usufruir dessa liberdade, é necessário satisfazer a algumas condições. E poucos são os que podem se beneficiar efetivamente delas. Por exemplo: ser capaz de arcar com os elevados custos das viagens e ter o tempo livre para empreendê-las. Assim, a liberdade de acesso à Internet a *tudo* e a *todos* torna-se ilusória. É também ilusório supor que essa liberdade constitua, em si mesma, uma espécie de via privilegiada de participação democrática global.

Existe outro aspecto que, embora esteja explícito no ponto precedente, é preferível ser abordado separadamente. Refiro-me ao papel que as redes telemáticas podem assumir no contexto das práticas institucionais (e também nas não institucionais), relativos à vida política. É a proposta de uma sociedade em que os sujeitos sociais agem e interagem politicamente através das redes telemáticas. Essa questão está adquirindo recentemente uma importância cada vez maior.

Muitos usuários das redes consideram a 'república eletrônica' como primeira oportunidade na história de se realizar uma 'verdadeira democracia'. O cenário imaginado é o de uma democracia 'direta', sem procurações e sem a interferência de intermediários. Os representantes do povo, embora sejam democraticamente eleitos, sempre conseguem escapar das normas sociais e do controle de seus eleitores.

Seria assim possível reviver, em versão informatizada, a *Ágora* ateniense?[10] Seria uma *Ágora* não restrita a um local geograficamente limitado – a Cidade-Estado – como na Atenas de Péricles, mas um local sem fronteiras espaciais. Seria, por assim dizer, um "lugar-não-lugar" descrito como "aldeia-global" por McLuhan. Falamos do vasto território no qual os cidadãos poderiam ser considerados, pela primeira vez e sem retórica, verdadeiros 'cidadãos do mundo'. Os atores sociais estariam em condições técnicas para acessar interativamente, em todo o planeta, todos os serviços de informação. E mais: ter acesso a todos os processos decisórios, tanto nas questões corriqueiras do bairro quanto nas grandes questões nacionais e internacionais.

Vimos anteriormente a vulnerabilidade desse cenário. Voltemos agora ao tema para examinar de perto alguns dos principais argumentos utilizados por seus defensores. Entre esses, normalmente, é dada grande importância ao novo tipo de relação que se estabeleceria entre as pessoas, através da rede. Em teoria, 'todos podemos nos manifestar e interagir com todos'.

Certos conceitos predeterminados como patriotismo, raça, gênero

---

[10]   Sobre a democracia grega cf. Th. A. Sinclair (1951), Ch. Meier (1983), L. Canfora (1989), N. Mateucci (1989), D. Stockton (1990), S. Hornblower (1992), C. Farrar (1992), D. Musti (1995). Sobre a ideia grega de democracia na era moderna e contemporânea, ver R. Dahl (1989) e J. Dunn (1992). Sobre a presença no atual debate referente 'democracia eletrônica', ver L. K. Grossman (1995).

22 Cultura, Sociedade e Técnica

e religião perderiam força com um só golpe. Dessa forma, surgiriam condições para o advento de uma cultura que enfatize os fatores de convergência e não os de divergência entre as pessoas. Assim, acredita-se, desapareceriam muitos preconceitos recíprocos. Essa seria a contribuição para se criar uma sociedade baseada na tolerância e na compreensão. Por outro lado, a possibilidade ofertada a todos de se comunicar com todos, favoreceria o surgimento de 'comunidades virtuais'.

A comunidade virtual

O que seria, na prática, uma comunidade virtual?[11] Seria correto considerá-la um importante fator de renovação da democracia? Como se conciliará a ideia da comunidade virtual, baseada na fragmentação, com a da aldeia global, cujo objetivo é a universalização? E se a aldeia global for apenas uma comunidade virtual expandida, ou uma espécie de comunidade virtual planetária, como aconteceria o salto de um nível para outro?

Existe uma característica que emerge com clareza no estudo do processo formativo das comunidades virtuais em rede. Estas nascem normalmente através da interação entre indivíduos ou grupos que têm ideias, interesses ou gostos em comum[12]. O advento das redes telemáticas possibilitou a comunicação interativa paritária, de par-a-par (*peer-to-peer*), mas ao mesmo tempo teve efeitos ambivalentes. O par-a-par, tecnicamente, é uma arquitetura de rede que opera no mesmo nível. Contudo, assumiu um significado não técnico: o de relações que se estabelecem entre usuários da rede que tenham uma identidade social e cultural[13]. Em outras palavras, o par-a-par faz ligação entre almas gêmeas, ou seja, entre aqueles que procuram o contato, o conforto ou a colaboração entre semelhantes.

Esse é o motivo que levam as comunidades virtuais a se configurarem como pontos de encontro (ou trocas, apoio, refúgio) nos quais se cultivam principalmente as 'afinidades eletivas'[14].

---

[11] Os estudiosos do ciberespaço tentaram definir a comunidade virtual nos últimos anos. Talvez a mais documentada e, por alguns aspectos, menos dogmática, seja a proposta por H. Rheingold (1993).

[12] Obviamente isso não significa que membros de uma comunidade virtual de donos de cães dálmatas devam ter necessariamente as mesmas ideias, interesses ou gostos em relação a valores maiores. Poder-se-ia argumentar que tais valores maiores influenciariam o modo pelo qual cada membro da comunidade avalia o próprio empenho na criação do seu dálmata. É provável que seja assim: pode-se facilmente imaginar as diferenças de postura entre um animalista e um apaixonado por concursos de cães, em relação aos dálmatas. Essas sutilezas, importantes em outras áreas de reflexão, não mudam substancialmente o fato de que as comunidades virtuais devam ser consideradas comunidades de semelhantes. Não de iguais.

[13] Sobre *peer-to-peer*, cf. G. Gilder (1994).

[14] Alguns autores acreditam que a atual tendência à agregação em torno de um tema

1. O ciberespaço é um espaço democrático?   **23**

Pessoalmente tenho sérias dúvidas sobre as possibilidades de se obter um substancial enriquecimento da vida democrática com um tipo de comunicação como essa. As comunidades virtuais, enquanto associações espontâneas de sujeitos com pontos de vista unânimes, apresentam pouquíssima dinâmica interna. Devido ao seu elevado grau de homogeneidade, elas tendem a ser veementes referenciais de si mesmas. Frequentemente se comportam como verdadeiras seitas. Um exacerbado senso de grupo tende a rejeitar qualquer diferença de opinião entre seus membros. É o fenômeno proposto por A. de Tocqueville em sua profunda análise da vida democrática nos EUA: "Os americanos se filiam a associações específicas, pequenas e variadas, para gozar em separado as alegrias da vida privada. Cada qual percebe, com prazer, que seus concidadãos são iguais a ele mesmo. Eu acredito que os cidadãos das novas sociedades, em vez de viver em ampla comunidade, acabarão por formar pequenos grupos"[15].

Esses pequenos grupos pertencem à categoria das associações frágeis. São opostas às associações fortes, ou seja, aquelas capazes de se enriquecer com o intercâmbio de ideias e de experiências entre os que pensam de modo diferente. Assim, fortes são aquelas associações capazes de se confrontar, como observou S. L. Talbott[16], através das diferenças e não das semelhanças entre seus membros, como ocorre nas comunidades virtuais. Essa observação é particularmente importante porque somente através do *confronto* entre posições divergentes ou mais ainda – abertamente conflitantes – é que se pode contribuir para a consolidação da ação democrática. Esse não é o caso das comunidades virtuais, pois elas geralmente não favorecem um confronto dessa natureza. Isso não significa que seus membros sejam insensíveis aos valores democráticos. A verdade é que muitas comunidades virtuais nascem em função de louváveis iniciativas de solidariedade e de ajuda às pessoas necessitadas, como exemplifica H. Rheingold[17].

Ainda sobre o tema das comunidades virtuais, existem outros aspectos sobre os quais gostaria de discorrer. O mais importante é o que se refere às suas raízes históricas e socioculturais. Parece-me evidente que as comunidades virtuais não resultam do advento do computador e das redes – como os cultores de um ingênuo determinismo tecnológico tentam nos fazer acreditar –, mas de um complexo percurso histórico. Em

---

seja semelhante à agregação em torno de um totem. Sobre o 'neotribalismo' ver M. Maffesoli. Existem várias divergências interpretativas sobre qual seria a dinâmica de geração dessas agregações. Afirma Z. Bauman (1993): "As tribos pós-modernas devem a sua existência à explosão da sociabilidade: a ação comum não é uma consequência de interesses individuais. Ela os cria". O fato de a ação comum resultar dos interesses compartilhados a priori – como estou propenso a crer – ou por interesses que se criam durante o desenvolvimento da própria ação – como sustenta Bauman – não muda substancialmente a natureza do fenômeno.

[15]   A. de Tocqueville (1981 p. 267 e 268).

[16]   S. L. Talbott (1995, p. 75).

[17]   H. Rheingold (1993).

outras palavras, elas possuem uma genealogia. Isso se comprova pelos valores de forte conotação populista e libertária, evocados pelas comunidades virtuais, mostrando uma indubitável semelhança com outras formas de comunidade do passado.

O espírito que prevalece em ambas revela analogias muito consistentes, a despeito dos meios tecnológicos atuais serem muito mais sofisticados do que os de antigamente. Creio que as comunidades virtuais podem ser vistas como uma espécie de moderna variação das comunidades pré-industriais, que preenchiam as funções de um Estado incipiente ou ausente no passado. Refiro-me, entre outras, às comunidades que tiveram importância decisiva na formação dos EUA, nos séculos XVII e XVIII.

A historiografia dos EUA ressalta a importância da 'grande tradição comunitária americana', na qual a coesão social se exprimia principalmente através da ligação solidária de grupos muito restritos. Nesse ambiente, a conquista da 'fronteira' – uma referência imaginária de forte apelo sugestivo – guiava as ações dos primeiros colonizadores. Os membros de pequenos grupos isolados eram convocados para um confronto real, desafiando um ambiente hostil. Ainda não eram membros de uma coletividade, uma ideia muito abstrata para eles[18].

D. J. Boorstein[19], em sua obra *The Americans* nos mostra, com ampla documentação, o papel fundamental das comunidades que precederam os governos na história dos EUA. Ele afirmava que "desde o início, as comunidades existiam antes da constituição de governos, para cuidar das necessidades públicas e para impor deveres aos cidadãos. Essa ordem cronológica, na qual as comunidades precederem os governos, era impensável na Europa, mas foi normal na América."

Uma outra característica dessas comunidades era o nomadismo. Elas eram comunidades *sem endereço fixo*. Boorstein as chamava de comunidades transitórias (*transient communities*) ou comunidades de passagem. É interessante notar que essas autonomias espacial e temporal são consideradas como um dos aspectos mais característicos das comunidades virtuais. Essas e outras coincidências nos levam a pensar que, não por acaso, a maior parte dos profetas (e divulgadores) das comunidades virtuais venha dos EUA, onde a tradição comunitária continua viva e onipresente[20].

---

[18]   Sobre a ideia de 'fronteira' e sobre seu papel na formação das pequenas comunidades, ver F. J. Turner (1953). Na introdução da edição italiana, M. Calamandrei cita W. P. Webb: "A fronteira não é uma linha de barreira, mas uma área que convida a entrar". Em outras palavras, a fronteira é um espaço infinito. É um espaço a ser conquistado com a eficiência operacional das pequenas comunidades e não das grandes agremiações.

[19]   D. J. Boorstein (1965, p. 65).

[20]   Neste contexto utilizo a expressão 'comunitarismo' para me referir ao fenômeno histórico e cultural no qual a comunidade é considerada a forma mais confiável de agremiação social. Gostaria de esclarecer que o 'comunitarismo' aqui analisado não se confunde com o comunitarismo atualmente explicado pela filosofia moral (A. MacIntyre, M. Sandel, M. Walzer e Ch. Taylor) e pela sociologia (R. Mangabeira Unger). Isso não significa que esse comunitaris-

1. O ciberespaço é um espaço democrático?

Apesar de tudo, que fique bem claro, não estou sugerindo que as comunidades virtuais sejam um fenômeno explicável apenas no contexto da tradição comunitária norte-americana. Por outro lado, seria equivocado desprezar a influência que essa tradição exerceu no fenômeno em análise. Não há dúvida que a tradição comunitária, com sua rejeição ao Estado (ou ao governo) e sua confiança na livre e espontânea associação entre indivíduos, deixa implícita a ideia segundo a qual a democracia direta seja a única forma genuína de democracia. Essa ideia é calorosamente acolhida pelos promotores das comunidades virtuais.

Democracia direta ou indireta?

É importante recordar que o tema das comunidades virtuais não pode ser separado de uma questão muito mais ampla: a ambiciosa hipótese de uma alternativa telemática ao nosso modo de entender e de vivenciar a democracia. A diatribe entre os que apoiam a democracia direta e os defensores da democracia indireta, identificada como a intermediação representativa, ou seja, parlamentar, é uma constante na história do pensamento político. O foco da discursão se concentra, substancialmente, no modo de se conceber a soberania popular.

Por ocasião do nascimento das grandes nações-estado modernas, o modelo de democracia direta perdeu, por motivos práticos e de gestão, muito de sua credibilidade. Esse modelo era inspirado, como já dissemos, nas cidades-estado da Grécia antiga. Salta aos olhos a sua impraticabilidade quando se considera a ordem de grandeza: a Ática, na antiga Grécia, era uma região de 2.500 km² com 500.000 habitantes. O advento das nações-estado propiciou um formidável aumento de escala que inviabiliza comparações: os EUA possuem 9.372.614 km² e uma população de mais de 250 milhões de habitantes.

Além disso, sabemos que o modelo de democracia direta, como era praticado por Péricles, foi fortemente idealizado. Na realidade, a democracia grega era menos direta e até menos democrática do que se imaginou durante séculos. As recentes contribuições de alguns pesquisadores, em particular as do dinamarquês M. H. Hansen[21], foram decisivas nesse sentido. Hoje parece cada vez mais claro que a famosa definição de democracia feita por Péricles, no seu discurso fúnebre citado por Tucídides, tinha apenas um caráter programático.

A descrição da constituição ateniense feita por ele, apesar dos notáveis melhoramentos introduzidos por Aristides e, posteriormente, pelo próprio Péricles, não é confirmada pela realidade da *polis*. A constituição, segundo Péricles, era feita "de modo que os direitos civis sejam garantidos não a poucas pessoas, mas à maioria delas... em relação às questões

---

mo, com seu contínuo apelo aos 'valores da comunidade', deva ser considerado completamente estranho em relação ao outro tipo de 'comunitarismo' que estamos discutindo.

[21] M. H. Hansen (1985, 1987 e 1991).

26 Cultura, Sociedade e Técnica

particulares, há igualdade perante a lei; quanto à gestão pública, no que tange à administração estatal, à medida que cada uma vem conceituada setorialmente, não se dará preferência pela classe social do gestor, mas pelo seu mérito"[22].

Basta um rápido exame daquela constituição tal como foi descrita por Aristóteles – ou por um pseudo-Aristóteles, como sugerem alguns autores – para nos darmos conta do quanto a realidade da polis era distante do ideal de democracia postulado por Péricles. A constituição surge como uma formidável máquina, na qual a participação direta dos cidadãos ficava fortemente condicionada por uma série de instâncias de mediação e de controle. As duas referências ideais de Aristides e de Péricles, a *isonomia* (igualdade perante a lei) e a *isegoria* (liberdade de expressão e de opinião) parecem obstaculizadas e deturpadas.

Se é verdade que ocasionalmente havia alguma participação direta dos cidadãos, é também verdadeiro que esse direito era exclusivo de uma minoria. Apenas os homens adultos residentes em Ática, que representavam 15% da população, eram reconhecidos como cidadãos. O restante – escravos, mulheres e mestiços – eram excluídos da participação na vida pública[23].

Isso não impediu que o ideal de democracia ateniense, como protótipo da democracia direta, fosse novamente proposto pelos teóricos do ciberespaço. Havia que se legitimar historicamente a *democracia da rede*. Essa tendência de mitificar o modelo democrático grego, em versão ciberespaço, é muito difundida nos EUA, o que não nos surpreende. Não se pode esquecer que Thomas Jefferson, um dos fundadores da nação americana, imaginava uma democracia direta, de explícita inspiração grega.

A bem da verdade, os teóricos do ciberespaço chegaram a Péricles através de Jefferson. E vice-versa. Isso leva a uma espécie de dupla idealização: a idealização da democracia direta de Péricles ao lado do ideal democrático de Jefferson. Como já foi visto anteriormente, o alcance do modelo grego foi amplamente relativizado. E o mesmo está acontecendo com o modelo de Jefferson, pois percebemos suas ambiguidades e contradições com frequência[24].

---

[22]   Tucídides (1985, p. 325).

[23]   Quando se questiona a natureza não democrática da sociedade grega, o lugar comum é o de uma sociedade na qual a liberdade e a participação dos cidadãos eram garantidas pela escravidão. A exploração maciça dos escravos liberava os cidadãos das obrigações do trabalho. Parcialmente verdadeira, essa interpretação estereotipada serviu apenas para esconder um fato de igual importância: na sociedade grega não eram apenas os escravos os que trabalhavam. Lavradores e artesãos também gozavam dos direitos da cidadania, mas suas condições de trabalho não diferiam muito daquelas dos escravos. Sobre este tema, ver E. Meiksins Wood (1988) e K. Polanyi (1977).

[24]   No debate atual sobre a contribuição do ciberespaço na realização de uma democracia direta, são frequentes os apelos críticos à tradição jeffersoniana. Ver M. Surman (1994) e R. Barbrock e A. Cameron (1996). No ensaio desses dois últimos, pesquisadores da Universidade

1. O ciberespaço é um espaço democrático?

Mesmo desconsiderando essas avaliações de natureza histórica, fica registrado que Jefferson é frequentemente celebrado como uma espécie de herói precursor (*avant la lettre*) da democracia telemática. É sob essa óptica que se proclama um "retorno a Jefferson". Isso significa, na prática, restaurar o suposto evangelho populista-libertário de Jefferson. Ou seja: retorna-se à sua visão de uma democracia direta e descentralizada, na qual a intermediação do governo e do parlamento deveriam se restringir a um mínimo[25].

Na época de Jefferson, um projeto assim tão ambicioso vinha considerado como utopia. Contribuía para isso a pobreza dos meios de comunicação disponíveis. Hoje, as coisas seriam radicalmente diferentes com o advento dos meios de comunicação digital. As novas tecnologias da informática seriam capazes, pelo menos em teoria, de permitir a efetiva realização do velho sonho da democracia direta. Para os profetas do ciberespaço, as redes estariam em condições de repropor, em bases concretas, a tradição jeffersoniana. Uma tradição amarelecida, mas não desaparecida, e que corresponde à "imagem norte-americana de democracia"[26], intimamente ligada à "grande tradição comunitária norte-americana", anteriormente evocada.

Descrevendo o programa da organização não governamental *Electronic Frontier Foundation* – EFF, D. Burstein e D. Kline escreveram: "A EFF ressaltou uma abordagem 'jeffersoniana' do ciberespaço. Para os líderes da EFF isso significa defender a concepção das redes interativas em forma de um modelo *aberto* e não do modelo *vigiado*... no ciberespaço, 'jeffersonianismo' significa imprimir uma forte característica de defesa da liberdade de expressão e da proteção das liberdades individuais contra... as empresas e o governo e, de modo geral, impedir que o governo possa se transformar na polícia da Infoestrada"[27].

Do ponto de vista de um justo espírito democrático, é difícil não estar de acordo com argumentos tão amplos. As dificuldades começam quando examinamos os detalhes. Admitindo que as redes sejam 'abertas',

---

de Westminster, há uma profanadora tomada de posição contra a figura histórica de Jefferson e a tendência de se fazer dele o grande precursor do programa político do ciberespaço.

[25] Jefferson, na trilha de Locke, considerava intangível o princípio da centralidade do povo e do cidadão. Sua posição contrastava com daqueles que, como Hamilton e Madison, procuravam limitar o poder das maiorias. Enquanto Jefferson propunha uma democracia populista, direta e antiestatal, Hamilton e Madison preferiam uma república que exaltasse o papel das minorias e da intermediação representativa. Hoje se sabe que essa era uma versão oleográfica sem valor das duas correntes ideológicas. Entre o populismo do primeiro e o elitismo dos segundos, existiram recíprocas concessões, que estão na base 'híbrida' da democracia norte-americana. Ver R. Dahl (1956 e 1984).

[26] W. Lippmann (1921).

[27] D. Burstein e D. Kline (1995, p. 337). Um dos fundadores da EFF, M. Kapor (1993) escreveu: "A vida no ciberespaço parece se desenvolver exatamente como Thomas Jefferson teria desejado: fundamentada sobre a liberdade individual e empenhada no pluralismo, na diversidade e na comunidade".

temos a certeza de que sempre conseguiremos neutralizar os 'vigilantes'? E mais: quem seriam esses 'vigilantes'? Devemos atribuir o papel de 'vigilantes' exclusivamente aos sujeitos diretamente oriundos das empresas e do governo? Seriam eles que atuariam explicitamente para restringir a nossa liberdade de expressão e invadir nossa privacidade? Não seria mais realista admitir que, ao lado dessa categoria de 'vigilantes', existiria uma outra sutilmente ligada à precedente, condicionando igualmente a nossa liberdade e a nossa privacidade, mas de uma forma implícita e não explícita?

A rigor, entidades (ou agentes) de socialização e de aculturação como a família, escola, igreja, partidos políticos, sindicatos, associações e – por que não? –, os meios de comunicação, não desempenhariam o papel de 'vigilantes indiretos' do nosso comportamento? Do mesmo modo, o controle social não se exerceria através dos valores, preferências, desejos, gostos e preconceitos inculcados nessas entidades?

Um tema de grande interesse emerge com clareza de todas essas questões. Refiro-me à existência de dois tipos de vigilantes: os *visíveis* – empresas e governos – e os *invisíveis*. Se aceitarmos integralmente a tese de que devemos combater apenas os vigilantes visíveis, facilmente identificáveis, acabaríamos por acreditar que conseguiríamos neutralizar esse tipo de vigilância. Bastariam umas poucas medidas ou artifícios técnicos e legais para garantirmos nossa liberdade de expressão e protegermos a nossa privacidade.

Com isso, não desejo diminuir a importância de tais medidas, mas alertar contra uma versão muito simplificada dos fenômenos em análise. Uma versão mais elaborada deveria considerar também os vigilantes invisíveis ou menos visíveis. Resumidamente, nós mesmos somos vigilantes dos outros, cúmplices inconscientes de um sistema difuso de vigilância recíproca. Uma vigilância que ocorre tanto pela nossa tendência de nos autocensurarmos, quanto pela nossa tendência de censurar os outros, quando eles manifestam valores que não coincidem com os nossos.

A rede sem um centro

Neste ponto, defrontamo-nos com um tema que é, talvez, o mais estimulante entre aqueles em discussão sobre o ciberespaço. Os teóricos sustentam com argumentos muito persuasivos que, em virtude de sua natureza interativa, a rede telemática exclui a existência de um ponto focal. Inexistiria um centro de controle, organizado hierarquicamente, de onde partiriam mensagens destinadas a uma periferia passiva, indolente, conformada. O argumento é superconhecido: na rede tudo seria centro e periferia ao mesmo tempo. Não existiria uma sede privilegiada, a partir da qual se poderia exercer uma gestão global dos fluxos comunicativos[28].

---

[28] Cf. A arguta exposição de B. Latour (1991) a relação local-global nas redes técnicas.

1. O ciberespaço é um espaço democrático? **29**

À primeira vista pode-se dizer que existe algo de verdade nisso tudo. Porém, quando se examina esse algo de forma absoluta, fora de qualquer contexto, ocorre uma postura de prudente perplexidade. De modo geral, com as devidas ressalvas, pode-se dizer que não existe realmente um *centro* na rede. Mas não se pode dizer que esteja excluída, por princípio, qualquer forma de controle sobre os usuários. Certamente existe a suspeita, ou melhor, a certeza de que algumas formas de controle – mesmo sendo diferentes daquelas tradicionais – estejam presentes na rede.

Normalmente, quando se fala do desaparecimento do centro na rede, recorrem-se às metáforas do *Panóptico de Bentham* e do *Big Brother* de George Orwell. Em resumo, o advento da rede contribui para nos liberar daquelas ideias de centralização de poder, expressas nessas metáforas[29].

Parece útil aprofundar a análise dessas metáforas. Gostaria, primeiramente, de ocupar-me do Panóptico[30]. Ele é um modelo de construção de penitenciária, que vai muito além da tentativa de se encontrar uma solução ideal para o problema específico da vigilância dos presidiários. O Panóptico é uma grande metáfora do poder absoluto. Um poder que, a partir de um ponto central, é capaz de exercer vigilância absoluta sobre tudo e sobre todos.

É inevitável expor, mesmo de forma resumida, as características físicas mais evidentes e bem conhecidas do Panóptico de Bentham. Espero que isso possa facilitar-nos a tarefa de identificar novos elementos de avaliação da tese anti-Panóptico dos teóricos do ciberespaço. Bentham descrevia o Panóptico desta forma: "a residência do guardião ou inspetor está situada no centro do edifício circular. As celas dos presos são

---

[29] A teoria segundo a qual o advento da rede sinalizaria o fim do poder central de controle lembra muito a hipótese de J. Baudrillard do fim do sistema panóptico. Expondo seu raciocínio sobre a 'sociedade hiper-realista' (ou *le réel se confond avec le modèle*), Baudrillard escreve: "Assim não existe mais a instância de poder, a instância emissora – o poder é algo que circula, do qual não se consegue mais identificar a fonte, um ciclo no qual as posições de dominante e de dominado são intercambiáveis, em uma alternância contínua, que é o fim do poder na sua definição clássica" (1981, p. 52 n. 7). T. Eagleton tomou dura posição contra a tese de Baudrillard: "O cinismo 'de esquerda' de um Baudrillard é vergonhosamente cúmplice daquilo em que o sistema desejaria acreditar: que tudo agora 'funciona por si', independentemente do modo pelo qual as questões sociais são moldadas e definidas na experiência popular" (1991, tradução italiana, p. 68). No que tange à metáfora do *Big Brother*, gostaria de citar, a título de exemplo, um trecho de um editorial do *The Economist* (1995): "A multiplicação dos canais de comunicação criará a antítese de um mundo orwelliano no qual o *Big Brother* observa (...). O *Big Brother* achará impossível vigiá-lo em meio a toda informação que passa através dos fios, dos cabos e das ondas".

[30] A ideia do panóptico, como é sabido, foi desenvolvida por J. Bentham em uma série de cartas, mais precisamente 21, enviadas a partir de 1786 da Rússia para um amigo na Inglaterra e publicadas em um volume em 1791, junto com dois tomos escritos posteriormente sobre o mesmo argumento. Trata-se de um modelo de arquitetura carcerária elaborado por Bentham com a colaboração de seu irmão Samuel J. Bentham (1971).

dispostas em um anel no perímetro externo, orientadas radialmente em direção ao centro".

Uma característica muito importante é que as janelas da residência são dotadas de persianas. Isso impede que os presidiários possam saber se e quando o guardião está presente. O controle imposto ao prisioneiro é, ao mesmo tempo, real e virtual. É real porque o preso se sente vigiado e seu comportamento é consequência disso. Mas é também virtual, visto que o guardião pode não estar no seu posto, ainda que o vigiado não tenha essa certeza.

Fazendo uma analogia um tanto banal, diria que o dispositivo de controle do Panóptico é muito semelhante ao do cartaz 'Cuidado com o cão', colocado no portão de algumas casas. A existência ou não de um cão de guarda não muda a função intimidadora do cartaz em relação ao eventual invasor. No Panóptico, defrontamo-nos com a mesma astúcia de controle: um recurso técnico que torna intercambiáveis o real e o virtual. Para Bentham, esse era o aspecto essencial do seu projeto. Tudo gira em torno do fato de que se pode "ver sem ser visto", o que permite uma "aparente onipresença do inspetor", mas sem que isso impeça "a extrema facilidade de sua real presença"[31].

M. Foucault[32], em 1975, contribuiu para uma interpretação semelhante do Panóptico de Bentham. Deve-se recordar que houve, sobre o mesmo tema, um importante texto do psicanalista lacaniano J. -A. Miller[33]. Ele, como Foucault, enfatizava o aspecto *visual* – no sentido mais geral de *observável* – da relação vigilante-vigiado. Esse aspecto, como veremos, é crucial em Bentham, assim como em relação ao tema que estamos discutindo[34].

A metáfora do *Big Brother* não tem um significado muito diferente daquela do Panóptico. Ambas têm como referência um poder coercitivo central. *Big Brother*, como é sabido, é o apelido do personagem do romance 1984 de George Orwell (1949). Nele, o *Big Brother* exerce um poder invasivo e impiedoso numa sociedade feita à sua imagem e semelhança. Um poder exercido por meio de multimídia, através do qual todas as pessoas são submetidas a um controle absoluto[35].

---

[31] M. Božovič (1995) sobre o trabalho de C. K. Ogden (1932) demonstrou recentemente como o tema da relação real-virtual no Panóptico recorda o *Fragment on Ontology*, um apaixonante texto do mesmo Bentham, no qual é desenvolvida uma teoria sistemática das "entidades fictícias".

[32] M. Foucault (1975).

[33] J, -A. Miller (1975).

[34] Ver M. Jay (1993). No âmbito dos aspectos sociais da informática, a metáfora do Panóptico é utilizada no contexto de um discurso geral do poder, mas também em referência a situações muito concretas. Por exemplo, em relação ao problema do controle e da vigilância no local de trabalho. Cf. S. Zuboff (1988), A. F. Westin (1992), G. T. Marx (1992) e M. Levy (1994). Sob uma óptica diversa, cf. R. Spears e M. Lea (1995).

[35] O arcabouço institucional à disposição do *Big Brother* era constituído por quatro principais elementos: o *Ministério da Verdade* (responsável pela adulteração dos fatos), o *Mi-*

Alguns dos expoentes do ciberespaço estão convencidos de que, após a chegada da rede, nenhum tipo de vigilância será possível, na prática. Ao contrário, preveem o fim de todas as formas de vigilância. Nesse cenário, ninguém poderá 'estar de olho' nos outros.

Sabemos bem que 'estar de olho nos outros' sempre foi um passo obrigatório para se ter alguém 'sob controle'. Dizem que, uma vez eliminada a existência de um locus central de controle, de onde se olha, se vigia, se espia e se inspeciona a nossa vida quotidiana (e tudo o que isso acarreta), desapareceriam todas as formas de controle que nos fizeram subservientes à vontade coercitiva dos poderes – manifestos e ocultos – da qual não poderíamos nos libertar.

Seria verdade, como se afirma, que o ciberespaço decreta o fim histórico do Panóptico e do Grande Irmão como ideais de poder absoluto? É crível que estejamos chegando ao limite crítico imaginado por Hegel no qual "essa substância indivisa da liberdade absoluta se eleva ao trono do mundo sem que poder algum lhe possa opor resistência"?[36]

Não existiria o risco, do qual Hegel tinha consciência, ao se 'entronizar' um tipo – não muito preciso – de liberdade absoluta, de se empossar um novo tipo de poder absoluto, mascarado de liberdade absoluta? Perguntará o leitor: como esta longa digressão sobre o Panóptico e o *Big Brother* poderá nos ajudar a entender o que existe de verdadeiro (e de não verdadeiro) no ciberespaço? Entendemos o ciberespaço como a negação do poder centralizado? Seria uma forma de oposição ao sistema de poder que encontra no Panóptico e no *Big Brother* duas eficientíssimas metáforas?

A teia e o labirinto

Como é sabido, em português escolheu-se a palavra 'rede' como tradução do inglês *web*, que não está de todo errado. Mas *web* em inglês é também (e principalmente) 'teia'. E é exatamente nesse sentido que a palavra é utilizada na gíria internacional da informática. O *world wide web* (*www*) seria nada mais nada menos que uma 'teia' global. Uma rede de todas as redes que se estende por todo o planeta. Se levamos a sério essa analogia, parece evidente que existe grande semelhança entre a 'teia informática' e a 'teia de aranha', ou seja, entre a teia de fibra óptica e a teia de aranha tecida em seda.

---

nistério do Amor (responsável pela tortura dos dissidentes), o Ministério da Paz (responsável por provocar a guerra) e o Ministério da Abundância (responsável pela carestia). A imagem da face do Big Brother nos telões, onde quer que fosse exposta, era sempre acompanhada da legenda "O Big Brother está de olho em você" (The Big Brother is watching you). Orwell escreve, com um refinamento adicional emprestado do Panóptico de Bentham: "Obviamente não existe nenhum modo de saber com exatidão em que momento ele está olhando". Um outro recurso era a Novilíngua, idioma criado para impedir qualquer autonomia de pensamento. Sobre a Novilíngua de Orwell na "ciência dos modernos" cf. G. Girello (1994, p. 369-370).

[36]   G. W. F. Hegel (1964, p. 450).

Sabemos do risco dessa analogia, mas não exageraremos na sua comparação. Ela poderá ser útil para nossa argumentação. Deixo bem claro que a comparação entre dois fenômenos aos quais, por princípio, se atribui um certo grau de afinidade – formal ou estrutural, não pode consistir somente em buscar os pontos em comum. Devem-se buscar também os aspectos que *não* têm em comum. O "olhar para as semelhanças", de que falava Aristóteles, é também o "olhar para as diferenças"[37]. Descobrir semelhanças implica evidenciar diferenças, e vice-versa.

Quais seriam os traços semelhantes e quais os diferentes na comparação entre a rede informática e teia de aranha? A pergunta, ao contrário do que se poderia imaginar, não é irrelevante. Consideremos, por exemplo, a mais óbvia semelhança. Sabemos que a rede e a teia de aranha têm uma coisa em comum: nehuma delas é uma criação *ex nihilo*, ou seja, do nada. Assim como a teia de aranha é 'projetada', 'construída' e 'gerenciada' por uma Aranha, é difícil imaginar uma rede telemática sem alguém que desenvolva uma função equivalente à da Aranha. Ou seja, alguém que a 'projete', que a 'construa' e que a 'gerencie'.

Por motivos já discutidos, essa interpretação é menosprezada pelos fanáticos pelo ciberespaço. Eles foram (e são), paradoxalmente, os mais impetuosos promotores da rede telemática, na sua concepção de teia de aranha global. É bem verdade que eles não afirmam – pois seria absurdo – que as redes telemáticas sejam criadas por geração espontânea. Mas levantam algumas objeções.

Eles sustentam, por exemplo, que diferentemente do que acontece na teia de aranha, na rede, não se pode falar de uma – e só uma – Aranha que, de uma privilegiada posição central, projeta, constrói e gerencia a totalidade da rede. Em resumo, enquanto a analogia com a teia de aranha é aceitável, o mesmo não se pode dizer da própria Aranha. Segundo dizem, a Aranha seria supérflua. Consideram que as três funções anteriormente citadas são (ou deveriam ser) desenvolvidas por uma incerta interação entre os usuários da rede, distribuídos capilar e homogeneamente por todo o planeta.

A Aranha é, ao lado do Panóptico e do *Big Brother*, a terceira metáfora que os estudiosos do ciberespaço rejeitam em meios termos. As três metáforas têm em comum a centralidade, a invisibilidade e a personalização do poder de controle. Observando atentamente, porém, a Aranha é uma metáfora bem mais resistente que as outras duas, no plano lógico. Enquanto o Inspetor e o *Big Brother* são personagens relativamente abstratos e longínquos, a Aranha é, obviamente, um sujeito que aparece funcionalmente ligado à teia. E a relação da Aranha com a teia, goste-se ou não, é inevitável.

O elenco das metáforas possíveis em torno da rede não acaba aqui. Temos de incluir mais uma, citada com frequência pela literatura – principalmente a jornalística – sobre o ciberespaço. Refiro-me à antiquíssima

---

[37] Cf. I. A. Richards (1936, p.86).

1. O ciberespaço é um espaço democrático?

metáfora do labirinto[38]. Porém, quando os comentaristas do ciberespaço falam do labirinto não é tanto como um sistema de meandros com o Minotauro no centro. É aquela variação mais heterodoxa de labirinto que Umberto Eco, inspirando-se em Gilles Deleuze e Félix Guattari, chamou de "rizoma"[39].

Existem dois tipos tradicionais de labirintos: o de sentido único, tendo um único caminho para conduzir ao centro; e o labirinto maneirista ramificado, contendo caminhos falsos. Umberto Eco propõe um terceiro tipo: o rizoma, descrito como "a rede infinita, onde cada ponto pode conectar-se a um outro ponto e a sucessão das conexões não tem limites teóricos, pois não há centro nem periferia: em outras palavra, o rizoma pode proliferar-se infinitamente"[40].

Não podemos nos esquecer da contribuição narrativa e poética de Jorge Luis Borges à ideia de um labirinto rizomático. No seu curtíssimo conto *Os dois reis e os dois labirintos*, Borges apresenta um rei árabe descrevendo o seu labirinto, que ele contrapõe ao labirinto clássico de um rei babilônico. "No meu labirinto", diz o rei árabe, "não existem escadas, nem cansativos corredores a serem percorridos, nem muros que te impeçam o caminhar"[41]. O labirinto descrito nada mais é que o deserto, ou seja, um lugar subjetivamente privado de espaço e tempo. A mesma abordagem rizomática encontra-se no poema *Labirinto*: "Não haverá nunca uma porta / Estás dentro / E o alcácer abarca o universo / E não tem nem anverso nem reverso / Nem externo muro nem secreto centro"[42].

---

[38] Uma outra metáfora, que também agrada aos profissionais da informática, é aquela que compara a rede ao sistema nervoso central. Infelizmente, para economizar na exposição, sou obrigado a excluí-la de minha análise. Ocupei-me do assunto em meu livro *Il futuro della modernità*, 1987, p. 141. Cf. H. Miyakawa (1985, p.47) e G. O. Longo (1996, p. 80-89).

[39] G. Deleuze e F. Guattari (1980). Esses dois filósofos franceses assim definem o rizoma: "Um rizoma é um caule radiciforme, absolutamente distinto das raízes e das radículas. Os bulbos e os tubérculos são rizomorfos... cada ponto de um rizoma pode ser conexo a qualquer ponto, e deve sê-lo. É muito diferente da árvore ou das raízes que fixam um ponto, e uma ordem" (p.13).

[40] U. Eco (1984, p. x). Para uma análise sistemática do labirinto, ver as importantes obras de P. Santarcangeli (1967 e 1984) e de H. Kern (1981). Cf. P. Rosentiehl (1979).

[41] J. L. Borges (1974, tradução italiana, v. I, p. 873 e 874).

[42] J. L. Borges (1974, tradução italiana, v. II, p. 279). A sugestão de que a teia de aranha (!) seja uma alternativa ao labirinto é incrivelmente atual em Borges (1974 tradução italiana, v. I, p. 870). Existe ainda uma incrível representação de um objeto misterioso chamado 'Aleph': "Fechei os olhos, abri-os. Então vi o Aleph... Na parte inferior do degrau, à direita, vi uma pequena esfera furta-cor, de quase intolerável fulgor. A princípio, julguei-a giratória; depois compreendi que esse movimento era uma ilusão produzida pelos vertiginosos espetáculos que encerrava. O diâmetro do Aleph seria de dois ou três centímetros, mas o espaço cósmico estava aí, sem redução de tamanho" (*O Aleph* – 1949, Editora Globo 1999, tradução de Flávio José Cardoso).

34 Cultura, Sociedade e Técnica

Aqui se coloca uma questão crucial: com a eliminação das emblemáticas figuras do *Big Brother* orwelliano, do Inspetor benthamiano e da Aranha telemática ocorrerá também a abolição de todas as formas de controle? Seria admissível a hipótese de que um labirinto 'rizomático' possa nos conduzir ao 'Trono do Mundo', citando ainda Hegel, onde reinaria eternamente a liberdade absoluta? Será essa a tão almejada realização da democracia ideal ou, como parece temer Hegel, o advento de um período conturbado, com surgimento de um novo autoritarismo? E ainda: e se as funções atribuídas no passado a um único Inspetor ou a um único *Big Brother* ou a uma única Aranha fossem confiadas, no futuro, a milhões e milhões de usuários de uma rede rizomática? Quem poderia garantir que os usuários não fariam apenas o papel do vigário, ou seja, de um sutil representante indireto dos detentores tradicionais do poder e, por isso, menos visíveis do que antes?

A resposta superficial a essas questões é que as dúvidas postas são, no final das contas, a expressão de uma substancial falta de confiança no papel democrático dos atores sociais, em particular, dos usuários da rede. Avaliações desse tipo podem ser muito esquemáticas. Contudo, fazem alusão a questões que, por sua relevância para o futuro da democracia, não podem ser tratadas superficialmente.

Elas se referem ao tema já citado, relacionando a democracia direta com a democracia comum. Esse tema obviamente está ligado à modalidade de participação dos cidadãos em uma sociedade democrática.

Democracia direta e autonomia

Gostaria de voltar ao tema da democracia e autonomia. Inicialmente apresento, em linhas gerais, as raízes histórico-filosóficas da ideia de democracia direta. Como já discutimos, a ideia de democracia direta remonta ao controverso modelo da democracia grega, reproposta por Jefferson no século XVIII, em termos não menos controversos. Mas os princípios fundamentais dessa ideia devem ser procurados, entre outros, nas críticas de Locke à democracia parlamentar, em que ele vislumbra uma propensão congênita ao abuso e à corrupção. E ainda, o mesmo Locke exalta o papel dos indivíduos no processo democrático, até o ponto de reconhecer-lhes o direito à revolta (ou à revolução) contra os indignos representantes[43]. A mesma desconfiança em relação à representação e a mesma ilimitada fé nos indivíduos também está presente em Rousseau[44].

Atrás dessas posições, está o tema da autonomia. Devemos a Kant uma guinada decisiva no modo de se discutir esse argumento, com sua explícita (e apaixonada) defesa da plena autonomia de julgamento moral (e político) dos seres humanos. Na sua resposta à pergunta "O que é

---

[43]   J. Locke (1801, p. 470-471).
[44]   J. -J. Rousseau (1964, p. 428-430).

o iluminismo?"[45], Kant convida homens e mulheres a se liberarem do 'estado de menoridade' (*Unmündigkeit*), desvencilhando-se dos tutores e do humilhante 'jugo da tutela' (*Joch der Unmündigkeit*). Em outro texto, Kant teoriza a sua famosa 'autonomia da vontade' (*Autonomie des Willens*) que é definida como "aquela expressão da vontade que se torna a própria lei (independentemente de considerar os escopos do querer)", em contraposição à 'heteronomia da vontade', na qual "Não é a vontade que deve ser dada como lei, mas sim os escopos que transformam em lei as vontades pela sua relação com ela"[46].

Todos esses assuntos são amplamente conhecidos, mas, por uma razão que veremos adiante, pareceu-me importante rememorá-los, para o objetivo do nosso discurso. Eles são a base da atual ideia de democracia. Ao mesmo tempo, porém, contêm uma evidente ênfase no papel autônomo dos atores sociais. Esse papel pode ser visto, na ótica atual, em contraste com a instituição da democracia representativa. De certa forma, eles podem parecer como antecipações de algumas propostas, como a da democracia *online*, que hoje procuram radicalizar a ideia de democracia direta.

Emerge aqui uma questão particularmente complexa. Não existem dúvidas que um elemento essencial da democracia é aceitar que todos os indivíduos adultos sejam capazes (e tenham o direito) de participar ativa e livremente dos processos decisórios referentes aos seus interesses e aos da comunidade, independentemente de gênero, raça, nível de renda ou de instrução. Isso, em substância, significa que todos os cidadãos, sem exceções, devam ser considerados igualmente capacitados para avaliar, julgar e gerir tais processos. É o que Dahl chamou de "o princípio forte de igualdade"[47].

Todas as vezes que se tentou enfraquecer (ou relativizar mais que o devido) esse princípio, o conceito de democracia (e a democracia em si) tornou-se nebuloso. Na prática, não existe democracia que consiga sobreviver quando, à luz de experiências negativas, é reproposto aquele conceito de "estado de menoridade" do qual falava Kant. Nesse estado, os cidadãos são considerados crianças, pouco confiáveis, que necessitam de permanente tutela. Em resumo, trata-se do "governo dos guardiões" platônico.

Apesar de tudo, é inegável que a democracia tenha tido sempre, nos seus recônditos, problemas ainda sem respostas convincentes. Estes constituem o núcleo temático central da filosofia política desde o século XVII e que são as grandes questões: a relação entre autonomia e autoridade, entre liberdade e igualdade, entre liberdade individual e o estado[48].

---

[45]   I. Kant (1968, p.53).

[46]   I. Kant (1956, p. 74 e 75).

[47]   R. A. Dahl (1989, p. 31) Cf. do mesmo autor (1982).

[48]   Estes problemas já estavam presentes em Platão, Aristóteles, Santo Agostinho e São Tomás de Aquino. Foram retomados por Hobbes, Spinoza, Locke, Hume, Montesquieu, Voltaire, Rousseau, Bentham, Mill, Marx e Sidgwick. E, depois, por Dewey, Schumpeter,

36   Cultura, Sociedade e Técnica

Há uma crítica que arrisco a fazer aos atuais expoentes da filosofia política. Estou inclinado a pensar que, com poucas exceções, eles não tenham ainda sabido (ou desejado) perceber que a democracia *online* traz elementos de novidades no secular debate sobre a relação entre o fundamento ideal e o funcionamento concreto da democracia. Não se pode ignorar que a república eletrônica ressuscita algumas das velhas contradições da democracia, de modo mais agudo que no passado. Se antes era possível encontrar soluções mais ou menos plausíveis para essas contradições – por exemplo, a pequena consolação do princípio de Winston[49]– o novo modelo alternativo que está se configurando é tão insidioso que seria irresponsável não confrontar os seus aspectos teóricos e práticos.

Digo insidioso, pois trata-se, talvez pela primeira vez na história, de um modelo com a base ideológica se apoiando em um complexo tecnológico – as tecnologias digitais – de sofisticação sem precedentes. Por sua formidável capacidade de penetração, é um complexo que permite modificar radicalmente, ao menos em teoria (mas não somente), a conformação da nossa sociedade. E isso sem que esteja totalmente claro se tais mudanças seriam desejáveis ou não. A meu ver, este é o desafio teórico que os estudiosos de filosofia política deveriam considerar prioritariamente.

Como vimos há pouco, um dos pressupostos básicos da democracia é a autonomia dos cidadãos, ou seja, o direito a exercer livremente a própria autonomia como atores sociais. Os filósofos da política, ou pelo menos aqueles de indiscutíveis convicções democráticas, sempre sustentaram a intangibilidade desse princípio[50]. Ele se identifica totalmente com o que Voltaire chamava de "o poder de escolher livremente aquilo que lhe parece bom" (*pouvoir de se déterminer soi-même à faire ce que lui paraît bom*)"[51].

Kelsen, Schmitt e, mais recentemente, por Rawls, Arrow, Luhmann, Nozick, Taylor, MacIntyre, Dworkin, Unger, Berlin, Sen, Harsanyi, Williams, Habermas e Bobbio. No atual estado do debate sobre a filosofia política, existe uma vasta literatura. Frequentemente, os temas discutidos não são facilmente separáveis daqueles próprios da filosofia moral.

[49]   Por 'princípio de Winston' entende-se a famosa boutade atribuída a Winston Churchill: "A democracia é o pior sistema de governo, à exclusão de todos os demais".

[50]   Um exemplo esclarecedor sobre o assunto é a veemente defesa da autonomia por parte de S. Veca, perspicaz intérprete do neocontratualismo rawlsiano: "Quem tentar ou conseguir me impedir de fazer o que desejo, viola o pressuposto da teoria do valor moral da escolha. Naturalmente, exceto nos casos de um despotismo obtuso ou caliguliano, a violação e a interferência serão acompanhadas da mesma ladainha de motivos e justificativas, ou melhor, de racionalizações: que nós não somos os melhores intérpretes dos nossos verdadeiros interesses, que existe alguém – mais sábio, mais prudente e mais bem informado do que nós – que sabe o que é melhor para nós. Em outras palavras, as razões e as justificativas, ou melhor, as racionalizações alegadas fazem parte do familiar e recorrente argumento paternalista, seja este reproposto pela igreja, pelos partidos, por gurus, pelas elites teocráticas ou tecnocráticas, pelos militares ou por aguerridas milícias publicitárias, por programas de televisão mais a leitura matinal do jornal do burguês, concordando com Hegel" (1990, p.66).

[51]   Voltaire (1961, p.161).

1. O ciberespaço é um espaço democrático? **37**

O tema é eivado de aspectos pouco claros, tanto no nível conceitual quanto no prático. No mínimo, são menos claros do que normalmente se supõe. Quase sempre a autonomia é examinada em função da relação que se estabelece entre os cidadãos, ciosos da própria liberdade de autonomia, e a parte oposta, que busca limitar essa autonomia. Em resumo, há constante embate entre os cidadãos, de um lado, e o poder do outro.

Existe ainda outro problema que raramente aparece nas reflexões sobre o tema: os cidadãos e o poder não são dois compartimentos estanques. Deve-se considerar que os cidadãos são indivíduos cuja identidade é fortemente moldada pelos condicionamentos diretos ou indiretos das instituições do poder. Assim, os cidadãos fazem parte de um sistema de poder. Em outras palavras, não se pode atribuir uma espécie de 'imaculada autonomia', ou um puríssimo 'estado de inocência' aos cidadãos[52].

Não se pode deixar ao acaso essa realidade em qualquer discurso sobre a autonomia dos cidadãos. Goste-se ou não, a nossa autonomia se coloca em um contexto em que a heteronomia é inexorável.

Já assinalamos o papel desempenhado pelas instituições que fazem socialização e aculturamento: a família, a escola, as igrejas, os partidos, as associações e a mídia. Dizíamos: essas instituições nos incutem os valores, as preferências, os desejos, os gostos, as crenças e os preconceitos que condicionam as nossas escolhas pessoais e públicas.

Naturalmente é um equívoco certo hipostasiar essa assunção, no sentido filosófico. Basta pensar nas simplificações do pensamento do filósofo alemão Herbert Marcuse nos anos 1960 e 1970. As nossas assunções culturais e sociais nos foram impostas (ou sugeridas) "de fora" e "do alto", ou seja, dos mecanismos utilizados pela ideologia e pela cultura dominantes. Mas não somos uma 'caixa preta' passiva, na qual não haveria nenhuma diferença entre a informação de entrada (*input*) e a informação de saída (*output*), como gostariam os antimentalismos radicais.

Seria uma reedição, em termos diferentes, do velho embate teológico (agostiniano) sobre o livre arbítrio? Não se descarta a ideia. Mas, a partir de Kant, sabemos que, por sorte, o determinismo sobre o nosso comportamento não é total. Não existem dúvidas de que nós, no processo de metabolização dos ensinamentos – inseridos de forma

---

[52] Nesta ordem de ideias, G. Sartori (1995) forneceu uma versão muito articulada do problema. Ele escreve: "As opiniões não são inatas nem esguicham do nada – são o fruto dos processos de formação. De que modo, então, as opiniões se formam ou são formadas?" (p. 183). E mais adiante: "Quem faz... a opinião que se torna pública?" (p. 188). Com base em uma reinterpretação do famoso modelo em cascata (*cascade model*) de K. W. Deutsch, Sartori responde: "todos e ninguém". (Uma tese por acaso muito semelhante àquela anteriormente exposta, sobre os estudiosos do ciberespaço, para os quais o poder na rede estaria "em toda parte e em nenhuma parte"). Diante dessa dificuldade em identificar concretamente quem (ou o que) é responsável pelo processo formativo da opinião pública, Sartori deduz que a opinião pública "pode muito bem ser considerada autêntica: autêntica porque autônoma, e certamente autônoma o suficiente para fundar a democracia como governo de opinião". Devo dizer, porém, que aqui Sartori arrisca passar das premissas para conclusões nada convincentes.

38   Cultura, Sociedade e Técnica

oculta ou evidente em nossa 'alma' – somos capazes de reelaborá-los ou ainda de modificá-los. E, não raramente, de modificá-los contrariando os ensinamentos recebidos.

Não por acaso, essa visão laica e de livre arbítrio, apresenta alguns pontos controversos. E os questionamentos suscitados não são desprezíveis. Eles atacam frontalmente a questão da autonomia. Se uma parte de nós é respeitadora e outra é desrespeitosa das regras da sociedade em que vivemos, como podemos avaliar o grau da nossa real autonomia? Dito de outro modo: em que sentido e em que medida somos obedientes, dóceis e obsequiosos executores das regras estabelecidas e em que medida somos livres para decidir com plena autonomia? Colocando de forma ainda mais simples: em que senso e em que medida somos verdadeiramente autônomos?[53]

Nessa ótica, torna-se útil recordar o convite que nos faz Schumpeter: sermos realistas nas nossas avaliações do que acontece na democracia, não confundindo a democracia ideal com a real. Alguns estudiosos, entre os quais Dahl[54], denunciaram justamente os riscos existentes na posição de Schumpeter, sobretudo na sua desconcertante teoria da relação excluídos–incluídos na sociedade democrática. Em Schumpeter, todavia, existem outros aspectos sobre os quais devemos refletir. Ele teve o mérito de ter enfrentado o tema da autonomia, chamando a nossa atenção para o papel dos aparelhos de socialização e de aculturamento como fatores de heteronomia.

Permito-me citar integralmente um famoso trecho do *Capitalismo, socialismo e democracia*:

> "Por necessidade prática, somos obrigados a atribuir, à vontade do indivíduo, uma independência e uma qualidade racional que são absolutamente irrealistas. Para que a vontade do cidadão *per se* seja considerada um fator político digno de respeito, essa vontade deve, em primeiro lugar, existir. Ou melhor, deve ser algo mais do que um conjunto indeterminado de motivos vagos, circulando frouxamente em torno de *slogans* e percepções errôneas. O homem precisaria ter convicções sobre aquilo que deseja defender. Essa clara vontade precisaria ser complementada pela capacidade de observar e interpretar corretamente os fatos que estão ao alcance de todos, e selecionar criticamente as informações relevantes em cada caso. (...) O cidadão modelo teria de fazer tudo isso sozinho e sem se deixar influenciar por grupos de pressão ou propaganda. As vontades e

---

[53]   A. K. Sen, examinando um aspecto essencial da questão da igualdade se perguntou: "Por que a igualdade? Igualdade do quê?" (1992). A mesma pergunta, com razoável aproximação, pode ser mudada para: "Por que a autonomia? Autonomia do quê?". Como acontece com a igualdade, a verdade é que somos autônomos em relação a algumas (poucas) coisas e não somos em relação a (muitas) outras.

[54]   R. A. Dahl (1989), p. 121-123, 128-130). Sobre o realismo político de Schumpeter, ver D. Zolo (1992).

influências impostas ao eleitorado evidentemente não podem ser aceitas como condições válidas ao processo democrático. (...) Os economistas, ao aprenderem a observar mais cuidadosamente os fatos, começaram a descobrir que, até mesmo nos aspectos mais comuns da vida diária, os consumidores não correspondem ao modelo geralmente descrito nos manuais econômicos. De um lado, suas necessidades aparecem bem definidas, e as ações provocadas por essas necessidades, prontas e racionais. Por outro lado, os consumidores são tão sensíveis à influência da publicidade e outros métodos de persuasão que os produtores muitas vezes parecem querer orientar mais do que serem orientados por eles. A técnica da publicidade é particularmente instrutiva neste sentido[55]."

Esse trecho do livro de Schumpeter, publicado em 1942 (provavelmente uma reelaboração de textos escritos nos anos 1930), expressa uma postura polêmica adotada pelo autor naquela época[56], contrapondo-se aos expoentes da 'doutrina clássica da economia'. Schumpeter adotou uma posição enérgica contra a tendência de se considerar os cidadãos completamente autônomos nas suas preferências e nas suas escolhas.

Considero que essa postura do Schumpeter ainda continua bastante atual. Mudou o modo de tratá-la. Anteriormente, a abordagem ao tema era prevalentemente econômica e agora é filosófica. O aspecto privilegiado passou a ser o da compatibilidade (ou não) entre necessidade e liberdade. Em certo sentido, o tema da autonomia retorna às suas origens (a Hobbes, Locke e, principalmente, a Hume, Bentham e Mill). Mas agora a pesquisa é focada, de um lado, nos seus aspectos lógicos, semânticos e epistemológicos[57]. Do outro, sobre a utilidade, a justiça (ou equidade), a igualdade e a qualidade de vida[58]. Alguns desses pres-

---

[55]   J. A. Schumpeter, *Capitalismo, socialismo e democracia* (Editado por George Allen e Unwin Ltd., traduzido por Ruy Jungmann). Rio de Janeiro: Editora Fundo de Cultura, 1961.

[56]   Cf. E. Salin (1950).

[57]   Nesta área de pesquisa, são importantes as contribuições de G. E. M. Anscombe, D. Davidson, G. H. von Wrigth e J. R. Searle. Trata-se de contribuições que, a grosso modo, retomam a análise de muitas questões levantadas por Moore, Wittengstein e Austin (por exemplo, Anscombe e von Wright), além das propostas por Brentano e Austin (por exemplo, Searle) e outras ainda por Quine (por exemplo, Davidson). Certos aspectos da teoria de Searle sobre a intencionalidade (1983) são de especial interesse para o nosso argumento. Examinando o problema da relação causalidade–intencionalidade, Searle faz uma distinção muito prática entre a rede de estados intencionais (*network of intentional states*) e o contexto de capacidade e de práticas sociais (*background of capacities and social practices*). Ou seja, entre um universo intencional e outro pré-intencional.

[58]   Não pretendo com isso referir-me exclusivamente às críticas feitas por alguns expoentes do atual utilitarismo (por exemplo, J. C. Harsanyi, 1976 e 1988) à 'teoria da justiça' de John Rawls (1971 e 1993), mas a todas as tomadas de posição oriundas da obra desse estudioso. Sem excluir aqueles que se recusam a posicionarem-se como utilitaristas ou contratualistas (por exemplo, R. Nozick, 1981 e 1993).

supostos são categorizados no emergente embate entre neoutilitaristas e neocontratualistas.

Em ambos os casos, apesar do indubitável refinamento dos instrumentos de análise utilizados, o problema da autonomia é abordado de forma superficial. Note-se que utilizo a palavra 'autonomia' na acepção anteriormente introduzida. Ou seja, 'liberdade negativa' dos cidadãos[59] relaciona-se a eventuais vínculos e coerções impostas pelo poder vigente (liberdade de expressão, liberdade de imprensa, liberdade de associação, entre outras). É também a autonomia que depende do grau de liberdade que podemos (ou não) gozar em relação ao sistema de valores que esse mesmo poder nos impõe.

Mesmo considerando que essa última forma de autonomia possa parecer o oposto da precedente, uma espécie de 'liberdade positiva', a bem da verdade, é só uma variante da 'liberdade negativa'.

F. A. Hayek (1960) assinalou que a perda da nossa liberdade não ocorre apenas quando somos submetidos a uma limitação coercitiva da nossa vontade. Isso ocorre da mesma maneira quando a limitação não é coercitiva, isto é, quando é exercida através de meios 'suaves' de socialização e aculturamento. Ainda que exista uma substancial diferença (que Hayek parece não ter compreendido suficientemente) entre ser fisicamente privado da liberdade de querer e ser persuadido a pensar e, em consequência, querer de um determinado modo e não de outro.

O tema tem uma estreita relação com a tão discutida 'liberdade de consciência'. Essa liberdade de consciência foi objeto, no passado, das mais variadas interpretações. Ela é frequentemente entendida como liberdade para expressar publicamente as próprias ideias e credos, livre das interferências e de impedimentos externos. Não por acaso a liberdade de culto religioso, por exemplo, é comumente defendida em nome da liberdade de consciência. Por outro lado, ela é compreendida também no sentido de uma independência subjetiva do pensamento, como a liberdade de pensar por conta própria, como a liberdade que Leibniz identifica com o poder de seguir a razão (*pouvoir de suivre la raison*)[60].

Mas as coisas não são tão simples. A introdução do conceito de 'falsa consciência' (*falsche Bewußtsein*), pelo marxismo, contribuiu para complicá-la. Engels, em sua famosa carta a Mehring, escreveu: "A ideologia é um processo elaborado conscientemente pelo pensador, porém com falsa consciência". Os marxistas tiveram ideias bem claras do que seria uma 'falsa' consciência – caracterizada como alienação, estranheza em relação à própria realidade, reificação, entre outras – mas deixaram muito vago o que seria uma 'verdadeira' consciência. Explicaram bem o que seria a consciência ideológica, mas foram omissos em explicar a consciência 'não ideológica'.

---

[59]   Notoriamente, o primeiro a fazer a distinção entre 'liberdade negativa' (liberdade *para*) e 'liberdade positiva' (liberdade *de*) foi Hegel (1965, p. 413). Essa distinção foi adotada, com algumas modificações, por I. Berlin (1969).

[60]   G. W. Leibniz (1994, p 80).

Supondo que tal distinção seja defensável, é necessário reconhecer que ela tem grandes implicações para o tema da liberdade. É evidente que a liberdade de consciência não pode ser evocada unicamente como prerrogativa de uma presumível 'verdadeira' consciência, mas também como um direito que deve ser garantido à 'falsa' consciência. Não apenas como um privilégio exclusivo da consciência "autêntica", conforme Heidegger[61], mas como um direito que deve ser estendido também à consciência "inautêntica". Negar essa assunção pode levar – como de fato leva – a cancelar ou a tutelar a liberdade daqueles que julgamos portadores da 'falsa' consciência. E tudo em nome de uma 'verdadeira' consciência, que obviamente seria sempre a nossa e somente a nossa.

O problema, todavia, reside quase sempre na inegável ambiguidade do conceito da verdadeira consciência. Ele é apresentado como uma espécie de consciência primordial, cuja perversa consequência seria a falsa consciência, uma fuga ilusória (ou sublimada) diante das condições históricas adversas (o capitalismo).

Uma ulterior complexidade foi acrescentada, atribuindo-se a propriedade de reversibilidade ao fenômeno. A verdadeira consciência, deixada de lado momentaneamente, por causa das condições adversas (o capitalismo) poderia ser recuperada quando as condições favoráveis (o socialismo) fossem restabelecidas, permitindo superar a falsa consciência.

No final das contas, goste-se ou não, depara-se com a pergunta de sempre: os seres humanos podem ser considerados verdadeiramente livres nas suas ações, enquanto sujeitos agentes, admitindo-se que são, em maior ou menor grau, predeterminados nos seus desejos e crenças? E, se a resposta for positiva, devemos forçosamente considerar que as nossas ações são livres em termos absolutos? Ou mais concretamente: devemos admitir que a nossa liberdade de agir não depende de fatores endógenos ou exógenos que, conforme a natureza de nossa ação, possam deixar mais ou menos efetivo (ou plausível) o exercício da nossa liberdade? E se não for assim, como me parece razoável supor, isso significa que o nosso agir é sempre livre, da mesma maneira e na mesma medida? Não seria mais justo pensar que o nosso agir, mesmo livre, possa ser mais ou menos livre para exprimir-se em formas e modalidades diversas?

República eletrônica

Creio que se possa lançar luz sobre essas questões, caso elas sejam enfrentadas de forma não genérica como no passado e sim no contexto dos problemas levantados no âmbito de uma hipotética república eletrônica. Nesse sentido, inicialmente, devem-se examinar as características dessa hipótese. A república eletrônica (também chamada nos países de língua inglesa de *teledemocracy, wired democracy, video democracy, elec-*

---

[61]   Para uma severa crítica às noções de 'autenticidade' (*Eigentlichkeit*) e 'inautenticidade' (*Uneigentlichkeit*) de Heidegger, ver Th. W. Adorno (1964).

tronic democracy e push button democracy) pressupõe um cenário com informatização dos procedimentos e dos comportamentos operativos, através dos quais os cidadãos exercem o seu direito à democracia[62].

Refiro-me à vasta gama de técnicas que os cidadãos podem utilizar para participar dos processos eletivos dos seus governantes e representantes em todos os níveis. Existem também aquelas que se aplicam à elaboração ou ao planejamento das decisões públicas. Concretamente, pode-se citar o processo de voto nas eleições federais, estaduais e municipais, referendos diversos e ainda as votações corriqueiras da atividade parlamentar. Isso sem excluir as várias técnicas de sondagem de opinião em tempo real, bem como aquelas que permitem a interação direta entre os cidadãos e seus representantes. As técnicas até aqui relacionadas pertencem à área que chamaremos de 'comunicação política'[63].

Considero que esse tema da comunicação política ocupe uma posição central no programa (ou programas) da república eletrônica. Existe ainda outro tema, o da informatização do sistema burocrático do estado, que não pode ser, absolutamente, menosprezado. "Reinventar o governo" é o eficaz *slogan* que D. Osborne e T. Gaebler[64] cunharam para promover esse ambicioso projeto. É preciso levar em conta que existe, em todos os países democráticos industrializados, uma profunda crise de confiança e de credibilidade por parte dos cidadãos em relação ao que chamamos genericamente 'estado' ou 'governo'. Essa quebra de confiança tem vários motivos. Dentre eles, talvez o mais importante, é que os cidadãos toleram cada vez menos a burocracia estatal, o exasperante formalismo dos procedimentos, a obtusa centralização, a ineficiência impune, a rigidez das normas e o desperdício irracional de recursos.

Alguns autores procuraram explicar as razões históricas da atual degradação do desempenho das estruturas públicas usando vários e persuasivos argumentos. Segundo D. Tapscott (1995, p. 161), o sistema organizacional predominante na burocracia estatal foi influenciado pela organização típica das empresas industriais do século XIX. Estas baseavam-se no modelo de comando e controle centralizador e hierarquicamente verticalizado, como ainda persistem em certas organizações, a exemplo das forças armadas. Nos anos 1920, as empresas industriais começaram a renovar e passaram a adotar o "modelo multidivisional descentralizado" (A. D, Chandler, 1962), mas a burocracia estatal continuou ligada ao vetusto modelo original[65].

---

[62] O termo república 'eletrônica' é consensual, sobretudo após a publicação do livro *The electronic republic* de L. K. Grossmann (1995). Esse livro foi precedido de um excelente ensaio de D. Ronfeldt (1991), no qual eram teorizados uma cyberdemocracia e um estado cybercrático.

[63] Para uma discussão geral sobre este tema, cf. F. Ch. Arterton (1987).

[64] D. Osborne e T. Gaebler (1992).

[65] O modelo original, como é sabido, foi desenvolvido em condições muito diferentes das atuais, como relembram David Osborne e Ted Gaebler (op. cit. p.15): "Foi desenvolvido em uma sociedade de ritmo lento, onde as mudanças aconteciam lentamente (...) em uma era de hierarquias, em que somente as pessoas do vértice da pirâmide possuíam suficientes

1. O ciberespaço é um espaço democrático? **43**

A república eletrônica baseia-se em duas áreas programáticas. De um lado, adota a proposta de informatização da comunicação política e, de outro, a informatização dos sistemas administrativos do estado. Existe ainda uma terceira área, resultante de uma sobreposição parcial (ou acavalamento) das duas precedentes.

Na ótica da república eletrônica, existem dois ambiciosos programas de modernização: 'reinventar o governo' e 'reinventar a política'. Eles são considerados interdependentes e, portanto, inseparáveis.

No plano teórico, tudo isso poderia ser visto como uma tentativa de racionalizar o funcionamento global da nossa sociedade com a ajuda das tecnologias informáticas. Isso asseguraria maior participação democrática dos cidadãos e também maior eficiência do sistema gestor da administração pública. Se fosse assim, não existiriam objeções[66]. Contudo, existem divergências. No programa destinado a 'reinventar o governo' é possível encontrar linhas de convergência e de possível acordo, mas não se pode dizer o mesmo do programa que pretende 'reinventar a política'.

A bem da verdade, existem importantes divergências, até mesmo entre os defensores da república eletrônica. As posições são basicamente duas: de um lado estão aqueles para os quais informatizar a comunicação política significa propiciar uma participação mais direta dos cidadãos. O objetivo disso seria o reforço (e não um enfraquecimento) da democracia representativa. De outro lado, estão os que pensam de forma muito mais radical. Para estes, informatizar a comunicação política significa criar condições para alcançar, em um futuro que imaginam muito próximo, uma verdadeira alternativa à democracia representativa. O primeiro programa visa melhorar a democracia existente e, o segundo, subvertê-la.

---

informações para a tomada de decisões (...) em uma sociedade de pessoas que trabalhavam com as mãos e não com a mente (...) em um tempo de mercado massificado, quando a maior parte dos americanos tinha desejos e necessidades semelhantes (...) quando havia fortes laços entre as comunidades locais – bairros e cidades intimamente ligados (...). Hoje tudo isso foi jogado fora. Nós vivemos em uma época de extraordinárias mudanças (...) em um mercado global, que exerce uma enorme pressão competitiva sobre as nossas instituições econômicas (...) em uma sociedade da informação, em que as pessoas têm acesso à informação tão rapidamente quanto seus líderes (...). Em tal ambiente, as instituições burocráticas – públicas e privadas – desenvolvidas durante a era industrial, tornam-se obsoletas. O atual ambiente requer instituições extremamente flexíveis e adaptáveis (...) instituições que sejam sensíveis aos seus usuários (...), que sejam comandados por líderes em vez dos chefes, que sejam dirigidas por persuasão e incentivos em vez das ordens (...) que sejam capazes de potencializar os cidadãos em vez de simplesmente servi-los". Mas a obstinada resistência em aceitar o novo desafio está levando a uma progressiva 'calcificação das artérias' que nutrem a democracia. Esse fenômeno foi chamado de "demosclerose" por J. Rauch (1995).

[66]   É supérfluo recordar aqui, por ser muito óbvio, os efeitos indubitavelmente positivos da telemática nos serviços públicos prestados aos cidadãos. Considero improvável que alguém – incluso quem escreve – seja capaz de demonstrar o contrário, ou seja, que a informatização dos serviços públicos não possa contribuir, direta ou indiretamente, para melhorar a qualidade e o desempenho do serviço público. Basta pensar, a título de exemplo, na possibilidade de se obter,

44 Cultura, Sociedade e Técnica

Examinemos esse último modo de enxergar a república eletrônica. Nos EUA, Ross Perot – o pitoresco bilionário texano, candidato derrotado nas eleições presidenciais de 1992 – apresentou a mais instrutiva visão da república eletrônica durante sua campanha eleitoral. Ele pregou uma rejeição explícita do governo, do parlamento e da política em geral, ou seja, "daqueles de Washington". Esse modelo, teorizado de modo confuso (e em parte praticado) por Perot, ficou conhecido como cidadela eletrônica (*electronic town hall*)[67].

Certamente Ross Perot não foi o primeiro a postular uma democracia direta que, através dos meios de comunicação de massa, tentasse enfraquecer as atuais estruturas do estado liberal-democrático. Os autores de *best sellers*, Alvin Toffler e John Naisbit[68] foram, com alguns anos de antecedência, muito mais explícitos que Perot. Na verdade, esses dois futurólogos foram muito além de Perot. Eles chegaram ao cúmulo de propor uma drástica mudança da Constituição dos EUA, como prerrequisito para possibilitar uma democracia eletrônica direta. Essa democracia, na opinião deles, deveria basear-se no absoluto repúdio a toda e qualquer forma de representação. Em resumo: uma democracia plebiscitária de fluxo contínuo.

Essa proposta pode parecer excêntrica, mas encontrou outros seguidores. Por exemplo, o ultraconservador Newt Gingrich, porta-voz da Câmara dos Deputados considera-se um pupilo de Toffler, sendo um inimigo declarado de qualquer tipo de representação. Há pouco tempo, Gingrich confessou que sua concepção política foi, desde o início, fortemente influenciada pela ideia de uma "democracia antecipatória"[69].

A bem da verdade, atualmente o próprio Toffler apresenta uma versão bem moderada da democracia direta, muito distante daquela por ele exposta no *Choque do futuro* (1970) e em *A terceira onda* (1980).

'através do teclado e em tempo real', certidões de registro civil e serviços de saúde (marcação de consultas, de exames, de internações). Mas também na possibilidade de acesso às informações que os cidadãos têm necessidade. Refiro-me, por exemplo, à consulta ao *Diário Oficial* (leis, concursos etc.) dos atos e documentos referentes às deliberações federais, estaduais e municipais, dos projetos de lei e do seu respectivo trâmite parlamentar, além das sentenças judiciais.

[67] Para estudo da *electronic town hall* de Ross Perot, ver P. F. Hanter (1993). Frequentemente, no debate americano sobre Perot, utilizam-se as expressões *electronic town hall e electronic town meeting* como sinônimos. Como notou S. Vicari (1993), são duas coisas diversas. A primeira tem um significado mais restrito. A segunda, mais amplo.

[68] Ver A. Toffler (1971 e 1980) e J. Naisbit e P. Aburdene.

[69] No prefácio de um livro de A. e H. Toffler (1995, p.16), Gingrich escreveu: "Eu comecei a trabalhar com os Toffler no conceito de democracia antecipatória no início dos anos 1970. Eu era um jovem professor assistente no West Georgia State College e estava fascinado pela interseção da história com o futuro, que é a essência da política e do governo". Segundo Toffler (1971, p. 478 e 479) "democracia antecipatória" significa ir diretamente ao encontro das pessoas (*go to the people*) e perguntar-lhes qual é o tipo de mundo no qual gostariam de viver daqui a 10, 20 ou 30 anos. Esse "contínuo plebiscito sobre o futuro" nada mais seria, sempre segundo Toffler, que um "maciço e global exercício de democracia antecipatória".

1. O ciberespaço é um espaço democrático?   45

Isso, talvez, procurando evitar que o antiparlamentarismo excessivo daqueles textos possa colocar dificuldades ao parlamentar Gingrich. Acrescente-se ainda a necessidade de se manter distância de Ross Perot. Escrevem A. e H. Toffler[70]: "Não se trata aqui de "cidadelas eletrônicas" na forma tosca apresentada por Ross Perot. Agora são possíveis processos democráticos muito mais sutis e sofisticados. E não é uma questão de democracia direta *versus* democracia indireta, de representatividade *versus* não representatividade. Muitas soluções criativas podem ser inventadas para combinar as democracias direta e indireta".

A 'forma tosca' de Perot, apesar de sua rudeza e dos aspectos caricaturais, nos permite compreender – melhor que em Toffler – a substância política da retórica de uma democracia eletrônica direta. Pelo menos aquela expressa por Perot, mas também por Toffler, Gilder e até Gingrich, a despeito das diversas variações do modelo. O *slogan* preferido de Perot (e também de Toffler e de muitos outros) é 'Encontre as pessoas' (*go to the people*). No caso específico de Perot, esse *slogan* assume uma conotação de extrema virulência populista, chamando o povo para mobilização contra tudo e contra todos, ou seja, contra os políticos, burocratas, parlamento, lobistas e impostos.

Porém, alguns observadores não estão convencidos que Perot seja um bom exemplo. Argumenta-se que essa é uma visão equivocada, porque as tecnologias que utiliza são muito elementares (quase exclusivamente as chamadas de televisão). O verdadeiro desafio teórico seria uma cidadela eletrônica que utilizaria a vasta gama de tecnologias baseadas no *teleputer*[71].

Já tentamos estabelecer anteriormente as semelhanças e as diferenças entre o sistema comunicativo vigente, baseado na televisão, e aquele vindouro, baseado no *teleputer*. Creio ter demonstrado que existem as descontinuidades, mas também as continuidades. E que estas últimas, sob a óptica dos problemas que estamos discutindo, não são absolutamente secundárias. Pessoalmente, considero que, muitas das críticas lançadas às mídias tradicionais, nos últimos 50 anos, continuam valendo para as novas mídias (*new media*)[72].

Gostaria de citar um ensaio do cientista político italiano G. Sartori (1989)[73] que, a meu entender, é muito significativo. Nesse texto, faz uma análise extremamente lúcida daquilo que ele chama de "videopoder". Ele faz alusão, especificamente, ao poder político e cultural da televisão. Contudo, fica muito claro que a esmagadora maioria das críticas feitas por ele à televisão pode ser transferida, sem esforço, ao *teleputer*. Sartori,

---

[70]   A. e H. Toffler (1995, p. 98).

[71]   P. F. Hanter (op. cit).

[72]   Sobre a relativização do contraste televisão–*teleputer*, artificialmente dramatizado por G. Gilder (cf. nota 4) ver D. Burstein e D. Kline (1995, p. 194-219).

[73]   Cf. N. Bobbio (1995). Em sua análise, Bobbio foi além da televisão, procurando confrontar-se ainda com as implicações políticas do computador. Nesse contexto, ele fala de computocracia" e julga "pueril" a ideia de confiar ao computador o exercício do voto dos cidadãos.

por exemplo, denuncia o mito no qual a televisão, derrubando todas as barreiras, favoreceria o nascimento da aldeia global. Na realidade, a aldeia global não seria, ao contrário do que acreditava McLuhan, uma aldeia que se torna global, mas um globo de se torna aldeia, um globo composto de 'uma miríade de pequenas pátrias'. Resumindo: o global esconderia o local.

Essa observação, verdadeira para a televisão, é ainda mais contundente para o cenário de um ciberespaço global, que poderia ser criado pelo *teleputer*. Um outro exemplo: segundo Sartori, a televisão tem a tendência de *comprimir*, ou seja, a fazer desaparecer o enquadramento e a explicação dos fatos apresentados, por falta de tempo. Isso é demonstrado pelo recurso das frases de efeito sempre mais curtas (*sound bite*) e a limitação (até a eliminação) dos comentaristas (*talking heads*).

Encontramos essa tendência, com características ainda mais agudas, em todas as formas de comunicação ligadas ao *teleputer*.

Populismo e populismo informático

As diversas concepções da república eletrônica apresentam muitas características em comum, independentemente do caráter tosco ou sofisticado, tecnologicamente atrasada ou avançada. Uma delas, e talvez a principal, é que todas adotam, de uma maneira ou de outra, um conceito *populista* de democracia.

Nos discursos sobre a democracia, encontrados na rede, existe sempre uma explícita referência aos valores do *populismo*. Mas esse populismo não se baseia em um corpo de doutrina unitário. Em verdade, existem pelo menos três grandes tradições populistas: a dos fazendeiros americanos, a do anárquico russo e a do caudilho latino-americano. Entre essas tradições, por razões óbvias, a primeira delas exerce influência direta sobre o ideal político do ciberespaço.

Sob ponto de vista histórico, nos EUA, o populismo surge intimamente ligado ao comunitarismo, fenômeno já explicado anteriormente. É a tese sustentada por R. Hofstadter (1969) e P. Worsley (1969). Segundo Worsley, o populismo russo é um movimento que nasceu do senso de solidariedade da elite intelectual ao sofrimento dos camponeses. Diferentemente do populismo russo, o norte-americano não é um movimento *para* o povo, mas um movimento *do* povo. Na cultura populista (e revolucionária) russa, de Herzen a Lenin, foi sempre a elite, ou seja, uma vanguarda 'iluminada' que guiou a mobilização das massas. Na cultura americana, ao contrário, nega-se o papel de guia à elite, e apoia-se na espontaneidade dos indivíduos (e dos grupos) para a formação da vontade coletiva[74].

É claro que nos EUA o antielitismo não goza hoje (nem pode gozar) da mesma credibilidade que gozava na época dos primeiros fazendei-

---

[74]   Sobre o conceito de elite, ver T. B. Bottomore (1964).

ros. Parece-me supérfluo recordar que as coisas mudaram radicalmente. Seguramente, uma democracia vinda 'da base' (*bottom up*) continua a ser postulada, talvez com a mesma ênfase daquela época, refletindo um dos aspectos mais evidentes da sociedade norte-americana. Tal imagem, porém, é cada vez menos realista. De fato essa imagem não se coaduna com um país onde todas as elites – industrial, financeira, militar, tecnocrática e burocrática – exercem um poder 'superior' (*top-down*) praticamente ilimitado. Dentro das próprias fronteiras e além delas.

Qual é a vantagem de se repropor um populismo exagerado no contexto atual? Por que repropô-lo, em versão eletrônica, com a pretensão de fundar uma democracia direta que, em teoria, deveria banir definitivamente a influência de qualquer tipo de elite? Independentemente da exequibilidade desse ambicioso projeto, é inegável que ele exprime tacitamente uma pesada aversão aos sistemas em que elites onipotentes exercem influência em tudo.

Essa constatação não nos exime da obrigação de questionar o alcance efetivo dessa aversão. Em outras palavras: o populismo informático, imaginado como uma alternativa radical ao elitismo vigente, é realmente o que pretende ser? Em primeiro lugar, surge a seguinte questão: em que medida o cenário de uma democracia *na rede* pode de fato trazer (ou não) elementos novos na velha disputa entre populismo e elitismo? E, se trouxer, quais são esses elementos? São perguntas que não devem ser relegadas a um segundo plano, pois a contenda entre populismo e elitismo inclui aspectos de interesse crucial para a democracia. Entre eles, alguns dos mais significativos já foram colocados em evidência, como a questão da autonomia e, portanto, da liberdade – positiva ou negativa – dos cidadãos.

V. Pareto, G. Mosca e R. Michels discutiram no passado a impossibilidade de se lutar contra as oligarquias políticas. Mesmo que o elitismo não possa ser examinado nesses termos, parece evidente que o surgimento de um novo tipo de populismo – o informático – torna necessário um reexame crítico do elitismo. Essa retomada, a meu ver, deve partir necessariamente de um substancial enriquecimento do conceito de elite. E isso porque as elites e suas obras não podem ser circunscritas a um só setor. Elas fazem sentir seu poder condicionante e sua influência em todos os lugares, até mesmo se manifesta o mais forte antielitismo.

Atualmente, o populismo não mais se apoia nas tecnologias da era pré-industrial, mas em avançadas tecnologias da informação e das telecomunicações. Nesse contexto, o que se pode entender por elitismo? Seriam os representantes das elites industriais e tecnocientíficas que lideram o desenvolvimento dessas tecnologias?[75]

---

[75] Não é tanto o grau de independência, certamente elevado, do elitismo em relação ao populismo que aqui nos interessa. Procuramos estabelecer, como antecipado, em que medida o programa radicalmente antielitista do populismo informático pode encontrar amparo na realidade. Para descobrir, um caminho a trilhar – talvez o mais tradicional – é perguntar sobre o poder vinculante, direta ou indiretamente, que as multinacionais da informação e das teleco-

Antes de mais nada, elitismo e populismo devem ser considerados como dois modos antagônicos de se entender a democracia. Ou seja, são dois programas com diferenças substanciais sobre o papel a ser atribuído à cidadania na gestão democrática da sociedade. De um lado, os populistas temem o domínio autoritário das elites. De outro, os elitistas temem um 'excesso de democracia'.

O neoconservador norte-americano J. Bell[76], a despeito da sua explícita simpatia por um elitismo vigoroso, forneceu uma descrição muito objetiva e bem prática dos dois programas em questão. Escreve Bell: "Populismo é o otimismo acerca da capacidade das pessoas em tomar decisões sobre a própria vida. Elitismo é o otimismo acerca da capacidade de uma ou mais elites tomar decisões, procurando ajudar as pessoas. Populismo é um pessimismo acerca da capacidade das elites em tomar decisões que ajudem as pessoas. Elitismo é um pessimismo acerca da capacidade das pessoas em tomar decisões que ajudem a si mesmas."

As concepções de Bell são de natureza bastante subjetiva. Afinal, tudo se concerne a visões otimistas e pessimistas do populismo e do elitismo. Pode-se admitir que os aspectos subjetivos sejam parte relevante do problema. Além disso, as posturas favoráveis ou contrárias ao populismo ou ao elitismo devem incluir questões de outra natureza. Essa discussão, a bem da verdade, não é nova na história do pensamento político ocidental. Contudo, nos últimos tempos assumiu uma particular atualidade. Contribui para isso, de um lado, a explosão de diversas formas de populismo a partir de 1968. Do outro lado, houve o reaparecimento de um neoconservadorismo elitista cada vez mais aguerrido.

As coisas, porém, não são tão simples. Na sociedade atual é difícil manter separados populismo e elitismo, pois não se trata de dois compartimentos estanques. Existe uma relação de dependência recíproca entre populismo e elitismo, ainda que sutil. Em uma sociedade liberal democrática, as elites são obrigadas, pelo menos na retórica, a apropriar-se de alguns discursos próprios do populismo. Nos dias de hoje, nenhuma elite que disponha de um poder efetivo pode se permitir ao luxo de exaltar abertamente os próprios privilégios. Nem demonstrar desgosto ou desprezo por aqueles que não gozam de tais privilégios[77]. Desse modo, o elitismo vê-se obrigado a imitar o populismo.

Pode parecer que a dramatização do contraste populismo-elitismo sirva apenas para desviar a atenção dos reais problemas da democracia. A confiança na capacidade de julgamento dos cidadãos, como já

---

municações exercem sobre as formas de usufruir da rede utilizadas pelos usuários. A questão é descobrir – o que não é de todo difícil em vista do exposto – como os interesses de tais empresas condicionam o comportamento comunicativo dos usuários. Ou seja, como os proprietários dos meios condicionam as mensagens.

[76] J. Bell (1992, p. 3).

[77] Existem certamente algumas elites institucionais dispostas a reconhecer publicamente sua aversão em relação aos negros, aos judeus, aos hispânicos, aos homossexuais ou às mulheres, e a teorizar publicamente o seu ódio pelas classes populares.

discutimos, é um dos pressupostos fundamentais da democracia. Mas daí a acreditar, como fazem os populistas, que esta capacidade por si só seja capaz de levar a escolhas corretas, sempre e de qualquer modo, é um grave erro. Por outro lado, acreditar piamente – como fazem os elitistas – que seus expoentes possam sempre fazer as melhores escolhas, é igualmente errado[78].

O maior problema atual não é tanto o elitismo, mas o populismo. Sobre o elitismo já sabemos quase tudo. Sobre o populismo, ao contrário, é necessário fazer alguns esclarecimentos. Procurei mostrar que o aspecto mais evidente do populismo é a tendência congênita de acreditar que os cidadãos sejam infalíveis em suas escolhas. Na prática, esta postura leva, frequentemente, à exaltação demagógica do que chamamos "o povo".

A ideia de povo, entretanto, não é neutra. Quem invoca o povo está pensando principalmente naqueles que, certamente, poderiam confirmar (ou legitimar) suas próprias opiniões, e não naqueles que lhe são adversos. Por essa óptica, as pessoas se identificam principalmente com aqueles que têm algo em comum, como país, cidade, raça, gênero, turma ou *hobby*, ou então com aqueles que compartilham a própria religião, ideologia ou partido. Não me parece exagerado dizer que o populismo, com o seu apelo retórico às pessoas, em última análise, é também uma forma de elitismo: ele inclui determinadas pessoas e exclui outras.

O populismo informático não é exceção. Ele se caracteriza pelo modo muito particular de se dirigir às pessoas. O populismo informático se declara a serviço de 'todas' as pessoas, sem excluir ninguém. Mas a verdade é outra. Atrás de uma enganosa comunicação telemática universal, o que se impõe, na realidade, é a ideia de 'povo' com a acepção restritiva de 'meu povo'.

Existe, porém, uma diferença. Os outros populismos agem em um amplo espectro, recorrendo frequentemente à mobilização das massas. O tradicional demagogo populista procura, por exemplo, através das reuniões em praça pública, um contato direto com os seus seguidores potenciais ou seus bajuladores. O populista informático, ao contrário, é essencialmente um *intimista*. Ele opera solitariamente, confinado em um ambiente quase sempre apertado e isolado, absorto em frente ao computador. Nunca se expõe ao contato direto, face a face, com seus interlocutores distantes e inalcançáveis. Essa modalidade de interação gera problemas de grande interesse para o debate acerca do cenário da democracia eletrônica.

Identidade e multiplicidade de papéis

A democracia telemática apresenta outros problemas. Há um aspecto inquietante, relacionado com a identidade individual. Nos programas de relacionamento na rede, constata-se, cada vez mais com maior

---

[78] Sobre a relação elites–expoentes, cf. Maldonado (1995, p. 33 e seguintes).

50 Cultura, Sociedade e Técnica

frequência, usuários escamoteando a própria identidade para assumir falsas identidades[79]. Uma estudante de 18 anos faz-se passar por um velho pugilista aposentado. Um advogado do interior torna-se um regente de orquestra. Um homem casado vira um solteirão convicto. Um padre islandês transforma-se em uma prostituta filipina.

Esses travestis informáticos, como se vê, podem prefigurar situações de indubitável comicidade involuntária (ou voluntária). Não causa espanto que isso seja utilizado como um engenhoso tipo de jogo virtual. Centenas de milhares de aficionados, jovens e nem tão jovens, praticam o jogo das falsas identidades como uma divertida forma de entretenimento ou também como uma forma artificial de compensar certas carências individuais, como um rapaz pobre que se transmuta em um milionário.

Esse fenômeno pode ter implicações que ultrapassam os limites acima expostos. Isso ocorre, sobretudo, no âmbito das comunicações social e política. Por exemplo, um grupo de pessoas que trocam opiniões em tempo real sobre assuntos referentes a importantes decisões coletivas usando o programa IRC – *Internet Relay Chat*. Tudo pode ser feito sem revelar a identidade real ou simulando (ou usurpar) uma identidade diferente.

Na gíria da informática, a relação coloquial que se tornou possível através de um canal IRC foi denominada "bate-papo" (*chat*). No senso comum, bate-papo é considerado diálogo entre pessoas de maneira fútil, superficial, inconclusiva e, às vezes, maldosa. Essa característica também está presente no bate-papo informático. É legítimo supor que seus efeitos possam ser devastadores, especialmente quando o objeto de discussão for a política.

O bate-papo pode transformar a política – como mostra a experiência televisiva – em matéria de incômodo e desprezo pelos cidadãos.

O bate-papo pode ocorrer entre pessoas que interagem à distância, sem um contato visual e ocultando a própria identidade. Nesse caso, estamos diante de uma forma de comunicação muito distante daquilo que se pode chamar de comunicação efetiva. Principalmente se o objeto de discussão envolver decisões de grande importância para a vida democrática, como a eleição presidencial. Nesse caso, os cidadãos não deveriam confiar apenas no bater-papo. Precisariam, isto sim, de uma vasta discussão pública sobre as decisões a serem tomadas.

Tocamos aqui em um ponto crucial da nossa reflexão. Acredito que o bate-papo informático não seja uma forma confiável para a comunicação política. Isso torna obrigatório explicar detalhadamente os motivos dessa ausência de credibilidade. Para esse objetivo é necessário examinar, mesmo que rapidamente, uma temática recorrente na tradição sociológica contemporânea. Refiro-me ao modo pelo qual os *atores sociais* participam operativamente dos processos comunicativos da sociedade. Aqui se torna inevitável fazer referência à "teoria dos papéis"[80]. Muitos

---

[79]   Sobre falseamento da própria identidade, ver J. Starobinski (1961).

[80]   Normalmente, considera-se que G. Simmel (1910) e G. H. Mead (1934) tenham for-

consideram, com razão, que essa teoria tem pouca afinidade com os atuais interesses da pesquisa sociológica. Não há dúvida que ela perdeu a importância que já teve no tempo em que a escola funcionalista reinava de modo absoluto na sociologia[81]. Creio que os sociólogos, com poucas exceções, tenham tido muita pressa em relegá-la ao esquecimento.

Com efeito, percebemos que os argumentos recorrentes entre os estudiosos da teoria dos papéis reaparecem agora, com nuances diversas, nas obras dos estudiosos da filosofia moral[82]. São argumentos que giram em torno das seguintes questões: o que é uma pessoa? Ou melhor, em que consiste a identidade de uma pessoa? Qual é a ligação entre o Eu e o Outro?

Luciano e Shakespeare[83] afirmam que a nossa vida é apenas um palco, no qual somos levados a interpretar múltiplos papéis, simultânea e sequencialmente, alguns conflitantes entre si. Se tal proposição for verdadeira, como se explicaria o fato de que, entre as tantas 'máscaras' que somos obrigados utilizar, algumas nos caem tão bem? Algumas delas ficam tão adequadas que "preferimos perder a própria cara em vez da máscara", como observa sarcasticamente Luciano[84]. Ou ainda mais explicitamente: se representamos simultaneamente uma multiplicidade de papéis, como e por que *um* desses papéis, *por um determinado lapso de tempo*, predomina sobre os outros, passando a ser determinante para caracterizar a nossa identidade?

---

necido os esquemas de interpretação sobre os quais a teoria sociológica dos papéis foi posteriormente desenvolvida. Nesse sentido, foram importantes, entre outros, R. Linton (1936) e R. Dahrendorf (1958). Ver também, principalmente pelas críticas a essa teoria, H. Popitz (1968), D. Claessens (1970), U. Gerhardt (1971) e F. Haug (1972). E ainda J. Habermas (1984, p. 187 e 1991, p.13) que levanta importantes objeções sobre a teoria clássica dos papéis, não tanto pelo que esta sustentou, mas pelo que negligenciou. E, entre estas, segundo Habermas, a mais grave foi não ter enfrentado a questão da "competência interativa entre os papéis".

[81]   A crítica ao funcionalismo clássico, na visão de T. Parsons e de sua escola, teve um impulso quando C. G. Hempel (1959) denunciou, por uma óptica neoempirista, a sua insustentabilidade científica. N. Luhmann (1970) procurou superar as críticas de Hempel, com resultado incerto. Desenvolveu uma nova versão de funcionalismo: o 'neofuncionalismo'. Enquanto o funcionalismo clássico seria, segundo Luhmann, uma 'teoria estrutural-funcional' (*strukturellfunktionale Theorie*), o seu neofuncionalismo seria, ao contrário, uma 'teoria funcional-estrutural' (*funktional-strukturelle Theorie*) dos sistemas sociais. A primeira evidencia a 'estrutura' e a segunda a 'função' (v. I, p. 113-139). Sobre o neofuncionalismo de Luhmann, ver a introdução de D. Zolo na edição italiana de *Illuminismo sociologico* de Luhmann (1970). Outra crítica ao 'funcionalismo clássico' foi a acusação de 'conservadorismo', por muitos não compartilhada, como, por exemplo, em R. K. Merton (1949, tradução italiana, v. I, 1971, p. 149 e seguintes).

[82]   Faço referência, como exemplo, a filósofos como B. Williams (173) e Ch. Taylor (1989).

[83]   É a ideia, intuída na antiguidade por Luciano (1992, v. I, p. 442-443), que Shakespeare (1982, p. 520-521), em um famoso passo de uma sua comédia, contribuiu para transformar em um lugar comum: que todos somos atores na vida, chamados a representar, não um, mas vários papéis.

[84]   Luciano (1992, v. II, p. 160-161).

52 Cultura, Sociedade e Técnica

Na atual fase de desenvolvimento da sociedade industrial avançada (que alguns chamam de pós-moderna, mas que prefiro defini-la em termos de hipermodernidade)[85], as pessoas têm uma enorme tendência de mudar muitas vezes de identidade no decorrer de suas vidas. Como se explica a dinâmica desse fenômeno? Quais são os fatores que o desencadeiam? Quais são seus efeitos sobre o conceito de pessoa e sobre os processos formativos da personalidade?

Essas perguntas são antigas – em todas as épocas os pensadores se confrontaram com perguntas dessa natureza. Todavia, foi com o nascimento do individualismo moderno que elas tornaram-se mais opressoras. Pela primeira vez (ou quase), o 'Eu' não deve ser escondido ou camuflado atrás de um muro de eufemismos. Em Montaigne, o *Moi* (Eu) é vivido como a descoberta de um novo território, como o emergir de um novo mundo a ser explorado. Mas a arrebatadora irrupção do Eu na cultura ocidental comporta, simultaneamente, uma reavaliação do Outro. O problema da relação do Eu com o Outro se situa, inesperadamente, no centro de um novo horizonte de reflexão. Não é uma relação entre duas realidades imutáveis e simples, mas entre duas realidades mutáveis e complexas. Entre essas duas realidades que se moldam reciprocamente, não existe um Eu sem um Outro, e vice-versa. E mais: pode-se dizer que, em cada Eu, estão presentes diversos Eu. Para continuarmos na metáfora teatral, cada Eu deve ser visto como uma cena na qual são interpretadas diversas partes, em um complexo jogo entre essas partes. Essa é a ideia sustentada pela teoria sociológica dos papéis: cada pessoa é portadora de diversos papéis.

A despeito das muitas reservas que podem ser colocadas sobre a teoria dos papéis, ela nos propõe uma descrição muito adequada ao que realmente ocorre nos processos construtivos da nossa identidade. E também das relações da nossa identidade com a identidade dos outros.

Pode ser útil, neste ponto, recordar a importante contribuição terminológica de R. K. Merton. Nos passos de R. Linton (1936), mas superando muitas de suas ambiguidades, Merton explica as noções de 'status', 'conjunto de status' (*status-set*), 'papel' e 'conjunto de papéis' (*role-set*). Para Merton (como para Linton), "status é a posição ocupada por determinados indivíduos em um sistema social, enquanto o papel corresponde às manifestações de comportamento, conforme as expectativas atribuídas pela sociedade àquela posição"[86].

Merton, diferentemente de Linton, atribui um 'conjunto de papéis' a cada status. Por outro lado, sempre segundo Merton, cada indivíduo ocupa diversos status e, assim, conclui-se que cada indivíduo cumpre, de fato, uma 'multiplicidade de papéis'.

Pela ótica exclusivamente descritiva que nos interessa, veremos agora como se manifestam, concretamente, os papéis na vida quotidiana

---

[85] As questões relativas à modernidade (moderno, modernização, pós-moderno, e outros) foram amplamente discutidas por mim no ensaio *Il futuro della modernità* (1987).

[86] R. K. Merton (1949, tradução italiana, v. II, p. 684) Cf. R. Linton (1936).

dos atores sociais. Entre os estudiosos do tema, existe o consenso de se agrupar os papéis em três grandes categorias: os 'papéis primários' ou basilares (mãe, pai, avô, filho, irmão, irmã, sobrinho, entre outros), os 'papéis culturais' (italiano, europeu, judeu, membro de um partido político, de uma sociedade filantrópica, pacifista, ambientalista, torcedor de determinado time de futebol etc.) e os 'papéis sociais' (médico, advogado, professor, bispo, atriz, estudante, industrial, artista de TV, dona de casa, ator de filme pornô, mendigo, sindicalista, chefe, empregado, operário, lavrador etc.). Cada indivíduo exerce papéis diferentes em cada uma das três categorias. São papéis frequentemente conflitantes entre si[87].

Surge então uma pergunta: por que a reabilitação da teoria dos papéis é importante para o nosso tema? Habermas sustenta que a democracia pressupõe um racional agir *deliberativo* entre os atores sociais. Se aceitarmos esta tese – à qual retornaremos mais adiante – a questão da multiplicidade dos papéis que desempenhamos torna-se crucial.

Isso se torna particularmente claro quando se trata de tomar decisões coletivas sobre algum assunto de grande interesse público. Nesse contexto, a possibilidade de haver um acordo racional melhora quando os atores se sentam à mesa de negociação desempenhando um único papel. Mas trazendo consigo todos os papéis que, mesmo contraditoriamente, fazem parte de suas identidades. Dessa forma, o embate não é mais entre dois ou mais antagonistas, cada qual de posse do seu papel, o que nesse caso seria, portanto, destinados a um confronto sem alternativas.

Durante as negociações somos constantemente obrigados a mudar o nosso objetivo, embora se conservem as nossas preferências. Isso ocorre, segundo J. C. Harsanyi (1978), devido à nossa avaliação dos 'custos de oportunidade', ou seja, as vantagens ou as desvantagens das várias alternativas. Elas podem nos obrigar a escolher um objetivo diferente daquele que imaginávamos (e ainda imaginamos) como o mais desejável. Por um lado, é um comportamento sem dúvida incoerente, visto que renunciamos a um objetivo que julgamos preferível. Por outro lado, ao contrário, existe uma coerência, pois, pelo menos no plano ideal, continuamos fiéis à convicção de que o objetivo inicial é o melhor.

O tema da coerência (ou da incoerência) de nossas escolhas está no centro da inflamada controvérsia sobre o neoutilitarismo. É recorrente não somente entre aqueles que são favoráveis à perspectiva neoutilitarista, mas também entre aqueles contrários a ela, ou aqueles que colocam fortes dúvidas em relação a ela[88].

Mesmo não sendo meu propósito intervir nessa delicada controvérsia, entendo que esse tema tenha ligação direta com a tese que sustento. Vejamos: se considerarmos que cada indivíduo é portador de diversos

---

[87] Esta multiplicidade de papéis e seus conflitos são, em grande parte, vindos de fora. Eles são o resultado das diversas expectativas que os outros têm em relação a nós mesmos. Isso explica por que, hoje, é tão difícil sustentar o discurso da "liberdade do sujeito" (A. Touraine, 1997, p. 10).

[88] Cf. B. Williams (1982) e A. Sen (1982).

papéis, fica difícil de refugar a ideia de que cada indivíduo possa exprimir, por princípio, várias preferências. As implicações teóricas (e práticas) de tal eventualidade não devem ser menosprezadas. Os custos de oportunidade podem me desaconselhar uma escolha que, sob a ótica do meu papel particular, seria a mais desejável. Por outro lado, eu posso fazer outra escolha que, pela ótica de um dos meus outros papéis, é igualmente desejável. Por esse raciocínio, o problema da coerência (e da incoerência) não se verifica em um campo restrito de escolhas, entre duas ou três alternativas, mas em um vasto espectro das escolhas possíveis[89].

Por consequência, o cenário de decisões exige que os papéis desempenhados por cada um dos atores sociais sejam reais. Exige uma *real* colaboração e uma *real* interação face a face entre os atores sociais. Quando a mútua colaboração torna-se ausente – como no caso da interação telemática – a democracia fica fortemente ameaçada. E isso se agrava ainda mais quando os interlocutores assumem papéis fictícios no jogo telemático. Eles renunciam à própria identidade e, com isso, à rica dinâmica da própria multiplicidade de papéis.

Pessoa e identidade *online*

Após essa longa digressão sobre a identidade e sobre ritualização da teoria dos papéis, podemos dar mais um passo no aprofundamento da questão da identidade *online* e de sua relação com a democracia. Gostaria de discutir algumas das ideias de Sherry Turkle no livro *Life on the screen: identity in the age of the Internet*[90] (A vida na tela: a identidade na era da Internet). A autora analisa a questão da identidade e do *role-playing games* (RPG) na Internet, usando abordagem lacaniana. Além de Lacan, demonstra evidente influência de outros intelectuais, em grande parte franceses: Lévi-Strauss, Foucault, Derrida, Baudrillard, Deleuze, Guattari, Piaget, Erikson e, obviamente, Freud. O mérito indiscutível deste livro é a tentativa de aprofundar temáticas ainda inéditas na copiosa, trivial e repetitiva literatura sobre o universo da Internet.

O conceito central de Turkle é a da "natureza composta" do Eu, ou seja, da identidade. Como vimos anteriormente, trata-se de um conceito que se insere tanto na teoria dos papéis (tradicional ou atualizada), como na atual filosofia moral[91]. Encaixa-se naquelas correntes psicanalíticas

---

[89]   Alguns estudiosos da teoria dos jogos fazem distinção entre jogos *estáticos* (caracterizados por uma única fase de jogo) e jogos *dinâmicos* (nos quais alguns atores sociais corrigem suas estratégias durante o curso do jogo), (M. Chiapponi, 1989, p. 144). Quando os atores sociais estiverem envolvidos na situação em que tenham de decidir em meio a um vasto espectro de opções, podem estar operando na categoria dos jogos dinâmicos.

[90]   S. Turkle (1995). Da mesma autora, docente de Sociologia no MIT, cf. (1984 e 1992). Ver ainda P. McCorduck (1996) e o seu retrato na ocasião da publicação de *Life on the screen*.

[91]   "Eu sou muitos", declarou S. Turkle em uma entrevista (1996). Aludia ao fato, já discutido, que cada um de nós pode exprimir muitas identidades, visto que assumimos diversos

1. O ciberespaço é um espaço democrático?   **55**

que divergem da visão de Jung – de uma unidade arquétipa do Ego. Em linhas gerais, é possível concordar com esse conceito, mas o mesmo não se pode dizer do seu uso.

Baseando-se em uma vasta experiência de observação do comportamento (próprio e alheio), no uso das tecnologias interativas e nos e-mails, Turkle propõe uma teoria alternativa às posições utópicas, utilitárias e apocalípticas que caracterizam o novo estilo de vida (*New way of life*) eletrônico.

A alternativa apresentada pela pesquisadora – na verdade, uma quarta via – obviamente é digna de ser tentada, mas não creio que Turkle, a pesquisadora norte-americana, tenha sucesso na empreitada. Examinando bem, a posição por ela defendida é mais uma combinação da outras três posições apresentadas (utópicas, utilitárias e apocalípticas) do que propriamente uma nova alternativa. A meu ver com um agravante, nesse caso, as doses distribuídas a cada uma delas são nitidamente desequilibradas. Em seu ensaio prevalece a posição utópica, a posição utilitária raramente aparece. E, se por apocalíptico entendemos a expressão de dúvidas e perplexidade sobre o novo estilo de vida, a posição apocalíptica aparece ainda mais limitada na sua teoria, parecendo ser apenas uma obrigação de citá-lo, presumo, que seja apenas para esquivar-se de uma possível acusação de conformismo.

É bem verdade que a posição utópica percebida por Turkle não é igual à postura quase *naif* de Nicholas Negroponte, diretor do MIT *Media Lab*, endeusado profeta de um sublime mundo digital do futuro. O utopismo de Turkle, como o de Negroponte, é fundamentado na crença comum de que a cybercultura, ao aplicar as tecnologias informáticas, provocará uma profunda mutação das condições de vida do planeta, e essa mutação ocorrerá primeiro no âmbito das relações interpessoais. De acordo com esse ponto de vista, a telemática deveria contribuir para uma verdadeira emancipação das nossas relações interpessoais. Com isso, em um futuro próximo, seríamos cada vez mais profícuos, livres e intensos.

No momento, porém, isso é apenas um apaixonante cenário de utopia positiva no qual ecoa, mais uma vez, a velha 'filosofia de promessas'. Cria-se novamente a fantasia de sublimes mundos possíveis que – nas promessas – já estariam à nossa disposição. Seria um retorno às "metanarrações", que J. -F. Lyotard considerou definitivamente superadas na história? Tudo isso faz pensar que sim e não há nada de escandaloso nisso. Afinal de contas, a despeito de tudo o que pensam os mestres dos oráculos do pós-estruturalismo e do pós-modernismo, é difícil renunciar às grandes promessas do futuro. Por outro lado, essa convicção não significa aceitar placidamente cada grande promessa. A experiência histórica, principalmente a das últimas décadas, cada vez mais nos recomenda sobriedade nos vaticínios e prudência diante dos

---

papéis. Mas ela se referia à possibilidade oferecida a cada um de nós para exprimir, na Internet, múltiplas identidades apócrifas. Ou seja, a possibilidade de sermos ainda muitos mais do que normalmente nos é permitido ser.

56 Cultura, Sociedade e Técnica

prognósticos. Pricipalmente quando anunciam a iminente chegada de sublimes 'mundos possíveis'.

No livro de Tuckle, além da tentação utopista, não faltam contribuições de grande interesse. Citarei apenas dois exemplos: sua lúcida análise da relação transparência-opacidade no desenvolvimento dos computadores pessoais e as suas reflexões sobre os pressupostos filosóficos da 'inteligência artificial emergente'. Nota-se, porém, que ela geralmente não consegue se liberar das elucubrações lacanianas. Ela está convicta, e não parece ter a menor dúvida, que existe algo como uma autoestrada unindo diretamente Lacan a Internet. É uma ideia, admitamos, bem temerária.

Concordo que alguns temas de Lacan, reinterpretando Freud, possam ser úteis para a temática da identidade no contexto que estamos discutindo. Em um livro anterior[92], a autora tratou de Lacan com algumas interpretações muito originais. Nesse texto já estavam presentes os embriões de alguns temas que agora são retomados com maior profundidade. Uma questão, porém, permanece em aberto: a 'ubiquidade fantasmagórica das pessoas' e a troca incessante das identidades na Internet. Elas deveriam ser consideradas um fator positivo nas relações interpessoais? As ideias de Lacan contribuiriam realmente para sustentar essa tese, como ela defende? Tenho grandes dúvidas a respeito.

Na medida em que é possível entender o raciocínio normalmente paradoxal e ambíguo de Lacan, parece evidente que ele jamais tenha sido favorável à identidade-fantasma. Em Lacan o 'Eu' é seguramente uma construção imaginária, mas é na relação com o 'Outro', também imaginário, que o Eu (e o Outro) se torna real. Como indica com exatidão, é pelo menos uma realidade pela metade. "Não existe um sujeito sem o Eu", afirma. E há ainda a questão do Outro. "Este discurso do Outro não é o discurso do Outro abstrato... do meu correspondente, e nem mesmo simplesmente do meu prisioneiro, é o discurso no qual Eu estou integrado. Eu sou um dos elos da corrente"[93].

Quando se lê sobre as relações interpessoais na Internet, em Turkle e outros, abordando questões de identidades trocadas entre pessoas apócrifas, entre 'falsos Eu', vêm à memória algumas importantes metodologias teorizadas (e praticadas) pela psiquiatria clínica e pela psicopatologia oficiais e ainda pela psicanálise. Turkle, não por acaso e de modo recorrente, se ocupa dos efeitos diagnósticos e eventualmente terapêuticos desse tipo de relação. Em sua análise, ela se apoia em testemunhos, mais ou menos confidenciais, das experiências concretas de muitas pessoas particularmente ativas nesse campo. Conta ainda com o testemunho pessoal da própria autora.

---

[92] S. Turkle (1992). No prefácio desta 2ª edição, (a 1ª é de 1978) Turkle faz um balanço da 'política psicanalítica dos anos 1990'. Nesse texto, ela insiste na importância da 'crítica ao Ego' de Lacan, e sustenta que a ideia de *decentered self*, que dela resulta, é hoje "mais importante que nunca".

[93] J. Lacan (1978, p. 112). Cf. Freud (1940).

1. O ciberespaço é um espaço democrático?   **57**

Normalmente, trata-se de pessoas que fingem ter uma identidade sexual que não é (ou presume-se que não seja) a sua própria (*gender-swapping*). Por exemplo: um homem que assume a identidade de uma mulher ou vice-versa. Ou então um heterosexual que assume a identidade de um homosexual, ou vice-versa. Às vezes, é possível perceber um 'Eu ideal' (nem sempre), na escolha de um 'falso Eu'. Sem esse expediente, a pessoa jamais teria a coragem de tornar explícita essa transmutação aos olhos de outros, quanto mais aos seus próprios. Não restam dúvidas que, nesses casos, como em muitos outros, o analista possa obter elementos cognitivos de grande interesse.

Nesse contexto, a tela do computador parece se transformar numa realidade substitutiva do divã da psicanálise clássica, cuja função era a de evitar uma relação direta e frontal, olhos nos olhos, entre o analista e o analisado. A prova seria o fato de que, na Internet, a interface entre os usuários, na modalidade escrita-leitura, exclui paradoxalmente o verdadeiro face a face. Isso é reforçado nos casos em que os interlocutores se apresentam escondidos atrás de uma falsa identidade. Ao lado do divã onde se deitava o paciente, no passado, sempre existia o analista em discreta (ou quase) escuta. Na relação *online* qual será a atual modalidade de observação (ou de participação) do analista?

É claro que o analista pode, agora, desenvolver sua função de duas maneiras: apresentando-se como tal ou então escondendo, como os outros, a sua verdadeira identidade e a natureza do seu papel. Nesse último caso, a sua liberdade de intervenção é muito limitada devido à necessidade de permanecer fiel a uma identidade que não é a sua. No primeiro caso, a sua presença 'explícita' como analista pode suscitar apreensão, desconfiança e até aversão. A situação é diferente quando existe uma adesão espontânea de um certo número de pessoas em participar de uma terapia de grupo *online*. O que se repropõe é algo semelhante ao 'teatro terapêutico' (psicodrama e sociodrama), desenvolvido nos anos 1930 pelo psicólogo romeno J. L. Moreno[94]. Foi uma experiência que, após um período de grande ascenção nos EUA, caiu em desuso, pela grande complicação dos instrumentos cenográficos que utilizava. A Internet, hoje em dia, possibilitaria um teatro terapêutico muito mais sofisticado.

Não me compete julgar o valor do diagnóstico (ou terapia) de uma relação *online* entre pessoas com distúrbios psíquicos. A mim interessa principalmente o fato de que os canais da Internet, com as mesmas características de anonimato, possam ser utilizadas – e isso já está acontecendo – como fórum de discussão que tem como objetivo a formação de escolhas políticas.

Estou convencido, e insisto no argumento, que um genuíno fórum político só é possível quando os participantes mergulham pessoalmente na discussão. Tem de haver um confronto face a face entre eles. Um

---

[94]   J. L. Moreno (1953).

58 Cultura, Sociedade e Técnica

fórum entre factoides, fantasmas, pessoas que não são quem dizem ser, não é e nem pode ser um fórum político[95].

Um jogo?

Dizem que eu levo muito a sério a questão das falsas identidades no ciberespaço. Existem pessoas que consideram isso apenas um jogo. E mais: um jogo inofensivo. R. Caillois[96], em um famoso ensaio, valeu-se do termo "mimetismo" para definir o jogo do travestimento. Desde crianças frequentemente brincamos de ser outro: super-homem, mocinho, bandido, soldado, mamãe, médico, enfermeira. E também uma máquina: um avião em voo acrobático ou um carro de corrida. E ainda um animal: um cavalo a galope ou um leão rugindo. As crianças, porém, sabem que não é verdade, que é só brincadeirinha. Parece que o mesmo é válido para os atores. Em um agudo estudo sobre a sociologia do ator, J. Duvignaud sustenta a tese, já presente em *Paradoxe sur le comédien* de Diderot, que o bom ator não é aquele que consegue identificar-se totalmente com o papel que representa. Contrariamente ao que se acredita, é aquele que sabe interpretá-lo com um relativo distanciamento, sem deixar-se envolver mais que o necessário, de forma "fria e calma", dizia Diderot[97].

De qualquer forma, crianças e atores estão conscientes que a sua fantasia é transitória. Quando o jogo ou a representação terminam, eles tiram as 'máscaras' e retomam, sem nenhum trauma, às próprias identidades.

Existem, porém, fantasias em que as coisas acontecem de forma diferente. Em alguns casos, a falsa identidade é vivida, pelo próprio sujeito e pelos outros, como se fosse a verdadeira identidade. Em outras palavras, a troca é absoluta. Os exemplos são muitos: no contexto de uma cultura totêmica, o feiticeiro torna-se idêntico ao totem. Seja esse totem um javali, um falcão ou uma coruja. E em alguns casos famosos da psiquiatria: os esquizofrênicos que pensam ser Marilyn Monroe, Napoleão ou Jesus Cristo.

Não estou tentando dizer que a esquizofrenia esteja à espreita no jogo das falsas identidades na Internet. Mas também não descarto essa possibilidade. O fato é que a prática da falsificação de identidade envolve um grande número de pessoas. Isso me leva a supor que ela possa favorecer o nascimento de uma espécie de comunidade autônoma, desprovida de qualquer ligação com a realidade. O risco é que o jogo acabe se transformando em alguma coisa inquietante: uma tenebrosa e nada

---

[95] As vantagens (e algumas desvantagens) da negociação política direta (*to deal in Person*), foram apresentadas por Francis Bacon no seu breve texto *On Negotiation* (1936).

[96] R. Caillois (1967).

[97] J. Duvignaud (1965). Cf. D. Diderot (1959).

lúdica comunidade de espectros. Essa hipótese não me parece arbitrária. Seria uma comunidade cujos membros são persuadidos, em diferentes graus, que suas identidades postiças seriam as suas reais identidades. A loucura a dois (*follie à deux*), identificada pela psiquiatria no século xix, seria ampliada para loucura de muitos, uma loucura amplamente compartilhada.

As minhas observações podem parecer sombrias, com razão, muito pessimistas. Mas achei necessário apresentá-las desse modo para contrastar com a sugestão, a meu ver muito otimista, de tratar esta questão "de leve", como se fossem inocentes jogos dos "*nerds* de garagem".

O problema que mais me preocupa é que a tendência de se pegar leve, banalizando o fenômeno, possa tirar nossa atenção de uma proposta que nada tem de lúdica. É uma proposta dos que querem fazer deste jogo enganador um novo tipo de fórum político, um novo instrumento ainda mais revolucionário de democracia direta.

Neste cenário, a discussão pública sobre os grandes temas políticos, sociais e culturais do nosso tempo seriam canalizadas para os áridos circuitos onde transitam majoritariamente indivíduos sem face. São indivíduos protegidos pelo anonimato. Disparam breves textos, mais ou menos cifrados, sobre os mais variados (e complexos) temas: pena de morte, Aids, aborto, eutanásia, fecundação artificial, casamento gay, direitos dos negros, tráfego urbano, destruição do meio ambiente, terrorismo, e por aí vai.

Trata-se seguramente de um equívoco, se o objetivo for o de fortalecer a democracia. Atores sociais radicalmente despersonalizados, obrigados a se exprimir em um limitado repertório de frases pré-fabricadas são a negação de um correto entendimento do exercício da participação democrática. Penso que a discussão pública de temas de grande relevância para a coletividade deve obrigatoriamente assumir a forma de um confronto aberto de mulheres e homens com suas identidades reais. Ou seja, de cidadãos que se encontrem, se desencontrem e se reúnam manifestando autenticamente as suas individualidades.

Democracia e fragmentação do Eu

Ultimamente, no âmbito da psicologia e da sociologia anglo-saxônica, houve várias tentativas de examinar alguns aspectos inquietantes da nossa sociedade. Refiro-me, em particular, aos trabalhos de K. J. Gergen e R. J. Lifton. Esses estudiosos abordam o tema da "fragmentação do Eu", hoje em dia muito discutido. Eles colocam as mesmas interrogações formuladas pela teoria dos papéis, anteriormente citadas, porém, com arcabouço conceitual diferente.

Gergen descreve a "fragmentação do Eu" nos seguintes termos: "Esta fragmentação das concepções do Eu, corresponde a uma multiplicidade de relações incoerentes e desconexas. Tais relações nos conduzem a uma infinidade de direções, convidando-nos a interpretar uma variedade de papéis até o ponto em que o conceito do Eu autêntico acaba por desaparecer"[98].

O tema da fragmentação do Eu também foi discutido por Lifton. Ele criou o conceito do "Eu proteico", em referência a Proteu, o deus dos mares na mitologia grega. Proteu, segundo Homero, era capaz de assumir as mais diversas formas. Lifton, porém, discorda frontalmente daqueles que pregavam o desaparecimento do Eu: "Eu devo me afastar daqueles estudiosos do pós-moderno e de outros, que atribuem multiplicidade e fluidez no desaparecimento do Eu, em uma completa incoerência entre seus vários elementos. Quero sustentar o oposto: a referência a Proteu supõe a busca pela autenticidade e significado, um interrogar-se sobre a forma do Eu"[99]. Por essa mesma linha interpretativa, já trilharam R.D. Laing (1959), P. Berger (1973), J. Elster (1986) e A. Giddens (1990).

A abordagem adotada por Giddens é muito relevante para o nosso tema porque faz resenha das consequências da atual "radicalização da modernidade". Giddens analisa uma característica essencial da nossa época: a tendência à desagregação e enfraquecimento das instituições sociais:

> "Observando pelo lado concreto da vida quotidiana, isso significa uma espécie de perda do tradicional 'senso de lugar'. Ou seja, quase sem perceber, as pessoas são expulsas do contexto onde ocorriam as relações sociais no mundo pré-moderno. O resultado disso é uma distância cada vez maior – objetiva e subjetiva – entre pessoas e entre as pessoas e as instituições. É o fenômeno do 'distanciamento espacial-temporal' que se exprime como o 'esvaziamento do tempo' (*empting of time*) e o 'esvaziamento do espaço' (*empting of space*)."

Partindo de autores como G. Simmel, M. Horkheimer, A. Gehlen, N. Luhmann e J. Meyrowitz, Giddens desenvolve um cenário onde o vínculo das pessoas com as instituições seria 'sem face' (*faceless*), ou seja, impessoal. São vínculos que se baseiam principalmente na crença (*trust*) das pessoas sobre a idoneidade dos 'sistemas competentes'. Ele se refere aos sistemas abstratos nos quais as pessoas, modernamente, confiam a tarefa de protegê-las dos riscos, garantindo-lhe segurança. É a nossa

---

[98] K. J. Gergen (1991, p. 7). Diga-se de passagem, que a "fragmentação do Eu" não se refere apenas à pluralidade dos papéis presentes em cada sujeito. Mas também da pluralidade dos 'discursos' que dele derivam, visto que cada papel se identifica com um determinado discurso. Ou seja, cada papel 'fala' de uma maneira diferente. É um fenômeno percebido por M. Bachtin nas suas reflexões sobre a natureza 'polifônica' dos romances e dos personagens de Dostoievski (1963, p. 44 e seg.) e, em particular, na sua teoria dos 'gêneros do discurso' (1988, p. 245 e seg.). Agradeço a Patrizia Nanz por ter chamado pessoalmente a minha atenção para a contribuição de Bachtin para o argumento. Ver também P. Nanz (1993).

[99] R. J. Lifton (1993, p. 8-9).

confiança em um 'sistema competente' que nos permite viajar de avião na (quase) certeza de chegar ao destino. Giddens sustenta que se esta é a inegável (e irrenunciável) vantagem de tal confiança. A desvantagem é a despersonalização dessa confiança.

O preço que se paga por essa 'segurança ontológica' é uma 'vulnerabilidade psicológica' cada vez maior. A confiança nos sistemas abstratos não oferece a mesma gratificação psicológica da confiança nas pessoas. Não obstante, Giddens parece convencido que a ameaçadora "autoevolução da modernidade" – a metáfora é dele – possa interromper seu curso alucinado e mudar bruscamente de rota.

Isso deveria acontecer graças a uma congênita 'reflexibilidade' do sistema que permitiria um incessante repensar, um reverificar e um reprojetar os seus processos[100].

Em resumo, o sistema da modernidade seria dotado de anticorpos capazes de eliminar os próprios efeitos colaterais perversos. A tendência de *desagregação* seria contraposta por uma tendência contrária de *reagregação* e os vínculos impessoais cederiam espaço aos vínculos pessoais (*facework*). Giddens, porém, não é muito explícito ao explicar como essa autorregulação espontânea aconteceria na prática. Não há dúvida de que a globalização em curso fez surgir, por toda parte, virulentas reações de regionalismos. Mas, deduzir, a partir desses eventos, uma lei sobre o comportamento sistêmico da modernidade parece-me muito arriscado[101].

A análise feita por Giddens, em certos aspectos, é muito parecida com a de Gergen e Lifton. E é seguramente muito ligada à realidade que todos nós temos diante dos nossos olhos. Nesse ponto, os aficionados pela democracia direta *online* logo enxergam uma gritante confirmação de suas teses. No mundo globalizado, os valores das instituições, culturas locais e identidade das pessoas, parecem seriamente ameaçados. Nessa configuração de mundo, a comunicação em rede seria aquela que melhor atende a estas novas exigências.

Há algo de verdade nisso. Mas o que não é verdadeiro, em absoluto, é que a comunicação em rede não possa ter uma outra função, diferente daquela que lhe é determinada. Ou seja, deve suplantar a função de contribuir cada vez mais para desagregar as instituições, fazer desaparecer os valores locais e a tornar vãs as identidades das pessoas.

---

[100] Salvo engano, o primeiro a introduzir a ideia de "reflexibilidade" na sociologia foi N. Luhmann (1970, p. 93). Ele fala de "mecanismos reflexivos". Para Luhmann, os "mecanismos se tornam reflexivos quando são aplicados a si mesmos". O conceito mais específico de "modernização reflexiva", no sentido de uma permanente confrontação (cujo objetivo é a autorregulação) entre os resultados da modernidade e os seus princípios fundamentais, foi introduzido por U. Beck (1986). Mais desenvolvimentos e especificações podem ser vistos em U. Beck, A. Giddens e S. Lash (1993) e em U. Beck (1993). Apesar dos esforços desses intelectuais, o conceito continuou ainda muito vago e de difícil compreensão.

[101] Para algumas observações críticas sobre as ideias de Giddens aqui expostas, ver A. Touraine (1992, tradução italiana, p. 309 e 310).

Plasticidade individual e tubulência sistêmica

Pode ser útil, neste ponto, retomarmos o tema da identidade. Ou melhor, da não identidade. É um tema central, como já assinalamos, nas cogitações dos teóricos do ciberespaço. Foi correto ressaltar, como fizeram Gergen, Lifton e Giddens, que a sociedade moderna, em seu recente desenvolvimento, surge como uma potente geradora de mutações. Elas podem, de fato, desestabilizar a atual configuração geral das funções.

Especula-se que algumas funções até então insubstituíveis – principalmente aquelas sociais e culturais – estejam sendo trocadas por outras, que dez anos atrás eram desconhecidas. Como pode-se perceber, esse é um fato que se relaciona diretamente com a dinâmica da identidade das pessoas. Não é um fato que deva ser discutido em um modo abstrato, e sim no contexto concreto da peculiar turbulência sistêmica da atual fase do capitalismo. É uma turbulência na qual os efeitos se fazem sentir primordialmente no nível dos indivíduos. Mas atingem também o macrossistema. É uma turbulência que desorganiza completamente os parâmetros de referência e de orientação das pessoas. Abala as certezas existenciais e coloca em dúvida o direito (sempre muito ilusório) de se construir a própria biografia no 'jogo da vida'.

Quais seriam as causas desse estado de turbulência? Obviamente são muitas e das mais variadas espécies. Ressalto, para o nosso discurso, apenas duas causas que me parecem mais relevantes. A primeira é a escolha estratégica de uma globalização forçada. Nela, o capitalismo persegue o ambicioso desejo de estabelecer um domínio planetário, em um contexto de concorrência superaquecida e com relativa indiferença pelos custos sociais e ambientais. A segunda seriam as consequências, cada vez maiores, do impacto do desemprego advindo das novas tecnologias sobre o mercado de trabalho global. Especialmente as tecnologias que eliminam postos de trabalho, substituindo a mão de obra por robôs.

Dois fatores contribuiram para desnudar de forma dramática aquilo que já se sabia há tempos: no mundo moderno a identidade das pessoas será sempre submetida aos inconstantes vínculos e condicionamentos do mercado de trabalho. Na nossa sociedade, querendo ou não, o mercado de trabalho tende a se configurar como um verdadeiro 'mercado de identidades'. Nesse aspecto, admitamos, Marx não estava errado. A sua ideia de que atrás da mercantilização das coisas existe sempre a mercantilização dos seres humanos[102], ou seja, a ideia da reificação (*Verdinglichung*)[103], parece ter uma confirmação definitiva.

Diante desta perspectiva, a natureza composta e articulada, ou seja, 'fragmentada' das nossas identidades, não deve mais ser vista como uma fraqueza. Ela é um recurso que nos permitiria enfrentar as ameaças implícitas na situação em que se "obrigará cada nação a repensar o papel das pessoas no processo social"[104].

---

[102]   K. Marx (1962, p. 46 e seguintes).

[103]   G. Lukács (1970, p. 170 e seguintes).

Para continuar a desenvolver esse raciocínio, pode-se fazer a seguinte pergunta: o que se deve entender por "repensar o papel das pessoas no processo social"? A resposta, a princípio, pode ser muito simples, até banal: considerando-se a alarmante redução dos empregos, que já atinge quase todos os níveis da força de trabalho, recomenda-se às pessoas que se preparem para a mobilidade, ou seja, que estejam prontas a abandonar identidades com menor valor para assumir outras com mais valor. Ou seja: trocar um cargo por outro, mais valioso.

Essa troca de identidades pessoais pode ser uma demanda autêntica e não apenas um paliativo enganoso de natureza transitória. Acredito que a concepção de mudança das identidades pessoais ao longo da vida não seja necessariamente contrária à da visão dinâmica da identidade que, como vimos anteriormente, é uma das contribuições mais inovadoras da psicologia e da sociologia contemporâneas.

Quando se analisa mais atentamente, a tradicional visão estática da identidade era bastante mistificadora, pois considerava a identidade das pessoas – ao menos daquelas pessoas que se julgavam livres de distúrbios psíquicos – como uma coisa homogênea, compacta e imutável no tempo. Isso significa que as pessoas deveriam permanecer sempre coerentes com algo originalmente pressuposto. Essa visão ideal, estática e idílica excluía o princípio de que a identidade pudesse resultar das labutas e dos conflitos diários. É justamente nesse sentido que os moralistas de todas as épocas, com certa dose de candura, descreviam o arquétipo da pessoa *sã*, da identidade completa e feliz. Para eles, *sã* era simplesmente "a pessoa capaz de viver em harmonia com ela mesma e com os outros". Na verdade, essa pessoa não existe e, se existisse, seria qualquer coisa menos *sã*. Isso não significa que a busca contínua da harmonia, da superação do nosso conflito inerente, com nós mesmos e com os outros, não seja parte essencial dos processos formadores da nossa identidade pessoal.

Por outro lado, a questão da dinâmica da identidade, da sua plasticidade e versatilidade estruturais, não está relacionada apenas com o problema urgente da realocação dos recursos humanos no trabalho. Ela ocupa também uma posição central na discussão atual sobre democracia em face das novas tecnologias.

Quando digo, como afirmei anteriormente, que os cidadãos devem participar da discussão pública *com tudo que faz parte (e caracteriza) sua individualidade*, refiro-me sobretudo ao conjunto dos traços presentes em cada indivíduo e que fazem dele um agregado de subidentidades heterogêneas. Na verdade, tenho certeza de que o caráter composto da nossa identidade, com os diferentes (e conflitantes) traços que fazem parte dela, são obrigatórios na dialética democrática.

Muitos exegetas da democracia eletrônica pensam de maneira diversa. Eles aderem, com a paixão própria dos neófitos, às teorias, atualmente em voga, que celebram a fluidez do real, a imaterialidade do mundo e a virtualidade dos sujeitos sociais. Mas depois, em sua práti-

---

[104]   J. Rofkin (1995) cf. J. Brecher e T. Costello (1994).

ca concreta de navegantes da Internet, manifestam uma visão bastante antiquada. Para eles, o ideal do ator social democrático corresponde à imagem de um sujeito com uma personalidade única, portador de uma única etiqueta, e somente uma, intérprete aquiescente de uma identidade estereotipada.

Esse modelo distancia-se, portanto, da visão dinâmica da identidade. Esse ator social concebido pelos internautas não existe na realidade. Ele é criado artificialmente. Nascem assim aquelas figuras espectrais apócrifas, as identidades falsas, as quais já nos são familiares há muito tempo. E isso não é tudo. Faz-se, apologia do modo de comunicar-se usando essas identidades inefáveis – a conversação 'via teclado' - que abriria possibilidades inéditas à democracia. No entanto, isso não é crível, porque a interação com uso de identidades falsas corresponde a um modelo comunicativo contrário aos interesses da democracia – direta ou indireta. Na verdade, não é crível um modelo que falsifica grotescamente a natureza do ator social, sobre o qual, nada de certo se pode saber, e que renuncia a saber qualquer coisa de certo sobre os outros. Em poucas palavras: sujeitos totalmente artificiais.

Podem-se apontar certas coincidências, mesmo que discutíveis, entre esta realidade e aquela que J. Rawls previu no contexto da sua teoria da "posição originária". Refiro-me ao famigerado 'véu de ignorância'. Levantar essa analogia tem seus riscos. O principal deles é aquele do qual o próprio Rawls já nos advertira em várias ocasiões: levar ao pé da letra a ideia do 'véu de ignorância' que, em suas próprias palavras, é dar como real uma "situação puramente hipotética", um "artifício expositivo".

De qualquer maneira, será útil recordar brevemente o conceito de 'véu de ignorância'. Para Rawls, "os princípios da justiça são escolhidos sob um véu de ignorância". Isso significa, na prática, que "ninguém conhece o seu lugar na sociedade, a sua posição ou o seu status social. Ninguém sabe a parte que lhe determina o acaso na subdivisão dos dotes naturais, da inteligência, da força e assemelhados". Todos, portanto, ignoram "as próprias concepções do bem e as próprias propensões psicológicas específicas" (1972, tradução italiana, p. 28). Substancialmente, trata-se de anular tudo aquilo que está presente em nós, capaz de impedir uma 'posição originária de igualdade'. Estou propenso a acreditar que este trabalho de anular as próprias identidades não é tão diferente daquele que se verifica no ciberespaço. Ali os atores escondem as próprias identidades até que desapareçam por completo. Em ambas as situações, ninguém sabe (ou deveria saber) nada sobre si mesmo ou sobre os outros.

Não excluo que colocar no mesmo plano essas duas formas de anular possam suscitar muita discussão. Não se pode desprezar o fato de que existam diferenças essenciais entre as duas situações. Cito a mais óbvia: enquanto o 'véu de ignorância' destina-se à nobre busca da 'equidade na justiça', nada disso ocorre no jogo de trocas de identidade do ciberespaço. Por outro lado, é necessário admitir que algumas dessas diferenças são mais aparentes que reais. Sustenta-se, por exemplo, que no ciberespaço a anulação da própria identidade ocorre quando se assume uma identidade apócrifa. Isso não acontece na anulação proposta por Rawls.

Tenho grandes dúvidas a esse respeito. Pergunto-me: quando se conclui o trabalho de anulação de todas as 'contingências particulares' no 'véu de ignorância', qual é a natureza da identidade que resta? O sujeito transcendental que resultaria dessa anulação não seria, sob certos aspectos, uma outra identidade igualmente apócrifa? No ciberespaço, como é sabido, a simulação de uma identidade diferente não significa renunciar à própria identidade. Dito de outra forma, a pessoa continua sempre sabendo quem é, na realidade.

Por essa óptica, já se manifestou o temor de que essa vantagem poderia ser utllizada para manipular os outros, em função dos próprios interesses[105]. Em teoria isso é possível, mas desde que todos os outros se apresentem com a própria identidade. Normalmente, porém, isso não ocorre, pois os outros também escondem a própria identidade, mesmo sabendo quem realmente são. O mesmo se verifica, por explícita escolha programática, no 'véu de ignorância'. E Rawls está perfeitamente consciente disso. Rawls afirma (1993, tradução italiana, p. 41): "Quando simulamos... estar em posição originária, o nosso pensamento não nos vincula a uma específica doutrina metafísica do Eu. Da mesma forma que o fato de intepretar um papel em um drama, por exemplo, o de Macbeth ou de Lady Macbeth, não nos obriga a crer que um rei ou uma rainha estejam lutando desesperadamente pelo poder político. Algo semelhante é válido para a interpretação de um papel genérico"[106].

O místico e poeta espanhol Juan de la Cruz aconselhava a clausura às freiras: "Agradeça por não ser conhecida nem por ti nem pelos outros"[107]. Não tenho dúvidas que a total renúncia ao conhecimento de si e aos outros possa ser o caminho certo para iniciar as freiras enclausuradas na experiência da vida mística. Mas não é o caminho mais indicado para formar cidadãos ativos e participantes da vida pública.

Mas por que é importante conhecer a si mesmo e aos outros em uma democracia? Se isso não ocorrer, quais são as consequências para a democracia? Uma resposta pode ser encontrada em alguns esquemas interpretativos contidos na teoria do agir comunicativo de J. Habermas[108].

---

[105] Agradeço a Marco Santambrogio por ter-me feito notar este risco.

[106] Esta lembrança de Rawls ao ator e a sua interpretação de um papel é muito esclarecedora sobre a verdadeira natureza da sua teoria da 'posição originária' e do real funcionamento do 'véu de ignorância'. (Sobre a relação transitória do ator com seu papel ver no subtítulo anterior "Um jogo?" as minhas considerações a respeito). Para outros (e opositores) pontos de vista sobre a 'posição originária' em Rawls, cf. B. Barr (1973), R. Dworkin (1975), B. Barber (1975), J. C. Harsanyi (1977), M. J. Sandel (1982), T. M. Scanlon (1982), J. Habermas (1983, 1991 e 1992) e S. Veca (1982, 1985 e 1996).

[107] Juan de la Cruz (1990, p. 84).

[108] J. Habermas (1981). Cf. o capítulo "Habermas e as aporias do projeto moderno" no meu ensaio Il futuro della modernità (1987).

Em sua complexa teoria, derivada de uma revisão crítica de Peirce, Weber, Bühler, Scütz, Wittgenstein, Austin e Searle, o filósofo alemão faz uma distinção entre o "agir estratégico" que visa alcançar um determinado objetivo e um "agir comunicativo" que visa transmitir uma informação ou conhecimento.

Para Habermas, esta última modalidade de ação é fundamental na vida democrática. Em resumo, ele sustenta que uma democracia, se quer continuar a sê-la, deve não somente tutelar, mas também promover o agir comunicativo público. Um agir que privilegie a "deliberação racional", particularmente nos casos em que mais atores são chamados a decidir sobre questões polêmicas. Por outro lado, o agir comunicativo de Habermas é muito mais do que acidental. Ele imagina um cenário no qual os interlocutores "conseguem alcançar a unidade no mundo objetivo apesar da subjetividade de seu contexto de vida, graças às convicções elaboradas de forma racional, superando as próprias concepções que anteriormente eram apenas subjetivas"[109]. Esse cenário remete a uma situação ideal, visto que os interlocutores demonstram estar de posse daquela "competência comunicativa" essencial em uma ética democrática do discurso[110].

No seu raciocínio, Habermas se refere principalmente a dois construtos categoriais: o do 'mundo da vida' (*Lebenswelt*) que vem de Husserl e Schütz[111] e aquele dos 'atos linguísticos' (*speech acts*) oriundo diretamente da linguística de Austin e indiretamente da filosofia da linguagem de Wittgenstein[112]. Essas duas vertentes da teoria do agir comunicativo de Habermas são muito importantes para o nosso tema. Vejamos os motivos. Antes de mais nada, vamos tentar esclarecer o difícil conceito do 'mundo da vida'. Esse conceito, como demonstram as várias versões (frequentemente contraditórias) que nos forneceu Husserl, é um dos mais complexos da tradição fenomenológica. Ao mesmo tempo é um dos mais estimulantes.

O tema do 'mundo da vida' foi introduzido no âmbito da reflexão sociológica por A. Schütz. Na prática, a partir de "ontologia social do mundo da vida"[113] de Husserl, ele chegou à "ontologia natural do mundo da vida". Simplificando seu raciocínio, com todos os riscos inerentes,

---

[109]   J. Habermas (1981, p.28, tradução italiana, p. 64 e 65).

[110]   No que concerne à ideia da 'competência comunicativa' ver J. Habermas (1971 p. 101, 1976 p. 175, 1984 p. 187). O tema tem uma grande relevância na sua 'pragmática universal' (1976). Segundo Habermas a 'competência comunicativa' de um sujeito-agente é medida na sua capacidade de respeitar o 'fundamento da validade do discurso' (*Geltungbasis der Rede*), o que na prática significa satisfazer pelo menos quatro requisitos: sentido (*Verständigung*), verdade (*Wahreit*), honestidade (*Wahrhaftigkeit*) e precisão (*Richtigkeit*).

[111]   Sobre a noção de *Lebesnwelt* em Husserl cf. R. Welter (1986). Sobre a mesma noção em Habermas, cf. U. Matthiesen (1985).

[112]   Cf. J. L. Austin (1962) e L. Wittgenstein (1953 e 1970). Sobre os 'atos linguísticos' em particular, ver M. Sbisà (1978 e 1989).

[113]   R. Welter (op. cit. p.9) Cf. F. Fellmann (1983, p. 41) e I. Srubar (1988).

pode-se dizer que, para Schütz o 'mundo da vida' é aquele setor da realidade no qual os humanos atuam em sociedade (não em solidão), levando quotidianamente a sua existência[114]. Nesse sentido, o conceito de 'mundo (social) da vida' confunde-se com o do 'mundo (social) quotidiano'. Como diz Schütz, um mundo composto, "não apenas a nossa experiência com a natureza, mas também o mundo social e cultural em que nos encontramos"[115].

No 'mundo da vida' está presente a sociedade. Mas uma sociedade, digamos, um pouco específica. Não a sociedade abstrata das instituições e das normas, mas aquela muito concreta que emerge da nossa vida cotidiana. Em resumo, uma sociedade que inclui nossas experiências do dia a dia, de forma natural, espontânea e imediata.

Alguns intelectuais consideraram o "jogo da vida" apenas como uma nova versão, filosoficamente mais sofisticada, da velha e cansada 'sociedade civil'. Contudo, graças a Schütz e a Habermas, ela encontrou um forte estímulo à reflexão sociológica e filosófica sobre o agir comunicativo, em particular, pelo assunto que aqui estamos tratando. Schütz destaca: "Apenas no quotidiano mundo da vida pode-se criar um ambiente comunicativo comum".[116] Em seguida, Habermas complementa: "afinal de contas, o agir comunicativo depende de contextos situacionais, que por sua vez representam segmentos (*Ausschnitte*) do mundo da vida dos participantes"[117].

Como se vê, tanto em Schütz como em Habermas, emerge com clareza que um agir comunicativo ideal supõe a existência de um abiente no qual os atores têm a possibilidade de interagir com (ou em função de) seu 'mundo cotidiano'. A meu ver isso significa algumas coisas bem específicas: a) que os atores possam agir juntos, fisicamente, e em recíproca visibilidade; b) que os atores possam expor publicamente, sem temores ou apreensões de qualquer tipo, as motivações pessoais que estão na base de seus julgamentos e de suas escolhas; c) que existam as condições capazes de garantir as mesmas oportunidades a todos os atores participantes, por exemplo em termos do tempo disponível, para exprimir as próprias ideias e para argumentar em defesa das próprias ideias.

Esse é, certamente, um modelo ideal do agir comunicativo democrático. Na realidade, porém, nem todos esses requisitos poderão ser respeitados ao mesmo tempo e na mesma medida[118]. Mas uma coisa é

---

[114] A. Schütz e Th. Luckmann (1979, p.25). Cf. A. Schütz (1971).

[115] O 'mundo da vida' de Schütz pode parecer, por certos aspectos, muito semelhante à 'vida cotidiana' do marxista H. Lefebvre. Ver H. Lefebvre (1947).

[116] A. Schütz e Th. Luckmann (1979, p.25).

[117] J. Habermas (1981, p. 376).

[118] Tais requisitos não levam em conta que, após a chegada da imprensa, do rádio e da televisão, o tradicional 'interagir entre presentes' cedeu cada vez mais espaço para o 'interagir entre ausentes'. O problema foi analisado no contexto de uma teoria autopoiética do sistema das mídias por N. Luhmann (1996). Segundo o filósofo alemão, as esporádicas tentativas dos atores não presentes de interagir *como se* estivessem presentes (por exemplo, através de

certa: esse modelo, mesmo sendo uma versão menos ambiciosa, situa-se no extremo oposto ao modelo de comunicação interpessoal *online*. Nesse último, nega-se a presença física e a recíproca visibilidade. Esconde-se a própria identidade e dificilmente existe uma oportunidade equânime de manifestação.

Aparentemente, poder-se-ia considerar a comunicação interpessoal *online* como a primeira tentativa de se contrastar a 'colonização' de uma parte do sistema social do 'mundo da vida'. Isso se deve à sua presumida natureza direta e independente das instituições. Em resumo: pela primeira vez, o 'mundo da vida' teria encontrado seu meio de comunicação mais adequado.

Trata-se, porém, de uma aparência enganadora. Por motivos já apresentados, na comunicação interpessoal *online* estamos realmente no grau zero do 'mundo da vida'.

O uso *online* da linguagem

A respeito do uso *online* da linguagem posso adicionar alguns elementos de avaliação. Para esse objetivo, parece-me apropriado retornar ao segundo dos construtos categoriais levantados pelo discurso de Habermas sobre o agir comunicativo. São os 'atos linguistícos' de Austin (1962). Como é sabido, Austin propôs a sua famosa distinção entre o ato de *dizer* alguma coisa (ato locutório), o ato de atribuir uma determinada *força* ao dizer alguma coisa (ato ilocutório) e o ato de fazer algo com o dizer alguma coisa (ato perlocutório), ou seja, o efeito causado pelo que se disse. Os exemplos que Austin dá para cada um desses três atos são: a) ato locutório: "ele disse que..."; b) ato ilocutório: "ele sustenta que..."; c) ato perlocutório: "ele me convenceu que...". Procurando limitar seu campo de pesquisa, Austin especifica que seu interesse é restrito a um uso "sério" da linguagem, e não a um uso "não sério". Utilizando-se de uma insólita metáfora emprestada da botânica, ele chama o uso "não sério" de *estiolamento* da linguagem[119]. Ele se refere aos enunciados performativos "particularmente vazios ou nulos (*holow or void*) como... aqueles proferidos por um ator no palco, ou inseridos em uma poesia, ou expressos em um solilóquio".

Essa contraposição entre um uso "sério" e um "não sério" da linguagem suscitou grande espanto entre os estudiosos. Cito, por exemplo, as dúvidas expressas por P. F. Strawson, relativas à provocatória tese de Austin. Nela, os atos ilocutórios não poderiam ocorrer em um contex-

---

telefonemas dos espectadores durante as transmissões de rádio ou TV) servem apenas para "a reprodução do sistema das mídias e não para o contato do sistema com o seu ambiente". Para uma minha crítica à ideia de Luhmann sobre a relação sistema ambiente, ver o ensaio *Il futuro della modernità* (1987, p. 161 e 162).

[119] O estiolamento é o complexo de alterações sofridas pelas plantas que vegetam em ausência de luz.

1. O ciberespaço é um espaço democrático? **69**

to de uso "não sério" ou de *estiolamento* da linguagem. Não gostaria de adentrar nesse argumento deliciosamente técnico. Mas obrigo-me a destacar a importância que essa tese pode assumir no âmbito temático da conversação *online*. E, com isso, a desconsiderar as reservas sobre a tese de Austin, apresentadas pelos especialistas.

Austin obviamente não pôde conhecer o atual desenvolvimento da informática e das telecomunicações porque faleceu em 1960. Apesar disso, creio que a conversação *online* possa ser vista como o melhor exemplo daquele uso linguístico específico, do qual um enfastiado Austin se distanciava. Esse é um exemplo seguramente mais apropriado do que os citados por ele própio, sobre o uso da linguagem no palco, na poesia ou em um solilóquio.

É evidente que o uso da linguagem no IRC, MUD, BBS ou e-mail é feito de modo abusivo. Diria Austin que é um uso "parasítico". E as causas são muitas. Antes de mais nada, trata-se de uma comunicação entre *escrevedores* e não entre *falantes*. Ou mais exatamente entre *falantes* que não falam entre si, mas que, através do teclado do computador, enviam reciprocamente breves mensagens escritas.

Fernand de Saussure ensina que a escrita é apenas uma representação da língua, e não a própria língua[120]. Esse princípio fundamental da línguística moderna não é compartilhado por todos sem restrições[121]. Ao contrário, alguns o rejeitam sem meios termos. E, entre eles, é obrigatório recordar J. Derrida, que na sua sugestiva (e frequentemente incompreensível) 'prosa de arte', exalta uma total autonomia da escrita e, polêmico, denuncia aquilo que ele chama de "fonologocentrismo" da linguística.

Discursos desse tipo, a despeito do seu eventual fascínio paraliterário e parafilosófico, são estranhos ao nosso tema. Nosso âmbito se concentra primeiramente nos aspectos semântico-pragmáticos da comunicação interpessoal. Nessa ótica, mensagem escrita e linguagem serão analisadas separadamente. A menos que se queira fazer dessa análise um confronto que visa estabelecer, por exemplo, uma maior ou menor pertinência comunicativa de um meio em relação a outro. A questão é de grande importância. Pessoalmente estou convencido de que o diálogo escrito é quase sempre semanticamente menos incisivo que o falado.

Fique claro, porém, que não pretendo colocar em discussão o valor do diálogo escrito como meio de comunicação, de expressão e de conhecimento. Isso seria, no mínimo, insensato. Na prática, significaria

---

[120]   F. de Saussure (1955, p.45).

[121]   Alguns estudiosos, mesmo admitindo que a escrita não é uma língua, negam que ela seja apenas uma representação, um sistema gráfico de notação. Concorda com esse ponto de vista, por exemplo, G. R. Cardona (1987), que atribui à escrita uma condição relativamente autônoma. Ele critica, a meu ver justamente, a tendência dos linguistas de identificar a escrita apenas como escrita alfabética. Já a sua tese implícita, de que todos os sistemas gráficos devem ser considerados como escrita, na minha opinião, é bem menos convincente. Não restam dúvidas que existem sinais e sistemas gráficos fora da escrita (*en dehors de la écriture*), como disse M. Cohen (1953). Acerca dos sistemas gráficos como artefatos comunicativos, cf. G. Anceschi (1981).

desprezar a importância que teve, durante muitos séculos, a escritura dialógica no campo da literatura, da filosofia e da ciência e nas correspondências entre as pessoas[122]. Meu propósito é outro: quero exprimir minhas dúvidas sobre a validade apenas daquela específica forma de escrita dialógica utilizada na conversação *online*. Uma escrita condensada, sucinta e essencial e altamente estereotipada. Por sua indigência semântica, ela eviscera as fraquezas próprias de toda comunicação que ocorre entre escrevedores e não entre falantes[123].

Mas quais seriam essas fraquezas? A principal é o modo – como diz Austin – "não sério" de utilizar (e de representar) a linguagem. Um modo no qual os enunciados performativos são proferidos em circunstâncias anômalas. Sem a sustentação de convenções confiáveis, o resultado é que os atos ilocutórios não dispõem daquela *força* (a força ilocutória) que deveria permitir-lhes cumprir sua função.

A pobreza ilocutória, porém, não é a única fraqueza da escrita *online*. A esta deficiência deve-se ainda acrescentar uma paralisante pobreza expressivo-apelativa[124], que não se origina de uma *falta*, como se poderia inicialmente imaginar. Paradoxalmente, ela deriva de um *excesso* de elementos com uma função expressivo-apelativa. O fenômeno é explicado pela natureza particular dos elementos destinados a cumprir tal função.

No texto das obras teatrais, ao lado das falas dos personagens, aparecem breves frases entre parênteses que servem para orientar a leitura. Elas explicam o *sentido* e a *força* (e indiretamente o *significado*) do que será dito. Utilizo os termos *sentido*, *força* e *significado* de acordo com a terminologia de Frege[125]. Frases desse tipo são acompanhadas por

---

[122]   No diálogo, especificamente no 'diálogo socrático', ver as esplêndidas páginas escritas por M. Bachtin (1968, p. 143-146).

[123]   Não se pode omitir o fato de que estas novas realidades nos surpreendem, sob o aspecto linguístico. T. de Mauro tem razão, quando acena para a urgente necessidade de uma 'ciberlinguística telemática' (1996, p. 113). Entre as várias tarefas que seriam destinadas a este novo ramo da linguística, seria prioritário o estudo da peculiar estrutura narrativa dos produtos hipertextuais. M.C. Taylor e E. Saarinen (1994) observaram que alguns textos de Derrida – em particular *Glas* – apresentam grande analogia com os hipertextos. Não há dúvidas de que a tecnologia eletrônica favorece a produção de textos 'desconstruídos', no sentido derridiano, podendo-se afirmar a mesma coisa, talvez com maior propriedade, sobre os textos de James Joyce e de Arno Schmidt. Afirmam Taylor e Saarinen: "O texto ideal e coerente, contendo clara estrutura com princípio, meio e fim, encontra-se na tecnologia impressa". O texto eletrônico não costuma ser coerente e não tem uma estrutura narrativa explícita – é composto apenas do meio, intermediário.

Para uma crítica ao desconstrucionismo de Derrida, ver T. Maldonado (1990).

[124]   O grande linguista austríaco Karl Bühler (1934, p. 28 e 29), considerado o precursor de Austin pela sua teoria do *Sprechakt* (Ato do discurso) e da *Sprechhandlung* (Ação do discurso), dividiu o universo das funções linguísticas em três áreas: a 'expressão', o 'apelo' e a 'representação'.

[125]   G. Frege (1892, 1892-1895 e 1969).

elementos expressivos-apelativos que complementam a fala (tom de voz, expressão facial, gesticulação, entre outros) que estão ausentes no texto. A título de exemplo: 'com evidente ironia', 'com um tom de amigável reprovação', 'com falsa gentileza', 'dando um murro na mesa', 'saindo de cena com arrogância'.

Na conversação *online* existem ainda frases de teor e funções semelhantes. Com uma diferença: elas não estão em uma posição marginal, em uma espécie de 'coluna de anotações'. Elas aparecem vistosamente incorporadas ao texto. São frases pré-fabricadas, lugares comuns semanticamente pobres que tornam virtualmente impossível qualquer articulação lógica das mensagens. São a expressão de uma deplorável tendência ao empobrecimento e à banalização da linguagem.

Outro exemplo nos é dado pela moda entre os *hackers* de utilizar um sistema gráfico de símbolos, conhecido na gíria *cyber* como *smiley faces*. A coisa em si não tem grande importância e muitos consideram apenas uma brincadeira. Eu, ao contrário, penso que é muito significativa. Vejamos o porquê.

O sistema em questão utiliza um procedimento, muito conhecido entre os historiadores da escrita, de combinar sinais pertencentes a diversos sistemas para produzir um sitema novo. No caso específico, são os sinais do sistema de pontuação (ponto, dois pontos, vírgula, ponto e vírgula, parêntese, ponto de exclamação, ponto de interrogação, entre outros) e sinais do sistema alfabético (letras). Nasce, assim, um sistema gráfico ideogramático no qual os símbolos têm um caráter pictográfico. Na esmagadora maioria, eles lembram vagamente 'carinhas'[126].

O escopo desses símbolos não é somente o do reforço expressivo-apelativo, mas também – eis uma outra importante diferença – o de compactar e de restringir ao máximo os elementos do discurso. Isso em nome de uma preocupação obsessiva, em parte tecnicamente motivada, de se reduzir as mensagens até o 'osso'. A tendência dominante no universo da informática é comprimir, comprimir e comprimir ao máximo. Daí o uso e o abuso das abreviações nos textos, usando-se frases pré-fabricadas e/ou de símbolos gráficos. Mas o preço que se paga por isso é altíssimo.

O grande linguísta dinamarquês L. Hjelmslev, estudando o problema das abreviações escreveu: "A abreviação constitui uma parte constante e essencial na economia do uso da linguagem – se pensamos em termos como 'irado' e 'mandou bem' que dispensam maiores comentários. Se reduzimos apenas ao registro das relações, acabaremos muito provavelmente... só registrando combinações gráficas"[127].

---

[126]   Podem ser reconhecidas como tais, 'lendo' a sequência linear esquerda direita como se fosse de cima para baixo: (:-I) sorriso sarcástico; (:-II) com raiva; (:D) gargalhada; (:O) grito; (:-/) dúvida; (:-C) totalmente incrédulo; (:-S) incoerência, e muitas outras. Cf. C. Petrucco (1995, p. 345-351). É interessante notar que as 'carinhas' são também chamadas em inglês de *emoticons* (*emotions-icons*). Ver *Emoticon* (1966) e *Glossary of Internet Terms* (1966). Ver também *The Whole Smiley Face Catalog* (1996) e *Smiley Dictionary* (1996).

[127]   L. Hjelmslev (1961, tradução italiana, p. 101).

Alguns autores defendem essa natureza combinatória da conversação *online*. Não faltam ainda aqueles que, insistindo nessa linha, chegam até a incomodar a *ars combinatoria* de Leibniz. Outros, ao contrário, exaltam as vantagens que esta pode trazer para a concisão, ou seja, pela drástica eliminação de tudo que é supérfluo em um texto. Aqui pode-se apelar para o racionalismo de Descartes. Entretanto, as coisas colocadas dessa forma estão longe da realidade.

O resultado desse reducionismo estenográfico não é um raciocínio mais conciso em um estilo expositivo mais límpido e sóbrio. É apenas um depauperamento de conteúdos referenciais. Os interlocutores encontram-se mergulhados em um rio de siglas, de 'carinhas', de abreviaturas e de neologismos. O fato curioso é que esse sistema de símbolos, apresentado como um novo recurso de comunicação, está a serviço de mensagens de uma trivialidade e de um vazio deseperadores.

Isso não causa espanto. As construções cheias de gírias, quando ultrapassam um certo limite, deixam de favorecer e passam a atrapalhar uma livre e significativa comunicação[128]. E isso ocorre por duas razões: a) porque a gíria funciona como um 'certificado de origem', um distintivo que identifica um determinado grupo, congregação ou seita. Em resumo, é uma senha para os iniciados. A gíria contribui para aumentar, cada vez mais, a distância entre aqueles que a dominam, ou seja, os iniciados, os admitidos, e aqueles que não o são, ou seja, os excluídos, os 'barrados'; b) porque a gíria se apresenta como um fator de autopiedade e de autolimitação[129]. Normalmente, os seus aficionados não conseguem renunciar ao fascínio 'nominalista' existente em cada gíria. Em outras palavras, é a tentação de acreditar que basta nominar diferentemente as coisas para conhecer essas coisas. Isso sem perceber que atrás da pirotecnia dos novos termos comumente se escondem conceitos anacrônicos, já descartados, do pensamento científico ou filosófico. Esses equívocos exercem uma influência negativa nos estudos sobre a conversação *online*. E, ainda mais importante, sobre a maneira pela qual ela é praticada.

---

[128] Não pretendo discutir toda a terminologia especializada em uso no campo das ciências e da tecnologia. Grosso modo, pode-se dizer que tal uso se justifica pela necessidade de evitar, entre os especialistas, equívocos que poderiam surgir do uso de vocábulos da língua natural.

[129] A tendência ao hermetismo dos iniciados está presente em todas as manifestações do folclore da contracultura *cyber*. Frequentemente, esse hermetismo não se exprime tanto na (real) dificuldade por parte de quem não é iniciado em decifrar com agilidade os códigos utilizados. A ideia é a de desencorajar qualquer outra forma de acesso estranha a estes códigos. Basta dar uma olhada nas revistas e folhetos que são publicados nesta área. A primeira coisa que surpreende é a supremacia absoluta da paginação gráfica em detrimento da legibilidade do texto. Tudo é sacrificado em função de uma arte gráfica feita de forma absolutamente autônoma. É normal sermos obrigados a 'ler' um texto em condições de legibilidade próxima de zero. Por exemplo, textos impressos em vermelho sobre um fundo verde, ou em azul celeste sobre fundo prata, ou, então, submetidos a audaciosos tratamentos gráficos. Privado da possibilidade de uma leitura – que mereça ser chamada de tal –, o leitor sente-se como um convidado indesejado e renuncia à empreitada.

Outras modalidades de conversação *online*

Ao longo desta análise, discuti, com insistência, uma modalidade específica de conversação *online*: aquela na qual os sujeitos renunciam à própria identidade e assumem uma outra, fictícia. Espero ter demonstrado que essa prática coloquial não é absolutamente adequada às exigências de um agir comunicativo público. Seria, porém, muito parcial e até ilusório reduzir a questão da relação telemática-democracia exclusivamente à conversação *online*[130].

Além da modalidade escrita-leitura, na qual o escrevente e o leitor se comunicam entre si permanecendo anônimos, existe uma outra na qual, através de vídeo e áudio, os sujeitos são interlocutores no pleno exercício de suas respectivas identidades. Refiro-me às diversas modalidades de videocomunicação: video-telefone, PC com função video-telefônica e *rollabout*. Por esses meios e em locais diferentes, os participantes se veem e se ouvem, iniciando uma relação interativa em tempo real. É uma relação que, ao contrário da precedente, se aproxima muito mais de uma verdadeira conversa face a face.

É bem verdade que a televisão já nos fornecia (e fornece ainda) algumas formas muito rudimentais de interatividade. Os meios utilizados, porém, eram muito complicados e normalmente desencorajadores. Na realidade, faltava a esses serviços a naturalidade típica dos diálogos das pessoas no dia a dia. A videocomunicação é seguramente um passo adiante nesse sentido. Mas os problemas permanecem. Eles aparecem quando se preparam reuniões virtuais que envolvem várias sedes e muitos participantes: são as chamadas teleconferências. Nesse caso, existe a presença no fluxo da conversação de um 'diretor' que decide a 'entrada' e a 'saída' dos interlocutores. Ou seja, ele determina a ordem das intervenções. Ele é um elemento de perturbação (e frequentemente de imposição) que tolhe a espontaneidade e a criatividade de um livre agir comunicativo.

Muitos linguistas, sociolinguistas e filósofos da linguagem têm prestado muita atenção à "fala conversacional"[131]. O centro de interesse desses estudiosos foi sempre, com poucas exceções, o face a face dialogal entre sujeitos que interagem pela proximidade em um espaço real. O seguinte trecho da obra de G. M. Green (1989, tradução italiana, p. 103-104) é um exemplo esclarecedor do tipo de problema enfrentado neste campo de pesquisa:

---

[130]   É perfeitamente compartilhável a observação de M. Calvo *et al.* (1996, p. 9) a respeito: "Por este ponto de vista, concentrar a atenção unicamente sobre algumas formas de interação social – como o *chat* – e considerá-las 'típicas' da comunicação interpessoal na Internet pode revelar-se um equívoco. Somente quando se considera o quadro mais amplo representado pelo conjunto das funcionalidades informativas e comunicativas da rede é que compreendemos plenamente seu alcance social". Menosprezar o *chat*, entretanto, seria um erro.

[131]   Cf. H. Garfinkel (1972), E. Goffman (1971 e 1981), E. Schegloff e H. Sacks (1973), H. Sacks *et al.* (1974), H. P. Grice (1975). Ver ainda F. Orletti (1994), L. Passerini, E. Capussoti e P. Braunstein (1996).

74 Cultura, Sociedade e Técnica

"Talvez o aspecto da conversação interativa que majoritariamente a distingue de outros tipos de produção do discurso seja a coreografia da passagem dos papéis, do destinatário ao falante e vice-versa. Como fará um destinatário A para levantar-se para falar, assumindo o papel de falante? Irromperá ao final de um enunciado, esperando que o falante F tenha terminado? Se F não terminou, como se pode saber quem poderá falar? Seria uma questão de status e de diferença ou de insistência e de força bruta? Se existir mais de um destinatário, como farão A, B e C para saber de quem é a vez de falar? Considerando que normalmente não estamos conscientes de ter de resolver esses problemas na condução de uma conversação (banal ou oficial), coloca-se o problema: como isso ocorre? Por que parece que a conversação flui em um modo tão fácil?"

Essas questões já encontraram resposta bem convincentes, no âmbito da pragmática linguística. São respostas que contemplam exclusivamente a conversação interativa normal, ou seja, entre sujeitos reais em interlocução no espaço real. A teleconferência, porém, nos obriga a enfrentar problemas que são iguais, mas ao mesmo tempo diferentes, em relação a esse tipo de conversação. Agora temos de lidar com um face a face diagonal, que não se desenvolve em um espaço real ou com proximidade física. Desenvolve-se virtualmente e à distância. Até o momento não se conhecem tentativas de se fazer análises rigorosas desse novo fenômeno. Trata-se de um campo de pesquisa que deverá enfrentar problemas inéditos, mas que não poderá desprezar o acervo de conhecimento acumulado no estudo da conversação normal.

No momento, resta-nos aguardar que os estudiosos da matéria possam em breve nos explicar a fala conversacional no novo contexto. Isso será decisivo para iluminar nosso raciocínio sobre as possibilidades de se utilizar a videocomunicação não só no universo da gestão, da didática e dos projetos, mas também no mundo político.

Além da utilização convencional da rede, existem outros usos que não recaem nessa categoria. Entre eles, os mais importantes são os da comunicação tecnocientífica e da transmissão-aquisição de dados de interesse militar, industrial, financeiro, administrativo e político. A meu ver, podemos e devemos questionar muitos usos da rede. Exceto sobre o fato de que ela é um formidável meio de informação e, como tal, coloca-se no centro do discurso sobre o saber. Pesquisadores e educadores foram os primeiros a reconhecer a sua importância e os primeiros a se aproveitar disso. Se é verdade que saber é poder, os novos meios telemáticos de acesso ao saber assumem uma enorme e crucial importância no atual debate sobre o futuro do poder democrático.

Nesse ponto percebo que são necessários mais esclarecimentos. Por exemplo: em que medida é verdadeiro o discurso no qual mais informação é igual a mais saber, e mais saber, por sua vez, equivale a mais poder? À primeira vista, a pergunta pode parecer meramente retórica, visto que uma resposta positiva é mais que previsível. As coisas, porém, não são tão simples. É difícil colocar em dúvida, por ser muito óbvio, que o poder exige (e pressupõe) o saber. Não obstante, uma hipotética cadeia de transitividade (mais informação = mais saber; mais saber = mais poder) tem um elo fraco: a primeira equação. Pessoalmente acredito que ela, ao contrário da segunda equação, não convence. O aumento do saber não pode ser explicado apenas pelo aumento da informação. Como veremos adiante, o aumento do volume de informação circulante se configura como um fator negativo para o aprofundamento do saber. O que se ganha em extensão, perde-se em densidade.

E não é só. Hoje em dia a informação frequentemente veicula desinformação, ou seja, informação inexata, distorcida ou falsa. Uma informação, percebe-se, feita de modo que não contemple o saber. A menos que o *conhecimento* da desinformação, ao contrário, sirva como expediente que nos ajude a identificar a *informação que não é desinformação*.

Neste último caso, fizemos um uso neutro da palavra conhecimento. Ou seja, consideramos, na prática, que tanto a informação quanto a desinformação, o verdadeiro e o falso, o bem e o mal possam ser legitimamente objeto de conhecimento. Isso nos obriga a examinar mais de perto, entre outros, os aspectos terminológicos implícitos nas noções de conhecimento e de saber e da relação de ambos com a informação (e a desinformação).

Primeiramente vem a pergunta: as noções de conhecimento e de saber são intercambiáveis? Mais concretamente: em cada assunto que diz respeito a essas noções e sua relação com a informação, a palavra *saber* pode substituir a palavra *conhecimento* (e vice-versa) sem alterar o sentido do argumento? Grosso modo, eu diria que sim. Deve-se admitir, todavia, que a relação informação–conhecimento é muito mais direta que a relação informação–saber[132]. Eis por que é admissível falarmos de conhecimento da desinformação. Ao contrário, soaria no mínimo curioso sustentar que o acúmulo de desinformação poderia contribuir para o enriquecimento do saber.

Embora ciente das nuances semânticas que diferenciam os dois termos, gostaria de utilizá-los indistintamente, por comodidade expositiva, como se tratassem de sinônimos (ou quase). Isso simplifica as coisas e nos permite prosseguir sem os obstáculos do nominalismo. Antes, porém, devo sugerir uma ulterior especificação terminológica: refiro-me à necessidade de se distinguir saber individual do saber social. Trata-se de uma inevitável exigência de método que tem como objetivo dar consistência ao discurso sobre o saber. Qualquer reflexão sobre esse tema, para não ficar

---

[132] Isto porque nas línguas neolatinas a ideia de saber (se se pensa no *savoir* francês e no saber do espanhol) é normalmente considerada mais rica e articulada que a de do conhecimento (*connaissance* e *conocimiento*). No inglês, como se sabe, *knowledge* é ao mesmo tempo saber e conhecimento. Cf. sobre a relação *knowledge-information* F. Machlup (1962, p. 7-8). Sobre o mesmo argumento, ver também G. Martinotti (1992). O autor examina a ideia da informação em relação aos três tipos de saber: organizado ou culto, difuso ou popular, organizacional ou técnico.

em generelidades, deve reconhecer a existência de dois níveis estruturais distintos do saber: um nível individual e um social. Essa é uma distinção fundamental para o assunto que examinaremos a seguir[133].

Saber individual e saber social

Se desejamos indagar qual é o significado democrático de um uso operativo, ou seja, não conversacional da rede, é imperativo manter separados o saber individual do saber social na análise. Embora exista uma recíproca contaminação entre um e outro, a cada um deles é atribuída uma relativa autonomia. E isso pelo simples motivo de que uma coisa são os saberes individuais, os saberes de que cada um de nós dispõe como pessoa única. Outra coisa são os saberes que uma sociedade (ou cultura) desenvolve, acumula, institucionaliza no seu conjunto. Existe, de um lado, o *microssaber* que os seres humanos utilizam na sua vida cotidiana. Do outro lado, está o *macrossaber*, que aparece como um vasto, abstrato e anônimo cabedal de conhecimento.

Sob o ponto de vista hitórico, pode-se dizer que a distância entre o saber individual e o saber social vem aumentando com o passar do tempo. Não há mais dúvidas que, antes do surgimento de formas institucionalizadas de divisão do trabalho, a distância entre os saberes era mínima. Ou melhor, o saber individual se identificava bastante com o saber social. Em outras palavras, aquilo que se sabia coletivamente não era muito diferente do que se sabia individualmente.

As pessoas das culturas ditas primitivas possuem um vastíssimo saber individual sobre a potencialidade e os riscos do ambiente em que vivem. O saber social, normalmente confiado ao feiticeiro, não é substancialmente mais rico que o saber individual. As coisas mudam radicalmente quando examinamos as sociedades onde a divisão do trabalho assumiu formas cada vez mais diferenciadas e articuladas. Nessas sociedades, a relação entre os dois saberes se inverte: o saber social desenvolve-se notavelmente enquanto o saber individual tende a se empobrecer e perder influência.

Com o advento da sociedade industrial, esse fenômeno assumiu contornos ainda mais dramáticos. Th. Sowell (1980, p. 3) descreve essa situação constatando que "individualmente o nosso conhecimento é tremendamente restrito, mas socialmente utilizamos uma gama de conhecimentos tão complexos que confundiriam um computador".

É desnecessário relembrar que utilizamos, no nosso dia a dia, uma infinidade de equipamentos sem saber nada sobre sua fabricação ou sobre seu funcionamento. Interessamo-nos somente pelo desempenho desses equipamentos. O *resto* não é problema *nosso*. Mas se não é um problema nosso, de quem seria, então? De um *outro*, não bem definido. Nos EUA, toda vez que uma pessoa se depara com algo que ignora – e

---

[133] Cf. B. A. Huberman (1996).

que prefere continuar a ignorar – dá de ombros: "Deixa por conta do George" (*Let George do it*). O George em questão não é uma pessoa determinada. É uma figura hipotética que representa o *outro*, ou seja, o especialista que conhece aquilo que nós ignoramos. A ele confiamos a ingrata tarefa de fazer por nós aquilo que nos recusamos a (ou não sabemos) fazer (F. Machlup 1962, p.3). A questão é que somos todos ignorantes na sociedade industrial e neoindustrial. Mas essa ignorância não é uniforme, como dizia humorista Will Rogers[134]: "somos ignorantes em matérias diferentes. Este é o motivo pelo qual qualquer um de nós pode ser o George de outra pessoa."

Porém, isso não ocorre na prática, por duas razões: a) porque os potenciais George, ou seja, as pessoas consideradas *experts*, são uma minoria; b) porque constata-se uma forte tendência de integração multi-disciplinar entre os indivíduos que podem ser definidas como *expert*, isto é, indivíduos detentores do conhecimento especializado. Dessa forma, principalmente no campo da pesquisa avançada, os indivíduos *experts* se agregam em vastos *experts* coletivos, cada vez mais distantes daqueles que não são *experts* em nada. Resumindo: o nosso George está cada vez mais distante e inacessível.

Este é um fato que não se pode subestimar, pois se tal tendência perdurar, nós nos veríamos diante de um progressivo isolamento tanto do saber individual quanto do social. O primeiro, ocupado com comportamento operativo de efeito imediato e o segundo, no desenvolvimento e aprofundamento do acervo tecnocientífico.

Mas qual seria a natureza do saber individual? Qual seria a diferença deste em relação ao saber social? Seria correto caracterizá-lo prevalentemente como conhecimento superficial, recusando-se a ir além do limite mínimo imprescindível para a realização de uma determinada ação? Na nossa relação operativa e cotidiana com os objetos, não há interesse específico pelo saber técnico que estes contêm. Mesmo assim, não seria correto definir o saber individual como um tipo de semissaber, ou como um saber pobre.

Quando guiamos um carro está presente pelo menos um saber: exatamente o de guiar um carro. É um saber que, no meu entender, não tem nada de pobre. Mesmo que diferente, é sempre um saber. Quando dizemos que alguém não sabe guiar, que dirige muito bem ou muito mal, referimo-nos à uma hierarquização quantitativa do saber. Entretanto, reconhecer que o saber operacional é um saber, mesmo que muito específico, ainda não diz muito sobre a diferença entre esse saber e o saber técnico. A diferença entre saber guiar um carro e saber projetá-lo e fabricá-lo é a mesma diferença que separa o motorista do engenheiro mecânico.

Existe uma distinção, muito querida dos filósofos, que nos ajuda nesse caso. É a distinção entre o "saber *que*" (*knowing what*) e o "saber *por que*" (*knowing why*). Ela nos é explicada pelo filósofo da ciência W. C. Salmon: "Uma coisa é *saber* que cada planeta muda periodicamente

---

[134]   Citado por Th. Sowell (1980, p. 3).

78 Cultura, Sociedade e Técnica

a direção do seu movimento em relação às estrelas fixas. Outra coisa é saber o *porquê* de esse fenômeno acontecer. O primeiro é um conhecimento de caráter descritivo. O segundo tem um caráter explicativo"[135]. Existe, porém, um terceiro saber que é o do motorista do automóvel: o "saber *como*" (*knowing how*). É um saber do tipo operacional que, em última análise, não é nem descritivo nem explicativo.

Por outro lado, o nosso saber individual, o "saber *que*", nunca é apenas descritivo. Embora seja um saber que não vai além da descrição, permite que o nosso comportamento operacional no uso cotidiano das coisas, possa ocorrer sem as angústias típicas do "saber *por que*". Este último tem uma finalidade primordialmente relacionada ao conhecimento, mas, não raramente, influencia de modo considerável os objetos técnicos e sua forma de utilização.

A diferença entre os saberes cresceu de forma alarmante no último século. Procurou-se reduzi-la através de ações de divulgação científica[136]. O objetivo era o de favorecer o nascimento de uma "consciência científica de massa", na linguagem dos anos 1970. Alguns resultados foram alcançados, mas não foram suficientes para mudar substancialmente a natureza do problema. A verdade é que a inexorável expansão do saber social determina, em modo cada vez mais evidente, a progressiva redução do saber individual.

Sobre a opulência informativa

Na proposta da *Global Information Infrastructure*, como foi concebida pelo vice-presidente dos EUA, Al Gore (1994), está implícito um cenário no qual todos teriam direito de acessar um "livre fluxo de informações"[137]. Admitindo que isso seja verdade, estaríamos diante da possibilidade, desde a revolução industrial, de poder aproximar o saber individual do saber social. Ou seja, se fosse oferecida a cada indivíduo a possibilidade de apropriar-se de qualquer informação pela rede, incluindo aquelas mais específicas, fica evidente que o desequilíbrio entre os dois saberes poderia, pelo menos em teoria, ser redimensionado.

A despeito do que afirmamos anteriormente, sobre a existência de uma diferença fundamental entre a possibilidade e a probabilidade de gozarmos da nossa liberdade, parece evidente que o cenário que nos é colocado, baseia-se em pressupostos não intuitivos. Antes de mais nada, se aceitarmos a definição do saber social como a esfera do saber *por que*,

---

[135] W. C. Salmon (1990, tradução italiana, p. 13).

[136] A ideia de "divulgação científica" foi criticada com propriedade por G. Toraldo di Francia (1979, p. 331). Ele considera mais correto falar de "difusão científica".

[137] Ver H. I. Schiller (1995). Schiller analisa criticamente a *Global Information Infrastructure* de Al Gore e, em particular, o famigerado 'livre fluxo de informações' que, segundo ele, seria nada mais que um fluxo unidirecional destinado a fazer circular e a afirmar "a influência do produto cultural dos EUA em nível mundial" (p. 19).

não é razoável imaginar que todos as pessoas se perguntem infinitamente sobre o porquê de todas as coisas. Isso pressupõe uma capacidade infinita para recebermos e absorvermos conhecimentos. Evidentemente isso é um falso pressuposto.

Os pesquisadores dos fenômenos da percepção demonstraram empiricamente que a nossa atenção e a nossa curiosidade são extremamente seletivas[138]. Atenção e curiosidade se acentuam ou se enfraquecem em função da novidade, da intensidade e da frequência do estímulo. Nesse contexto, insere-se o tema da redundância. A redundância, além de um determinado limite crítico, leva à monotonia perceptiva, manifestando apatia, rejeição e até desgosto, no caso de mensagens muito repetitivas. O mesmo acontece quando as mensagens são parecidas e pouco diferenciadas. Nesse tipo de situação, utilizando a terminologia da *Gestalt*, as mensagens não mais são percebidas como figuras contrapostas a um fundo. Tudo se confunde com o fundo[139].

Esse fenômeno, como podemos facilmente intuir, ocorre também – e principalmente – no mundo apresentado pela informação via rede. Raramente, porém, alguém toca no assunto. Preferem ficar calados sobre tudo o que possa atrapalhar uma certa imagem daquele mundo. A imagem de um mundo alegre, transbordante de mensagens, onde seríamos insaciáveis consumidores. Negligencia-se um aspecto que, sendo consumidores, nos toca diretamente. Refiro-me à nossa presumível insaciabilidade relativa às mensagens de que deveremos usufruir.

Goste-se ou não, existe uma coisa que devemos considerar com certeza: nós humanos, pelos motivos há pouco citados, temos dificuldade de suportar o choque da superabundância de informações. Somos muito distraídos e volúveis e, acima de tudo, intolerantes com as mensagens que não nos parecem relacionadas aos nossos interesses, impulsos e esperanças cotidianos. Cientes dessa nossa fraqueza congênita (que também representa a nossa força), dispomos de uma prótese intelectual: o computador. O computador sempre foi destinado a *despersonalizar* as funções de receber, tratar e de armazenar informações. Dessa forma, essas funções poderiam ser realizadas sem os condicionamentos subjetivos, sem as perturbações típicas da nossa inquietude perceptiva.

O acesso à informação via rede vem, em certa medida, remexer o problema, pois abre a possibilidade de *re-personalizar* aquelas funções. De repente, encontramo-nos novamente no ponto de partida. Agora somos capazes, pelo menos em teoria, de alcançar todas as fontes de informação de que necessitamos. E tem mais: podemos ainda ser soterrados por uma avalanche de informações, das quais não necessitamos. Isso sem considerar que frequentemente as informações de que necessitamos chegam a nós eivadas de informações de que não precisamos. Em todos esses casos reaparece, agora de forma ainda mais dramática, a nossa

---

[138]   Cf. D. E. Berlyne (1960) e L. E. Krueger (1973).

[139]   Para uma análise detalhada deste fenômeno, com referência a G. Simmel e W. Benjamin, gostaria de reportar ao meu ensaio *Il futuro della modernità* (1987, p.106).

80 Cultura, Sociedade e Técnica

desconfiança subjetiva em relação à informação. Especialmente quando a informação que nos chega está quantitativa e qualitativamente além da nossa capacidade de recebê-la, de tratá-la e de armazená-la[140].

Por esse perfil, o tema tem ligação direta com a questão da democracia *online*. Nos casos em que colocamos a hipótese da democracia plena através de um livre acesso telemático à informação, é obrigatório refletir sobre a maneira pela qual ela será acolhida (e experimentada) pelo cidadão. Esquivar dessa questão nos leva, sem escapatória, a uma ambígua e inacreditável visão abstrata do cidadão. Nessa visão, o cidadão ideal seria o *cidadão totalmente informado*, ou seja, o cidadão consciente de todos os problemas relacionados com a vida pública.

É desnecessário dizer que esse cidadão não existe. Nem acredito que sua existência seja desejável. Esse cidadão ideal, a bem da verdade, não é o cidadão democrático ideal. Ele se identifica muito mais com o que foi chamado "cidadão total"[141]. Na prática, um cidadão (seria correto chamá-lo *ainda de cidadão?*) no qual a consciência individual foi ofuscada – e colocada inoperante – por um envolvimento total na vida pública.

Segundo os apologistas do ciberespaço, um livre acesso de *todos* os cidadãos a *toda* informação favoreceria por si só o surgimento de novas formas de democracia direta. Em teoria, isso pode parecer bem convincente. Na prática, porém, considero muito mais provável que um acesso indiscriminado à informação possa nos conduzir a uma forma mais sofisticada de controle social e de informação cultural. E não a uma democracia mais avançada.

Não podemos esquecer que hoje em dia está em curso uma mudança radical nas formas de atuação do projeto coercitivo de poder. No passado e até recentemente, esse projeto utilizava o recurso da *indigência informativa*. Hoje em dia, ao contrário, privilegia-se a *opulência informativa*[142]. A nova opção estratégica consiste em facilitar o acesso à informação, dentro de certos limites. Diante da grande quantidade de informações que o atinge – nem todas confiáveis ou verificáveis – o cidadão é compelido a reagir, cedo ou tarde, com um crescente desinte-

---

[140] Recentemente H. M. Enzensberger (1996) observou, com um otimismo excessivo, que a ideia de luxo está se modificando radicalmente. As formas tradicionais de luxo, baseadas principalmente na ostentação da riqueza e do poder, seriam substituídas por novas formas que, em contraste com as precedentes, exprimiriam valores de interioridade, de moderação e de simplicidade. Uma dessas formas, segundo Enzensberger, seria a possibilidade de dispor livremente de uso da própria atenção (*Aufmerksamkeit*). É uma tese mais que sustentável. No mundo em que vivemos, é talvez o maior luxo que se possa imaginar, poder decidir o que merece ou não a nossa atenção. Ou seja, nós mesmos, nas palavras do próprio Enzensberger, preferimos ver, ouvir e sentir o saber. Permanece, porém, em aberto o problema de como democratizar esse luxo. Como assegurar a todos, e não só a uns poucos privilegiados, o que podemos chamar de liberdade de atenção.

[141] G. Sartori e R. Dahrendorf (1977).

[142] Sobre a ideia de opulência informativa (ou comunicativa), cf. A. A. Moles (1991).

resse e até com impaciência em relação à informação. Afinal de contas, nas reentrâncias mais escondidas da opulência informativa encontra-se a indigência informativa.

Conclusão

Por causa desta última opinião, e de muitas outras precedentes, posso sofrer uma desaprovação – estou plenamente consciente disso – por ter uma visão pessimista sobre o papel das novas tecnologias na sociedade democrática. Essa desaprovação é parcialmente justificada. A verdade é que meu ceticismo (e não pessimismo, que fique claro) é relacionado exclusivamente aos nebulosos cenários que projetam o advento de uma sociedade na qual, graças à contribuição das novas tecnologias – e somente graças a essa contribuição –, seria possível realizar o antiquíssimo sonho de uma democracia genuinamente participativa. E mais: planetária. A meu ver, esse não é um cenário factível. Existem fundamentadas razões – e creio de tê-las fornecido – que demonstram essa impossiblidade.

E pergunto-me: por que se continua, contrariando todas as evidências, a propor este tipo de cenário? Talvez haja uma explicação. Em um mundo onde todas as visões ideais do nosso futuro foram excluídas, o capitalismo busca apressadamente ocupar os espaços vazios. E o faz utilizando, como era previsível, uma ambiciosa 'metanarração'. Nela, é anunciada a iminente chegada da 'república eletrônica'. Uma república altamente informatizada que se configuraria – nos asseguram – como a mais democrática das repúblicas.

As grandes multinacionais da informação e da comunicação, com o escopo de propagandear esse cenário, colocaram uma eficientíssima máquina de consenso político-cultural e comercial em ação. Não é, então, de se admirar que um considerável número de pessoas, especialmente nos países industrializados, sejam levadas hoje a trocar a realidade por uma enganadora miragem ideológica.

É este o objeto de meu ceticismo. É, porém, um ceticismo que não arranha minimamente a minha convicção de que as novas tecnologias sejam capazes, em alguns casos, de melhorar a qualidade da nossa vida e de nos abrir profícuos canais de participação democrática. Já havíamos sinalizado isso no caso dos serviços públicos, da informação científica e da didática. E veremos ainda mais nos próximos capítulos.

2. Telemática e novos cenários urbanos[1]

Ao lado da questão do ciberespaço que se situa em um local democrático ideal, já discutida no capítulo anterior, existe ainda a questão, não menos controversa, de um ciberespaço que se propõe como espaço urbano ideal. Ou seja, um modelo de cidade digitalizada, onde seriam superados todos os males que hoje afligem a cidade tradicional.

Na base de tudo isso está a crença de que os meios telemáticos poderiam incentivar o êxodo dos locais de trabalho, do centro em direção à periferia da estrutura urbana. Isso contribuiria para descongestionar o tráfego urbano e reduzir seus efeitos nocivos ao ambiente[2].

A priori não se pode descartar esse tipo de cenário. Nesse caso, porém, como naquele caso da democracia direta *online*, deve-se assumir uma postura de extrema cautela. Nunca é demais relembrar que as cidades são organismos complexos. Normalmente elas resistem aos modelos impostos, que tendem a perturbar a ordem existente. O problema das cidades é que elas são 'conservadoras' e rejeitam as mudanças *impostas por decreto*. Isso ocorre principalmente quando essa mudança é apresentada como resultado de um projeto que visa exclusivamente a racionalização e a otimização de todos os aspectos da vida urbana.

Basta lembrar as experiências fracassadas dos anos 1960 e 1970

---

[1]   Este texto foi publicado originalmente em italiano, no livro *Critica della ragione informática* (p. 93-135), Feltrinelli, Milão, 1997.

[2]   Este argumento foi elaborado por J. S. Niles (1994) da *Global Telematics*, por solicitação da USDOE – United States Department of Energy (Departamento de Energia dos EUA) – e pelo LBL – Lawrence Berkeley Laboratory. Considero uma excelente síntese das orientações atualmente dominantes nos EUA.

84 Cultura, Sociedade e Técnica

com alguns modelos de programação e de análise territorial inspirados na cibernética, na teoria dos sistemas, na programação linear ou na pesquisa operacional. Refiro-me, obviamente, não a todos os modelos desse tipo, mas apenas aos que prometiam um controle *total* dos processos urbanos, através de uma sofisticada formalização. Baseavam-se em modelos teóricos e abstratos, desprovidos de qualquer ligação com a realidade[3].

O mesmo pode acontecer com o modelo telemático. A indubitável vocação totalizante das tecnologias telemáticas existentes na base desse modelo – de tudo abranger e em tudo penetrar – poderá encorajar seus adeptos a dar-lhe uma versão totalizante. Esse risco não é hipotético. As elucubrações utopistas sobre a cidade telemática estão na ordem do dia, encontrando poucos opositores. Antigamente as propostas futuristas sobre as cidades, incluindo as mais audaciosas e as mais excêntricas – feitas pelos filósofos, romancistas e arquitetos –, nos permitiram vislumbrar outros mundos urbanos possíveis[4].

No caso específico da cidade telemática, as coisas se colocam em termos diversos. Pela primeira vez na história, apresenta-se um modelo de cidade ideal, baseada em uma tecnologia disponível, e não em uma tecnologia imaginária. Isso reforça a convicção, a meu ver infundada, de que essa cidade ideal estaria disponível. Assim, explicar-se-ia a crença cega nesse modelo, renunciando a qualquer comportamento crítico ou simples verificação dessa possibilidade.

Contrastando com essa tendência, alguns estudiosos preferem enfrentar os aspectos concretos da relação telemática–cidade, indicando as potencialidades e também os seus limites. Essa é a postura de Ithiel de Sola Pool, um dos mais eminentes estudiosos dos aspectos sociais, econômicos e jurídicos das novas tecnologias de comunicação. Em um livro póstumo, ele questiona a eventual influência benéfica que tais tecnologias exerceriam na reformulação urbana e na recuperação do ambiente[5]. É um tema que ele mesmo já tinha tratado no passado, especialmente durante a grande controvérsia dos anos 1960 e 1970 sobre o impacto do telefone e do automóvel na conformação dos sistemas metropolitanos[6].

No capítulo sobre o impacto ecológico das telecomunicações (*The ecological impact of telecmunications*), Pool procura rever, à luz das experiências e do desenvolvimento mais recentes, as duas posições an-

---

[3]   Para este tipo de modelos, ver B. Harris (1967) e A. G. Wilson (1968). Os exemplos mais esclarecedores daquela época são encontrados nos modelos de planejamento dos transportes. O caso do DPM – Design Process Model –, de M. L. Manheim, é um dos mais típicos. Cf. M. L. Manheim (1970). Ver também as críticas a Manheim por parte de A. Fleischer (1970).

[4]   No âmbito do urbanismo e da arquitetura, podemos citar como exemplo as fantásticas representações dos *archigramists* britânicos: a Computer City (1964) de D. Cropton, a Plug-in City (1964) de P. Cook, a Walking City de R. Herson e a Underwater City (1964) de W. Chalk. Cf. P. Cook (1967, 1970 e 1973).

[5]   I. de S. Pool (1990).

[6]   Ver J. Gottmann (1961, 1977), R. L. Meier (1962), A. R. Pred (1966, 1973, 1978), I. de S. Pool (1978, 1983), A. J. Moyer (1977).

2. Telemática e novos cenários urbanos **85**

tagônicas surgidas daquele debate. De um lado, estavam aqueles que atribuíam ao telefone e ao automóvel um papel decisivo no crescimento dos subúrbios residenciais e na expansão urbana. Do outro lado, estavam os defensores de que o telefone tinha favorecido a superpopulação das áreas centrais das cidades[7]. Nesse ponto, Pool coloca a hipótese de que o advento das tecnologias digitais, diferentemente do que se supõe, não contribuirá para resolver aquele dilema interpretativo. Segundo ele, os efeitos ambivalentes do telefone sobre as cidades – causa simultânea de descentralização e de centralização, de dispersão e de concentração – ressurgirão no contexto das novas tecnologias, em termos ainda mais radicais.

Desaparecimento das cidades e dos grandes centros?

Para superar essa dificuldade, Pool afasta-se das posições extremas, incluindo aquela hipótese segundo a qual a telemática levará a uma progressiva desurbanização e até mesmo a um retorno em massa para o campo. Escreve Pool: "Não há razões para crer que as cidades e os grandes centros estejam destinados a desaparecer". Mesmo admitindo que as telecomunicações possam influir no surgimento de numerosas 'comunidades sem contiguidade' – dispersas em um vasto território –, ele coloca em dúvida se elas poderiam configurar-se como um modelo dominante. "É pura fantasia", afirma ele, "imaginar que as telecomunicações possam induzir as pessoas a viver em isolamento físico. É uma hipótese pouco realista, visto que grande parte da atividade humana não consiste apenas no intercâmbio de informações, mas envolve também ações sobre objetos físicos" (p. 233).

Pool é um intelectual que não é cético em relação às novas tecnologias. Sua forma de abordar o problema evidencia um fato: reconhecer o papel dessas tecnologias não significa fazer especulações utópicas de natureza tecnológica ou tecnocrática sobre o futuro das nossas cidades. Essas especulações talvez sejam sedutoras. Certamente não estão muito longe dos problemas atuais que os administradores das cidades enfrentam. E o que é mais grave: estão muito distantes das preocupações quotidianas daqueles que vivem e usufruem das facilidades oferecidas pelas cidades.

---

[7]   Sobre este argumento não se pode esquecer a influência indireta que o telefone exerceu no surgimento dos arranha-céus. John I. Carter, engenheiro chefe da AT&T, citado por Pool (1990, p. 16) foi o primeiro, em 1908, a chamar a atenção sobre a relação causal entre o telefone e o arranha-céu. Mesmo que, à primeira vista, possa parecer singular, como observa Carter, dizer que "Graham Bell e seus sucessores são os pais dos arranha-céus", é evidente que a possibilidade de verticalizar os escritórios de uma empresa, distribuindo-os em muitos andares, só tornou-se possível com o advento do telefone. Foi o aparelho que facilitou as comunicações entre os vários andares sem a necessidade do deslocamento físico das pessoas no sentido vertical. Sobre esse assunto ver também J. Gottmann (1966). Cf. P. Cowan (1969).

Seria engano considerar que todos os problemas das grandes cidades possam ser resolvidos apenas com auxílio das tecnologias de ponta, especialmente das tecnologias da informação e das telecomunicações. Esses cenários se incluem na categoria das fábulas, contadas com ingênua candura (ou perfeita má-fé), nos quais as cidades do futuro são apresentadas como etéreos paraísos telemáticos. Seriam lugares onde uma digitalização universal contribuiriam para transformar os centros de distribuição do 'teletrabalho' em lugares mais agradáveis.

Diante desses cenários, é melhor perguntarmos com sinceridade quais são os reais problemas urbanos que a telemática pode efetivamente ajudar a solucionar. A telemática tem uma capacidade de resolver (ou de criar as condições favoráveis) alguns problemas da cidade. Essa capacidade parece intimamente ligada à existência de muitas questões teóricas e práticas, ainda sem respostas plausíveis. Quais seriam, por exemplo, os efeitos econômicos, sociais e culturais, no nível do sistema, de uma eventual aplicação dessas tecnologias em amplo espectro?

Essas dúvidas referem-se, sobretudo, à natureza infraestrutural das redes telemáticas. A tendência a considerar as redes como infraestrutura ganhou impulso quando se iniciou a falar, nos EUA, de supervia da informação (*information superhighway*) – numa metáfora bem infraestrutural. O passo seguinte foi rápido: considerar as redes telemáticas como verdadeira infraestrutura da informação (*information infrastructures*).

A concepção das redes telemáticas como infraestruturas significa imputar que elas se comportem, para todos os efeitos, como infraestruturas. E não é bem assim. Veremos adiante que, em muitos aspectos, é difícil classificar as redes telemáticas como verdadeiras infraestruturas. De todo modo, as redes têm seguramente alguns aspectos importantes em comum com as infraestruturas. Em qualquer tipo de infraestrutura, por exemplo, decisões técnicas errôneas, uma vez tomadas, impactam fortemente seu futuro. Em outras palavras, as tentativas *a posteriori* de modificá-las ou corrigir efeitos colaterais perversos, são anuladas pelo peso inercial típico das infraestruturas, mesmo considerando a leveza das redes telemáticas.

Os custos social e econômico nesse campo não devem nos causar surpresa. Paga-se um preço elevadíssimo pelos erros de avaliação estratégica. Tais erros podem ocorrer pelo *superdimensionamento* das infraestruturas, apresentando desempenho muito acima da real possibilidade de utilização por parte dos usuários. Mas elas também podem ser *subdimensionadas*, apresentando um desempenho muito aquém do necessário, abaixo daquilo que os usuários seriam capazes de utilizar.

O subdimensionamento é um perigo que ameaça diretamente as redes digitais em escala urbana. Muitas vezes não se avalia adequadamente o espetacular potencial dessas infraestruturas e não se percebe toda sua gama de aplicações.

É o perigo de se prestar atenção apenas aos aspectos mais visíveis e mais úteis à opinião pública, como *teleshopping* e *internet banking*, desprezando aqueles mais conhecidos e não menos importantes. Refiro-me à

2. Telemática e novos cenários urbanos

tendência de não se levar em conta a contribuição das redes telemáticas na modernização das infraestruturas tradicionais.

A cidade como configuração comunicativa

Entre tantas definições de 'cidade' propostas ao longo dos tempos, a mais óbvia e talvez a mais verdadeira é a que considera a cidade como um lugar privilegiado de comunicação[8]. A. Mattelart, na linha de Norbert Elias, desenvolveu a ideia de "configuração comunicativa"[9]. Para Mattelart, cada época histórica e cada sociedade formulam uma configuração específica para comunicar-se. Ou seja, criam um modo particular de infraestruturas que influenciam as relações de interdependência entre as pessoas. No caso específico das grandes cidades atuais, a configuração comunicativa aparece, em grande parte, vinculada (e condicionada) pela natureza da infraestrutura construída na primeira fase da revolução industrial. São infraestruturas surgidas para atender a necessidade de racionalizar os processos de troca e de transporte.

Nas últimas décadas do século XIX, novas infraestruturas surgiram em superposição às precedentes reciclando, com pequenas modificações, a estrutura existente. Thomas Edison, por exemplo, desenvolveu em 1882, em Pearl Seal, New York, a primeira rede experimental de iluminação elétrica, baseando-se na rede de iluminação a gás existente[10]. E não foi o único caso. Conforme ilustrou I. Gökalp, na história das infraestruturas urbanas, a continuidade tem sido a norma e a descontinuidade, exceção (Gökalp, 1992). Cada nova infraestrutura é construída, pelo menos parcialmente, aproveitando-se a organização e os recursos de uma infraestrutura anterior. Raramente constatou-se uma ruptura ou substituição integral da estrutura preexistente.

Surge aqui uma pergunta: o princípio da continuidade seria válido mesmo para aquelas infraestruturas peculiares, como as redes telemáticas

---

[8] O estudioso das cidades D. J. Olsen (1983) enumera treze figuras emblemáticas que, em sua opinião, exprimiriam muito bem os modos mais frequentes de se entender os objetivos da cidade: Cidade como fortaleza (*The City as a Fortress*), Cidade como Palácio (*The City as Palace*), Cidade como exposição (*The City as Salon*), Cidade como fábrica (*The City as Factory*), Cidade como escritório (*The City as Office*), Cidade como máquina (*The City as Machine*), Cidade como templo (*The City as Temple*), Cidade como monumento (*The City as Monument*), Cidade como brinquedo (*The City as Toy*), Cidade como caserna (*The City as Barracks*), Cidade como escola (*The City as School*), Cidade como um célula revolucionária (*The City as Revolutionary Cell*), Cidade como expressão de uma ideia abstrata (*The City as Expression of Abstract Idea*). É verossímil considerar que essas figuras exprimam, em última análise, diferentes modos de entender a vida comunicativa da cidade.

[9] A. Mattelart (1994). Do mesmo autor cf. também (1991). A ideia de configuração (*Figuration*) ocupa um lugar central na obra de N. Elias (1969 e 1986).

[10] Cf. R. V. Jenkins *et al.* (1989) e Th. P. Hughes (1979).

88 Cultura, Sociedade e Técnica

digitais? Trata-se de saber, para continuarmos no exemplo de Edison, se as redes telemáticas digitais assemelham-se às redes telefônicas, assim como as redes elétricas assemelham-se às redes de gás. A resposta é um pouco vaga. A rede elétrica usufruía das vantagens logísticas e econômicas da rede de gás, mas, na realidade, tinha muito pouco a dividir com ela.

No caso da relação entre a rede telemática digital e a rede telefônica tradicional, a coisa muda de figura. Com a adoção da tecnologia ISDN (*Integrated Services Digital Network*), a rede telemática digital – de banda estreita na sua fase inicial – utilizou os mesmos meios de transmissão e os mesmos sistemas de comunicação usados pela rede telefônica. Mas ao mesmo tempo havia algo que a distinguia enormemente desta última: o fato de ser digital. O elemento mais característico da tecnologia ISDN foi a total digitalização, tanto das centrais quanto dos sistemas de transmissão na rede telefônica. Ou seja, foi o resultado de uma substituição do sistema analógico, que era a base da rede telefônica tradicional, por outro, digital.

A digitalização, porém, não esvaziou nem desfigurou a vocação original da rede telefônica. Ao contrário, ela confirmou plenamente essa vocação, pois conferiu uma maior variedade, qualidade e eficiência ao seu desempenho comunicativo. Pela primeira vez, a rede telefônica permitiu um tratamento integrado de voz, dados, textos e imagens.

Não há dúvidas de que nos deparamos com uma clamorosa inovação que ultrapassa o aspecto técnico e funcional. Tudo nos faz pensar que, mais cedo ou mais tarde, ela acabará por influenciar o modo de explicar as nossas relações de interdependência e também aquela configuração comunicativa que citamos anteriormente.

Estou convencido de que algo de novo está prestes a acontecer. Essa presunção é feita dentro de certos limites, pois a novidade que hoje desponta ocorre apenas nos países industrialmente avançados e nem mesmo em todos eles. Estou convencido de que existem zonas de luz e de sombra na perspectiva telemática. Iluminar sempre e exclusivamente as zonas claras é redundância e não nos leva a nenhuma conclusão. Reafirmo, pois, a necessidade de se lançar luz inclusive nas zonas de sombra. Tenho a opinião de que esconder, mascarar ou simplesmente ignorar os problemas não faz nenhum sentido. Nem mesmo para aqueles que, a despeito de seus motivos, estão empenhados em divulgar os sistemas telemáticos em níveis nacional e internacional.

A abordagem exclusivamente promocional não basta. Essa via, no afã de prometer paraísos informáticos cada vez mais fantásticos, pode nos levar a perder totalmente o contato com os problemas reais que podem surgir com a aplicação da telemática. Isso é muito imprudente, diante da necessidade de se discutir os aspectos administrativos, técnicos, jurídicos, econômicos e sociais de uma eventual telematização generalizada e profunda das grandes cidades.

Infraestruturas materiais e imateriais

Retornando ao tema das infraestruturas, é necessário perguntar: qual é a relação que se estabelece entre a infraestrutura nova e a tradicional? Seria legítimo levantar a hipótese de uma integração *funcional* entre ambas? Mais concretamente: seria plausível a nova infraestrutura atuar como um potente fator de renovação de todo o sistema? Seria esse fator capaz de tornar mais eficiente a gestão de todas e de cada uma das outras infraestruturas? Para dar uma resposta a essas perguntas, o principal empecilho é a falta de um conjunto confiável de referência teórica. Mesmo que vivamos em cidades notoriamente saturadas de equipamentos e de instalações variadas; paradoxalmente, não dispomos ainda de uma teoria sistemática das infraestruturas.

A primeira tentativa nesse sentido foi, talvez, a dos economistas R. Jochimsen e E. K. Gustafsson. Em 1966, eles propuseram uma dissecação das infraestruturas, reagrupando-as em três categorias: materiais, institucionais e pessoais. Para a chamada tecnologia urbana, as infraestruturas eram prevalentemente *materiais*, ou seja, a rede viária, trólebus, metrôs, ferrovias, rede de esgotos, distribuição de água, gás e energia elétrica e as redes telefônicas. Nos últimos anos foram acrescentadas a essa lista outras importantes infraestruturas: as instalações de tratamento de esgoto, de incineração de lixo, aquecimento centralizado e estacionamentos.

Os especialistas desses setores, os planejadores e os projetistas de infraestruturas gostam de diferenciar as estruturas: de *superfície*, por *cavadas*, de solo e de subsolo. O fato de que estas últimas não estejam, com raras exceções, acessíveis à vista, levou-nos a não dar-lhes a devida importância e a menosprezá-las no arranjo geral das nossas cidades. Isso nos impediu de entender a existência de uma dependência recíproca entre o solo e o subsolo das cidades e que cada etapa do desenvolvimento urbano deve partir necessariamente do conhecimento do sistema de infraestrutura do subsolo.

Creio que nesse ponto já possamos intuir algumas respostas às perguntas que havíamos colocado. Parece evidente que as infraestruturas materiais devam ser vistas como parte do imprescindível arcabouço físico da cidade. Nenhum cenário de desmaterialização global, por mais atraente que pareça, torna plausível a ideia de que, no futuro, próximo ou distante, tais infraestruturas possam tornar-se imateriais (ou quase).

É impossível ignorar o fato, por ser óbvio, das grandes cidades terem uma história física que se identifica, em boa parte, com a história das intervenções na sua infraestrutura. Trata-se de intervenções que deixaram marcas profundas na morfologia de implantação das grandes cidades e também na sua organização funcional. Seguindo o raciocínio de N. Rosenberg, essas marcas tornam as cidades dependentes dos caminhos percorridos no passado (*path dependent*), ou seja, os itinerários percorridos por elas no passado condicionam fortemente o seu presente e seu futuro (N. Rosenberg, 1994). Certamente podemos pensar em cidades criadas a partir do nada, como Brasília – cidades livres dos vínculos infraestruturais pregressos. Porém, é difícil imaginar, no atual estágio do nosso conhecimento, cidades absolutamente privadas das infraestruturas materiais.

Ocupei-me, em várias ocasiões, do tema da desmaterialização. Mesmo admitindo que seja possível verificar inequívocos processos de desmaterialização em amplos setores da produção e dos serviços, eu sempre refutei a tese de que esteja em curso, como muitos afirmam, uma ampla desmaterialização global do planeta.

Se a nossa sociedade pode ser considerada, com todas as reservas necessárias, uma *sociedade da informação*, é preciso admitir que nela também reina um incrível desperdício de recursos materiais. É, então, um contrassenso sustentar que vivemos em uma época de desmaterialização generalizada. Para nossa infelicidade, o que temos diante dos olhos é muito mais um atroz e devastador incremento da presença material, sem contar a imponente montanha de lixo, cujo processamento está cada vez mais difícil e caro.

Refiro-me à congênita tendência da economia capitalista de encurtar cada vez mais a vida útil de seus produtos. Ou seja, a tendência de gerar continuamente aquilo que podemos chamar, sem metáforas, de ruína. Trata-se de ruínas com características muito peculiares, mas serão sempre ruínas. Essas ruínas são certamente diferentes daquela presença física que herdamos de um passado secular ou milenar: obras de arte, objetos de uso resistentes ao desgaste do tempo, às guerras, aos saques e aos cataclismos naturais, mesmo que em pedaços. São presenças físicas que, apesar do louvável trabalho dos arqueólogos e dos historiadores em nos torná-las familiares, continuam estranhas, enigmáticas e ainda distantes da nossa sensibilidade atual.

Nada disso ocorre com as ruínas produzidas atualmente. Elas nos são bem familiares. Sabemos praticamente tudo sobre o local e a data de seu nascimento, sobre o curso de sua fugaz existência e ainda sobre o momento no qual foi decidido pelo seu descarte e sua remoção. Ou seja, o momento de se decretar, quase sempre prematuramente, a sua transformação em ruína. Enquanto, nas civilizações antigas, homens e as mulheres conviviam com poucas ruínas herdadas, na nossa, estamos cercados por uma imponente e obsessiva presença das nossas próprias ruínas. Basta olhar para as montanhas de lixo que circundam as nossas cidades.

O pior é que esses acúmulos de ruínas não se mostram como realidades estáticas, completas e limitadas. São realidades em expansão descontrolada, em crescimento exponencial. Entre outros motivos, trata-se de um fenômeno que é explicado pela nossa capacidade – única na história – de gerar em tempo real, e em fluxo contínuo, lixo, sucata e entulho. As ruínas de hoje, diferentemente daquelas de outrora, não demoram séculos (ou milênios) para em tais se transformarem. Bastam alguns anos, meses, dias e, em alguns casos, horas. Isso se explica pela dinâmica inexorável do desenvolvimento produtivo e das exigências de obsolescência do mercado.

No fundo, todos somos testemunhas oculares, quando não cúmplices, desse horripilante processo que transforma milhões de objetos em ruínas todos os dias. A nossa existência quotidiana, especialmente nas grandes cidades, parece marcada por essa irracionalidade. Ela nos obriga a conviver, ao mesmo tempo, com duas situações antagônicas: de um lado, a vida curta dos objetos e, de outro, as ruínas com sua vida longa. De um lado, objetos frágeis, leves e descartáveis. De outro, o adensamento material das ruínas.

Esse estado de coisas nas grandes cidades nos leva a uma pergunta racional: as infraestruturas da informática podem contribuir para atenuar o peso irracional das várias infraestruturas materiais? Posso afirmar que isso é plausível, pelo menos em teoria. Existem fortes indícios, principalmente técnicos, que nos induzem a acreditar nisso. Considerar essa eventualidade plausível não significa, de forma alguma, acatar a ideologia da desmaterialização global. Nossa abordagem é muito diferente. Aqui, tratamos simplesmente de examinar, sem preconceitos, quais seriam as áreas em que as novas tecnologias poderiam contribuir concretamente para a transformação sugerida.

Um "grande sistema tecnológico"

Considerando que, em última análise, a principal tarefa relacionada às infraestruturas materiais de uma cidade é a gestão dos fluxos – líquidos, gases ou veículos –, creio que as infraestruturas informáticas estejam destinadas a ter um papel importante no futuro. E o motivo é de fácil intuição: os fluxos carregam consigo as informações sobre o próprio estado, como, por exemplo, vazão, pressão e eventuais defeitos dos canais utilizados.

Pode-se dizer que as infraestruturas materiais e as infraestruturas informáticas têm uma coisa em comum: cada equipamento, aparelho ou instalação é um longo canal no qual os fluxos são direcionados. Nas infraestruturas materiais, os fluxos se constituem de líquidos e gases, mas também de sólidos, como os automóveis. Nas infraestruturas informáticas fluem os sinais. Portanto, as primeiras são canais de fluxo e as segundas, de transmissão.

Essa semelhança de funções nos permite supor que as duas infraestruturas estão muito mais próximas entre si do que normalmente se acredita. Não se pode descartar a possibilidade de que, no futuro, elas se aproximem cada vez mais[11]. Estou convencido de que chegará o dia em que as infraestruturas informáticas poderão assumir um papel decisivo na requalificação funcional das infraestruturas materiais, tanto aquelas de superfície quanto as subterrâneas. E isso correrá não apenas nas tarefas de monitoramento e de vigilância dos fluxos, como já ocorre em alguns setores, mas também em sofisticadas tarefas de gestão operacional de processos.

Na gestão dos fluxos de tráfego, por exemplo, observamos ultimamente enormes progressos. Refiro-me à convergência entre tele-

---

[11] Para uma discussão geral sobre este tema, ver L. M. Branscomb e J. Keller (1996).

comunicações e transportes, vistos como componentes de uma única rede, a *teletrans network*. É também necessário relembrar o papel da telerrobótica em situações extremas, hostis e perigosas, tão frequentes nas infraestruturas de subsolo e de superfície.

Será necessário liberarmo-nos, de uma vez por todas, do preconceito de que as redes telemáticas tratam apenas das comunicações nas cidades. Esse preconceito impede uma visão integrada das infraestruturas. Ou seja, uma visão em que as redes telemáticas – as infraestruturas *leves* – são vistas não como alternativa, mas como um fator de racionalização das redes materiais: as infraestruturas *pesadas*.

Diga-se de passagem, que muitas resistências em relação a essa visão são atribuídas, e de modo importante, ao próprio conceito de infraestrutura. Ao examinarmos bem, o conceito de infraestrutura é apenas um vestígio terminológico de um mundo técnico em declínio.

É evidente que esse conceito de infraestrutura é pouco adequado para abordar, tanto no sentido teórico quanto no prático, as temáticas emergentes, principalmente quando se trata de compará-lo com as redes telemáticas. Pela vastidão e capilaridade de seus efeitos sobre a cidade, essas redes exigem métodos e técnicas interpretativas muito diferentes daqueles utilizados no passado. Este é o motivo pelo qual me parece conveniente termos cautela em relação ao conceito de infraestrutura.

As opções terminológicas não devem ser superestimadas. No final das contas, porém, a escolha do termo mais adequado pode ser vantajosa, visto que pode abrir novos horizontes de reflexão sobre o tema. Minha proposta de substituição recai no conceito de "grande sistema tecnológico" (*large technological system*), desenvolvido por alguns historiadores da tecnologia, principalmente por Thomas P. Hughes (1983 e 1987), famoso pelos estudos sobre o nascimento e desenvolvimento do sistema elétrico integrado.

Esse conceito parece estar menos ligado à rígida classificação adotada pela taxonomia infraestrutural de Jochimsen e Gustafsson. Hughes possibilita uma visão integrada e sistêmica das redes de serviço urbano. No nível de projeto, permite uma profícua interação entre os diversos sistemas. Por essa ótica, os sistemas nunca estão isolados. Por princípio, cada sistema é aberto. Ou seja, é capaz de interagir com os outros nos aspectos técnico e organizacional, conforme as necessidades, propiciando verdadeiras convergências funcionais entre os vários sistemas.

Essas convergências nem sempre se configuram da mesma forma. Na realidade os respectivos vínculos de contornos – sociais, econômicos, culturais, históricos e ambientais, entre outros – condicionam fortemente suas configurações e, portanto, as suas características finais. Em cada contexto urbano, por exemplo, os arranjos funcionais entre os sistemas podem assumir formas variadas. Ou seja, elas podem dar origem a diferentes "estilos tecnológicos" (*technological styles*), na denominação do próprio Hughes.

Esse aspecto é muito importante para o tema que estamos discutindo. Naturalmente os sistemas integrados de redes nunca poderão se desenvolver do mesmo modo em toda a cidade nem exprimir o mesmo estilo tecnológico. Isso é óbvio. Mas nem sempre é óbvio para os organizadores desses sistemas. Obcecados pelas legítimas exigências práticas das normas e de padronização, eles perseguem o sonho das soluções universalmente válidas, que sejam aplicáveis nos mais variados contextos urbanos. Em poucas palavras, soluções para serem aplicáveis indistintamente em Tóquio, São Paulo, São Francisco, Bombaim, Lyon e Roma.

Essa abordagem corresponde a uma cultura de racionalização, que podemos resumidamente definir como 'pré-eletrônica'. É uma cultura que privilegia os valores do imobilismo e da estabilidade em vez da flexibilidade e da adaptabilidade próprias da nova cultura da racionalização, moldada com o advento da microeletrônica.

Telemática e trabalho

Gostaria de abordar agora um assunto que está há muito tempo no centro de um inflamado debate e sobre o qual existe volumosa literatura. Trata-se do tema do teletrabalho[12].

Continua-se atribuindo um papel potencialmente fragmentador do teletrabalho sobre a sociedade, embora as dimensões desse fenômeno tenham sido reavaliadas recentemente por mais de um analista[13]. Conforme uma avaliação que a mídia tornou muito popular, o trabalho à distância produziria efeitos muito benéficos nos mais diversos setores. Em relação às cidades – e principalmente aos grandes centros –, sustenta-se enfaticamente que o teletrabalho pode contribuir para diminuir a circulação das pessoas. Em consequência disso, o volume do tráfego e os congestionamentos se reduziriam, melhorando a situação ambiental em geral.

De forma muito genérica, pode-se dizer que a contribuição do teletrabalho como fator de melhoria ambiental foi parcialmente confirmada. Algumas experiências realizadas em diversas partes do mundo, embora não nos autorizem a uma confirmação definitiva, forneceram-nos indicações de grande utilidade[14]. Contudo, surgem complicações quando se examinam os detalhes, procurando avaliar a consistência dos

---

[12]   Existe uma volumosa literatura sobre o tema em italiano. Entre outros, cf. G. Cepollaro (1986), *Centro europeo informazione, informatica e lavoro*, e O. Grop (1989), G. Scarpitti e D. Zingarelli (1989), M. I. Bianco (1990), C. Carboni (1990), S. Campodall'Orto e C. Roveda (1991), G. Bracchi e S. Campodall'Orto (1994). F. Butera (1995).

[13]   Cf. T. Forester (1991), P.-O. Rousseau (1994-95), H. Hamblin (1995), G. Cesareo (1996).

[14]   As mais famosas experiências foram aquelas descritas no Programa de teletrabalho pendular do Condado de Los Angeles (*County of Los Angeles Telecommuting Program*). O termo *commuting*, neste caso, refere-se aos trabalhadores 'pendulares', ou seja, que trabalham nos grandes centros urbanos, mas residem em cidades-dormitório em seu entorno. O movimento pendular dos trabalhadores seria o deslocamento entre cidades, de casa para o trabalho e vice-versa. *Telecommuting* seria um teletrabalho que possibilitaria a eliminação do deslocamento pendular. Isso representou uma das experiências pioneiras de teletrabalho. O aspecto interes-

cenários que nos são propostos, e passamos a analisar, com maior rigor, o conjunto de temas abordado em cada cenário.

A principal dificuldade está ligada ao próprio conceito de teletrabalho, sobre o qual vale a pena uma análise mais detalhada. Normalmente, a mídia considera o teletrabalho como aquele que um empregado desenvolve em um terminal localizado em sua própria casa, supostamente fora do centro urbano ou até no campo. Trata-se de uma versão muito parcial de teletrabalho – seria um simples trabalho em domicílio –, possibilitado pelos meios de comunicação.

Esse conceito de teletrabalho nasceu há algumas décadas, no âmbito do debate sobre os problemas de mobilidade e do tráfego nos grandes centros urbanos. Desde o início, foi questionado o significado que lhe seria atribuído. Jack M. Nilles (J. M. Nilles *et al.* 1976), um dos pioneiros no estudo desse tema, tinha notado que o teletrabalho pode assumir uma infinidade de formas. Segundo ele, não se trata de algo simples, mas de um fenômeno complexo e ricamente articulado. Por essa ótica, alguns autores sugerem que o teletrabalho em domicílio deveria ser visto apenas como uma das suas possíveis alternativas, não sendo a mais facilmente realizável e nem a mais desejável.

De qualquer forma, é instrutivo ver quais seriam os tipos de trabalho em domicílio, desenvolvidos na prática, através da rede telemática, há muitos anos[15]. J. Huber (J. Huber, 1987) elaborou uma lista com quase 140 tipos possíveis de teletrabalhos em domicílio. A esmagadora maioria se enquadra na categoria de prestação de serviços[16]. Entre estes,

---

sante dessa experiência consiste em ter tentado responder a uma série de problemas territoriais e ambientais através da reorganização do trabalho dos escritórios. Através do teletrabalho em domicílio acreditava-se que, além de inibir uma crescente demanda por escritórios, seriam resolvidas questões de congestionamento do tráfego de automóveis particulares, da poluição atmosférica e dos crescentes custos da energia. A experiência piloto (1988-1990) envolveu 200 pessoas. Em pouco tempo alcançou 3.500 empregados, graças a uma intensa atividade promocional e de informação, desenvolvida em paralelo pelos órgãos administrativos e pelas agências particulares que cuidavam de organizar concretamente o programa de teletrabalho. Cf. *County of Los Angeles Telecommuting Program* (1996). Esses resultados, entre outros de experiências semelhantes, encorajaram algumas instituições nacionais e supranacionais a sugerir uma série de orientações programáticas relativas a essa modalidade de trabalho. Sobre as políticas americanas, ver J. S. Niles (1994) e para as políticas europeias, o chamado *Relatório Bengemann*, o *Livro Branco da Comissão da Comunidade Europeia* e o *European Telework Development*, 1996.

[15] Este detalhamento tem um impacto direto sob o ponto de vista da terminologia. Se até agora falava-se genericamente de teletrabalho (*telework; teleworking*). Hoje, utiliza-se 'trabalho a distância' (*distance working*) e 'trabalho remoto' (*remote working*) para indicar o teletrabalho em domicílio, ou ainda mais precisamente 'teletrabalho realizado em casa' (*home based telework*) e 'teletrabalho pendular' (*telecommuting*).

[16] Para citar alguns exemplos, trata-se de serviços bem específicos: tratamentos de beleza, higiene do corpo, enfermagem, fisioterapia, cuidados de animais domésticos, jardinagem, decoração, astrologia, equitação.

apenas um reduzido número recai na categoria dos empregos formais e continuados que um trabalhador desenvolve em casa, vinculados a uma organização produtiva de qualquer tipo. Constituem-se em exemplos típicos: serviços de coleta e tratamento de dados, escrituração contábil, faturas e correspondência. Ou seja, tarefas rotineiras com pouca exigência de qualificação.

Esse tipo de organização do trabalho em domicílio e seus efeitos sociais, econômicos e culturais nos deixam muito apreensivos. Sobre eles, muitas perguntas aguardam ainda uma resposta. Pessoalmente, do ponto de vista do capitalismo moderno, creio que exista algo de paradoxal na proposta do teletrabalho.

Em seus primórdios, a sociedade capitalista havia agregado os homens em um rígido sistema de produção. Obrigou-os a trocar o trabalho em casa pelo trabalho na fábrica, passando do sistema doméstico (*domestic system*) para o sistema fabril (*factoring system*). A sociedade parece, agora, disposta a reexaminar, sobre novas bases, o mesmo modelo de apropriação da força de trabalho que foi descartado pela primeira revolução industrial. E isso sem esclarecer o grau de exequibilidade (e de desejabilidade) desse modelo em um contexto de uma sociedade democrática, sem avaliar as consequências sobre o sistema de empregos como um todo e sobre o tipo de relação instaurada entre os teletrabalhadores domésticos e seus empregadores.

Alguns estudiosos e vários sindicalistas se perguntam, em linhas gerais, sobre como estabelecer as regras de uma nova relação de trabalho entre empregados e patrões. As perguntas principais referem-se à qualidade e à quantidade do trabalho desenvolvido, quais seriam os direitos a serem tutelados e quais os que deveriam ser incentivados. Como se pode perceber, os problemas não são pequenos. Questões como a formação profissional, remuneração, férias, possibilidade de carreira, aposentadoria, doenças, acidentes, direitos de maternidade e o respeito à privacidade são alguns dos nós críticos das relações trabalhistas. No momento em que se elimina a relação de vizinhança, de contiguidade espacial entre patrão e empregado, muitas dessas questões obrigatoriamente mudam de lado.

Entre as mais espinhosas, surge o temor de que o teletrabalho em domicílio possa favorecer a volta de certas práticas de exploração da mão de obra, especialmente de mulheres e crianças, típicas do período precedente ao trabalho fabril. Refiro-me obviamente ao risco implícito nas modalidades de trabalho características do emprego 'sem carteira assinada' da economia informal.

Esses nós críticos certamente não são novidades. Contudo, diante da possibilidade de difusão do teletrabalho, eles parecem revigorar-se. Tornam-se ainda mais agudas as numerosas contradições jurídicas, acentuadas pelo caráter específico da atividade do teletrabalho. Em primeiro lugar, a distinção entre trabalho subordinado e trabalho autônomo, como foi sendo estruturada a partir da revolução industrial, parece ser recolocada em discussão (P. Ichino, 1989). Quando se afrouxa o vínculo espaço-temporal do desempenho de cada trabalhador e aumenta-se a flexibilidade dos tempos e dos modos de realizar o trabalho, o *status* de empregado acaba por tornar-se irreconhecível.

A possibilidade de o patrão exercer uma função de controle eficaz revela-se de grande importância. Sabe-se que existem formas de controle muito diversas. Recordamos, por exemplo, a diferença substancial entre um controle baseado na verificação direta da atividade laboral (como no caso da supervisão tradicional do trabalho) e aquele baseado na verificação do seu resultado[17].

Por outro lado, a tecnologia em rede permite efetuar controles e enviar instruções em tempo real. Esse fato parece contrariar a ideia segundo a qual o trabalho à distância – em particular o trabalho em domicílio – possa favorecer um livre arbítrio da própria vida privada. Tratar-se-ia de uma forma de controle muito mais sofisticado e ainda mais inquietante, em comparação com o trabalho tradicional. No teletrabalho, particularmente em suas formas interativas, o poder de controle não se apresenta como uma *eventual* maneira de executar a atividade laboral. Esse controle transforma-se o próprio objeto dessa atividade[18].

Outro fator que apresenta riscos e ambiguidades refere-se à gestão do tempo de trabalho. Muitos acreditam que ele facilitaria a difusão daqueles tipos de trabalho eufemisticamente definidos como informais. As formas descentralizadas de trabalho, em particular o trabalho em casa, provocam uma situação de contínuo movimento pendular entre o setor formal e o informal, impulsionada pelo mercado de trabalho. Mas não podemos desprezar o papel das novas tecnologias nesse processo. Mesmo no passado, a conjugação entre os trabalhos formal e informal envolvia uma parte importante da produção em domicílio de bens e serviços. Mas as novas tecnologias ampliaram enormemente essas possibilidades (L. Frey, 1990).

O trabalho informal, realizado em domicílio, continua a ser associado à ideia de trabalho instável, mal remunerado, irregular e não especializado. Quem trabalha em casa é considerado um trabalhador temporário, não inserido na economia legal ou institucional, tendo um caráter de descontinuidade (S. Allen e C. Wolkowitz, 1987). Esse tipo de imagem contribui para que o teletrabalho em domicílio seja visto por muitos com uma acepção negativa (W. Korte *et al.* 1988).

Embora se admita que as coisas estejam se modificando nos últimos anos, essa percepção negativa do trabalho em domicílio foi determinante para limitar sua difusão. Os estudiosos compartilham da opinião de que

---

[17]   Podem existir formas de controle diretas, como a supervisão; ou indiretas, como o controle técnico. As formas indiretas também podem ser baseadas na aprendizagem, através da qual são avaliadas e afinadas não somente a capacidade de desenvolver determinadas tarefas, mas também são transmitidos valores de lealdade e de disciplina da empresa (S. Allen e C. Wolkowitz, 1987, p. 109-134).

[18]   Sobre o tema do controle, cf. L. Gaeta (1993).

existem causas de natureza tecnológica[19] para a difusão do teletrabalho. Existem outros elementos igualmente importantes que condicionam o teletrabalho. Por exemplo, a ausência de normas para compatibilizar os variados equipamentos entre si; a necessidade de qualificação profissional; a falta de capacitação técnica para a tomada de decisões; as barreiras técnicas e jurídicas para garantir a propriedade e regular a concorrência entre as empresas.

Vantagens e desvantagens

Tentaremos aqui avaliar sinteticamente os prós e contras de uma telematização do trabalho em domicílio. Pelos textos analisados e pelas experiências com o teletrabalho, deduzem-se formas e oportunidades diferenciadas para as empresas, para os trabalhadores e para a sociedade. A partir de estudos de casos, pode-se deduzir alguns motivos recorrentes pelos quais os empreendedores decidem lançar mão do teletrabalho. Por exemplo, a maior flexibilidade na utilização da capacidade de trabalho disponível para enfrentar uma demanda sazonal; uma maior eficiência e produtividade no trabalho, em função de menores tempos ociosos e possibilidade de remunerar o trabalhador pela produção efetiva; a redução das despesas de gestão e de serviços indiretos; e o menor custo dos espaços utilizados.

Ao mesmo tempo, são muitas as desvantagens para a empresa. Entre elas: a resistência das organizações sindicais; dificuldade de manter a qualidade da produção; menor fidelidade dos trabalhadores em relação à empresa; o elevado custo do investimento em *hardware* e *software*. As vantagens para os trabalhadores são representadas principalmente por maior autonomia e flexibilidade; redução dos custos pessoais de transporte, possibilidade das pessoas com necessidades especiais acessarem o mercado de trabalho; trabalho em tempo parcial de mães com filhos pequenos, entre outros[20].

Naturalmente, existem também muitas desvantagens, devidas a diversos fatores. Muitos delas devem-se à situação de isolamento do teletrabalhador, que fica confinado durante maior parte do tempo, em sua casa, e privado do intercâmbio profissional com pessoas de fora do estreito círculo familiar. Nesse contexto, é possível imaginar que o trabalhador solitário poderia desenvolver rapidamente alguns

---

[19] Isto é verdade principalmente no campo da informática, em que é possível montar estações de trabalho a custos razoáveis. Vice-versa, existem obstáculos adicionais na área de telecomunicações, que dependem mais da eficiência e capilaridade das redes.

[20] Estas características devem ser devidamente avaliadas: a flexibilidade, por exemplo, é mais aparente que real, pois o ritmo e o modo de trabalho são determinados pela organização do trabalho e não pela escolha autônoma do trabalhador. A coexistência do compromisso de trabalho com o cuidado dos filhos revelou-se um retumbante fracasso na maior parte dos casos. Cf. Th. B. Cross e M. Raizman (1986, p. 75-77).

comportamentos agudos de dessocialização, como sustentam alguns pesquisadores.

Outros fatores referem-se aos riscos ligados à perda de contato direto (e frequente) com as organizações empresariais. Nesse novo contexto, como já antecipamos, o trabalhador é muito mais *controlável* e, ao mesmo tempo, muito menos *visível* que no passado. Devido a isso, para os fins do progresso profissional, a avaliação pessoal e da qualidade do serviço torna-se ainda mais difícil.

As incertezas sobre os aspectos da remuneração do teletrabalho também não podem ser minimizadas. A meu ver, uma das questões que mais preocupam as organizações sindicais é justamente a possibilidade dos ganhos exclusivamente por produção, com contratos de trabalho *ad hoc*. Generalizando-se essa prática, poderá ocorrer uma redução dos ganhos dos trabalhadores. Outra repercussão incide sobre as garantias trabalhistas. Existe outro problema que afeta principalmente as mulheres: o risco de que o teletrabalho venha agravar e não aliviar o peso do trabalho doméstico[21].

Após essa longa excursão sobre o trabalho em domicílio, não queremos chegar apenas a conclusões negativas. É necessário admitir que, ao lado das atividades rotineiras de baixa qualificação, existem outras, certamente muito mais qualificadas, nas quais o teletrabalho em domicílio está adquirindo grande importância. Isso ocorre principalmente nos serviços *free-lance* prestados por profissionais como jornalistas, gráficos, fotógrafos, *designers* e tradutores aos jornais, editoras, televisão, empresas de publicidade e de propaganda. Além dessas, cito as atividades ligadas ao detalhamento de projetos e programas, desenvolvidas através do CAD (*Computer Aided Design*) e outras ferramentas, à distância, por engenheiros, arquitetos, urbanistas, desenhistas, estilistas e analistas de mercado.

Concluindo, tudo indica que o teletrabalho não deva ser classificado exclusivamente como trabalho em domicílio e nem como trabalho rotineiro pouco qualificado. Isso porque a definição tradicional, muito simplista e reducionista do teletrabalho, foi substituída, nos últimos anos, por outra que procura considerar a complexidade do fenômeno em análise. Para atingir esse objetivo, os estudiosos têm recorrido a novas e mais refinadas linhas de raciocínio e análise[22].

---

[21] Por exemplo: recentes pesquisas indicam que o novo trabalho em domicílio refere-se, em parte, ao emprego de mão de obra feminina, sem um vínculo empregatício formal. Acrescente-se a esse fenômeno a forte expansão do regime de duplo trabalho. Sobre o papel do teletrabalho na vida doméstica, cf. L. Haddon e R. Silvertsone (1995).

[22] Ver, em especial, uma síntese das definições de teletrabalho em Tavinstock (1986), M. Gray, N. Hodson e G. Gordon (1993), J. Niles (1994), *Management Technology Associates* (1995), P. Borgna, P. Ceri, A. Failla (1996).

As categorias do teletrabalho

Segundo novas linhas de análise, várias categorias de cargos e de modalidades organizacionais seriam enquadradas como teletrabalho. Sem descermos aos detalhes das numerosas formas de atividade surgidas com advento das tecnologias telemáticas, parece oportuno subdividi-las em duas grandes categorias. Para isso, utilizaremos um parâmetro de classificação útil para o nosso discurso. Podemos agrupar de um lado as atividades que produzem fenômenos de *dispersão* da força de trabalho. De outro lado, aqueles que favorecem a sua *agregação* em outras bases.

O primeiro caso é representado principalmente pelo teletrabalho em domicílio, que decompõe os grupos produtivos, dividindo-os em sedes individuais. O segundo, ao contrário, envolve grupos inteiros de pessoas que desenvolvem suas atividades em sedes coletivas de trabalho. Sua agregação, porém, não é mais determinada pelo vínculo de se pertencer a uma empresa ou a uma unidade organizacional. É baseada em critérios como a localização nas áreas urbanas ou extraurbanas, nas quais gravitam os empregados, ou a possibilidade de concentrar equipamentos tecnológicos e serviços comuns.

Fazem parte dessas formas de agregação, por exemplo, os edifícios telemáticos compartilhados (*shared facilities*) e as sucursais (*branch offices*). São sistemas de escritórios – frequentemente multissocietários – utilizados por muitos trabalhadores, geralmente distantes da sede central, com a qual mantêm um intercâmbio de informações através das redes.

A função agregadora da tecnologia, que aqui representa um fator de reorganização empresarial, assume um papel bem diferente em outros contextos. É o caso das 'telecabanas' (*telecottages*), assim chamadas por sua localização nas áreas rurais, pouco habitadas e sem conexão direta com as regiões produtoras e de serviços.

Essas duas categorias (dispersão e agregação) podem ser vistas como um modo mais flexível de se organizar o trabalho tradicional. Além delas, existe uma terceira categoria que representa uma das formas de maior interesse: o trabalho móvel (*mobile work*) ou trabalho nômade (*nomadic work*). Em poucas palavras, trata-se da possibilidade de se conectar com o escritório central, clientes ou consultores, a partir dos locais mais absurdos, utilizando um *laptop*[23]. O recente aumento dessas formas de teletrabalho, fortemente caracterizado pela autonomia individual, foi certamente favorecido e reforçado pela difusão da telefonia celular.

Como veremos mais adiante, essa categoria de teletrabalhadores apresenta vários pontos de interesse para o nosso tema: ela causa impacto sobre a cidade e torna ainda mais aleatória uma definição unívoca (e plausível) de teletrabalho.

---

[23] Cf. F. Kinsman (1987). M. Gray, N. Hodson e G. Gordon (1993). Incluem-se nesta categoria os projetos de unidades móveis, cujo exemplo extremo é o vagão ferroviário telemático experimental – equipado com escrivaninhas, telefones, salas de reunião – utilizado na Suécia, nas viagens de ida e volta da cidade até a sede da empresa. F. Kinsman (1987, p. 145).

A complexidade das formas de teletrabalho demonstra como não é suficiente qualificá-las apenas em função do local físico onde são desenvolvidas: individuais ou coletivos. A substituição ou redução do deslocamento físico para o local de trabalho, o distanciamento e as formas de utilização da tecnologia é que caracterizarão o teletrabalho em um primeiro nível de análise[24].

Ainda assim, uma definição de teletrabalho baseada apenas na localização geográfica descentralizada e no uso das tecnologias da informação nos parece inadequada. Certamente, se quisermos compreender a fundo o fenômeno do teletrabalho, é necessário partirmos da premissa de que ele não é apenas um modo de trabalhar, mas uma condição estrutural em que os fatores de produção assumem uma configuração diferente da tradicional[25].

O que entendemos por teletrabalhador, sob essa óptica particular? Se os parâmetros interpretativos são, além daqueles espaciais e tecnológicos, também estruturais, como podemos delinear o seu perfil operacional baseado nessas três diretrizes? E mais: em que medida os dois primeiros parâmetros condicionam o terceiro? Ou seja, de que modo o uso laboral do espaço (e do tempo) e da tecnologia influencia a natureza do conteúdo das tarefas desenvolvidas? (S. Bonfiglioli, 1990).

Fazendo-se referência exclusiva aos meios técnicos utilizados, podemos esboçar a figura do teletrabalhador: é alguém que, operando um terminal de vídeo conectado a uma rede, é capaz de estabelecer um diálogo interativo com um computador central e com outros terminais. Porém, é evidente que essa descrição, apesar das aparências, não é apenas técnica. Aludimos a uma rede onde o terminal de vídeo estaria conectado, mas a rede, embora seja um ente técnico, é também um ente espacial.

Por outro lado, outro aspecto essencial é negligenciado: as configurações tecno-espaciais resultantes acabam sempre por influenciar, de forma decisiva, os conteúdos do trabalho e o comportamento do trabalhador. Não é novidade que essas implicações estruturais foram importantes para compreender as razões que levaram ao surgimento do teletrabalho na sociedade capitalista. Elas ainda são importantes para avaliar o seu presente e os desdobramentos futuros.

Ocorre então a pergunta: por que, a partir de certo ponto, tornou-se necessário transformar em 'teletrabalháveis' algumas das tarefas orga-

---

[24] Continuam em aberto numerosos problemas do ponto de vista das tecnologias utilizadas e das modalidades comunicativas ativadas. No que concerne às comunicações *online*, por exemplo, é necessário se distinguir entre 'contínuas' e 'descontínuas'. No primeiro caso o terminal é conectado à sede ou a outras unidades periféricas durante todo o período de trabalho. No segundo caso, as comunicações são esporádicas, finalizadas principalmente com a requisição de informações ou com a transmissão de dados. Em relação às comunicações *offline*, ao contrário, a transmissão das informações não ocorre através de uma rede, mas através de suportes tradicionais (CDs, DVDs, *pen drives*, papel). Estas últimas formas de trabalho não podem, a rigor, ser enquadradas nas tarefas do teletrabalho.

[25] Para o estudo deste argumento específico, cf. o estudo Telecom (1994).

nizacionais? Qual foi o setor onde essa exigência assumiu pioneiramente um valor programático? Seguramente foi o setor terciário. É sobre essa perspectiva do teletrabalho que se sustenta o ambicioso programa de racionalização e de produtividade do setor terciário. Na realidade, o teletrabalho representa para o setor terciário o que a automação representou para a indústria.

Embora sejam fatos conhecidos, gostaria de recordar que as primeiras experiências de teletrabalho, realizadas nos anos 1970, referiam-se às tarefas de racionalização dos processos de informação e de comunicação do trabalho de escritório.

A partir da resenha dos mais significativos projetos piloto e das experiências de teletrabalho, é possível identificar as tarefas que são consideradas mais 'teletrabalháveis'. Elas vão desde a coleta e elaboração de documentação técnica até a produção e gestão de textos; da contabilidade e análise de balanço ao desembaraço de processos de seguros. Essas características, como já lembramos, são próprias tanto das atividades de baixa complexidade profissional (típicas do secretariado) quanto das atividades de elevado conteúdo profissional.

O futuro do teletrabalho ainda é pouco previsível. Uma das razões dessa incerteza é a dificuldade de estabelecer, com razoável confiabilidade, o grau de difusão do teletrabalho em um contexto de contínua mutação. Não existe um consenso sobre as atividades que possuem todas as características necessárias para serem definidas como 'teletrabalháveis'. Isso faz com que os dados coletados sejam aleatórios e, por isso, elas não são inseridas nas estatísticas. O tema, entretanto, merece uma maior reflexão. Principalmente quando se analisam as previsões e as expectativas que a tecnologia da informação suscitou a partir dos anos 1960 e 1970 e os resultados que foram efetivamente alcançados.

Tom Forrester (1991) mostrou que a capacidade da tecnologia da informação em proporcionar mudanças radicais nos estilos de vida, em curtos espaços de tempo, foi amplamente superestimada. Forrester submete os 'visionários das telecabanas' (*visionaires of the electronic cottage*) a uma incômoda prova de três pontos específicos, que constituíam a base das previsões determinísticas, comuns a todos os teóricos da telemática. No decorrer de poucas décadas, segundo eles, teríamos assistido: a) um incremento das atividades laborais desenvolvidas em casa; b) um incremento dos serviços baseados na tecnologia telemática; c) uma radical transformação nos modos de vida. Forrester fez uma minuciosa análise quantitativa comparando as previsões com a situação atual do fenômeno[26].

Forrester discute principalmente as razões pelas quais, no seu entender, os analistas erraram tanto ao fazer as previsões. Ele considera

---

[26]   Mesmo coletados no final dos anos 1980, os números indicados por Forrester (p. 213 e seguintes) ainda nos fazem refletir. Naquela época, estimava-se, por exemplo, que os teletrabalhadores em domicílio nos EUA fossem 100.000 contra os hipotéticos milhões sugeridos pelos defensores da causa do teletrabalho doméstico.

102   Cultura, Sociedade e Técnica

que foram menosprezados particularmente os fatores humanos. Segundo ele, grande parte do problema relaciona-se com as condições de vida concretas das pessoas e com sua estrutura psicológica. O teletrabalho pressupõe um ambiente adequado; habilidades necessárias para se iniciar uma nova forma de atividade; e capacidade de organizar a própria jornada de trabalho de forma autônoma e eficiente. Todas essas condições – somadas ao problema das relações familiares, afastamento dos colegas e incerteza do vínculo empregatício – assumem um forte valor negativo.

Forrester não se limita ao teletrabalho. Ele faz a mesma análise com outros aspectos da vida quotidiana inerentes à maciça difusão das tecnologias da informação. O resultado é análogo: mesmo para os serviços em domicílio, a abordagem determinística não funcionou, bem como as experiências com a 'casa inteligente' não deram os resultados esperados. O que não foi adequadamente avaliada é importância da satisfação ou da insatisfação individual diante do sistema de informações utilizado pelas pessoas, trancando-se em suas minifortalezas[27].

Apesar de tudo, continuam a prosperar as interpretações otimistas sobre as possibilidades da telemática, favorecendo uma radical alternativa para novos modelos de vida – individuais e urbanos – considerados atualmente inaceitáveis.

Teletrabalho e populações metropolitanas

Deve-se ressaltar que há uma escassa compreensão tanto do fenômeno urbano em geral quanto dos comportamentos individuais, entre aqueles que analisam o teletrabalho. A cidade é vista como uma realidade monofuncional – um lugar onde apenas se reside e se trabalha. Uma realidade da vida privada no seu interior e cuja relação com seu exterior é sempre previsível.

Max Weber (1980) identificou pelo menos três tipos de subcidades diferentes, que coexistem dentro de uma mesma cidade: a subcidade dos consumidores (*Konsumentenstadt*), a subcidade dos produtores (*Produzentenstadt*) e a subcidade dos comerciantes (*Handelstadt*) (M. Weber, 1980). Esse tripé representa a primeira tentativa de se dar uma versão multifuncional à cidade. Contudo, não corresponde à realidade dos atuais sistemas urbanos, com natureza notavelmente mais complexa (Pietro Rossi, 1987).

Nas últimas décadas, foram feitas muitas propostas na tentativa de oferecer versões mais adequadas à nova realidade. Gostaria de citar uma delas, que considero útil ao nosso estudo, devido às nuances interpretativas que introduz. Refiro-me à proposta feita pelo sociólogo G. Martinotti (1993 e 1996) caracterizando quatro tipos de populações

---

[27]   Neste contexto, falta um elemento fundamental da satisfação humana: a possibilidade de explorar o ambiente apenas para satisfazer a própria curiosidade. Para uma argumentação análoga cf. I. Salomon (1985, p. 229 e seguintes).

metropolitanas: os "moradores", os "trabalhadores pendulares", os "usuários de cidades" (*city users*) e os "homens de negócios" (*metropolitan businessmen*).

O mérito principal dessa proposta consiste, a meu ver, em caracterizar os sujeitos urbanos em relação ao que efetivamente fazem na cidade. Ou seja, os modos de usar, não se restringindo a categorias abstratas. Essa abordagem é muito adequada para a análise da problemática do teletrabalho. Parece evidente que o teletrabalho não pode menosprezar os diferentes modos de usar a cidade pelos quatro tipos da população urbana, já mencionados.

Para compreender melhor esse assunto é necessário fazer uma distinção entre o teletrabalho em domicílio e o vasto leque de variedade de teletrabalho que não se refere ao domicílio do trabalhador. Por exemplo, um engenheiro, sentado em seu posto de trabalho, na sede da empresa, troca informações via rede com outro engenheiro situado em outro local da mesma empresa (ou em outra), independentemente de onde essas empresas estejam localizadas. Mais um exemplo: o representante de uma firma, em viagem de negócios ao exterior, precisa estar em permanente contato interativo com a sede central, a fim de obter informações e orientações em tempo real. O primeiro exemplo recai na categoria do teletrabalho intersedes e, o segundo, na do teletrabalho móvel ou teletrabalho itinerante.

Retornando à proposta dos quatro tipos de populações metropolitanas e simplificando um pouco as coisas, pode-se dizer que o teletrabalho em domicílio se refere no máximo aos moradores e aos trabalhadores pendulares. Enquanto isso, os dois exemplos acima apresentados seriam atinentes aos usuários de cidades e aos homens de negócios. Esse argumento ainda pode ajudar a esclarecer a questão sobre a concentração–desconcentração. Como é sabido, pode-se atribuir um efeito centrífugo ao teletrabalho em domicílio, pois afastaria os moradores e os trabalhadores pendulares dos centros urbanos. Pode-se, ao contrário, atribuir um efeito centrípeto para o teletrabalho não domiciliar, pois este atrairia, aos centros urbanos, por motivos diversos, os usuários de cidades e os homens de negócios.

Esse aspecto da questão foi examinado de maneira lúcida por S. Sassen (1991 e 1994). Em dois recentes estudos ela apresenta a tese da nova lógica das aglomerações (*new logic of agglomeration*)[28]. Segundo essa estudiosa, os novos meios informáticos têm encorajado tanto a dispersão quanto a integração geográfica de muitas atividades. A maior parte ficou (e continua ficando) com a integração, visto que as "condições de acessibilidade de tais meios levaram a uma concentração dos usuários mais avançados e dos modernos centros de telecomunicações".

É um conceito que também foi desenvolvido, com abundância de detalhes, por M. Castells (1989), em seu importante livro sobre a relação da tecnologia informática e os processos urbano-regionais. A. R. Pred

---

[28]   De Sassen cf. também (1988, 1994B e 1994C).

(1973) também apresenta uma fundamental contribuição na mesma linha de pensamento. Em uma análise profunda sobre a relação entre o crescimento urbano e a circulação da informação, entre 1790 e 1840, nos EUA, ele expressou fortes dúvidas se as inovações da comunicação pudessem comprometer seriamente o 'modelo estável' das grandes cidades.

A partir da posição assumida por I. de S. Pool a esse respeito, podem-se constatar profundas diferenças nas avaliações feitas pelos estudiosos dos fenômenos urbanos. Eles divergem quanto aos efeitos que os novos desenvolvimentos tecnológicos, nas áreas de comunicação e informação, possam ter sobre os arranjos estrutural e funcional das cidades.

Estamos diante de uma controvérsia cujo desfecho ainda é de difícil previsão. Todavia, pelo menos um aspecto nos parece claro: o tema em discussão deverá ser enfrentado considerando que o 'sistema cidade' é constituído de uma agregação de diversos subsistemas, com um elevado grau de turbulência e conflitos entre si. Em consequência, será necessário recorrer a métodos capazes de lidar com esse grau de complexidade. Recomendam-se métodos rigorosos – mas flexíveis e adaptáveis –, sensíveis à dinâmica peculiar de cada subsistema, capazes de coletar dados empíricos e fazer cuidadosa análise dos mesmos. Isso não significa renunciar a uma visão integral, ou seja, sempre atenta às relações entre os diversos subsistemas. Tudo isso com um profundo respeito à diversidade de formas e funções que as cidades exprimem. Considero que somente desse modo será possível identificar, com relativa certeza, o estilo tecnológico correspondente (ou que deveria corresponder) a cada cidade.

Ocupação e mobilidade espacial

Já vimos que o teletrabalho deve ser examinado juntamente com o mercado de trabalho, principalmente quando o consideramos uma medida para reduzir a movimentação espacial das pessoas e de materiais no âmbito urbano. O teletrabalho pode apresentar conotações muito diversas quando é discutido em um contexto de pleno emprego, de subemprego ou de desemprego. Examinemos este último caso, com um mercado de trabalho em que prevalece (ou tende a prevalecer) a desocupação. Alguém já disse que só podemos falar em teletrabalho quando existe trabalho. Essa observação é claramente provocatória. Resta-lhe o mérito de levantar uma questão importante: em uma situação de escassez de trabalho não basta enxergar o teletrabalho unicamente pela ótica dos seus efeitos positivos (a serem ainda demonstrados) sobre a *sustentabilidade ambiental* das nossas cidades.

Nesse contexto, deveríamos privilegiar muito mais uma avaliação da *sustentabilidade social* do teletrabalho[29]. Ou seja, analisar os efeitos

---

[29] O tema da sustentabilidade ambiental deveria ser inseparável da sustentabilidade social. Contudo, nem tudo aquilo que é ambientalmente sustentável é também socialmente sustentável.

positivos (ou negativos) que poderia causar sobre o mercado de trabalho. Essa situação pode ser resumida na seguinte pergunta: a despeito da sua presumível influência benéfica sobre o ambiente (e sobre a produtividade empresarial), o teletrabalho pode ser considerado um multiplicador do emprego ou do desemprego e de qualificação ou de desqualificação do trabalho?

Se a resposta a essa simples pergunta não for considerada prioritária, pode-se explicar por que o teletrabalho é aceito como uma proposta válida, mediante critérios técnicos, visando uma redistribuição espacial do trabalho. Não se coloca aqui o problema de uma eventual escassez de trabalho. Dito de outra maneira: supõe-se que vivemos em uma situação de pleno emprego, com trabalho em tempo integral para todos[30]. Essa teoria contradiz clamorosamente a situação atual do mercado de trabalho. Se considerarmos o atual fenômeno do desemprego em massa, essa postura torna-se desconcertante. Assim, o teletrabalho é usado como argumento de ficção tecnológica apenas para ser veiculado na mídia.

Algumas tentativas procuraram estabelecer um nexo causal entre teletrabalho e desemprego. Um exemplo disso é *O Livro Branco da Comunidade Europeia* (J. Delors) (junho de 1993), ao qual atribuo o mérito de ter apresentado uma descrição muito objetiva do problema. Menos convincente – e com certos aspectos fora de propósito –, parecem-me as Recomendações ao Conselho da Europa (dezembro de 1993), acolhidas pelos chefes de Estado na reunião de Corfù (junho de 1994). Nessas recomendações, conhecidas como *Relatório Bangemann*, o teletrabalho é apresentado, sem rodeios, como instrumento destinado a criar mais oportunidades de trabalho. Pessoalmente, endosso as críticas feitas a esse insólito documento, oriundas de vários setores. Ele exprime um otimismo jamais confirmado por fontes confiáveis. Paira ainda a suspeita de que o documento tenha resultado das pressões interesseiras das multinacionais da informação.

Sem levarmos em consideração a veracidade dessa suspeita, eu acredito que não existe percepção da real dimensão do fenômeno do desemprego. Supõe-se que o desemprego seja muito mais conjuntural que estrutural. O desemprego tecnológico geralmente é menosprezado. Ninguém assume que a desocupação é devida principalmente à difusão das novas tecnologias que são poupadoras de trabalho (*laborsaving*). Esse fenômeno deixou de ser setorial há muito tempo. Ele atinge a totalidade do sistema, seja no mundo industrializado, hiperindustrializado ou no Terceiro Mundo.

Os economistas se perguntam há muito tempo a respeito dos efeitos das novas tecnologias sobre os empregos e quais os paliativos e os corretivos a serem eventualmente aplicados. Essa questão é de extrema

---

Mas o oposto também é verdadeiro. Sobre a proposta de fazer a convergência dessas sustentabilidades no terceiro setor, ver T. Maldonado (1996B). Cf. E. Manzini (1995).

[30]   Uma espécie de pleno emprego é tão improvável quanto a concorrência perfeita teorizada pelos economistas neoclássicos.

complexidade e os estudiosos ainda não chegaram a um acordo. Há muitos problemas sem respostas. A famigerada teoria da compensação ainda aguarda fatos que a comprovem. Os seja, fatos capazes de demonstrar que ela é algo mais que uma mera conjectura esperançosa ou um ardente desejo (*wishfull thinking*).

O principal argumento dessa teoria é que os trabalhadores expulsos da produção manufatureira possam ser imediatamente, ou após um breve período de espera, absorvidos pelo setor terciário[31]. Atualmente nenhum economista sério sente-se à vontade para defendê-la.

Essa abordagem tem se mostrado demasiadamente otimista. A transferência da força de trabalho entre os diversos setores da economia encontra sérias dificuldades operacionais. O economista do trabalho L. Frey (1994) sustenta que muitas destas dificuldades têm origem naquilo que poderia se denominar como a 'cultura da mobilidade'.

A cultura da mobilidade considera o comportamento que mulheres e homens assumem, com seus valores, aspirações e preferências, diante das exigências de mobilidade oriundas do mercado de trabalho. Assim, não se trata de um programa abstrato que ignore – ou pretenda ignorar – que os sujeitos da mobilidade são, antes de tudo, pessoas, com todas as suas idiossincrasias intrínsecas. Também não são meras categorias sociodemográficas que se pode deslocar apenas por imposição de fatores externos.

Só podemos falar de cultura da mobilidade se, e somente se, em uma sociedade existir um grande número de atores sociais consensualmente disponíveis para aceitar e praticar os três tipos de mobilidade mencionados por Frey: profissional, social e territorial[32].

Recentemente surgiu um novo fenômeno que complica ainda mais o problema: pois até os trabalhadores do setor terciário estão perdendo emprego. E trata-se de trabalhadores que tinham trocado o emprego industrial pelos serviços há pouco tempo. Para eles, um movimento de retorno é, por motivos óbvios, quase inexequível. Perfila-se, então, a ameaça de um tipo de desocupação perene e difusa, para a qual ainda não dispomos de um antídoto confiável.

O que torna ainda mais preocupante a atual situação é a tentativa, quase generalizada, de desmantelar o estado social em nome das exigências do livre mercado e do saneamento das contas públicas. De um lado, isso aumenta o número dos excluídos, constituídos por desempregados e subempregados. De outro, e simultaneamente, propõe-se uma redução – e supressão em casos extremos – dos serviços sociais destinados a atender aos excluídos e àqueles mais necessitados. Implode-se, dessa

---

[31]   Sobre a teoria da compensação, ver a crítica contribuição de F. Momigliano e D. Siniscalco (1982) e de F. Momigliano (1985). Para uma discussão das hipóteses de telematização da sociedade e sobre o teletrabalho, especialmente no que concerne aos riscos sociais e ocupacionais, ver também T. Maldonado (1987, p. 139-148).

[32]   Para um tratado completo sobre o tema relativo à mobilidade espacial (*territorial*, segundo Frey), ver P. Franz (1984).

forma, em um momento particularmente delicado, o sistema de proteção e os amortecedores típicos do estado social keynesiano.

Exclusão e a inclusão na metrópole

Na análise feita até aqui fizemos abstrações de alguns avanços importantes que estão ocorrendo nas metrópoles, particularmente nos EUA e no Terceiro Mundo. São avanços que permitem antever tendências nada tranquilizadoras para o futuro das cidades: o agravamento das contradições sociais nos grandes centros urbanos. A reação aos efeitos perversos que delas derivam – criminalidade, delinquência, vandalismo – fez surgir uma nova categoria de edifícios.

Refiro-me aos edifícios projetados para explicitar claramente – no nível morfológico, funcional e também simbólico – a fronteira que separa os incluídos dos excluídos, os privilegiados dos renegados[33]. Esses edifícios são concebidos para proteger seus moradores das insídias e das turbulências do meio externo, considerado bárbaro, rebelde e vulgar. Edifícios nascidos de uma obsessão doentia pela segurança, verdadeiras fortalezas de 'segurança máxima'. Edifícios que se configuram como locais de autossegregação, onde os ocupantes ou visitantes, convencidos de estarem sendo perseguidos, entrincheiram-se como em um *bunker*.

Essa categoria de edifícios tem precedentes históricos na antiga tradição medieval das construções erguidas com escopo defensivo (ou dissuasivo) em um ambiente hostil. Devemos admitir, porém, que as cidadelas modernas apresentam características muito particulares, apesar das semelhanças com as do passado. Elas são capazes, por exemplo, de conjugar as exigências de vigilância e de segurança com as de laser, esporte e entretenimento. As morfologias arquitetônicas resultantes exprimem muito bem, sobretudo nos EUA, a natureza ambivalente dessas construções: externamente é uma fortaleza monumental; internamente, assemelha-se ao *Disney World*.

O "corrosivo dualismo"[34] entre externo e interno manifesta-se também (e principalmente) no modo de diferenciar as fachadas externas das internas. Enquanto as fachadas voltadas para a rua são normalmente pouco significativas, as verdadeiras fachadas, ao contrário, são aquelas situadas em torno de um espetacular espaço no interior da construção. Nesse espaço, uma espécie de praça interna, encontramos as fachadas representando as diversas funções ali desenvolvidas (residencial, diretiva, receptiva e comercial). Tudo isso ornado com fontes contendo jogos de água e de luz, jardins suspensos com plantas exóticas, tetos dourados, paredes espelhadas, *hall* de elevadores e escadas transparentes.

---

[33]   Sobre o tema da exclusão social, é obrigatório registrarmos aqui as importantes contribuições de M. Foucault (1972). Para uma crítica sobre a abordagem de Foucault, ver C. Ginzburg (1976, p. XVI).

[34]   R. Sennet (1990, tradução italiana, p. 30)

O aspecto mais importante, insisto, é a segurança, garantida com eficiência e presteza por uma equipe militarizada, no estilo do filme "Anjos da Guarda" (*Guardian Angels*), e por um conjunto de equipamentos de vigilância eletrônica. Eles estão aptos a seguir, nos mínimos detalhes, o comportamento dos residentes e todos os seus movimentos, inclusive dos visitantes ou clientes. Eis o paraíso onde os incluídos, por uma (quase) livre escolha, tornam-se reclusos.

Observando atentamente, nada é mais paradoxal do que a dialética da relação inclusão/exclusão/reclusão. O preço que se paga pela própria inclusão – e pela exclusão de outros – é frequentemente aquele da própria reclusão. Mesmo sendo uma reclusão de luxo, não deixa de ser uma reclusão. É necessário admitir que a tendência atual de privilegiar a inclusão/exclusão, ou seja, de isolar-se em um enclave superprotegido, está sempre presente. Basta olhar os condomínios fechados e os bairros elitistas cercados e protegidos. Convém recordar que esses locais são geralmente chamados de exclusivos, e não de inclusivos, como seria mais correto.

Deve-se admitir que os edifícios modernos têm importantes elementos inovadores nos chamados locais exclusivos. Eles apresentam uma resposta convincente a uma situação social cada vez mais agressiva. Os riscos individuais e coletivos que os incluídos correm nas metrópoles são cada vez maiores. O número de excluídos revoltados também está aumentando. Devemos considerar que as cidades dos "aglomerados de segurança" estão se transformando em explosivos "aglomerados de insegurança", como definiu J. Le Goff (1985, p.10). A maior periculosidade (e imprevisibilidade) e a virulenta radicalização da vida urbana explicam a origem e proliferação dos enclaves[35].

Hoje, sabemos, com relativa certeza, quais são as pessoas que se sentem ameaçadas. Em contraste, temos apenas uma vaga ideia daqueles que ameaçam. Na realidade, o nosso conhecimento sobre estes últimos é muito genérico e, sobretudo, muito influenciado pelo alarmismo dos ameaçados. Se as coisas realmente estão nesse pé, como parecem estar, nos vem a pergunta: quem são esses excluídos que suscitam tanta ânsia e temor, a ponto de induzir os detentores do poder e da riqueza a se protegerem, erigindo muralhas e escavando fossos? Por quem é composta essa nova onda da enfurecida turba medieval?[36]

A cada dia, com sádica insistência, Hollywood nos fornece imagens horripilantes de uma hipotética nova idade média, na qual bandos de motociclistas armados fazem incursões nas fortalezas dos privilegiados. Esses confrontos são mostrados em filmes como os "Anjos do Inferno" (*Hell's Angels*) e "Anjos da Guarda". Pode-se argumentar que esse cenário retrata o difuso folclore da violência, tendo pouca semelhança com a real natureza do mundo dos excluídos.

---

[35]   J. M. Borthagaray (1993).

[36]   Era assim que, em 1038, o arcebispo de Burges chamava a massa de excluídos que circundava a cidade. Citado por O. Capitani (1983, p. 10).

2. Telemática e novos cenários urbanos   **109**

Contudo, essa categoria de excluídos, que aqui descrevi com desenvoltura, é cheia de ambiguidades. Os estudiosos dos excluídos ao longo da história nos permitem, com nuances diversas, análise mais articulada do fenômeno (Ver P. Camponesi, 1973; G.-H Allard, 1975; A. McCall, 1979; O. Capitani, 1983; V. Paglia, 1994; R, Castel, 1996 e Y. Grafmeyer, 1996). Allard identifica três categorias de excluídos na Idade Media: os 'desvalidos' (*devalués*) – velhos, pobres, crianças, mulheres, entre outros –; os 'excluídos' (*exclus*) – ladrões, prostitutas, vagabundos, loucos, estrangeiros e semelhantes –; e os 'marginalizados' (*marginals*) uma categoria no meio das outras duas.

Certamente não é fácil aplicar diretamente essas categorias ao nosso tempo. Pela mobilidade e pela flexibilidade atribuída por Allard, é provável que a categoria dos marginalizados seja hoje a mais adequada para descrever uma categoria social em contínuo processo e decomposição e recomposição. No fundo, desvalidos e excluídos têm uma coisa em comum: ambos foram colocados à margem, ou seja, no fim das contas são também marginalizados. E isso é o que importa, além das distinções que podem ser feitas sobre as diversas formas de estar à margem.

Neste ponto surge uma pergunta: por que uma quantidade enorme de homens e mulheres foi hoje colocada à margem? Por que esse fenômeno, até ontem característico dos países do Terceiro e do Quarto Mundos, surge agora também de forma virulenta nos países industrializados? As causas são muitas e não gostaria – nem poderia – comentá-las todas. Entre elas, existe uma que, por óbvias razões, deve ser atribuída à queda vertiginosa do nível de emprego. Nas páginas precedentes, discuti longamente essa dramática realidade. O que me interessa agora é apenas a ligação direta entre o desenvolvimento e a deterioração generalizada da convivência democrática entre indivíduos e grupos de indivíduos.

É desnecessário recordar uma verdade clara a todos: a inevitável tendência à marginalização daqueles aos quais foi negado o acesso ao (ou que foram expulsos do) mundo do trabalho. A marginalização, porém, não é um estado em que se possa viver passivamente e muito menos placidamente. Essa é uma fonte do rancor e ressentimento, provocando vontade de cobrança que, de um modo ou de outro, está sempre presente. Não é de assustar que a marginalização seja uma geradora de violência e, portanto, uma das causas da insegurança generalizada, que está mudando a configuração geral das metrópoles.

Para Le Goff, a atual insegurança urbana é consequência direta de outra insegurança: a do desemprego. Ele escreveu "eis que a insegurança, que ocorria de forma difusa pelo mundo, chegou repentinamente às cidades. A insegurança é a mais brutal e, sem dúvida, mais impressionante consequência da falta de trabalho: é o fenômeno da desocupação" (idem, p. 10).

Teletrabalho e insegurança

Gostaria de retomar o tema do teletrabalho. Existe a opinião muito comum de que, entre as tantas vantagens do teletrabalho, existiria a possibilidade de atenuar (e até de acabar definitivamente com) a insegurança urbana. A lógica implícita nessa forma de raciocínio é questionável. Não entendo por que a transferência do trabalho para fora das metrópoles deveria contribuir para desarmar a situação explosiva que está se configurando. Ela é o principal resultado da falta de trabalho. A menos que a proposta real inclua não apenas o afastamento do trabalho das cidades, mas também o afastamento do não-trabalho. Isso se baseia na esperança de que grande parte dos desocupados possa encontrar, no futuro, novas oportunidades de ocupação através do teletrabalho. No estado atual do nosso conhecimento, tal esperança não é plausível. Ela requer, na realidade, muitas hipóteses adicionais, nem todas empiricamente possíveis.

Procuremos examinar um cenário menos ambicioso, ou seja, a proposta de que grande parte do trabalho hoje existente possa transformar-se em teletrabalho – doméstico ou de qualquer outro tipo – a ser desenvolvido fora das metrópoles. Esse cenário apresenta aspectos favoráveis e desfavoráveis. Faltou-nos prestar atenção a outro cenário igualmente importante: aquele resultante de um presumível sucesso do teletrabalho em grande escala. Já avaliamos os eventuais benefícios ambientais e energéticos, mas existe uma questão que não pode nos iludir: ao atingir uma telematização total ou parcial do trabalho, com o consequente afastamento de uma fatia considerável de seus atuais habitantes, qual seria a situação final das cidades? Quem seriam seus moradores e se dedicariam a quais tipos de atividades?

Se quisermos ser pessimistas, o que e pessoalmente não sou, poder-se-ia imaginar um tipo de situação muito semelhante aos cenários horripilantes dos filmes de terror, anteriormente descritos, produzidos em Hollywood. Esse cenário seria composto de gigantescas fortalezas ocupadas pelos privilegiados e pelas sedes centrais das grandes empresas, cercadas por uma massa de marginalizados, incômoda, agressiva e barulhenta. Espero que esse não seja o outro lado da moeda das 'vantagens ambientais e energéticas' que alguns dos visionários do teletrabalho nem pensam em considerar. Por sorte, existem alguns estudiosos, como já dissemos, que têm uma posição diferente. Eles são sensíveis aos problemas sociais das metrópoles, sendo capazes de estudar, com rigor e imparcialidade, os eventuais efeitos colaterais perversos do teletrabalho.

A teledidática como teletrabalho

Gostaria agora de apresentar uma peculiar forma de teletrabalho: o ensino-aprendizagem a distância ou teledidática. Considero que esse tema, por sua particularidade, deva ser tratado dentro de um quadro referencial muito amplo. Deve-se procurar examinar essas novas técnicas de instrução através de suas eventuais influências, positivas ou negativas,

2. Telemática e novos cenários urbanos

sobre outras questões de grande importância no campo da educação. Entre elas, talvez a mais importante – pelo menos para o assunto que aqui tratamos – é a questão relativa à variedade das estruturas urbanas.

Sem levar em conta as vantagens reconhecidas dos meios telemáticos no campo da educação, a pergunta relativa aos efeitos que esse uso poderia causar no descongestionamento urbano ainda continua sem resposta. Já vimos que esse tema ressurge a cada vez que se discute o trabalho à distância. No caso específico da teledidática, a questão é a seguinte: como e em que medida tais meios podem contribuir para mudar o arranjo tradicional dos locais – escolas e universidades –, que até hoje realizaram a delicada tarefa de produzir, transmitir e difundir conhecimentos? Mais concretamente: o uso generalizado da teledidática pode contribuir efetivamente para eliminar ou pelo menos para relativizar a centralidade operacional desses locais?

Podemos imaginar que algum dia, as escolas e universidades serão capazes de cumprir muitas de suas funções atuais a distância. Ou seja, cumpri-las sem a presença física de docentes, discentes e pesquisadores. Nesse cenário é bastante provável que os locais onde se localizam tais instituições acabarão sofrendo modificações de seu significado original. Se devemos ser cautelosos com as previsões relativas às escolas, temos maiores certezas sobre as modificações que poderão ocorrer nas universidades, por causa da teledidática. É plausível que as universidades deixem de ser lugares isolados, como ocorre em vários países, e passem a ser bases de interações e nós de um sistema em níveis regional, nacional e internacional. Assim, seria criado um sistema universitário contínuo e distribuído, substituindo o sistema atual, articulado em poucas e mastodônticas sedes, localizadas principalmente nas grandes cidades. A universidade italiana é o melhor exemplo disso. Pode-se imaginar que a informatização da universidade poderia contribuir para aliviar suas instalações estruturais, tornando-as menos volumosas e mais flexíveis do que são hoje[37].

O cenário descrito até aqui me parece, em teoria, bastante verossímil. Essa semelhança diminui muito se esse cenário, como acontece com frequência, for radicalizado. Alguns autores lançam a hipótese de que, no futuro, as universidades (e as escolas) não terão mais existência real, pois serão totalmente virtuais[38]. A meu ver não será assim. O mais

---

[37] É óbvio que os efeitos deste fenômeno seriam sentidos em grau muito menor nas escolas. As sedes das escolas, diferentemente das universidades, normalmente são pequenas unidades frequentadas, em sua maioria, pelos filhos dos moradores do bairro. Elas geralmente são de dimensões relativamente modestas. Em um contexto semelhante, é improvável que a aplicação da telemática consiga reduzir o número de alunos nas escolas, de modo significativo e, como consequência hipotética, reduzir as instalações normais requeridas pela didática tradicional. Isso sem falar dos enormes problemas que seriam gerados pela maciça permanência das crianças em casa. Isso seria um grande problema para as famílias, principalmente nos casos em que ambos os pais trabalham fora, apesar de um previsível entusiasmo da igreja nesse sentido.

[38] Cf. S. Doheny-Farina (1996, p. 104-117).

112 Cultura, Sociedade e Técnica

provável é que as escolas e as universidades continuem a existir como entidades físicas e que apenas alguns setores, mesmo que importantes, poderão ser virtualizados.

Quais são os motivos que transformam o ensino-aprendizagem à distância em uma daquelas excepcionais novidades que devemos necessariamente enfrentar? São realmente justificáveis as expectativas e os temores que nutrimos em relação a elas?

Em outra ocasião[39], já tive a oportunidade de analisar o desenvolvimento das rudimentares máquinas para ensinar (*teaching machines*) e dos métodos de instrução programada (*programmed learning*) nos anos 1950 e 1960. Com o desenvolvimento atual, o computador, a comunicação *online* e a editoração eletrônica estão assumindo um papel cada vez mais importante no ensino, em todos os níveis. Essa nova tendência é chamada de "teledidática" ou "educação à distância"[40].

Esses termos nos dão uma boa ideia do processo de transferência espacial de conhecimentos (e de experiências) didáticos, mas deixam uma vaga noção de que essa transferência seja feita principalmente por meio das novas tecnologias da informação e das telecomunicações.

Por outro lado, estar ciente disso não basta. Se continuarmos falando sobre as linhas gerais, sem sermos bastante explícitos, podemos dar a impressão que a telemática se identifica com apenas uma modalidade operacional, possibilitada pelas novas tecnologias. Isso não é verdade, pois, como veremos, ela pode utilizar diversas modalidades.

Outro erro muito comum é o de definir a teledidática em termos exclusivamente técnicos, ou seja, como se esta não fosse apenas uma nova técnica para facilitar o trabalho didático. É o clássico erro que se comete ao elevar a técnica no momento formativo, restringindo e obscurecendo a vasta gama de questões relativas às finalidades e os conteúdos formativos[41]. Como agravante adicional, desse modo não se consegue explorar as verdadeiras potencialidades dos meios técnicos em questão.

É como se imaginássemos o grande educador Comenius, no século xv, acreditando que a difusão do livro – um fato técnico tão revolucionário quanto hoje é a multimídia – pudesse substituir por si só os fundamentos do agir pedagógico, tornando supérfluas as questões sobre a modalidade e os conteúdos da educação. Como resultado presumível, a difusão do livro, pelo menos como instrumento pedagógico, não teria ocorrido.

Para evitar que a telemática educativa corra um risco semelhante, é necessário que ela seja entendida no futuro como um ponto de convergência de muitos saberes disciplinares. Especialmente aqueles que, de um modo ou de outro, possam contribuir para redefinir a telemática em função dos valores sociais e culturais. Essa proposta, concordo, é

---

[39]   T. Maldonado (1992, p. 73-75).

[40]   Para um panorama atualizado sobre a utilização de meios eletrônicos no campo da educação, ver R. P. Peek e G. B. Newby (1996).

[41]   Cf. I. Galliani (1995).

2. Telemática e novos cenários urbanos **113**

ambiciosa. Tratar-se-ia, na prática, de liberar a teledidática do isolamento teórico (e prático), no qual foi relegada pelo burburinho promocional das grandes multinacionais da informática e da comunicação. Por motivos óbvios, elas estão interessadas em anunciar apenas os aspectos tecnicamente inovadores de seus produtos. E não se importam com avaliação dos efeitos desejáveis (ou menos desejáveis) que possam ter sobre o processo educacional e sobre a sociedade como um todo.

Problemas da interatividade a distância

Apresento uma resenha de alguns auxílios que a teledidática pode oferecer ao educador, apenas para evitar um julgamento sem análise. Um deles, embora seja pouco difundido, é a interação 'ao vivo' entre docente e discente situados em dois locais diferentes da mesma sede, relativamente próximos entre si (por exemplo, no mesmo país) ou muito distantes (por exemplo, em continentes diferentes). Essa modalidade de teledidática nada mais é que uma espécie de videoconferência[42]. A característica que a diferencia das aulas ou conferências gravadas pela telecâmera, ou mesmo que seja 'ao vivo', é a interatividade. Quer dizer, o discente pode intervir com perguntas e observações e o docente pode responder imediatamente.

A principal limitação dessa modalidade de ensino à distância é o investimento financeiro que o estudante deverá fazer para poder utilizá-la. Os preços dos equipamentos exigidos para esse fim geralmente ultrapassam as possibilidades econômicas do estudante médio[43]. É claro que esses preços tendem a baixar com a popularização desses equipamentos. Porém, no nível atual, um estudante que deseje participar de uma videoconferência, não possuindo equipamento próprio, deverá deslocar-se até uma instalação especialmente equipada para tal, em alguma instituição pública.

Para evitarmos equívocos, é necessário esclarecer que existem dois tipos de interatividade. A interatividade própria da videoconferência didática, que se caracteriza pela telepresença simultânea do emissor e do receptor[44]. Outro tipo é a que encontramos nos produtos multimídia, principalmente naqueles com suporte em CD-ROM[45]. A primeira é uma interatividade bidirecional entre dois sujeitos vivos. A segunda é

---

[42]   Sobre os aspectos sociolinguísticos da videoconferência, ver p. 74 e 75.

[43]   O preço do kit de teleconferência girava, em 1997, em torno dos 2.500 a 3.000 dólares. Para uma análise de como esse custo e preparação limitam o atual uso da videoconferência, cf. I. de S. Pool (1990, p.87).

[44]   Sobre a ideia da telepresença ver R. Held e N. Durlach (1991).

[45]   Utilizarei a partir deste ponto, por comodidade, o termo CD-ROM sem especificar que estou me referindo apenas ao CD-ROM como produto multimídia com função didática e não simplesmente como suporte material.

uma interatividade bidirecional entre um sujeito vivo e um documento informático[46].

No caso do CD-ROM multimídia, ao contrário do que acontece na videoconferência, o discente não consegue interagir em tempo real com um docente. Interage apenas em um espaço real com um programa pré-elaborado por uma equipe de especialistas.

Esta não é a única característica que distingue o CD-ROM. Outra, igualmente importante, é a arquitetura característica de cada programa. Nele, como todos sabem, existe uma pré-configuração com um número finito de opções de navegação, que o usuário poderá escolher a sua vontade. Recentemente, entretanto, esse aspecto tem sido criticado por muitos estudiosos pelo limitado grau de liberdade oferecido aos usuários[47].

Objeções semelhantes já foram colocadas em meados do século passado, diante das primeiras tentativas de introduzir instrução programada[48]. Essas tentativas inspiravam-se diretamente nos experimentos de B. F. Skinner (1958 e 1971), principal expoente da ala mais radical do comportamentalismo. Para esse psicólogo norte-americano, o comportamento dos seres humanos, apesar de sua obstinada ilusão de liberdade e dignidade, seria totalmente condicionável (ou melhor, programável). Para Skinner, o papel do educador – ou de quem estiver neste lugar – deveria consistir em criar e manipular os fatores ambientais visando condicionar, obrigatoriamente, as nossas escolhas e preferências.

O tipo de interatividade didática permitida atualmente pelo CD-ROM multimídia não é uma mera reedição maquiada do velho comportamentalismo radical. No CD-ROM transparece com força e muito explicitamente o programa para predeterminar o processo de aprendizagem. Ocorre que esse mesmo programa prevê momentos de fluidez que contribuem de certa maneira para atenuar os momentos de rigidez. Em outras palavras: creio que seja justo levantar o problema do limitado grau de liberdade que o CD-ROM oferece ao usuário. Na prática, porém, não podemos nos esquecer que a situação é muito menos nítida. Um exame aprofundado de como realmente os usuários interagem com o CD-ROM mostra que existem dois tipos de usuários: os que ficam passivamente satisfeitos por dispor de um reduzido número de itinerários de navegação e aqueles

---

[46]   Além destes dois tipos de interatividade, existe um terceiro que é uma variante do primeiro: uma forma de interatividade por Internet que, exceto pela imagem, fornece o mesmo desempenho da videoconferência. Seria uma videoconferência sem vídeo, um face a face sem face. Na gíria da informática anglosaxã, ela é conhecida como *computer conferencing*. É hoje, nos EUA, um dois meios telemáticos mais difundidos nas escolas e nas universidades. Cf. I de S. Pool (op. cit.) e T. Fanning e B. Raphael (1986). Sobre os aspectos da interatividade em geral, cf. G. Bonsiepe (1995).

[47]   Cf. J. Meadows (1994).

[48]   Em última análise, o CD-ROM constitui um ulterior e mais sofisticado desenvolvimento da instrução programada de 50 anos atrás. Nesse desenvolvimento, houve uma fase de transição representada pelas diversas técnicas de ensino auxiliado pelo computador (P. ex., o CAL – *Computer Aided Learning* –).

que, insatisfeitos, preferem sair em busca do aprofundamento daqueles assuntos tratados no CD-ROM.

A postura desses últimos nos faz pensar que, no final das contas, o CD-ROM pode ser usufruído como uma 'obra aberta'. O usuário pode ou não utilizá-la. Certamente existe "a possibilidade de complementar as informações do CD-ROM com outras, provenientes de bancos de dados externos e recriando arquivos pessoais utilizáveis segundo modalidades elaboradas autonomamente"[49]. Tal atividade de integração, embora seja de natureza derivada e complementar, implica um efetivo acréscimo no grau de liberdade do usuário.

A despeito de tudo, considero o CD-ROM um instrumento didático fortemente condicionado por uma inerente ambiguidade. Enquanto se atribui um papel ativo aos usuários, o CD-ROM coloca-se na tradição do ativismo pedagógico de Dewey, Montessori, Kerschensteiner e Decroly. Uma tradição que, entre outras, postulava uma escola não centrada no docente como depositário e fonte do saber, mas no aluno, ativamente envolvido no processo formativo.

Prova dessa tradição inerente ao CD-ROM didático é o argumento muito utilizado nos discursos pelos seus apologistas: a excepcional atividade (e hiperatividade) que o produto permite ao aluno. E não faltam aqueles que vão além, e reputam ao CD-ROM o papel de divisor de águas entre duas épocas na história das técnicas de aprendizagem. Essa ideia é muito comum entre os estudiosos da matéria. O britânico S. Harries (1995), por exemplo, sustenta que o uso de produtos multimídia no ensino, com suporte de CD-ROM ou *online*, marca uma revolução na filosofia da educação. Segundo ele, no lugar da tradicional aprendizagem como aquisição do conhecimento (*learning as imparted knowledge*), entraria a aprendizagem contextual (*situated learning*)[50]. É um lema que os fundadores do ativismo pedagógico supracitados teriam aprovado sem nenhuma restrição.

O livro eletrônico versus o livro impresso

Já discutimos o problema do limitado grau de liberdade do CD-ROM e a suspeita, a meu ver um pouco exagerada, de conivência com o comportamentalismo skinneriano. Se descartamos a possibilidade, como já vimos, de usufruí-lo como obra aberta, deve-se admitir que o CD-ROM oferece âmbito de participação ativa muito reduzido ao usuário. Isso se explica porque o mesmo é elaborado de acordo com uma rígida programação do processo didático, embora seus fundamentos não sejam os mesmos do comportamentalismo ortodoxo. Nesse caso, como no precedente, os seus apologistas enfatizam a liberdade do usuário. Na prática, porém, o usuário é sempre muito conduzido e condicionado em suas escolhas.

---

[49] P. Aroldi *et al.* (1993, p. 238).
[50] Cf. D. Laurillard (1993).

116 Cultura, Sociedade e Técnica

Parafraseando o famoso ditado de Henry Ford "pode-se escolher qualquer cor de carro, desde que seja preta", pode-se dizer que o usuário do CD-ROM goza de uma absoluta liberdade de navegação, desde que suas escolhas recaiam naquelas preestabelecidas no programa. E, assim, o processo de aprendizagem como aquisição do conhecimento realiza-se de forma diferente, em que o docente não é mais o apresentador do conhecimento, sendo substituído pelo programador que elabora os conteúdos.

Esclareço que essas considerações sobre a natureza do CD-ROM não deve ser entendida como uma postura de ceticismo sobre o seu uso como instrumento didático. Existe hoje uma proliferação de exemplos de péssima qualidade, que justificariam tal ceticismo. Por outro lado, existem também magníficos exemplos no campo do ensino e de divulgação técnica e científica, permitindo uma postura de confiança e otimismo[51].

Os melhores resultados têm sido obtidos nas áreas de conhecimento bem estruturados, como anatomia, biologia, astronomia, física e matemática entre outras. Isso nos leva a pensar que talvez exista uma relação entre a natureza daquilo que se quer ensinar (ou divulgar) e a qualidade do produto. No âmbito didático, isso poderia significar que certos conteúdos seriam, em detrimento de outros, mais adequados ao esquema hipertextual. Essa é uma hipótese provocante. De todo modo, deve-se refletir sobre os motivos que levam aos melhores resultados quando os temas abordados são de natureza técnica e científica.

Essa questão já havia sido colocada meio século atrás, mais ou menos nos mesmos termos, no período inicial de experimentação com as máquinas de ensinar (*teaching machines*). Parecia, então, como ainda parece, que essas máquinas eram mais compatíveis com aqueles conhecimentos 'ancorados' em um núcleo bem estruturado. Ou seja, uma área de conhecimento relativamente extenso na qual os elementos de estabilidade sejam mais numerosos que os de instabilidade. Percebo que essa assertiva levanta questões que, para alguns expoentes da filosofia da ciência, estão longe de ter uma solução satisfatória.

Esquivo-me dessa controvérsia. Aqueles que se ocupam da didática informática devem adotar uma abordagem pragmática, sabendo distinguir os conhecimentos que têm um núcleo bem estruturado dos outros, que não os têm. Ensinar álgebra ou anatomia descritiva através de um CD-ROM multimídia não é a mesma coisa que tornar acessível o pensamento de Hegel ou o papel de Wagner na história da música. No primeiro caso, o conhecimento pode ser itemizado e colocado em uma sequência lógica, restando poucos aspectos que podem ser objeto de interpretação pessoal. No segundo, ao contrário, fica difícil esquematizar os conhecimentos, que podem ser objeto de muitas interpretações diferentes.

Aqui se percebe nitidamente a hipótese há pouco mencionada. Alguns tipos de conhecimentos são mais compatíveis com o CD-ROM.

---

[51] Ver M. Piatelli-Palmarini (1996).

2. Telemática e novos cenários urbanos

Tudo nos leva a supor que essa mídia não seja muito adequada para transmitir conhecimentos en que as crenças, valores ou assuntos problemáticos (ou discutíveis) tenham um papel determinante. Mas se isso realmente ocorrer, qual seria o meio mais adequado para transmitir esse importante tipo de conhecimento na sociedade informatizada?

Acredito que a mídia mais adequada para essa finalidade continuará a ser o livro. Considero errada a opinião, hoje muito comum, de que o livro será totalmente substituído pelo formato digital. Em outras palavras, que o *livro impresso* dará lugar ao *livro eletrônico*. As coisas, por sorte, não são assim tão simples. No campo dos modernos meios de comunicação "um novo procedimento nunca elimina totalmente aquele que o precedeu, provocando apenas uma nova distribuição das tarefas" (H. -J. Martin, 1996. p. 267).

Assim como o advento da cinematografia não significou o fim da fotografia, nem a televisão o fim do rádio, presumo que o mesmo acontecerá com o CD-ROM em relação ao livro. O que vai mudar será a distribuição das tarefas. É provável que em alguns setores o livro cederá lugar ao CD-ROM. Em outros, ao contrário, seu papel será reforçado e sua utilização, alargada. No momento, apenas um setor da atual produção de livros está seriamente ameaçado pelo impacto concorrencial do CD-ROM. São as obras de consulta (enciclopédias, dicionários, anuários estatísticos e demográficos, arquivos em geral). Para esse tipo de obra, o suporte do CD-ROM é, sem dúvida, imbatível (I. de S. Pool, 1990).

Na teledidática, como já mencionamos, o CD-ROM poderá ter uma influência considerável em algumas áreas disciplinares específicas. Por outro lado é necessário admitir que os meios teledidáticos – CD-ROM em primeiro lugar – não são autossuficientes. Para serem realmente eficazes, eles requerem uma complementação de aprofundamento e personalização. Para isso, o livro revela-se insubstituível. Nenhum projeto de teledidática, por mais ambicioso que seja, poderá dispensar o recurso ao livro. Quando o discente demonstra essa necessidade de consultar um livro – contrariamente ao que poderia supor – comprova-se, assim, a qualidade do serviço teledidático.

3. O corpo humano
e o conhecimento digital[1]

Nos últimos tempos, o corpo (humano) não tem sido muito valorizado pelos prosélitos do ciberespaço. Alguns, mais indulgentes, demonstram uma plácida e resignada indiferença. Outros, ao contrário, exprimem um desprezo arrogante e rancoroso em relação ao corpo. Para eles, o nosso corpo seria antiquado, ultrapassado, obsoleto. Ele permaneceu imutável durante milhares de anos, mas agora deveria se modificar. Deveria ser substituído por outro mais condizente com os novos desafios, dentro de um ambiente cada vez mais condicionado pelas novas tecnologias.

Um artista australiano, famoso por suas fantasiosas *performances* biônicas escreveu: "Chegou a hora de perguntar se um corpo bípede, dotado de visão binocular e com um cérebro de 1.400 cm^3 constitui uma forma biológica adequada". Sua resposta é negativa. E acrescenta: "Não faz mais sentido considerar o corpo humano um *lugar* da psique ou do social, mas sim como uma *estrutura* a ser controlada e a ser modificada. O corpo, *não como sujeito, não como objeto do desejo, porem como um objeto a ser redesenhado*". E acrescenta ainda: "Não existe mais nenhuma vantagem em continuarmos *humanos* ou evoluir como espécie: *a evolução termina quando a tecnologia invade o corpo*" (Sterlac, 1994, p. 63, 64 e 65).

É claro que esse modo de pensar (e de exprimir-se) pertence a um fiel e próprio estilo de manifestos de vanguarda artística. Normalmente, anunciam em tom apoteótico iminentes mudanças, sem, contudo, apre-

---

[1]   Este texto foi publicado originalmente em italiano, no livro *Critica della ragione informática* (p. 136-177), Feltrinelli, Milão, 1997.

sentar uma explicação plausível de como isso poderia ocorrer. Considero que seja possível, e até culturalmente justificado diante dessas temerárias elucubrações, assumir um comportamento compreensivo. Nele se argumenta que, apesar de tudo, trata-se apenas de provocações poéticas, às quais se atribui o mérito de tirar da inércia esse mundo saturado de certezas.

Essa postura não está isenta de contraindicações. A principal delas é que teorias semelhantes encontram ampla ressonância na mídia e, portanto, ganham uma difusa credibilidade. Hoje em dia, apoiados na autoridade de Marvin Minsky, muitos pensam que "o corpo humano deva ser descartado, que o *wet ware*, a *matéria* no interior da caixa craniana, o cérebro, deva ser substituído" (D. de Kerckove, 1994, p. 58). Filosófica e politicamente falando, a aposta é muito alta para se desprezarem essas afirmações. A progressiva artificialização do corpo, como veremos mais adiante, já é evidente. E, certamente, no futuro novas próteses, cada vez mais refinadas, melhorarão seu desempenho.

O problema não está na defesa exagerada do endeusamento *natural* do corpo, ou seja, acreditar que entre técnica e corpo não possam existir, como sempre ocorreu, momentos de convergência funcional. As fronteiras entre a vida natural e a vida artificial estão, sem dúvida, cada vez menos nítidas. A tese sustentada por G. Canguilhelm trinta anos atrás, sobre a *continuidade* entre a vida e a técnica, entre organismo e máquina, parece encontrar uma confirmação definitiva (G. Canguilhelm, 1965). Não existem os *androides* de um lado e os *não androides* do outro. As interações agora são intensas e frequentes e os fenômenos de (quase) hibridação e simbiose estão na ordem do dia (K. M. Ford, C. Glymour e P. J. Hayes, 1995).

Por outro lado, o corpo humano sempre foi condicionado (e até determinado e configurado) pelas técnicas socioculturais. Basta citar as "técnicas do corpo" (M. Mauss, 1968) e as técnicas (ou práticas) sociais coercitivas que se exercitam sobre um corpo feito objeto, sobre um "corpo-objeto" (M. Foucault, 1975). As primeiras nos explicam como os homens, em cada sociedade, sabem servir-se do próprio corpo; as segundas, como os homens, em cada sociedade, servem-se do corpo dos outros para os próprios fins[2].

Os discursos sobre a necessidade de se jogar o corpo humano – inclusive o cérebro – na lixeira das espécies extintas não convencem. Desconsiderando seus aspectos bizarros e grotescos, existe ainda a suspeita (e, no meu caso, é mais que uma suspeita) de que, atrás desses discursos, se esconda a velha aversão do cristianismo pelo corpo humano[3]. Dessa vez renovada sob o manto de uma ideologia neomecanicista e de ficção científica. A verdade é que o principal preconceito contra o corpo – "o abominável corpo" – foi uma das contribuições mais nefastas do cris-

---

[2]   Cf. B. Huisman e F. Ribes (1992, p. 142).

[3]   Para uma defesa do papel do corpo no cristianismo, cf. G. Leclercq (1996).

tianismo à nossa cultura (J. Le Goff, 1985). Uma herança que marcou profundamente as relações com nós mesmos e com os outros.

Nietzsche (1960, p. 300-301) já tinha essa intuição e dela decorre o seu ódio contra aqueles que "desprezam o corpo" (*die Verächter des Leibes*). A história nos deixou, afinal, uma lição que não se pode (nem se deve) esquecer: o desprezo pelo corpo (principalmente pelo corpo dos outros) foi frequentemente a antessala do feroz aniquilamento dos corpos de mulheres e homens. Grande testemunha disso foi a experiência do *universo inquisitorial*, mas também do *universo concentracional* (J.-M. Chaumont, 1992). Deve-se, então, ter cautela em relação à teoria de um corpo humano obsoleto e ineficiente, pronto para ser descartado, e também em relação à ideia de um corpo a ser reprojetado (*redesign*), baseado em um modelo ideal. Mesmo esse *essencialismo biológico* nos leva a lembranças nada agradáveis.

As teorias desses modernos "desprezadores do corpo", como já vimos, podem ter implicações moral e politicamente execráveis. Isso não significa que o tema da relação entre corpo e tecnologia não seja crucial na sociedade hipermoderna. Antes de mais nada, ele se refere ao modo pelo qual o nosso corpo vivenciará a aventura de uma continuidade entre o natural e o artificial, levada às últimas consequências. E as incógnitas, a bem da verdade, são muitas.

Nessa perspectiva, como será configurado o intercâmbio do nosso corpo com o ambiente e com os outros corpos? Nascerão desse intercâmbio novas formas de *sensorialidade,* de *sensualidade* e de *sensibilidade* ou serão apenas novas variantes (ou novos rituais) daquelas já conhecidas? E se as formas em questão forem verdadeiramente novas, deveremos atribuí-las mais uma vez à suposta qualidade congênita das mulheres – e só delas – de agir criativamente nesse campo? Identificar as mulheres – sempre e invariavelmente – com o universo da *sensorialidade,* de *sensualidade* e de *sensibilidade* não seria propor o mesmo estereótipo interpretativo idealizado pelos homens para segregar as mulheres, um estereótipo condenado a desaparecer?

E se as mulheres se decidissem a aceitar o desafio artificialista? Isso significaria o desvencilhamento da opção naturalista por parte delas – "nós, mulheres, responsáveis privilegiadas pelo destino da mãe natureza" – hoje acalentada por algumas correntes do feminismo. Como consequência, essa opção provocaria um afastamento cada vez maior das mulheres do desenvolvimento tecnocientífico?

Donna J. Haraway (1991), importante expoente do feminismo californiano, está convencida disso. E não é só. Ela assume, sem relutância, todas as consequências de sua opção artificialista. A primeira, e talvez a mais corajosa, é a de aceitar a própria condição de *cyborg*, uma condição nem inocente nem sublime, mas da qual não se pode escapar. Escreve Haraway: "No final do século xx, neste nosso tempo mítico, somos todos quimeras, híbridos teorizados, construções de máquina e organismo: em breve seremos todos *cyborg*. O *cyborg* é a nossa ontologia, nos dá a nossa política" (tradução italiana, p. 40 e 41).

Consciência do corpo

É muito difusa a crença segundo a qual os seres humanos, diferentemente dos outros seres vivos, tenham consciência de ter um corpo[4].

Trata-se de uma convicção que, por sua obviedade, sempre fez parte do nosso senso comum. Chegamos ao ponto em que qualquer tentativa de demonstrar a sua falta de fundamento normalmente não é bem recebida. Ao contrário, é considerada uma insensatez. E com razão. Pensando bem, é realmente insensato querer sustentar, contra todas as evidências, que nós *não* temos consciência do nosso corpo. Principalmente quando, para apoiar essa tese, recorre-se ao extraordinário argumento de que o corpo é apenas uma ilusão da nossa mente, e que, portanto, seria inútil nos perguntarmos sobre a consciência (ou não) de algo que não existe.

Considero que essa teoria, fruto do zelo especulativo de um crepuscular idealismo subjetivo, seja filosoficamente aberrante, além de ser nitidamente falsa. E creio ser necessário refutá-la sem meios termos, mesmo correndo o risco de ser tachado de obtuso materialista, de ingênuo realista ou ainda de coisa pior. Pouco importa.

Dito isto, parece-me ainda oportuno fazer algum refinamento interpretativo sobre a convicção inicialmente evocada, que nós somos conscientes de termos um corpo, diferentemente dos outros seres vivos.

Desconsiderando a notória dificuldade de demonstrar que *outros seres vivos* sejam capazes (ou não) de um comportamento genuinamente consciente, permanece o problema relativo ao modo pelo qual, nos seres humanos, se prefigura a consciência do próprio corpo.

Aprofundemo-nos um pouco mais nesse assunto, de que temos consciência de *termos* um corpo. Há algo que não soa bem no uso do verbo *ter*. Considero que esse seja, em última análise, um desvio em relação à verdadeira natureza da nossa consciência corporal. A ideia de *ter* um corpo nos faz supor que temos a *posse* de um corpo. É algo de que nós, de certo modo, tomamos posse. Algo que não tínhamos antes e que, repentinamente, conquistamos ou nos foi concedido.

Observando bem, termos consciência do nosso corpo é um fato estranho à ideia de posse. No nosso quotidiano do *corpo a corpo* com o nosso corpo, nunca pensamos em termos de *posse* de um corpo, mas simplesmente em *sermos* um corpo. As dores e os prazeres do nosso corpo são as nossas dores e os nossos prazeres.

Na tradição mística oriental, e também na ocidental, foi teorizada (e praticada) a possibilidade de sair do próprio corpo. Isso significa uma espécie de rejeição a *ser* um corpo, no sentido acima discutido. Consideram que temos a *posse* de um corpo e, portanto, podemos rejeitar essa posse. Em resumo, temos liberdade para dispensar o corpo.

Sem entrar na discussão sobre a natureza dessas eventuais experiências transcendentais do corpo, devo dizer que a minha escolha é

---

[4]   J. Starobinski (1981) e F. Dolto (1984).

outra. Para mim o corpo deve ser entendido como a nossa irrenunciável realidade quotidiana, vivida a cada dia, na primeira pessoa, por todos nós. Como o corpo é *sensorialidade, sensibilidade* e *sensualidade*. Em suma, o corpo que somos.

Antes de ser um objeto de sofisticadas excogitações metafísicas, ou de estimulantes avaliações de matriz psicanalítica ou ainda de impensadas conjecturas de ficção científica sobre o seu futuro, estou convencido de que o corpo humano é um *objeto de consciência*. O modo de ter consciência do corpo parece intimamente ligado ao conhecimento que tivemos da nossa realidade corporal ao longo dos tempos. Mas não somente: além de ser um objeto de conhecimento, o corpo foi também um *sujeito técnico*, um ponto de referência fundamental da nossa operosidade técnica.

É desnecessário relembrar que o nosso corpo tem uma história. A história do homem é, entre tantas outras coisas, a história de uma progressiva artificialização do corpo. A história de uma longa marcha, sempre em direção a um maior enriquecimento instrumental na nossa relação com a realidade.

No fim das contas, isso significa a criação de novos artefatos destinados a suprir (e a complementar) as congênitas deficiências funcionais do nosso corpo. Assim nasceu, em torno do corpo, um variado cinturão de próteses: próteses motoras, sensoriais e intelectuais. O corpo, então, torna-se protético.

O *corpo protético*, o corpo com função de sujeito técnico (ou melhor, que se tornou técnico) não tem apenas uma importância operativa, não se coloca somente a serviço da necessidade de nos tornarmos mais eficazes em relação ao nosso desempenho no ambiente. Hoje em dia, o corpo protético tornou-se um formidável instrumento de conhecimento da realidade em todas as suas articulações, sem excluir – que fique bem claro – a sua própria realidade.

Artefatos e o corpo protético

Se quisermos dar um passo adiante em nossa análise, devemos recorrer a um conceito muito frequente no discurso dos arqueólogos. Refiro-me à noção de *artefato*. Genericamente falando, pode-se dizer que o artefato é um produto concreto da *techne* (arte, em grego), do *fazer com arte*. A cultura material de uma sociedade é o conjunto de todos os artefatos que ela criou.

Existe atualmente um consenso para se considerar os artefatos nada mais que *próteses*, entendidas como estruturas artificiais que substituem, completam ou potencializam, em parte ou totalmente, uma determinada função do organismo. As mais famosas são as próteses dentárias e as ortopédicas. Mas agora a noção de prótese assume um conceito muito mais amplo.

Nessa óptica, foi necessário desenvolver uma articulada taxonomia do universo protético. Existem, em primeiro lugar, as *próteses motoras*, destinadas a aumentar nosso desempenho de força, destreza ou movimento. Pertencem a essa categoria todas as ferramentas e equipamentos que sempre nos ajudaram a tornar mais preciso e ágil o trabalho sobre a matéria. Próteses motoras são, por exemplo, martelo, faca, alicate, chave de fenda, tesoura, pinça, talhadeira, serra e também todas as máquinas-ferramenta da moderna produção industrial.

Além disso, fazem parte dessa mesma categoria os meios de transporte e de locomoção. Em um primeiro momento, pode parecer bizarro dizer que bicicleta, motocicleta, automóvel, trator, trem e avião são próteses. Refletindo bem, porém, não é difícil reconhecer que o são de fato. É óbvio que eles facilitam a nossa mobilidade, velocidade, ampliam o nosso raio de ação, tornam acessíveis locais que seriam inalcançáveis. Essas próteses têm a função de apoiar, substituir ou ampliar.

Outra importante categoria é constituída pelas *próteses sensório-perceptivas*. Esse tipo de prótese são dispositivos para corrigir deficiências da vista (óculos) e do ouvido (aparelhos auditivos). Mas não é só: pertencem a essa categoria todos os aparelhos e instrumentos que permitem acessar níveis da realidade que normalmente não estão ao nosso alcance (microscópio, telescópio, aparelhos de radiologia, da medicina computadorizada e outros). Também incluímos como próteses sensório-perceptivas as técnicas que fixam, registram, transmitem e documentam imagens e sons (gravador, fotografia, cinema, rádio, televisão e outros).

Além das próteses motoras e das sensório-perceptivas, há ainda uma terceira categoria: as *próteses intelectuais*. O ser humano, apesar de sua capacidade intelectual, ou talvez por causa dela, tende a potencializá-la cada vez mais recorrendo a dispositivos específicos que permitem armazenar uma quantidade monstruosa de dados. O mais importante exemplo desse tipo é o computador moderno, cujos tímidos precursores foram o velho ábaco e a régua de cálculo. Outros exemplos de próteses intelectuais são a linguagem e a escrita.

Existe ainda uma quarta família de próteses nascida recentemente. Refiro-me concretamente às *próteses sincréticas*. Nesse caso, os três tipos de prótese (motoras, sensório-perceptivas e intelectuais) confluem em uma única e articulada agregação funcional. Uma variedade dessas próteses – se não a única, talvez a mais importante – são os robôs industriais. Principalmente os de última geração, os chamados robôs inteligentes. Eles são sistemas mecânicos altamente automatizados, ou seja, são mecanismos capazes de efetuar, sem (ou com uma mínima) participação operacional do homem, intervenções de altíssima complexidade: tanto da movimentação quanto de trabalhos sobre materiais e ainda a manipulação de ferramentas, aparelhos e componentes. Trata-se de sistemas mecânicos previamente programados que, graças aos formidáveis progressos da informática e da microeletrônica, conseguem combinar interativamente cálculo, ação e percepção na gestão de processos produtivos.

Em síntese, pode-se dizer que os robôs são estruturas que "pensam", "agem" e "percebem". (Que fique bem claro: as aspas aqui são obrigatórias.)

3. O corpo humano e o conhecimento digital   **125**

Eis o motivo pelo qual os robôs de última geração, pelo papel de substituição *global* que assumem, são considerados próteses sincréticas. A rigor, poder-se-ia contrapor que tal prótese não é uma verdadeira prótese. Uma prótese supõe a existência de um sujeito, no qual se aplica a função integradora ou substitutiva. No caso hipotético em que um robô alcançasse um estado de absoluta autorreferência e autossuficiência, dificilmente poderíamos considerá-lo, no *sensu stricto*, uma prótese.

Examinando melhor, esta *total* autonomia de um robô (autonomia entendida como capacidade de se autoprojetar, autoprogramar e de autorreproduzir) é verdadeiramente hipotética. Um robô, mesmo aquele mais sofisticado, ainda é projetado, programado e reproduzido por nós. Trata-se, então, de nossa criação. Na prática, é nosso sósia. A ele confiamos a incumbência de efetuar tarefas em nosso nome que, não importam os motivos, preferimos não assumir pessoalmente. Sob essa óptica, sem sombra de dúvida, o robô deve ser considerado como uma prótese.

Natural–artificial

Considero importante procurar esclarecer algumas ideias sobre este aspecto crucial do nosso argumento. Normalmente, o artifício é teorizado, segundo a arte, como resultado de uma ação humana. A natureza, ao contrário, é uma realidade que existe por si. A natureza é entendida como uma realidade autônoma, que se coloca *aquém* e *além* da intervenção, segundo a arte.

Não se pode esquecer que a contraposição natureza-artifício não é absolutamente nova[5]. Desde a antiguidade verificamos um duro embate entre *naturalistas* e *artificialistas*, entre aqueles que consideram que a natureza é autossuficiente e aqueles para quem tudo, inclusive natureza, é artifício. Plínio, o Velho, com sua *Historia naturalis*, é considerado o mais radical expoente do naturalismo. Efetivamente, Plínio sacraliza a ideia da natureza: a natureza é (e deve continuar) estranha ao artifício. E mais: o artifício é demonizado, julgado uma calamidade para a natureza. Diógenes de Sínope, o grande precursor do moderno fundamentalismo ecológico, pertence a essa mesma linha. Para Diógenes, nunca se deve destruir a ordem da natureza. Nem mesmo a exigência de satisfazer as necessidades humanas justificaria o recurso ao artifício. Segundo Diógenes, o artifício contribui sempre para adulterar a natureza e, portanto, adulterar o homem.

O poeta Lucrécio, ao contrário, é um expoente não menos radical do artificialismo. Inspirado em Epicuro, Lucrécio enuncia o seu memorável aforismo: "Nada é natureza, tudo é artifício". Mas o dito

---

[5]   Devemos principalmente aos estudiosos franceses J. Ehrard (1963), S. Moscovici (1968), R. Lenoble (1969) e C. Rosset (1973) um documento sobre a continuidade deste tema na história do pensamento ocidental. Cf. G. Böhne (1989).

126   Cultura, Sociedade e Técnica

lucreciano resume muito bem apenas um, embora importante, aspecto do artificialismo. Ele sublinha a tendência congênita da realidade (natural) a autoartificializar-se, a auto-organizar-se, a mudar suas formas, estruturas e funções no decorrer do tempo, até o ponto no qual a realidade acaba por identificar-se totalmente com o artifício.

Existe, porém, outro aspecto que está implicitamente presente em Lucrécio. Refiro-me à artificialização como resultado da intervenção direta do homem sobre a natureza. Um processo através do qual o homem contribui para artificializar a natureza. Digo que isso está implícito em Lucrécio, pois, se "tudo é artifício" como ele afirma, nada impede de se enxergar o mais incisivo dos fatores de *autoartificialização* da realidade no agir do homem.

Gostaria de citar quatro grandes pensadores modernos que defenderam um artificialismo muito semelhante ao de Lucrécio. Refiro-me a Voltaire, d'Alembert, Kant e Marx. "Chamam-me natureza e como toda eu sou arte", disse Voltaire. Em uma famosa definição de d'Alembert, a natureza é, entre outras, "um conjunto de coisas criadas", inclusive aquelas criadas pelo homem. Kant vai além: "A arte da natureza é uma técnica da natureza". Marx fala de "natureza humanizada" e de "natureza artificializada".

Nessas quatro formulações transparece, com nuances diversas, a vontade comum de romper o isolamento do conceito de natureza, tal como foi postulado pelos naturalistas. Ou seja, o conceito, a meu ver, errôneo, de que a natureza e o artifício sejam dois compartimentos estanques. E, mesmo assim, contrapostos. Observa-se, entretanto, uma mal disfarçada desconfiança em relação ao termo *natureza*. No século xx, essa desconfiança se transformará em um franco repúdio. Freud, por exemplo, não esconde sua profunda aversão a respeito. O termo *natureza*, ele escreve, esconde "uma abstração vazia e é desprovido de qualquer interesse prático".

Com efeito, no contexto de um discurso científico, marcado pela objetividade e pela verificação empírica, o termo *natureza* aparece pouco utilizável. Frequentemente, ele faz referência a valores e crenças de cunho romântico (e até sentimental) que certamente tem um sentido num contexto literário (ou artístico), mas pouco significa fora dele. Sem contar que, na linguagem coloquial, a palavra *natureza* é comumente permeada de conotações subjetivas fortemente ligadas à experiência pessoal.

Talvez sejamos agora capazes, com conhecimento de causa, de relativizar a velha dicotomia natural-artificial. Existem exigências do natural que levam ao artificial e vice-versa. A máquina fotográfica, por exemplo, imita o nosso olho. O radar é um tipo de sensor artificial diretamente inspirado na sensitividade natural dos morcegos.

As articulações dos movimentos do robô (seus "braços" e "mãos") têm como modelo o nosso corpo. Nos últimos tempos, a relação natural-artificial tornou-se ainda mais complexa. Não é só o artificial que imita o natural. Mas é o artificial que se mescla, passando a fazer parte do natural. Basta pensar, por exemplo, nos aparelhos eletrônicos alimentados por bateria que têm a função de regular determinadas funções do organismo. Um deles, provavelmente o mais famoso, é o marca-passo cardíaco.

Mas por que o homem, em vias de tornar-se homem, vê-se obrigado a desenvolver artefatos para sobreviver? Ou seja: por que (e como) o *homo* torna-se *faber*? As explicações são variadas. A mais comum é aquela fornecida pelos antropólogos, biólogos, paleontólogos e pelos cultores da antropologia filosófica. Entre estes últimos, não podemos nos esquecer da controversa figura de Arnold Gehlen (1950), que, seguindo os passos de J. G. Herder, J. von Uexküll, M. Scheller e K. Lorenz, teorizou o homem como um animal que nasce incompleto (*unfertig*), indeterminado (*nicht festgestellt*) e carente (*mangelhaft*). Em resumo, como um animal que nasce debilitado. Desconsiderando o uso ideológico reacionário que Gehlen faz abusivamente da própria teoria, não há dúvida que a sua descrição corresponde à realidade.

É evidente que o humano recém-nascido é incompleto, indeterminado e carente. Não é uma novidade que o ser humano vem ao mundo prematuramente, em um estado precoce de ontogênese e que ainda não está pronto para inserir-se rápida e eficientemente no ambiente no momento do nascimento. O *período de inépcia*, como denomina G. B. Campbell (1966), dura de 2 a 3 anos.

Mesmo sendo destinado a ter uma postura ereta e bípede, nos seus primeiros tempos, o recém-nascido humano se comporta como quadrúpede. Comparado a outros mamíferos e aos primatas superiores, é muito pouco dotado para sobreviver. Precisa ser protegido em tudo. Não sabe caminhar e não tem nenhum senso de orientação. Nos primeiros dias é sabidamente incapaz de distinguir uma figura do fundo. O seu mundo é plano, privado de concavidade e convexidade. Em resumo, não está apto para superar os desafios do ambiente[6].

Após superar essa fase inicial crítica, o homem ainda continuará condicionado por algumas carências que o deixavam vulnerável. Os órgãos dos sentidos dos animais são altamente especializados, ou seja, são unilateralmente destinados a um objetivo. O homem é uma exceção. Ele é o extremo oposto daquilo que definimos como um "ser programado para a especialização".

O homem é "aberto para o mundo". Ou melhor, para os mundos. Ele não está confinado – desde o nascimento até a morte como os outros animais – em apenas *um* mundo. Um mundo estreito no qual um esquema inato traçou rígidos vínculos e inexpugnáveis fronteiras. Como todos os animais, o homem tem certamente um lugar – o seu nicho. Mas só ele é capaz de inventar os meios que lhe permitem atravessar as fronteiras do seu lugar. Privado de especializações gravadas no seu patrimônio genético, por princípio, ele está disponível a explorar todos os mundos possíveis. Na prática, isso significa ser capaz de adquirir, ou seja, de criar *motu proprio*, as especializações que lhe faltam e que são imprescindíveis

---

[6]   A ideia de que o recém-nascido seja incapaz de enxergar tridimensionalmente ainda hoje é objeto de controvérsia. Cf. J. Mehler (1994).

para agir fora do seu próprio mundo de origem. O preço que o homem paga por essas buscas, todavia, é bem elevado. O seu interesse e a sua curiosidade em relação a tudo o impedem de se concentrar sobre poucas coisas, como fazem os outros animais, mas com grande eficiência.

O fato curioso é que os aspectos negativos decorrentes dessas carências são compensados pelas capacidades específicas que só ele possui. Entre elas, a que mais se distingue, é a sua capacidade de *transformar desvantagens em vantagens*, encontrando virtudes a partir de uma necessidade. Em outras palavras, as fraquezas de sua constituição são transformadas em ponto de apoio para alavancar, através de intervenções compensatórias, capacidades adicionais. Existem motivos fundamentados para se acreditar que isso ocorre principalmente porque as suas fraquezas não são setorialmente homogêneas.

Analisemos o caso da visão. A despeito da amplitude e da profundidade permitidas pela postura ereta e pela visão binocular e estereoscópica, a visão humana tem pouca acuidade, não se comparando com o desempenho visual superior de muitos mamíferos predadores. Os leopardos têm uma incrível acuidade de percepção de longe. É uma acuidade que não se refere apenas ao aspecto visual, mas também o aspecto operacional. Segundo os etólogos, o leopardo é capaz de avaliar de longe não só o comportamento e a qualidade da presa, mas também a distância e a rapidez requerida para alcançá-la com sucesso (J. Reichholf, 1994).

Da opacidade à transparência do corpo

Eis um fato no mínimo curioso: o processo de artificialização do corpo progrediu em ritmo acelerado durante milênios. Isso aconteceu apesar das nossas noções sobre o corpo, sobre sua estrutura e seu funcionamento, terem sido vagas e superficiais durante muito tempo. Isso sem contar que a maior parte delas, sabemos hoje, era equivocada. Em um determinado momento, porém, o mesmo processo de artificialização avançou sobre áreas nas quais parecia imprescindível ter um conhecimento mais exato do corpo.

Em outras palavras, o corpo não podia mais continuar a ser uma "caixa-preta". Os esforços para revelar seus segredos, ou seja, para torná-lo menos opaco, mais transparente, têm uma longa história. Deve-se reconhecer que a contribuição mais decisiva nesse sentido deve ser atribuída à moderna radiologia médica.

Na origem da radiologia médica, coloca-se a revolucionária descoberta dos raios x, feita por Röntgen, que não era um médico, mas um físico experimental. A radiologia médica nasceu, como o próprio nome indica, de uma convergência entre a física da radioatividade e a medicina, para a qual contribuíram a química, a biologia e as tecnologias instrumentais. Essa notável cooperação interdisciplinar não parou por aqui: aumentou com o passar do tempo.

Desde o início dos anos 1980, o formidável potencial de modelagem e de simulação fornecido pela gráfica computadorizada abriu novas e inéditas perspectivas para a radiologia médica. Tanto na medicina diagnóstica quanto na terapêutica e até mesmo na cirúrgica. Essa nova fronteira abriu caminho para um espetacular desenvolvimento tecnocientífico. A utilização de técnicas de radiações ionizantes e não ionizantes proporciona um conhecimento cada vez mais rico e detalhado de um universo que a opacidade somática sempre escondeu e que só era revelada exclusivamente por procedimentos invasivos. Permanecia, porém, sem solução o problema de como traduzir esse conhecimento em modelos ou simulações tridimensionais para permitir intervenção operativa interativa, em tempo real, sobre as imagens obtidas.

Isso foi possibilitado pelas novas técnicas de radiologia médica computadorizada: *tomografia computadorizada, tomografia por emissão de pósitrons, ressonância magnética e tomografia por emissão de fóton único*. Os novos sistemas de informática para a visualização permitiram integrar essas técnicas[7].

O *medical imaging* foi enriquecido por novos instrumentos de visualização e por novas técnicas de modelagem dos sólidos. Conquistou-se, de uma só vez, a possibilidade de *ver* os órgãos e os aparelhos do nosso corpo em quatro dimensões (três espaciais e uma temporal). Pela primeira vez na história da clínica médica existe a capacidade de observar *in vitro*, através de um monitoramento dinâmico-interativo, em um espaço tridimensional, as estruturas e as funções do corpo humano *ao vivo*. E ainda: tornou-se possível, como veremos, intervir (e operar) nessas estruturas.

Estamos diante de uma inovação revolucionária no âmbito da modelagem científica, causada pelo advento de um repertório de síntese de imagens, que convencionamos chamar de *realidade virtual* (denominação pouco feliz, mas eficaz para divulgação).

Mesmo se esta abordagem estiver correta, é necessário algum detalhamento. Examinando bem, os modelos científicos do tipo visual-figurativo sempre foram *virtuais*. A novidade dos modelos que agora estamos discutindo não está tanto no fato de eles serem *virtuais*, mas no seu modo peculiar de sê-lo. Paradoxalmente, a grande novidade reside no fato de esses modelos *virtuais* serem os mais *reais* jamais vistos. São modelos mais *reais* no sentido de representarem mais formal, estrutural e funcionalmente os objetos representados. São, portanto, modelos mais confiáveis para quem deve utilizá-los como instrumentos para o conhecimento ou ação.

Não existem dúvidas de que o forte impacto inovador da modelagem virtual-interativa aparece hoje em todas as especialidades médicas. Seu papel é amplo e sua importância aumenta cada vez mais na fisiologia, no diagnóstico, na terapêutica e na cirurgia. Não poderia ser de outra

---

[7] Cf. sobre este tema J. McLeod e J. Osborn (1966), E. N. C. Milne (1983), L. L. Harris (1988), N. Laor e J. Agassi (1989), C. R. Bellina e O. Salvetti (1989), R. O. Cossu, O. Martinolli e S. Valerga (1989), J. M. Gore (1992), R. H. Höhne (1992), G. Cittadini (1993), M. Silberbach e D. J. Sahn (1993).

130 Cultura, Sociedade e Técnica

forma. Considerando que esse tipo de modelagem é capaz de potencializar notavelmente o conhecimento sobre o corpo humano, é lógico que ele interferirá diretamente em *todos* os setores da medicina.

A característica mais relevante dos novos modelos virtuais-interativos é a sua capacidade de mostrar o funcionamento das estruturas representadas. Seria, porém, simplista acreditar que se trate de um aporte técnico para uma renovação meramente *figurativa* da anatomia descritiva. Examinando bem a questão, esse modelo vai muito além dos meros estudos estáticos das morfologias estruturais. Como um produto dinâmico, ou seja, *funcional*, o modelo virtual-interativo contribui para explicitar a função das estruturas.

Os modelos virtuais contribuem para tornar menos esquemática a clássica dicotomia entre descrição da forma e da função de uma estrutura. Ou seja, entre anatomia e fisiologia. Seguindo o pensamento do grande anatomista Alf Brodal, alguns estudiosos pensam que a progressiva virtualização dos procedimentos médicos favorecerá o nascimento de uma nova anatomia, na qual estrutura e função sejam inseparáveis. Observa com argúcia o neuroaudiólogo sueco Torgny Greitz: "com a *nova* imagem *funcional* seremos capazes de descrever a *nova* anatomia"[8].

Quando lidamos com novidades tecnocientíficas de grande alcance, torna-se útil olhar para o passado. Não apenas para sabermos de onde provêm tais novidades, mas também para termos a capacidade de examinar, em um quadro referencial mais rico, o papel que essas inovações estão assumindo hoje e seus impactos no futuro.

Até há poucos séculos, os meios à disposição do médico eram apenas os seus sentidos. A audição, para a auscultação dos rumores provenientes do interior do organismo e também para escutar o paciente na descrição do próprio sofrimento. O tato, para apalpar e verificar as características dos tecidos, o estado e o funcionamento dos órgãos profundos. O olfato, para sentir as eventuais exalações. A visão, para avaliar principalmente o rosto e os aspectos externos do corpo. Esta última, porém, não era considerada muito confiável. A visão começou a ser mais respeitada somente quando se difundiu a prática da dissecação.

O sentido da visão só conseguiu alcançar um status importante com a chegada dos grandes anatomistas (e dissectores) do Renascimento: Leonardo da Vinci, Berengario da Carpi, Andrea Cesalpino, Andreas Vesalius, Charles Estienne, J. Valverde de Amusco e Girolamo Fabrici d'Acquapendente. A visão ocupou uma posição de destaque na dissecação, que desafia a opacidade do corpo e a sua pressuposta sacralidade, tornando visíveis as partes do corpo, antes invisíveis. Essa visão permite explorar meticulosamente como é construído e como funciona o opifício – a *fábrica* – do corpo humano. Inaugura-se, assim, o penetrante reinado da visão na medicina.

De acordo com o historiador Piero Camporesi (1985), os anatomistas do Renascimento "interiorizaram o olho de Deus". Para as religiões

---

[8] T. Greitz (1983).

monoteístas, a onisciência de Deus era explicada pela sua onividência. Nos séculos XV e XVI, o médico dissector e o artista dissector, tomados por uma "atroz vontade de estudar", parecem obcecados pelo desejo de alcançar a mesma onividência. Sua impiedosa e cruel ação invasiva é justificada e legitimada ao assumirem que seus olhos nada mais seriam que um submisso prolongamento dos olhos de Deus. Como disse Camporesi: "o olho implacavelmente observava e analisava e nada poderia permanecer escondido". E, assim, a visão inicia a "viagem dentro do homem", a inspeção ocular daquela 'fábrica dentro de uma fábrica' que é o interior do nosso corpo[9].

Mas não é só isso: a visão assume para si a tarefa de documentar e ilustrar graficamente o conhecimento adquirido. A superioridade da visão, como era de se esperar, gera a superioridade da imagem. E surgem as tábuas anatômicas de Vesalius. Com ele, a anatomia torna-se objeto de uma representação com um elevado grau de veracidade, ou seja, a máxima fidelidade descritiva. Como demonstrou o historiador Martin Kemp, essa tendência levará a um realismo cada vez maior das ilustrações anatômicas nos séculos seguintes. As imagens dos modelos anatômicos feitas no século XVIII por William Cheselden, Bernard Siegfried Albinus e William Hunter, além dos modelos em cera feitos pelos artistas florentinos e bolonheses, são exemplos impressionantes desse realismo[10].

Além do olho nu

Nota-se que o predomínio da visão na representação anatômica teve consequência direta sobre a prática da medicina diagnóstica. Até então, a diagnose era baseada principalmente na audição e no tato e, em menor grau, no olfato. Ela foi enriquecida com o crescente uso do sentido da visão. O médico deixou de ser o detetive que perseguia apenas pistas acústicas e tácteis e passou a pesquisar também, e cada vez mais, os indícios visuais. Investigava-se de forma direta, durante as intervenções cirúrgicas. E de modo indireto, utilizando-se conhecimentos morfológicos e fisiológicos adquiridos graças às novas representações pictóricas do organismo humano. E ainda, a partir do século XVII, através do microscópio óptico, que possibilitou a observação das células e dos tecidos orgânicos.

Esse desenvolvimento, porém, não foi linear. Convém não nos esquecermos, como bem observou Mikel Dufrenne (1991), que a visão imita o tato e também a audição. E vice-versa[11]. Embora o sentido da visão tenda a tornar-se hegemônico em comparação aos outros senti-

---

[9]   Sobre o corpo como um 'simulacro biológico' ver U. Galimberti (1987, p. 46-51).

[10]   Cf. P. Rossi (1988), E. Battisti (1989), L. Belloni (1990), M. Kemp (1993), J. B. de C. M. Saunders e Ch. D. O'Malley (1993), W.F. Bynum e R. Porter (1993), A. Carlino (1994).

[11]   Cf. M. Merleau-Ponty (1964), J. -P. Césarini (1981), L. Jolly (1991), F. Mangili e G. Musso (1992), I. Amato (1992), F. Dagonet (1993), D. Riccò (1996).

132   Cultura, Sociedade e Técnica

dos, no imaginário metafórico, a visão ainda continuará subordinada à audição. Na segunda década do século xx, o grande histologista e pai da neurofisiologia, Santiago Ramón y Cajal, descreveu o trabalho de observação ao microscópio. Ele fala exatamente de "ouvir encantado, através da ocular do microscópio, os ruídos da barulhenta caixa de abelhas existente no interior de todos nós" (1981).

A invenção do *estetoscópio* por René Laennec, cem anos antes de Cajal, tinha conferido uma maior credibilidade sintomatológica à auscultação. Mas nem a ampla difusão desse instrumento entre os médicos nem a adoção mais recente de técnicas de análise química e físico-química das substâncias orgânicas coletadas dos pacientes enfraqueceriam o papel que a observação visual estava assumindo para o diagnóstico. Em resumo, o *olho clínico*, ou seja, a capacidade atribuída a alguns médicos para fazer uma imediata e infalível avaliação diagnóstica, deixa de ser uma metáfora. O olho clínico é cada vez mais um olho. Com o passar dos anos, porém, o *olho nu* encontrará seus limites intransponíveis (C. Wilson, 1995).

O uso do microscópio óptico na pesquisa biomédica foi um passo importante para superar esses limites. Mas a verdadeira ruptura com o passado ocorreu em 1865, quando Röntgen descobriu os raios x, abrindo o caminho para a radiologia médica. Essa descoberta é o ponto de partida para um espetacular desenvolvimento tecnocientífico. Esse desenvolvimento, utilizando-se das técnicas de radiação ionizantes ou não ionizantes, tornou cada vez mais rico e detalhado um universo que a opacidade somática havia sempre escondido, revelando uns poucos segredos apenas pelos atos invasivos.

Muito mais tarde serão acrescentadas ao quadro dos métodos e das técnicas diagnósticas as análises química e físico-química das substâncias orgânicas coletadas dos pacientes. Mas nem mesmo isso foi capaz de enfraquecer o papel que a observação visual vinha assumindo no diagnóstico. No século xx, particularmente nas últimas décadas, esse papel se consolidou definitivamente. Isso ocorreu graças à decisiva contribuição, repito, das novas técnicas de elaboração digital das imagens.

Essas novas técnicas levaram a cabo um ambicioso projeto: fornecer à prática médica imagens dinâmicas do organismo. Essas imagens *dinâmicas* são capazes de registrar as atividades próprias de um organismo vivo e também possibilitam modificar, no computador, sua forma, sua posição e suas dimensões, fazendo-as, girar, aproximar ou aumentar, de acordo com as exigências do observador.

Apesar dos grandes progressos ocorridos nesse campo, podemos esperar novos e ainda mais espetaculares desdobramentos num futuro próximo. Eles deverão ocorrer como resultado das pesquisas elaboradas por muitos centros, que tentam diminuir a distância que separa o real do virtual. Por sua natureza, essa empreitada coloca questões ainda sem uma resposta unânime entre os estudiosos que se ocupam dos aspectos teóricos e práticos das imagens geradas pelo computador.

Para avaliar a dimensão dos problemas em discussão, analisaremos aquelas experiências que a mídia chama de 'cirurgia virtual'. Na cirurgia

3. O corpo humano e o conhecimento digital **133**

atual, como é sabido, o modelo virtual é frequentemente utilizado na simulação para programar e praticar a intervenção que será executada *in vitro* no paciente. É uma utilização pré-operatória do modelo virtual. O objetivo agora é muito mais ambicioso: procura-se fazer uma espécie de simbiose entre a intervenção simulada e a operação real ao vivo. Procura-se replicar a intervenção efetuada pelo cirurgião no espaço virtual, em sincronia, no espaço real, com o paciente em operação. É algo semelhante à relação que se estabelece entre o manipulador e a marionete (A. Rovetta, 1993 e 1994, N. Cittadini, 1993).

A consequência lógica desse desenvolvimento seria a telecirurgia, ou seja, a cirurgia propriamente dita, realizada por meio de dispositivos telecomandados. Em teoria, isso significaria confiar a um equipamento a tarefa de reproduzir no corpo do paciente os mesmos movimentos e ações do cirurgião realizados sobre um corpo virtual.

Nessa perspectiva o cirurgião – que na etimologia grega *cheirourgós* significa aquele que opera com as próprias mãos – estaria em vias de mudar o seu modo de agir em algumas especialidades médicas, como a neurocirurgia e a cirurgia oftálmica. Evidentemente que o cirurgião prosseguirá a operar com as próprias mãos, mas o seu ato operatório no corpo do paciente será indireto. O bisturi que ele manipular não incidirá realmente, mas apenas virtualmente. O bisturi que incidirá sobre o paciente real será um telemanipulador cirúrgico capaz de emular com fidelidade o comportamento operativo de um cirurgião *distante*. Dessa forma, as intervenções se tornariam, sempre nessas duas especialidades, mais precisas e menos arriscadas para o paciente.

É claro que essa colocação telemática da cirurgia obviamente traz consigo a possibilidade de intervenções à distância. Considerando que não é necessária a presença do cirurgião e do paciente na mesma sala, torna-se indiferente a distância que os separa.

Devemos reconhecer, porém, que a crescente supremacia das imagens, em particular nessa variante extrema, modifica, de maneira dramática, as relações paciente-doença-médico. É evidente que cada imagem, por ser apenas uma imagem, é o resultado de uma tomada à distância do objeto observado (ou representado). Mas a visão virtual pode tornar essa distância extremamente grande.

Esse tema atinge em cheio a *filosofia da medicina*. Refletir sobre os fundamentos teóricos da profissão de médico, da arte de curar e de prevenir as doenças tem sido, desde sempre, enfrentar a questão da distância entre médico e paciente.

Alguns historiadores da medicina sustentam que já na antiguidade era possível identificar duas abordagens diferentes sobre o mesmo argumento. Em uma delas, representada pela escola médica de Kos, que tinha em Hipócrates seu maior expoente, aconselhava a reduzir ao máximo a distância entre médico e paciente. Chegava-se até a sugerir uma espécie de fusão (ou de identificação subjetiva) entre ambos. O paciente era considerado a coisa mais importante e o médico deveria estar ao seu lado, em estreito e solícito contato. Outra abordagem, da escola de Cnidos, privilegiava muito mais a doença como objeto de observação e estudo.

Mesmo sendo esta uma contraposição redutiva, pode-se afirmar que, em linhas gerais, essas duas posições se confrontaram durante toda a história da medicina. Em alguns períodos predomina o paciente. Em outros, a doença. Hoje em dia, estamos entrando em uma fase em que o médico parece estar mais interessado na doença do que no doente.

Constata-se que, devido ao importante papel assumido pelo *medical imaging*, estamos diante de um aumento da distância física (e psicológica) separando o médico do paciente. Por outro lado, há diminuição da distância entre o médico e a doença. Em resumo, o paciente estaria mais distante e a doença mais próxima.

Imagens médicas e a relação real–virtual

Após a publicação do meu livro dedicado à relação entre o real e o virtual (1992), perguntei-me como seria possível encontrar um espaço de reflexão no qual a relação entre real e virtual pudesse ser verificada *diretamente*, ou seja, sem ter que recorrer, para essa análise, a muitas hipóteses auxiliares. Creio tê-lo encontrado no *medical imaging*, especialmente nos seus últimos desenvolvimentos.

Como já tive oportunidade de esclarecer, no *medical imaging* as coisas assumem um aspecto muito concreto, ao contrário do que ocorre em outros setores do mundo virtual. As excogitações parafilosóficas, abstratas e inconclusivas, sobre o virtual, visto como um construto autorreferencial, sem nenhuma relação com o real, são aqui categoricamente desmentidas.

No campo do *medical imaging*, o virtual tem implicações teóricas e práticas que vão muito além da medicina. Os problemas que o virtual coloca interessam simultaneamente a uma ampla gama de áreas do conhecimento: da informática à neuropsicologia cognitiva, da robótica à epistemologia, da inteligência artificial à teoria do comportamento.

Já me dediquei a algumas dessas questões, no nível teórico, sobre o uso do virtual nas cirurgias. E também sobre o significado do virtual na história do conhecimento do corpo humano e de suas doenças. Agora gostaria de examinar um aspecto realmente específico: as recentes tentativas de se utilizar dispositivos virtuais para tratar pacientes com distúrbios sensório-motores, seja para monitorar os sintomas ou para realizar terapia de reabilitação. O meu interesse sobre esse assunto se apresenta de forma geral. Mas tento explorar as condições e os aspectos que contornam o tema e busco esclarecer as implicações cognitivas que, a meu ver, apresentam aspectos ainda não resolvidos.

É necessário esclarecer que o estudo das patologias sensório-motoras é um dos mais complexos enfrentados pela pesquisa neurocientífica. Embora isso seja verdadeiro para *todas* as patologias do sistema nervoso central é ainda mais agudo para aqueles relativos às anomalias sensório-motoras. Principalmente quando estiver associado a grave traumatismo craniano. No caso dos pacientes com lesão cerebral, depara-se com uma sintomatologia muito variada, dependendo do local e da natureza da lesão. Esse é o motivo pelo qual, nas patologias de origem traumática – e também nas de origem cardiovascular e neoplásica – não se pode falar de uma sintomatologia geral, mas de uma série de sintomas específicos, relativos a cada tipo de lesão.

As coisas se complicam ainda mais se considerarmos que os efeitos de uma lesão não são circunscritos aos limites do local afetado, mas frequentemente se fazem sentir em regiões contíguas e até distantes. Consequência disso é que as sintomatologias particulares nem sempre permitem um diagnóstico preciso, com interpretações muitas vezes inequívocas (P. S. Churchland e T. J. Sejnowski, 1993). A situação de algumas doenças de origem não traumática, mas igualmente graves, é um pouco menos complexa. No caso do parkinsonismo arteriosclerótico ou da esclerose múltipla, a sintomatologia é, em linhas gerais, muito mais fácil de se descrever.

Como sempre ocorre em cada novidade na medicina, existe atualmente um grande entusiasmo em relação ao virtual. Mas isso não significa que se possa ignorar uma análise objetiva dos seus pressupostos ou de suas implicações. É verdade que o virtual é capaz de contribuir para um profundo conhecimento do comportamento motor do doente. É também verdade que, na reabilitação, ele causa problemas de uma magnitude tal que não podemos ignorar. São problemas relativos à neuropsicologia cognitiva e problemas ligados à tecnologia utilizada na produção de ambientes virtuais.

Para evitar mal-entendidos, gostaria de esclarecer que não pretendo questionar o emprego do virtual no campo da pesquisa biomédica, pois sou um defensor convicto deste. Creio realmente que o uso interativo de imagens tridimensionais geradas pelo computador possa abrir novas e agradáveis perspectivas neste campo. Estou certo de que o virtual, mais cedo ou mais tarde, acabará convertendo-se em terreno fértil, abrindo caminhos viáveis para muitos tipos de tratamentos, especialmente no caso das doenças neuromotoras (entre outras, a bradicinesia, apraxia, ataxia, hipertonia e falta de controle postural).

Esta análise não é um risco de interpretação. O virtual é certamente uma novidade, mas uma novidade relativa. Afinal de contas, ele é apenas um novo desenvolvimento das técnicas de reabilitação cognitiva com auxílio do computador. Como é sabido, são técnicas utilizadas com ótimos resultados há mais de uma década. Elas são destinadas a complementar (e não a substituir) as técnicas que sempre estiveram presentes em cada treinamento de recuperação funcional. Refiro-me, por exemplo, aos testes antes realizados com "papel e lápis" e mesmo com o taquistoscópio.

É surpreendente que as técnicas assistidas pelo computador estejam sendo utilizadas quase que exclusivamente em poucos campos da prática da reabilitação. O uso mais frequente ocorre principalmente no tratamento da apraxia construtiva e da agrafia. Muito raramente, no tratamento das verdadeiras anomalias da motricidade.

Creio que o advento do virtual possa preencher essa lacuna. É evidente que um espaço virtual no qual o paciente possa *navegar*, munido de dispositivos 'inteligentes', oferece inéditas possibilidades ao treinamento de reeducação da coordenação motora e espacial dos pacientes (A. Pedotti *et al*. 1989, L. Tesio, 1994, A. Freddi, 1995). Refiro-me especificamente aos doentes que sofrem de precário controle do equilíbrio, dificuldade de caminhar e incapacidade de ritmar o passo.

O virtual pode contribuir para um conhecimento mais aprofundado do comportamento motor do doente. A imersão do doente em um espaço gerenciado pela formidável potência de cálculo e de memória do computador facilita enormemente a tarefa de análise e avaliação de um comportamento motor anômalo. Por outro lado, o uso do virtual para o treinamento de reabilitação coloca uma série de questões que deverão ser enfrentadas. Vejamos quais são.

Espaço real e espaço virtual

Analisaremos inicialmente o problema da relação entre espaço real e espaço virtual, entre espaço natural e espaço artificial. O que acontece quando um paciente com dificuldades sensório-motoras no espaço real for inserido em um espaço virtual? Para um doente, quais seriam as diferenças entre *navegar* em um ambiente fisicamente estruturado e outro um virtualmente estruturado? Consideramos que o primeiro é um ambiente vivido como uma experiência *total*, ou seja, como uma experiência na qual o vínculo gravitacional e o envolvimento multissensorial têm um papel importante. Quais seriam, então, os motivos que levariam o paciente a entrar em um ambiente virtual, no qual a gravidade é simulada e a experiência é basicamente visual? O que acontece quando, em um limitado intervalo de tempo, o paciente é transferido de um ambiente rico em estímulos reais para uma realidade muito mais pobre como o virtual?

São perguntas bem relevantes. Atrás delas reside a questão central do argumento que estamos discutindo: como e em que condições o espaço virtual pode favorecer a recuperação dos automatismos sensório-motores comprometidos?

M. I. Jordan e D. A. Rosenbaum (1990) afirmam que as ciências cognitivas, pelo papel central que atribuem à percepção, não podem ignorar a ação. Mas, se essa premissa for verdadeira, seu oposto também será válido.

Numa abordagem cognitivista, nada pode ser mais equivocado do que isolar a ação da percepção (J. Paillard, 1998, C. Fermüller e Y. Aloimonos, 1996, A. Berthoz, 1997). Os distúrbios motores estão associados, em maior ou menor grau, aos distúrbios de percepção espacial. Isso fica bem claro quando se observa, por exemplo, o comportamento de um paciente com dificuldade de coordenação para andar. Se ele não conseguir ritmar o passo, hesitando no momento crítico e decisivo da passagem da fase de oscilação para o de apoio do pé, demonstrará tanto um fato motor quanto perceptivo. A instabilidade geral que pode causar uma eventual perda de equilíbrio é um fenômeno intimamente ligado à percepção anormal do quadro de referência espacial, por parte do paciente.

3. O corpo humano e o conhecimento digital   **137**

Desde o nascimento da psicologia experimental no século XIX, com Fechner, von Helmholtz e Wundt, até chegarmos aos últimos avanços da psicologia cognitiva, a evolução foi longa e acidentada. Inicialmente, os temas discutidos foram aqueles relativos ao papel psicofisiológico dos sentidos, estudados separadamente. Posteriormente, foram abordados diversos aspectos dos processos perceptivos nas suas duas dimensões proprioceptivas e exteroceptivas. Mais tarde, aqueles concernentes à localização de tais processos no sistema nervoso central e periférico. Recentemente, estudam-se os processos de transmissão, até o nosso cérebro, das mensagens colhidas pelos receptores sensoriais e, principalmente, de como adquirem um sentido.

A meu ver, o estudo da história dos fenômenos sensório-perceptivos mostra que o virtual coloca problemas que sempre estiveram presentes no pensamento filosófico e científico sobre a percepção. Não considerá-los embute um risco: acreditar que para examinar as implicações sensório-perceptivas do virtual se deva, na prática, recomeçar tudo desde o início. Ou pior ainda: em nome de um pragmatismo de ocasião, não se interessar por esses problemas deixando de considerá-los.

Tudo isso seria irrelevante se a imersão de um sujeito em um espaço virtual fosse apenas um exercício lúdico, um jogo mais ou menos inocente. Mas isso se torna particularmente delicado quando se considera o uso do virtual como ferramenta diagnóstica e terapêutica. Não se pode menosprezar o fato de que o sujeito colocado no interior do espaço virtual é um ser doente. Existe uma questão de responsabilidade que não deve ser dramatizada, mas tampouco deve ser astutamente evitada.

Muitas coisas relativas ao uso perceptivo do espaço virtual são bem conhecidas, visto que não diferem substancialmente daquelas relativas ao espaço real. Devemos reconhecer, porém, que existem outras que ignoramos ou das quais temos apenas ideias superficiais. Não há dúvida de que o estudo delas pode enriquecer o nosso conhecimento sobre a percepção em geral.

O espaço virtual apresenta-se hoje como um *modelo limite*, nunca antes imaginado pelos estudiosos da percepção. Nesse modelo, o sujeito é submetido a condições extremas, mesmo que num lapso de tempo muito breve, quando afloram, com inédita clareza, todos os problemas – solucionados ou não – da nossa relação sensório-motora com a realidade (M. Bergamasco, 1993).

Baseando-se nos trabalhos empíricos de vários estudiosos, recentemente foi colocada a hipótese de que se deve obrigar o paciente a utilizar o seu sistema proprioceptivo durante a prática de reabilitação. Desse modo, desencorajar, com todos os meios, a sua tendência espontânea a apoiar-se exclusivamente no sistema exteroceptivo, principalmente o da visão. Com isso seria facilitada, no nível do sistema nervoso central, a recuperação intrínseca e não aquela meramente adaptativa (L. Tesio, 1994).

Percepção e locomoção

Um doente com distúrbios de locomoção, independentemente das causas, apresenta perda do controle automático da habilidade motora. Essa perda atinge simultaneamente os campos da percepção e dos movimentos.

Procuraremos examinar mais de perto o que significa, na prática, a perda desse tipo de controle automático. Sabe-se que grande parte das nossas habilidades motoras é submetida a uma espécie de controle automático. Refiro-me tanto às habilidades inatas, de origem filogenética, como caminhar, nadar e correr; quanto aquelas adquiridas, de origem ontogenética, como digitar um texto, tocar piano ou dirigir um carro.

A dicotomia entre controle automático e controle não automático foi fortemente combatida por alguns estudiosos (D. O. Hebb, 1949, A. Allport, 1990, C. Ryan, 1983, S. M. Kosslyn e O. Koenig, 1992), que a consideraram muito simplista. Preferiram trabalhar com a ideia proposta por Hebb, de "atenção inconsciente" (*unconsious attention*) da ação motora para contrapor-se à ideia de "atenção consciente". A primeira é uma espécie de atenção ignorada, de natureza passiva. A segunda se manifesta como um *prestar atenção* consciente, de natureza ativa.

Embora possa parecer, esse argumento não é meramente uma questão semântica. Ele tem uma relação direta com alguns aspectos de importância metodológica no treinamento para a reabilitação motora. Já dissemos que um distúrbio motor é, entre outras, uma interrupção – na velha nomenclatura – do controle automático. Se utilizarmos a nova nomenclatura, poderíamos falar de uma interrupção da *atenção inconsciente*. Isso não significa que uma *atenção consciente* tenha se instaurado em seu lugar. O problema está todo aqui: o paciente fica no limiar entre uma *atenção inconsciente* desaparecida e uma *atenção consciente* ainda inatingível.

A abordagem tradicional dos profissionais em treinamento de recuperação sempre consistiu em habituar lentamente o paciente a uma *atenção consciente*, ou seja, a um *prestar atenção* – de forma cada vez mais consciente – aos movimentos realizados, aplicando uma rica e articulada bateria de exercícios. Com isso, procurava-se restabelecer, ao menos parcialmente, o estado precedente à aparição do distúrbio. Nesse estado, os movimentos voluntários eram gerenciados por uma discreta, mas sempre vigilante *atenção inconsciente*. Essa prática foi adotada, às vezes com grande sucesso, pelos cinesioterapeutas, empenhados no tratamento do mal de Parkinson.

Nesse ponto é necessário perguntar: o uso do virtual como instrumento de reabilitação pode acrescentar mudanças substanciais na temática agora discutida? Mesmo que inexistam razões para se acreditar em grandes mudanças, ela seguramente promoverá um notável enriquecimento teórico e prático. Isso significa que deveremos nos deparar com mais problemas.

Um deles refere-se ao procedimento terapêutico que consiste em obrigar o paciente a prestar uma rigorosa e pontual atenção ao movimento que está fazendo. Em outro contexto, um grande psicólogo experimental (R. L. Gregory, 1974) chamou essa percepção de "conscientização do movimento" (*awareness of movement*). Em nossa experiência quotidiana, todos nós sabemos que a melhor forma de reduzir a eficiência de uma ação motora consiste exatamente em submetê-la a uma rigorosa e pontual atenção. Se um digitador profissional prestar atenção aos movimentos dos seus dedos, seus erros de digitação aumentarão muito.

O fenômeno, entretanto, tem implicações diferentes quando não estamos lidando com uma habilidade, mas com uma desabilidade motora. Em condições normais, é difícil imaginar que uma desabilidade tratada dessa forma possa se agravar, a menos que o terapeuta seja totalmente incapaz de guiar e dosar os exercícios de reabilitação.

O importante é saber se o conhecimento que temos adquirido sobre o uso da "conscientização do movimento" no espaço real é transferível para o espaço virtual. É fácil perceber que existem importantes diferenças entre as duas situações espaciais. Agir em um espaço não é, como se acredita, ter consciência no interior de um recinto, mas interagir conscientemente com o seu conteúdo.

Os conteúdos do espaço virtual têm características muito peculiares. Em primeiro lugar, existe uma levíssima e indireta presença da gravidade. Isso torna muito instável o quadro de referência perceptiva. No cenário virtual falta aquela forte ancoragem da estrutura perceptiva sobre a onipresente atração gravitacional, que é essencial na cena real. No mundo ilusório, a ancoragem parece existir e não existir. É como se a atração gravitacional pudesse ser simplesmente ignorada, de acordo com as conveniências[12].

Essa vulnerabilidade estrutural do campo visual-perceptivo artificial provoca mudanças contínuas e bruscas, conforme os movimentos da nossa cabeça. Assim como ocorrem nas primeiríssimas experiências do recém-nascido em contato com o ambiente externo, ocorrem também situações no virtual onde o percebido se identifica com o perceptor, o objeto com o sujeito. Ou mais simplesmente: o percebido parece comportar-se como uma mera extensão do perceptor e vice-versa. Talvez isso seja a causa da sensação de náusea que frequentemente sentimos quando retiramos o capacete de realidade virtual.

Para entender esse e outros fenômenos semelhantes, é importante recordar que a visão tem uma primazia quase absoluta no espaço virtual. Hoje em dia, estão a pleno vapor as pesquisas para se criar sofisticados equipamentos que permitam interações tácteis e auditivas. Porém, como tentaremos demonstrar mais adiante, eles não poderão jamais substituir a primazia da visão. Essa supremacia parece estranha, pois a visão a que nos referimos tem um caráter muito peculiar.

A bem da verdade, a experiência visual no espaço virtual tem pouca semelhança com a nossa experiência visual quotidiana, principalmente

---

[12] Sobre a relação gravidade-verticalidade na percepção do espaço, ver A. Berthoz (1997, p. 107-124).

quando a imersão ocorre através do capacete. A experiência visual no espaço virtual depende exclusivamente dos movimentos da cabeça, excluindo algo que é fundamental na percepção visual do mundo real: o movimento dos olhos.

Há mais de 40 anos os movimentos dos olhos tornaram-se um objeto privilegiado de pesquisa no âmbito da neuropsicologia cognitiva, principalmente após os trabalhos do russo Alfred L. Yarbus (1967) sobre o assunto. Os pesquisadores dessa área admitem que os desvios involuntários dos olhos e a sua velocíssima oscilação focal têm um papel insubstituível na nossa visão estereoscópica (P. Viviani e J. -L. Velay, 1987, P. Viviani, 1990, H. L. Galiana, 1992). Um espaço que exclua os movimentos dos olhos será sempre uma reprodução rudimentar e pouco confiável do espaço real. O mesmo vale para a atual tentativa de alguns pesquisadores em continuar a utilizar o capacete, completando-o apenas com aquilo que eles chamam de *virtual dom* (M. Hirose, K. Yokoyama e S. Sato, 1993).

Essa dificuldade, porém, poderá ser superada no futuro. Há expectativa gerada por algumas pesquisas que buscam uma solução mista, ou seja, simultaneamente imersivas e não imersivas.

A atual pobreza da percepção do espaço virtual não deve ser atribuída exclusivamente à natureza da sua experiência visual. A percepção humana, contrariamente ao que se acreditou durante séculos, não pode ser dividida em compartimentos estanques. Aos cinco sentidos de Aristóteles sempre corresponderam cinco tipos de percepção. Hoje sabemos que as coisas não são assim tão simples.

A experiência do espaço, em medida e intensidade diversas, abrange pelo menos quatro dos nossos sentidos: visão, tato, audição e olfato. É justo, portanto, definir o espaço como um *sistema perceptivo* (J. J. Gibson, 1950 e 1966). O nosso comportamento sensório-motor, seja normal ou anômalo, relaciona-se sempre com um sistema perceptivo. Quando este faltar, como ocorre no espaço virtual, o comportamento sensório-motor sofre as consequências.

É interessante analisar a sensação de instabilidade física e de perda do equilíbrio que se experimenta no espaço virtual, mesmo no caso de um sujeito sadio. No ser humano, como é sabido, a postura ereta é sempre instável. Preservá-la requer, a cada passo, um ajuste subliminar com o ambiente. Esse ajuste é de natureza complexa e visa recompor continuamente o quadro de referência permanentemente ameaçado durante os movimentos (L. Tesio, P. Civaschi e L. Tessari, 1985).

Para alcançar esse objetivo, utilizamos toda a nossa sensibilidade, tanto as exteroceptivas quanto as proprioceptivas. Mas isso não se verifica no espaço virtual, nem mesmo na forma de uma simulação aproximada. Isso ocorre não apenas devido à pobreza da nossa experiência visual, mas também pela incipiência ainda maior das experiências tácteis e auditivas e pela total ausência daquela olfativa.

Pode-se objetar que a percepção táctil esteja melhorando. Deve-se admitir, porém, que os formidáveis progressos que estamos fazendo na área dos sensores e dos efetores tácteis artificiais da robótica (F. Mangili e G. Musso, 1992, I. Amato, 1992, K. B. Shimoga, 1993, H. Iwata, 1993) não modificam substancialmente a natureza do problema que levantamos. No fim das contas, trata-se de dispositivos que funcionam especificamente apenas com o senso táctil e na retroação de forças. Ainda que, admitamos, as atuais tentativas para desenvolver uma 'pele artificial', confeccionada com material plástico com resistência elétrica em função da pressão, tenham um objetivo muito mais ambicioso.

Mas o sentido táctil do homem é completamente diferente. O nosso tato não se resume apenas no contato físico (F. Dagonet, 1993). A pele que recobre toda a superfície do nosso corpo não é apenas um invólucro passivo para nos proteger do ambiente externo. A pele é também um dos mais eficazes mecanismos de interação com o mundo. É a sede de variada gama de sensibilidade.

O sentido do tato tem um papel importante na percepção do espaço através do contato direto com os objetos contidos nesse espaço. Contudo, demonstra sensibilidade mesmo na ausência desse contato, sendo sensível à temperatura, umidade, gravidade, vibrações e até mesmo aos efeitos eletromagnéticos.

Muitos estudos ressaltam a importância desses fatores na avaliação perceptiva da distância e, portanto, na construção do quadro de referência espacial. "A pele tem olhos", sustenta Diane Ackerman (1991), utilizando uma arriscada, mas apropriada metáfora.

A percepção do espaço virtual é pobre, pouco confiável e rudimentar. Isso ocorre pela ausência dos movimentos oculares, mas também pela falta de uma pele capaz de *ver*, no sentido metafórico de Ackerman, apresentando o mesmo desempenho da pele humana.

Isto posto, creio ser correto utilizar o espaço virtual para as aplicações diagnóstica e reabilitadora no campo dos distúrbios sensitivos-motores, embora esta seja apenas uma tosca caricatura do espaço real. Mesmo diante dessa fraqueza, pode-se transformá-lo em um instrumento para adquirir novos conhecimentos sobre o comportamento dos doentes, impossíveis de serem obtidos no espaço real. Em outras palavras, transformar necessidade em virtude.

Do ponto de vista da reabilitação, sempre haverá o fenômeno chamado de "transferência negativa de treinamento" (R. L. Gregory, 1974). Trata-se do fenômeno que ocorre quando uma habilidade desenvolvida em certo contexto não se aplica a outro. Um exemplo banal ocorre quando se tenta jogar pingue-pongue utilizando os conhecimentos aprendidos no jogo de tênis de quadra. No nosso caso específico, a pergunta é: o treinamento de reabilitação (ou de reeducação) realizado com o doente no espaço virtual não correria o risco de tornar-se uma "transferência negativa de treinamento" no seu retorno ao espaço real? Essa pergunta é de grande importância quando se pensa na substancial diferença entre espaço real e virtual, na qual tanto insistimos.

Virtualidade e modelagem científica

Entre as questões mais importantes, no âmbito das técnicas de representação gráfica através do computador, está provavelmente a que tem direta ligação com as implicações de origens epistemológicas da modelagem virtual. Devemos recordar que as imagens de síntese, sem considerar o seu grau de virtualidade – forte ou fraca, por *janela* ou por *imersão* –, nada mais são que modelos matemáticos que simulam visualmente objetos e/ou processos do mundo real. Constituem-se em espaços abstratos capazes de configurar espaços intuitivos e físicos.

Na longa história da modelagem científica, o advento dos modelos virtuais de síntese representou uma verdadeira revolução. Os modelos tradicionais, utilizados no século XIX por Lord Kelvin, James C. Maxwell e por Oliver Lodge, constituíam-se de analogias visuais de natureza mecânica. Por exemplo, inclui-se nessa categoria o modelo hidráulico utilizado por William Harvey no século XVII para explicar a circulação sanguínea e a função de bombeamento do coração.

Os modelos de síntese – virtuais ou não – e os modelos mecânicos tradicionais têm em comum a função de replicar a realidade. No caso dos modelos de síntese, ao contrário daqueles mecânicos, a imagem replicada não é arbitrária. Ou, sendo ainda mais cauteloso, é minimamente arbitrária. As imagens mecânicas tradicionais derivam de uma escolha metafórica. As imagens de síntese, ao contrário, são produtos de um processo técnico desenvolvido em *contato direto generativo* com o objeto a ser replicado.

Isso fica bem claro no caso das *medical imaging*. Neste, mais do que em outros casos, as imagens de síntese aparecem como o resultado de um complexo processo de *registro* e *digitalização*, aplicando-se uma combinação operacional das técnicas radiológicas e de informática. Nessa imagem digitalizada, o ponto de partida é o registro de uma imagem do corpo humano.

Não surpreende que haja alto grau de similaridade entre o *representante* (a imagem virtual de síntese) e o *representado* (a imagem do objeto real). Os incríveis avanços da modelagem virtual têm contribuído, nos últimos anos, para tornar essa similaridade cada vez mais fiel.

Na história da modelagem científica, a similaridade de um modelo, em relação à realidade, sempre suscitou um vasto número de questões no plano teórico. Isso é ainda mais verdadeiro no caso das imagens médicas. E o motivo é simples: no passado, nenhum modelo de visualização científica teve a pretensão, como ocorre atualmente, de ser um *clone* do mundo real.

Sempre se disse que o mapa é diferente do território. Com o advento da realidade virtual, estamos diante de um mapa que se torna – ou que pretende se tornar – algo muito semelhante ao território. Uma espécie de quase-território.

O tema da relação entre imagem virtual e realidade não é um argumento a ser deixado nas mãos dos filósofos da ciência ou dos estudiosos da *eidomática*, ou seja, das técnicas de representação gráfica através do

3. O corpo humano e o conhecimento digital 143

computador, contrariamente ao que podem pensar aqueles que estão imersos no quotidiano das imagens de síntese (médicos e pessoal da informática). Esse tema deve (ou deveria) interessar aos operadores que manipulam esse sistema de simulação replicadora. O problema do grau de similaridade dessas imagens com a realidade levanta a questão prática da confiabilidade do seu uso. A pergunta é: interagir com a realidade virtual é equivalente a interagir com a realidade *real*?

Um estudioso russo, V. A. Venikov, cunhou o termo *isofuncionalismo*, no importante livro *Teoria da similaridade e simulação*, publicado em inglês em 1966. Para Venikov, o critério de similaridade é exatamente o *isofuncionalismo*, ou seja, um modelo tem características que permitem reagir do mesmo modo que o original, quando for submetido às mesmas influências externas.

Contudo, isso não é suficiente. Por exemplo, no caso de um modelo virtual do encéfalo, em que medida seria correto sustentar que o modelo *isofuncional* é equivalente ao encéfalo real? No nosso atual estágio de conhecimento, parece-me muito arriscado considerar a equivalência entre o encéfalo simulador e o encéfalo simulado, mesmo adotando-se critério do *isofuncionalismo* e obtendo-se as mesmas respostas diante das mesmas influências externas.

Na análise do problema relativo à separação funcional entre o modelo e o seu objeto, será útil introduzir alguns aspectos complementares sobre o conceito de similaridade e, inevitavelmente, sobre seu contrário: a dissimilaridade.

Famosos por sua contribuição à teoria da modelagem, K. M. Sayre e F. J. Crosson (1963) chamaram a atenção para o seguinte fato: enquanto o processo gerador da dissimilaridade é de natureza *finita*, o da similaridade é de natureza *infinita*. Em outras palavras: ao contrário da dissimilaridade, a busca pela similaridade não tem limite, prosseguindo ininterruptamente até o infinito. Ou seja, a similaridade absoluta entre imagem e objeto real é um objetivo que se distancia sempre que nos acercamos dela. Os fractais nos ensinam algo a esse respeito.

Mutatis mutandis, isso vale também para a similaridade no campo da modelagem científica. Apesar dos incríveis avanços da realidade virtual, a hipótese de se chegar a uma identidade total entre um modelo e a sua realidade não figura no atual horizonte das possibilidades. Na minha opinião, nem acontecerá no futuro. Façamos uma espécie de teste de Turing: coloquemos um observador diante de duas imagens – uma real e outra virtual. Peçamos a ele que aponte qual delas é a real. Não haverá dúvidas: a realidade real será facilmente identificada.

Diga-se de passagem que essa constatação não deve produzir uma desconfiança generalizada sobre o conhecimento das imagens de síntese. A prática quotidiana do uso clínico dessas imagens demonstra o contrário.

Em virtude desse sucesso na medicina, são muitos os entusiastas desses avanços. Eles atribuem a esse desenvolvimento uma vitória da objetividade científica sobre o arbítrio da subjetividade do médico. Outros, ao contrário, denunciam os riscos implícitos na perda do contato direto com o paciente e a possibilidade que isso leve a uma crise de identidade

144   Cultura, Sociedade e Técnica

do próprio médico. Estes últimos afirmam que a proximidade do médico em relação à doença é uma ilusão: um diagnóstico assistido pelo computador implica um distanciamento do médico não apenas do paciente, mas também da doença. Sob essa óptica e levando as coisas um pouco ao extremo, pode-se dizer que a doença torna-se autônoma.

Na raiz de algumas dessas colocações, existe uma atitude preconceituosa (ou de irracional desconfiança), levando à rejeição das novas tecnologias. Mesmo admitindo que essas colocações tenham muito de verdadeiro, não se pode excluir que remetem a uma espécie de nostalgia de outros tempos da prática médica, da apalpação e da auscultação. Essa postura é típica daqueles que não querem tomar conhecimento dos recentes progressos da medicina, alcançados pelos avanços tecnológicos. Esses progressos influenciam diretamente o conhecimento do corpo humano, suas doenças e o modo de preveni-las e de curá-las.

Essas minhas avaliações não devem ser confundidas com uma tendência pueril de se enxergar em cada novidade tecnológica – realidade virtual, por exemplo – uma panaceia para solucionar todos os problemas da medicina. Na relação entre a medicina e as novas tecnologias, resta ainda a perturbadora questão, anteriormente mencionada, sobre a futura identidade do médico. Já se disse que é mais fácil um robô substituir muitos cientistas do que um jardineiro. Se essa afirmação ainda for verdadeira, como parece, não há o que temer em relação à identidade do médico. Hoje em dia, o médico tem muito do cientista, mas também do jardineiro.

Corpo e visão, o caso das cores

Nas páginas anteriores, discuti uma variedade de assuntos, todos relacionados com o conhecimento sobre o nosso corpo. Nas últimas décadas, esse conhecimento está assumindo, cada vez mais, a forma digital. Insisti muito que esse desenvolvimento confirma (ou melhor, decreta definitivamente) uma tendência que vem se configurando desde o Renascimento: a supremacia da visão. Creio ainda ter fornecido exemplos bem persuasivos de como a supremacia da visão se manifesta nos diversos campos da ciência e da técnica[13]. Porém deixei em suspenso a pergunta de como as novas tecnologias informáticas podem ajudar a compreender melhor o fenômeno da visão.

Os dois grandes temas – visão e linguagem – estão, desde sempre, no centro da controvérsia filosófica. O objeto do debate é a questão suprema: o mundo que nós percebemos (e do qual falamos) é *realmente* o mundo, ou é o *nosso* mundo só *em parte*? Trata-se da velha questão sobre a matéria-mente. Tratando-se de uma questão nitidamente filosófica, é natural que os filósofos tenham sido os primeiros a se preocuparem em

---

[13]   Para opiniões favoráveis e contrárias à ideia de que nossa época seja aquela da *supremacia da visão*, cf. M. Jay (1993) e D. M. Levin (1993).

3. O corpo humano e o conhecimento digital 145

encontrar respostas. Nos últimos tempos, porém, o tema despertou interesse de outros estudiosos, como aqueles da neurociência e das ciências cognitivas. E o aporte científico desses estudiosos tem contribuído para um substancial enriquecimento dessa discussão. Os próprios filósofos foram beneficiados, especialmente aqueles que se dedicam à ciência, à técnica e à linguagem. É bastante alentador que o tema da cor, muito debatido na filosofia tradicional da visão, seja hoje retomado pelas disciplinas acima citadas, mesmo com abordagem diferente[14].

E não surpreende que seja assim, visto que a pergunta relativa às cores, à sua natureza e às suas causas seja sempre recorrente para os filósofos e cientistas[15].

Isso é particularmente verdadeiro nos períodos históricos nos quais, diferentemente do atual, os pensadores que especulavam sobre o mundo eram, com frequência, os mesmos que se empenhavam em propor hipóteses para o seu conhecimento.

Refiro-me principalmente aos pensadores da antiguidade. Nas suas reflexões, os fenômenos cromáticos estavam presentes, mais ou menos explicitamente, a cada vez que tentavam entender como os seres humanos seriam capazes de estabelecer uma relação visual com a realidade circunstante. E o motivo é óbvio: o que mais impressiona na experiência visual quotidiana é que ela se configura, no nível intuitivo, como prevalentemente cromática. Na nossa relação, digamos, ingênua, com a realidade, o ato de ver abrange seguramente a forma, o movimento e a distância e, em especial, as cores. Ver é, em primeiro lugar, visualizar cores.

Na antiguidade, era impossível tratar da questão das cores de forma objetiva, pois os conhecimentos sobre o mecanismo da visão eram extremamente limitados. Faltavam os elementos científicos mais elementares. Mesmo com o desenvolvimento da geometria, graças às contribuições de Aristóteles e Euclides, abrindo caminho para a fase inicial da ótica geométrica, a ótica física não evoluiu. Desconhecendo o comportamento dos raios luminosos, cuja natureza era quase totalmente ignorada, permanecia-se nos limites de uma abordagem vagamente especulativa.

Situação semelhante ocorreu com a ótica fisiológica (e psicofisiológica). Havia seguramente um grande interesse pela anatomia do olho, como testemunham as fiéis descrições e as representações dos componentes do globo ocular: córnea, pupila, íris, humor aquoso, cristalino e humor vítreo. Contudo, o conhecimento sobre a retina era confuso e superficial, sobretudo quanto à sua contribuição na formação das imagens e seu papel na visão cromática e acromática. E não poderia ser diferente.

---

[14]   Não por acaso, o filósofo C. L. Hardin (1988) sentiu a necessidade de escrever um livro sobre a cor para ser utilizado pelos filósofos.

[15]   Devemos recordar que a mesma pergunta surge de modo implícito nas reflexões dos artistas e historiadores da arte. Dizia Paul Cézanne: "A cor é o lugar onde o nosso cérebro e o universo se encontram" (citado por E. Thompson [1995, p. XII], que a retoma em M. Merleau-Ponty). Sobre a relação cor-percepção cf. R. Arnheim (1954), M. Brusatin (1983).

Na antiguidade, como sabemos, havia uma carência absoluta do saber científico e dos instrumentos de observação. Esses são indispensáveis para se obter o conhecimento dos processos químicos e eletroquímicos que permitem à estrutura celular da retina, transformar estímulos luminosos em impulsos elétricos, transmitidos ao cérebro.

Deve-se acrescentar que o estudo do globo ocular não ia além do ponto de inserção do nervo óptico, negligenciando o papel do sistema nervoso central. Isso não causa surpresa: o cérebro era considerado uma espécie de *objeto misterioso*, uma massa disforme, gelatinosa e de aspecto pouco agradável, ao qual era difícil associar qualquer função intelectual e perceptiva.

É nesse contexto que deve ser examinada a controvérsia sobre o tema da visão, cujos protagonistas foram os grandes pensadores da antiguidade. Sobre o objeto dessa contenda, o historiador da óptica Vasco Ronchi (1952 e 1968) forneceu um documentado resumo.

A controvérsia girava em torno do tipo de relação funcional existente entre o olho e o mundo exterior. Discutia-se, substancialmente, se o olho recebia raios vindos do exterior – como pensavam Alquimeão de Crotona, Anaxágoras, Demócrito e Aristóteles – ou se o olho projetava esses raios a partir do seu interior em direção ao exterior, como pensava, entre outros, Epicuro. Para os primeiros, o olho era um órgão de imissão, um *olho armadilha* para captar os raios externos. Para os segundos, de emissão, um *olho farol*[16]. Havia ainda aqueles que, como Empédocles, Platão e Galeno, defendiam uma posição intermediária: o olho seria simultaneamente *armadilha e farol*.

Estas eram hipóteses colocadas sem nenhum fundamento empírico, em que as lacunas do conhecimento eram corajosamente preenchidas por surpreendentes intuições sobre os fenômenos. Assim nasceram muitas suposições e crenças erradas. Muitas delas nos acompanharam por milênios. Só com as recentes descobertas científicas elas foram substituídas por conhecimentos mais fundamentados.

Nem sempre, porém, as intuições desses antigos pensadores se mostraram equivocadas. Ao contrário, algumas delas parecem ter uma incrível capacidade profética. Refiro-me, por exemplo, às intuições de Demócrito e de Lucrécio, algumas das quais são consideradas hoje pelos físicos de partículas quase como uma notável previsão do futuro.

Existe sempre o risco de ocorrerem interpretações forçadas quando se tenta identificar, no passado remoto, os precursores dos atuais avanços científicos. Na prática, isso ocorre devido à valorização excessiva das metáforas. Porém, estou convencido que, de vez em quando, as metáforas contêm algo mais, além do conhecimento insuficiente sobre as questões em discussão.

Em um debate sobre a visão na antiguidade, o uso de metáforas contrapostas ilustra muito bem os motivos de fundo das posições em conflito. Elas espelham as posições filosóficas (e científicas ou pré-

---

[16] Cf. R. Pierantonio (1989).

científicas) confrontando os expoentes do objetivismo com aqueles do subjetivismo, do fisicalismo com o fenomenismo, do empirismo com o nativismo.

As metáforas do *olho armadilha*, *olho farol* e *olho armadilha-farol* encaixam-se nesse contexto. A bem da verdade, esse embate não está circunscrito apenas à antiguidade. *Mutatis mutandis*, ele teve certa continuidade na atribulada história das teorias da visão. Finalmente, a ideia do *olho farol*, entendida como a *única* fonte ativa na mecânica da visão, foi definitivamente descartada graças às contribuições de Ibn al-Haitam, Grossatesta, Roger Bacon, Witelo, Maurolico, Della Porta, Kepler, Descartes e Huygens.

A hipótese do *olho armadilha-farol*, porém, não desapareceu totalmente das reflexões sobre os fenômenos visuais. Obviamente não se trata de retomar ao pé da letra a versão do olho *armadilha-farol* proposta por Platão no *Timeu*: um *fogo puro* que parte do olho e encontra outro *fogo* semelhante proveniente dos objetos, formando um corpo único e homogêneo.

Creio que poderia ser utilizada, hoje, uma versão modificada da ideia platônica para ilustrar algumas das mais delicadas implicações epistemológicas do fenômeno em questão, distanciada dos pré-cientistas originais e com todos os cuidados necessários. Essa versão deveria ser assumida exclusivamente como uma grande metáfora da relação de *mão dupla* entre os objetos do mundo exterior e o sistema de visão humano, no contexto científico atual.

Cor e a mão dupla

A utilidade do *modelo de mão dupla* parece-me evidente quando se deseja examinar se é ou não pertinente falar de *mão dupla* na interpretação dos processos que tornam possível a percepção humana das cores. Refiro-me ainda às pesquisas experimentais sobre essas percepções, realizadas a partir de Newton. Em particular, destaco a contribuição de Young, Helmholtz e Hering, os trabalhos dos teóricos da Gestalt e os progressos alcançados por Schultze, Verrey e Ramón y Cajal, no campo da neurobiologia. Devem-se incluir também as questões levantadas recentemente pelos estudiosos da inteligência artificial e pelo novo campo aberto pela tecnologia da informática na área das imagens cromáticas digitalizadas. Também não podem ser esquecidos os aportes teóricos de filósofos como Husserl, Neurath, Merleau-Ponty e Goodman, que tomam posição na controvérsia entre fisicalismo e fenomenismo, ou que procuram superá-la no nível linguístico como Wittgenstein.

A tentativa de repropor a metáfora platônica da *mão dupla* teve seus precursores nos tempos modernos. O primeiro talvez tenha sido Descartes. Ele escreveu na *Dióptrica*: "É necessário reconhecer que os objetos da visão podem ser percebidos através da ação que emana dos próprios objetos e flui em direção aos olhos, mas também através da ação que, partindo dos olhos, flui em direção aos objetos" (1953,

148 Cultura, Sociedade e Técnica

p. 183). Mas Descartes propõe uma novidade revolucionária, cujo precedente mais remoto é encontrado em Hipócrates. Segundo Descartes, o comando do tráfego de *mão dupla*, ou seja, do objeto ao olho e vice-versa, é feito pelo cérebro. Ele afirma: "As imagens dos objetos não se formam apenas no fundo do olho: vão além, até chegar ao cérebro" (p. 215).

Newton não seguirá pelo mesmo caminho. Ele prefere permanecer nos limites da ótica geométrica e física, fazendo opção específica nos seus trabalhos experimentais sobre a luz. O seu interesse se concentra na natureza da luz e no comportamento dos *raios luminosos* na relação entre os *corpos naturais* e o olho humano.

Em suas experiências com as cores, seguindo os passos de Descartes e Hooke, Newton (1952, p. 158) exclui as cores que dependem do "poder da imaginação" (*power of imagination*). Não restam dúvidas que prevalece o aristotelismo no cientista–Newton, embora se observe muito platonismo (e neoplatonismo) em Newton. Fiel às incursões juvenis nas obras de Aristóteles, Newton permanece estranho e desconfiado diante do modelo interativo de Platão. A sua ótica admite a ideia, rigorosamente presente na física, da mão única, ou seja, daquela que vai do objeto ao olho. Certamente não é assim tão simples. Para entender melhor pode ser interessante rever a famigerada polêmica de Goethe em relação à teoria das cores de Newton, ainda que se trate de um tema muito usado (e abusado).

Como se sabe, Goethe critica (e ridiculariza) a abordagem puramente 'fisicalista' inerente a essa teoria. Sua tentativa de demonstrar a "inconsistência da teoria de Newton", porém, não teve sucesso (J. W. Goethe, 1993). A ciência contemporânea demonstrou que era Goethe quem estava errado. Continuando na metáfora platônica, pode-se dizer que Goethe errou porque considerou necessário recusar *totalmente* a ideia física da visão (e da cor), para que pudesse demonstrar a importância da mão dupla psicofisiológica e cultural, presente também em Galileo e Berkeley (G. Toraldo di Francia, 1986). Como sempre acontece nas tomadas de posição muito polêmicas, Goethe nos forneceu um resumo caricatural das teorias de Newton.

Newton foi o genial expoente de uma interpretação mecanicista dos fenômenos naturais e suas teorias eram menos grosseiras que as de Goethe – por amor à polêmica – procuravam fazer acreditar. Newton nos surpreende, por exemplo, quando reconhece de uma forma muito pouco newtoniana, que as cores têm algo semelhantes aos "fantasmas" (*phantomes*)[17]. E, enquanto fantasmas, não são tratáveis como categorias próprias da ótica física, mas apenas dentro de outras categorias, que obviamente não eram as de Newton.

Na sua *Ótica*, existe uma famosa passagem a esse respeito, na qual admite o papel fundamental do *aparelho sensorial* na visão das cores. Ele afirma: "As cores do objeto nada mais são que uma característica

---

[17]   I. Newton, s. d., p. 2. Cf. R. S. Westfall (1980).

da reflexão de um ou outro tipo de raio com maior intensidade; os raios (as cores) nada mais são que a disposição em propagar este ou aquele movimento para o aparelho sensorial, e no aparelho sensorial, esses movimentos (os raios) tornam-se sensações sob a forma de cores"[18].

Deve-se ao físico Werner Heisenberg um esclarecimento definitivo sobre o tema da teoria da cor de Goethe em contraposição com a de Newton, durante uma palestra proferida em 1941, ocasião em que o tema foi discutido a fundo[19]. Como é sabido, Heisenberg, um físico quântico, foi um dos que mais contribuíram para colocar em dúvida a validade, se não de todos, pelo menos de alguns dos fundamentos da mecânica clássica, fundada por Newton.

Heisenberg confirmou, sem meias palavras que, para a física moderna, a teoria das cores cientificamente correta é a de Newton e não a de Goethe. Heisenberg ainda tenta fazer uma mediação entre as duas teorias. Para ele, a teoria de Goethe é cientificamente insustentável se for apresentada (como era a ideia de Goethe) como uma alternativa à teoria física da cor e luz. As coisas mudariam de figura se for considerada como uma teoria sobre os aspectos psicológicos, fisiológicos e estéticos do uso (e da produção) da cor material por parte dos pintores, artesãos e fabricantes de tintas.

Nesse caso, a teoria de Goethe tem um valor autônomo e conquista o seu próprio campo de pesquisa. Em resumo, para Heisenberg, as duas teorias seriam legítimas, cada qual ao seu modo. Em última análise, não seriam comparáveis, visto que pertencem a "dois níveis de realidade totalmente diversos".

Esse confronto entre duas teorias produz risco de cindir a realidade em dois compartimentos estanques, do qual Heisenberg tem consciência. Ou seja, há risco de ocorrer dicotomia entre uma realidade objetiva e outra subjetiva da cor. De um lado, estaria a realidade física, suscetível a uma abstrata formalização matemática. Do outro lado, a nossa sensibilidade quotidiana, emotiva e criativa, com a percepção (e a produção) da cor. Esta última dificilmente seria tratada pela matemática. E Heisenberg não nos indica o modo de se evitar esse risco. Ele recomenda investigar cada vez mais os aspectos neurofisiológicos da visão, pois, segundo Heisenberg, "as reações do olho se explicam pela refinada construção biológica da retina e dos nervos óticos (que conduzem as impressões da cor para o cérebro)". Ele não exclui que, ao menos em teoria, os processos químicos (e elétricos) do corpo possam ser objeto de tratamento matemático.

De qualquer maneira, a proposta de Heisenberg vai muito além da controvérsia Goethe-Newton. Ela nos reconduz à hipótese de que a visão das cores seria o resultado de uma relação bidirecional – e não monodirecional – entre a realidade externa e o nosso cérebro. É uma hipótese que repropõe, agora em termos científicos, o modelo intuído

---

[18]   I. Newton (1952, p. 125).

[19]   W. Heisenberg (1980). Cf. D. Brinkmann e E. J. Walter (1947).

por Platão. Os avanços da neurociência nas últimas décadas contribuíram particularmente para abrir essas novas perspectivas, não apenas científicas, mas também filosóficas.

Dois dos mais importantes expoentes da atual pesquisa neurobiológica da visão cromática são David H. Hubel e Semir Zeki. Por razões óbvias, não ouso abordar argumentos relativos a estas áreas específicas do conhecimento. Gostaria, porém, de arriscar algumas poucas reflexões que, em nível muito genérico, tocam levemente essas áreas. Não posso agir de outro modo, visto que os resultados científicos alcançados por mérito deles e de outros cientistas são a referência imprescindível na temática aqui em discussão.

A meu ver, a pesquisa neurobiológica realiza plena confirmação da teoria da *mão dupla*. Isso fica particularmente evidente no estudo do percurso bidirecional que vai do olho ao córtex e do córtex ao olho. Esse percurso, não por acaso, é descrito em termos de propagação e de retropropagação, de fluxo e de refluxo, de baixo para cima (*bottom-up*) e de cima para baixo (*top-down*).

Em uma análise mais específica, o fenômeno do percurso bidirecional foi lucidamente descrito por David Marr (1982) na sua teoria da primeira visão (*early vision*) e na "ótica inversa", desenvolvida por Tommaso Poggio (1989), seguindo os passos de Marr.

Certamente, tudo isso não é novidade para os cientistas que trabalham nessa área. Eles sabem, há muito tempo, que a imagem formada na retina é tosca e ambígua (simultaneamente muito pobre e muito rica em informações) se comparada à imagem *final*, por assim dizer. Eles têm certeza que essa imagem *final* é o resultado de um articulado processo de reelaboração que ocorre principalmente – mas não exclusivamente – no córtex visual primário. Sobre esse processo, porém, ainda se ignoram muitos e importantes aspectos.

S. Zeki (1993, p. 241) chama a atenção para o fato de que o córtex visual primário age mais como um categorizador (*categoriser*) do que como um analisador (*analyser*). É evidente que o trabalho de categorização, diferentemente da análise, é um processo de simplificação, de supressão das informações supérfluas. Por outro lado, é também um trabalho que incorpora e enriquece substancialmente as informações úteis. Em outras palavras, a imagem de retorno, que já definimos como imagem *final*, é a consequência de um processo construtivo (ou reconstrutivo) que responde ao 'princípio do mínimo esforço' teorizado por Ernst Mach (1922) e por Richard Avenarius, nos anos 1980. Nesse comportamento, voltado para a máxima economia, são privilegiadas as soluções que permitem o ganho de *funcionalidade*, em vez daquelas que parecem mais lógicas, mais coerentes ou mais *elegantes*.

Essa ideia enquadra-se na "teoria utilitária" de V. S. Ramachandran (1990, p. 347), segundo a qual a percepção visual é uma "mala de truques" (*bag of tricks*). Com essa curiosa analogia, ele se refere a um conjunto de percepções, expedientes e estratagemas através dos quais o sistema visual, em uma constante busca pela simplicidade, garante para si um desempenho de altíssimo nível.

É notório que o organismo mais complexo do nosso planeta – o cérebro – prefere a simplicidade. Para alcançá-la, como propõe Rama-chandran, sua estratégia consiste tanto em remover elementos complica-dores quanto, e principalmente, em preencher as lacunas com elementos criados *ad hoc*. É grande a probabilidade de que muitas das questões ainda em aberto (e controversas) sobre a cor – tais como a oposição cromática, o contraste simultâneo e a constância – possam ser explicadas pelo uso dessa estratégia. É também muito provável que o mesmo seja válido para a visão da cor correlacionada à visão da forma, do movi-mento e da profundidade[20].

Abriram-se novas perspectivas para conhecimento maior e mais preciso do caminho que o fluxo óptico percorre no cérebro, desde a retina, passando pelo corpo geniculado, até alcançar as áreas corticais e subcorticais. Embora muitíssimos aspectos (e talvez os mais importantes, segundo os neurobiólogos) sejam ainda desconhecidos, o cérebro não é mais uma caixa-preta. E isso graças a alguns dos notáveis avanços tanto da microscopia eletrônica, que permitiram um acesso visual aos mais remotos tecidos que constituem o cérebro, quanto das *imagens médicas*. Basta recordar, entre essas últimas, os formidáveis resultados propiciados pela *tomografia por emissão de pósitrons* (PET Scan), revelando a ati-vidade dos neurônios ao vivo. Quando falamos hoje em *mão dupla* em nível cerebral, começamos a ter algumas certezas de como isso ocorre.

Cores e visão artificial

Além do importante papel desempenhado pelos potentes equipa-mentos de observação, não podemos ignorar as contribuições oriundas da pesquisa no campo da *inteligência artificial* e da *robótica*. Refiro-me especificamente aos trabalhos sobre a *visão artificial*.

Essa contribuição tem uma particular importância para o nosso tema. Ao lado da *visão natural*, ou seja, a capacidade da esmagadora maioria dos seres vivos em enxergar o mundo exterior, nasce agora a *visão artificial*, produzida pelos avanços tecnológicos da informática e microeletrônica. Ela é a capacidade de *ver* determinados objetos ou construções espaciais de objetos do mundo exterior, através de sensores, apresentada por alguns sistemas técnicos (robôs)[21].

A análise comparativa dos dois sistemas visuais – o biológico e o artificial – atinge em cheio algumas questões tradicionalmente filosóficas. No centro delas, está o problema da relação entre *qualia* e *properties*[22], um problema que acompanha há séculos o debate epistemológico sobre a visão. Mas se o assunto já é extremamente complexo quando se fala de visão natural, torna-se ainda mais difícil quando se discute a visão

---

[20]   Cf. D. Marini (1995A e B, 1995-1996).
[21]   L. Harris e M. Jenkin (1993). Cf. R. H. Haralick e L. G. Shapiro (1993).
[22]   N. Goodman (1996, p. 130 e 136).

artificial. E complica-se ulteriormente quando o objeto de análise não é a visão artificial em geral, mas a visão das cores em particular. Que os robôs possam reconhecer formas, movimentos e profundidade é um fato conhecido. Não se sabe ainda se eles seriam capazes de reconhecer as cores. A bem da verdade, as tentativas nesse sentido foram, até agora, muito pouco convincentes. E isso se explica porque ainda falta o mecanismo da mão dupla na visão artificial, que é fundamental na visão natural da cor[23].

Falamos há pouco sobre o papel da estratégia da simplificação no fenômeno da visão. Mas devemos evitar os mal-entendidos. Ainda que possa parecer paradoxal, a atuação dessa estratégia é de alta complexidade. Segundo Tommaso Poggio, "a simplicidade é enganadora" (1989, p. 279). E acrescenta, com óbvia referência à visão artificial: "Uma coisa é a digitalização de uma imagem em uma câmera, outra coisa é compreender e descrever aquilo que a imagem representa". Isso também é válido para o interessante modelo computacional construído para simular artificialmente a retina. Refiro-me à chamada "retina de silício" cujo circuito, segundo seus autores, seria capaz de dar uma resposta que "se aproxima muito do comportamento da retina humana"[24].

Nos últimos anos foram desenvolvidos novos dispositivos de simulação da visão natural. Entre eles, estão as imagens virtuais em três dimensões geradas por computador, conhecidas como *realidade virtual*, imagens de síntese interativa de altíssimo desempenho realístico. Nessas imagens estão presentes todos os elementos que caracterizam a nossa experiência da realidade, incluindo a possibilidade de imersão do observador, envolvendo, além do sentido da visão, também o tato e a audição.

A realidade virtual está se mostrando não apenas um dispositivo útil para simular o processo da visão, mas também para simular o resultado máximo desse processo, ou seja, aquilo que chamamos de imagem *final*. Esse aspecto de grande interesse abre caminho para uma análise mais objetiva da relação entre o real e virtual na percepção cromática. As cores, como é sabido, existem apenas em nossa mente: são verdadeiros construtos virtuais do nosso cérebro. Por isso, o modelo virtual, enquanto simulação de tais construtos, torna possível obter maior compreensão dos mecanismos de percepção real da cor. Nesse sentido, a cor virtual não nega, mas confirma sua relação com a realidade.

---

[23]   K. K. De Valois e F. L. Kooi (1993).

[24]   M. A. Mahowald e C. Mead (1991, p. 46-48).

4. Pensar a técnica hoje[1]

Os filósofos da técnica

Vivemos atualmente em um momento particularmente inovador da longa (e atribulada) história da reflexão sobre a técnica. Constata-se, nas últimas décadas, uma tendência cada vez maior de afastamento daquelas interpretações com viés idealista, que sempre dificultaram as tentativas de se fazer reflexão sobre a técnica.

Refiro-me particularmente à corrente alemã[2], que teve um papel importante na filosofia contemporânea quanto à técnica. Basta pensar, por exemplo, na contribuição de E. Zschimmer (1914) e F. Dessauer (1927 e 1959), dois engenheiros-cientistas-filósofos, de filiação hegeliana e kantiana, respectivamente. Apesar de certos aspectos muito estimulantes de seus pensamentos, esses estudiosos estavam convencidos de que as respostas às questões levantadas pela técnica deveriam ser buscadas dentro da própria técnica. A técnica seria uma realidade autônoma, um sistema fechado, que se desenvolve e se autoexplicaria sem ter de recorrer a fatores exógenos. Poder-se-ia dizer – utilizando um termo agora muito na moda – que a técnica é autopoiética.

Dessauer deixa subentendido – platônica e aristotelicamente – que as formas dos objetos técnicos já estariam presentes em um catálogo ideal das formas preexistentes. E que a técnica não faria outra coisa a não ser deixá-las explícitas. E ainda: ele sustenta que não se deve considerar a

---

[1] Este texto foi publicado originalmente em italiano, no livro *Memoria e Conoscenza* (p. 200-224), Feltrinelli, Milão, 2005.

[2] Ver T. Maldonado (1979).

154 Cultura, Sociedade e Técnica

técnica como ciência aplicada, e sim uma maneira, talvez a mais eficaz, de escapar dos vínculos da imanência. Na linha do idealismo transcendental de Kant, Dessauer arrisca uma espécie de revisão, ou melhor, de complemento, das *Críticas* kantianas. A partir das três *Críticas* de Kant – da razão pura, da razão prática e do juízo – ele apresenta uma quarta: a crítica do agir técnico. Por agir técnico ele entende um agir que vai muito além da mera técnica, ou seja, um agir que serve de momento de meditação entre os objetos *para nós* e os objetos *em si*, entre fenômenos e pensamentos. Um agir técnico que, em sua pretensão de absoluta autonomia, declara-se autônomo não apenas em relação à ciência, mas, até, paradoxalmente, em relação à própria técnica[3].

Partindo de pressupostos filosóficos muito diferentes, os textos de Heidegger sobre a técnica (1954, 1957, 1976A, 1976B, 1989) fazem parte, em última análise, do mesmo modo especulativo de se tratar o argumento. Ele faz da técnica – ou melhor, da "essência da técnica" – um objeto de autorreferências quase impenetráveis, recheada de elucubrações etimológico-lexicais.

No tom elevado que distingue seu estilo de raciocínio, ele examina a pretensão (própria e de outros) de querer "controlar espiritualmente a técnica". Em resumo, de querer submetê-la, dominá-la. Em *Sein und Zeit* (1927), Heidegger já havia analisado as sutis implicações ontológicas do querer "controlar" – sem referir-se explicitamente à técnica – quando introduziu a sua famosa distinção entre o modo de ser "utilizável", "prático" (*Zuhandenheit*) e o modo de estar "presente", "à disposição" (*Vorhandensein*).

Na atual controvérsia sobre as novas tecnologias, T. Winograd e F. Flores[4] – dois estudiosos da informática, inteligência artificial e teoria das decisões – atribuem a estas categorias uma relação direta com o tema em discussão. Eles afirmam que elas poderiam "alterar a nossa concepção sobre o computador e a nossa abordagem sobre o projeto dos computadores"[5]. Na prática, em nítida polêmica com outros estudiosos da mesma

---

[3]   Sobre aspectos até 'místicos' na filosofia da técnica de Dessauer, ver G. Rophol (1988). No quadro sobre filosofia da técnica alemã, porém, existe uma personalidade que exprime uma tendência muito diversa daquela de Zschimmer e Desauer. Refiro-me a Ernst Kapp, considerado, com justiça, o fundador da 'filosofia da técnica' como hoje a entendemos. Ele forneceu uma fascinante resenha do longo e acidentado percurso intelectual e humano do historiador C. Mitcham (1994). Kapp (1877) é o autor do primeiro livro sistemático sobre a nova disciplina. O ensaio é cheio de intuições, no mínimo, proféticas. Ele anuncia, entre outras, a era de uma 'telegrafia universal' que, com as devidas atualizações terminológicas, poderia ser equiparada à nossa Internet. E ainda: ele propõe a teoria de que a "telegrafia seria uma espécie de prolongamento do nosso sistema nervoso". Essa sugestão maravilharia os atuais teóricos da inteligência artificial e da hibridação entre máquina e organismo.

[4]   T. Winograd e F. Flores (1986).

[5]   Se não me engano, L. Dreyfus (1967 e 1995) foi o primeiro a arriscar esse tipo de proposição – Heidegger como filósofo das novas tecnologias! Para uma crítica do pensamento de Heidegger sobre a técnica, ver T. Rockmore (1995).

área, Winograd e Flores procuram demonstrar que as novas tecnologias não confirmam a "tradição racionalista". Ao contrário, apenas a tornam relativa. E isso pode ser verdadeiro em alguns aspectos.

Por questão de coerência lógica, não se pode desconsiderar um fato histórico incontestável: deve-se a precursores como Descartes, Pascal, Leibniz, Babbage e Boole o nascimento (e o desenvolvimento) dos computadores. Mesmo admitindo essa dívida, Winograd e Flores são de opinião que deveríamos eliminar alguns elementos na racionalidade desses precursores. Esses elementos estariam impedindo a solução de muitos problemas emergentes no âmbito da informática e da inteligência artificial.

Trata-se da velha questão da atualidade ou não das estratégias cognitivas que, desde F. Bacon, propiciaram alcançar formidáveis resultados nos campos da descoberta científica e da inovação tecnológica. Ela permanece no centro do debate entre os filósofos e cientistas. É cada vez menor o número daqueles que atribuem uma validade universal, uma objetividade absoluta, à metodologia da pesquisa tecnocientífica. Outros a colocam em discussão em nome do pluralismo e do relativismo; outros, ainda, levantam a hipótese de uma mediação entre essas duas posições extremas ou, então, rejeitam a ambas. É um debate que, no fundo, refere-se aos fundamentos lógico-epistemológicos do empreendimento científico.

Consideramos, então, que a questão colocada por Winograd e Flores – da problemática relação entre a tradição racionalista e as novas tecnologias – é mais do que legítima. I. Hacking (1985) lançou a ideia de uma pluralidade de "estilos de pensamento científico", seguindo o caminho do historiador da ciência A. C. Crombie. Se aceitarmos a ideia de Hacking, teoricamente não haveria objeções à tentativa dos nossos autores de colocar em discussão o estilo de pensamento dominante na "tradição racionalista", abrindo caminho para um novo estilo que substituiria o precedente.

Para reconhecer a plena validade dessa tentativa, é necessário identificar claramente os elementos efetivamente considerados obsoletos ou nocivos – e, portanto, a serem descartados – no estilo de pensamento até então hegemônico. É preciso admitir que os autores não são muito explícitos nesse propósito e o pouco que conseguimos entender não é muito convincente. Tudo nos leva a crer que os elementos que se desejam remover são aqueles ligados a uma ideia puramente positivista da razão. No fundo, aquilo que se deseja denunciar, pela enésima vez, é a criticada "Deusa da Razão".

Mas se o objetivo era apenas este, ou seja, de fornecer provas de que a razão não está livre da falta de lógica – coisa já sabida por qualquer pessoa sensata – é difícil entender por que devemos incomodar Heidegger e a sua rígida e implacável terminologia. Para argumentar contra essa versão caricatural do racionalismo – um racionalismo monolítico, nunca tocado por dúvidas e incertezas – bastariam uns poucos exemplos da nossa experiência quotidiana. Uma abordagem, portanto, pragmática, sem alardes. Preferiu-se, ao contrário, enfrentar o tema recorrendo

156   Cultura, Sociedade e Técnica

ao potente arsenal de Heidegger, numa embaraçosa escolha de campo filosófico. Embaraçosa, pois deles se esperava, como estudiosos empenhados na busca das implicações lógico-epistemológicas da concepção e projeto de computadores, que a escolha devesse ser filosófica e com outra abordagem. Na obra de Winograd e Flores são mencionados estudiosos como Tarski, Kuhn, Lakatos, Davidson, Hintikka, Putnam, Searle, Apel e Habermas, importantes protagonistas no debate sobre a racionalidade e seus limites. Os autores, porém, não parecem ser particularmente receptivos às ideias desses estudiosos, à exceção de Searle. A referência central permanece sendo Heidegger mesmo que, diga-se de passagem, deixem transparecer um conhecimento muito superficial da obra desse filósofo alemão. Creio que um estudioso da obra de Heidegger ficaria perplexo diante de algumas conclusões precipitadas que Winograd e Flores extraem de seus escritos[6].

A verdade é que o expediente de transferir categorias (noções e conceitos) de um campo do saber para outro nem sempre dá resultados positivos. No caso específico, trata-se de transferir categorias da filosofia de Heidegger para a informática e para a inteligência artificial, chegando até a organização empresarial. Frequentemente, esquecem-se que essas categorias, puramente filosóficas, têm um sentido (se é que o têm) apenas e somente no contexto de um discurso da filosofia, e da filosofia heideggeriana em particular[7].

As coisas se complicam ainda mais quando, de repente, os autores afirmam: "O nosso compromisso é o de desenvolver uma nova base para a racionalidade". Nesse ponto, temos de nos perguntar: seria factível, como sustentam esses autores, a tese de que Heidegger poderia nos ajudar na busca de uma nova racionalidade, ou seja, de uma racionalidade mais compatível com as exigências das novas tecnologias? Eu, pessoalmente, não acredito nisso. É difícil imaginar como os estudiosos dessas tecnologias – Winograd e Flores inclusos – possam encontrar respostas (ou estímulos) em uma filosofia que pensa a técnica em termos ontológicos e quase nunca em termos lógico-epistemológicos. Por outro lado, é até risível recorrer a um raciocínio, normalmente tão pouco "transparente" como o de Heidegger, para tornar mais "transparente" a relação interativa entre o computador e o usuário. Ou seja, supor que um raciocínio nada *user friendly* possa nos fornecer os meios conceituais para tornar o computador mais *user friendly*.

Delonguei-me nos expoentes alemães da filosofia da técnica, em

---

[6]   De vez em quando, surge a suspeita de que o obsessivo interesse por Heidegger, que sempre existiu na França e que surge agora também nos EUA e na Itália, não seja apenas filosófico. Utilizando uma terminologia vinda da moda, nos últimos anos Heidegger 'transformou-se em tendência'. Citá-lo funciona como uma espécie de *senha*, um expediente de autoidentificação.

[7]   Entendo, e ninguém pode negar, que é muito difícil não cair na tentação de se querer transferir, com um mínimo de desenvoltura, categorias próprias de um universo de discurso para outro universo. Quando o tema em discussão refere-se à técnica, os riscos envolvidos são sempre muito altos. O principal deles é o de fazer disso apenas um uso metafórico.

especial sobre Heidegger (e sobre sua influência), pois julgo que eles exprimem muito bem a forma de se abordar a questão da técnica. Eles são considerados filósofos muito distantes da realidade, fora do restrito círculo comum. E isso não é uma surpresa. Em uma época como a nossa, em especial após o advento das novas tecnologias, a técnica emerge como uma realidade avassaladora em todos os aspectos da nossa vida. Ela nos coloca questões que não são apenas de natureza puramente filosófica como antigamente. São questões relativas à gestão concreta de problemas éticos, sociais, culturais e políticos, ligados ao processo de digitalização global da nossa sociedade[8].

Técnica mediata e técnica imediata

Diante desse novo panorama, parece necessário fazer uma drástica revisão do "modo de pensar a técnica". Esclareço que isso não significa rejeitar totalmente o acervo de reflexões que a filosofia da técnica acumulou nos últimos séculos. E isso inclui, a despeito das ressalvas colocadas, as contribuições mais especulativas, até aquelas de Heidegger[9]. Contudo, o maior obstáculo atualmente encontrado é o progressivo aumento da distância entre a *técnica mediata*, ou seja, a técnica vivida como discurso, e a *técnica imediata*, a técnica vivida como realidade no contexto quotidiano da produção e do uso[10].

Considero que a culpa – se é que se pode falar em culpa – deva ser atribuída a uma *técnica mediata* que, diante do fascínio da autorreferência, perdeu contato com a realidade da *técnica imediata*. Diga-se de passagem, que a *técnica imediata* é igualmente culpada, devido à sua obstinada e arrogante recusa em ir além de uma visão estritamente instrumental e em admitir que a técnica possa ser objeto de reflexão.

Estou pessoalmente inclinado a pensar que, no futuro, a principal tarefa será a de encurtar a distância que separa esses dois modos de entender a técnica. Essa tarefa seguramente já foi enfrentada no passado. Devo citar dois pensadores que considero como precursores nessa tarefa, tendo sofrido injusto esquecimento e menosprezo: L. Mumford (1934 e 1967) e S. Giedion (1941 e 1948). O primeiro inseriu elementos de mediatização social e cultural na técnica imediata. O segundo inseriu elementos de imediatização na técnica mediata, através de um vasto trabalho de pesquisa empírica sobre a inovação.

---

[8]   Ver a respeito T. Maldonado (1997); cf. H. Popitz (1995).

[9]   Continuamos ainda sem entender se a filosofia da técnica, como a conhecíamos no passado, tenha ainda um futuro. H. Skolimowski (1996) fez uma distinção entre *philosophy of technology*, o estudo da tecnologia como meio de conhecimento e a *technological philosophy*, o estudo de seus efeitos sociais. Examinando bem, a distinção proposta por Skolimowski, como notou I. C. Jarvie (1966), nada mais é que uma proposta de "paz armada" entre a filosofia (tradicional) e a sociologia da técnica.

[10]   D. Langenegger (1990).

Nessa dialética, devemos considerar os papéis igualmente pioneiros dos historiadores que contestaram a ideia de que a história da técnica seja uma disciplina autárquica. Ou seja, uma história fechada em si mesma, indisponível para o reexame de seus princípios fundamentais e de seus métodos de investigação, sem considerar que o desenvolvimento da técnica possa ser fortemente condicionado por uma relação de recíproca dependência com outros processos da história.

Até pouco tempo atrás, a história da técnica era, sobretudo, a história da técnica imediata. Ou seja, era uma história que documentava escrupulosamente as técnicas vencedoras e ignorava aquelas perdedoras. Não se investigavam as reais causas socioeconômicas e culturais que permitiram que algumas dessas técnicas fossem vencedoras e as outras, derrotadas[11]. Gostaria de citar L. Febvre (1935) entre os historiadores que denunciaram os limites dessa orientação e propuseram um caminho diferente. Febvre sustentava a necessidade de se estudar a história da técnica no âmbito da "história geral", além de propor uma abordagem crítica em relação a ela. No fundo, a sua visão era muito próxima da ideia acalentada por Marx, de "uma história crítica da técnica".

Nota-se, porém, que Febvre não confiava exclusivamente nos historiadores da técnica para realização de tal estudo. Este deveria resultar de esforços cooperativos entre estudiosos de várias disciplinas históricas, dispostos a trabalhar em um projeto comum. Trinta e cinco anos após, o historiador da técnica M. Daumas (1969) fez um balanço pouco animador sobre os resultados alcançados pela proposta de estudos colaborativos de Febvre: "Não me parece que cada categoria de especialistas tenha feito um esforço para sair do seu próprio domínio, da própria época e nem mesmo do próprio país".

Se entendermos a proposta de interdisciplinariedade de Febvre como uma cooperação entre estudiosos que abandonam "o próprio domínio, a própria época e, até mesmo, o próprio país", a desilusão de Daumas é mais do que justificada. Na verdade, a proposta de Febvre para colaboração entre estudiosos, não exigia fuga da disciplina específica de cada um. Ao contrário, o engajamento que ele esperava dos estudiosos era a fiel disponibilidade para colaborar, no estudo sobre a técnica, sem, contudo, abandonar o próprio campo de conhecimento de cada um.

A primeira tentativa de se traduzir na prática esse ambicioso projeto me parece que tenha sido a *Histoire des techniques*, sob a direção de B. Gille, que apareceu na *Encyclopédie de la Pléiade* (1978). O trabalho de Gille e de seus colaboradores é um exemplo de integração das disciplinas que se ocupam da história da técnica, em um projeto único, mesmo mantendo visões e interesses muito diversos entre si.

---

[11]   Gostaria de atenuar esta avaliação. A minha versão de uma história da técnica interessada em documentar apenas os vencedores talvez seja muito simplista. Em linhas gerais, a tese é sustentável. Mas não ao ponto de sugerir que, nos mais famosos trabalhos de história da técnica, tenham desprezado completamente as técnicas derrotadas – como se pode ver em Singer, Holmyard, Hall e Williams (1954-1958) ou naquele dirigido por M. Daumas (1962-1979).

Torna-se cada vez mais claro que somente será possível desenvolver uma história da técnica mais próxima aos nossos problemas atuais com a colaboração dos filósofos, historiadores, etnólogos, engenheiros, economistas, psicólogos e sociólogos. Somente assim a técnica mediata e a técnica imediata poderão ser capazes de confluir no mesmo ambiente de reflexão. É improvável que se possa estudar a técnica sem recorrer a tal cooperação interdisciplinar. Cada estudioso deveria procurar assimilar o saber oriundo de outras disciplinas, mesmo permanecendo fiel às particularidades do seu próprio campo de pesquisa. Esse saber seria capaz de tornar o seu trabalho menos parcial e, portanto, mais verdadeiro e concreto. Dentro desse perfil, torna-se obrigatório mencionar os estimulantes trabalhos do etnólogo A. Leroi-Gourhan (1943-45 e 1964-65) nos quais a técnica é discutida sempre em um contexto de um "meio técnico", ou seja, uma realidade multifacetada, cuja interpretação requer a cooperação das mais variadas disciplinas.

Simondon e o objeto técnico

É preciso admitir que, dentre os esforços para superar a velha concepção 'isolacionista' da técnica, devemos recordar a contribuição altamente inovadora de G. Simondon (1958, 1964, 1989 e 1994). Simondon teve o mérito de focalizar sua atenção nos processos geradores e constitutivos do objeto técnico, que ele chamou de "processos de individualização". Para ele o objeto técnico é um ponto de partida – e não de chegada – de cada raciocínio sobre a técnica. Ele prefere a abordagem indutiva em vez da dedutiva, não apenas como mera escolha do método de investigação. Essa opção está na convicção central em Simondon: é precisamente no objeto técnico que a cultura torna-se técnica e, a técnica, cultura. Em outras palavras, para Simondon, o objeto técnico é o eixo em torno do qual gira toda a produção cultural, direta ou indiretamente. Nesse sentido, a sua obra poderia ser vista como uma nova forma de se entender a cultura, com base em uma "cultura técnica (industrial)".

Muitos anos após a sua morte, reacende um interesse por Simondon na França. Esse interesse privilegia, em resumo, três diretrizes: 1) a atualidade (ou não) da ideia de uma cultura técnica que coloca o objeto técnico como sede principal de todos os processos de aculturamento (G. Hottois, 1993 e J. Y. Goffi, 1996); 2) a sustentabilidade (ou não) da ideia de individualização, sob o ponto de vista dos avanços científicos e tecnológicos mais recentes (A. Fagot-Largeault, 1994, R. Thom, 1994 e G. Hottois, 1996); 3) a questão de uma presumível ambiguidade (dicotomia otimismo-pessimismo) de Simondon em relação à técnica, questão que normalmente é ligada à mesma presumível ambiguidade em Heidegger (J. Y. Chateau, 1994).

Sobre o primeiro ponto, em que Simondon faz uma vigorosa defesa da legitimidade cultural da técnica e seus produtos, pode-se dizer que hoje ele parece extemporâneo. Não porque essa legitimidade deva ser colocada em dúvida. Pelo contrário, porque parece supérfluo reevocar em tom profético algo que já faz parte do senso comum.

A atual produção cultural, não nos esqueçamos, é inseparável dos processos e dos produtos da técnica. E não poderia ser de outra forma, em um mundo no qual a técnica permeia e invade nossa vida quotidiana[12]. Em outras palavras, torna-se anacrônico postular a superação da tese de uma inconciliabilidade entre a cultura e a técnica – a famosa contraposição entre *Kultur* e *Zivilisation* na Alemanha weimariana[13] – sem considerar que uma tese desse tipo já foi factual e definitivamente contestada. Por outro lado, a proposta feita por Simondon – em 1958 – para ir além da dicotomia cultura–técnica, para não cair na armadilha estabelecida pela "oposição entre a cultura e a técnica" já seria anacrônico. Sem relativizar a carga inovadora do seu raciocínio, penso que essa proposta de Simodon chegou atrasada[14].

A ideia de reconhecer identidade cultural na técnica já tem uma longa história[15], e encontrou plena confirmação no século xx[16]. Vários fatores contribuíram para isso. Entre os mais importantes, destaco o trabalho de sensibilização de engenheiros, arquitetos e designers. Ninguém duvida que eles tenham contribuído, tanto no plano teórico quanto no plano prático, para que os produtos industrializados se tornassem portadores de valores culturais (estéticos, éticos, simbólicos)[17]. Inicialmente, porém, esta sensibilização enfrentou grande resistência, principalmente entre aqueles que acreditavam que apenas as obras de arte (ou de arte aplicada) e as obras literárias e musicais seriam capazes de criar (e exprimir) valores culturais. Por essa ótica, a ideia de que um produto indus-

---

[12] Escreveu M. Schwarz: "O debate público sobre a tecnologia e a cultura deve considerar, antes de mais nada, que as realizações técnicas estão profundamente enraizadas nas nossas instituições, nas nossas relações sociais, nas nossas práticas e nas nossas percepções". Schwarz distingue a "cultura da tecnologia", ou seja, a cultura *para* a tecnologia da "cultura tecnológica", ou seja, a tecnologia como fenômeno cultural. Segundo ele, "a noção de cultura *tecnológica* evidencia a natureza englobadora do nosso ambiente tecnológico".

[13] Cf. T. Maldonado (1979).

[14] Não podemos nos esquecer de que, no mesmo ano da publicação do livro de Simondon, nasceu nos EUA a *Society for the History of Technology*, dedicada não apenas à história da tecnologia, como faz supor o nome, mas também a promover as relações da tecnologia com a ciência, política, mudança social, artes, ciências humanas e economia. O seu órgão oficial, fundado no ano seguinte, tem o sugestivo nome de *Technology and Culture*.

[15] A este propósito é famosa a batalha de F. Bacon contra a tendência dominante durante séculos, que considerava desprezíveis (e até demoníacas) as profissões técnicas. E ainda aquela, mais tarde, de D. Diderot, não por acaso um grande admirador do pensamento de Bacon.

[16] Se não me engano, foi U. Wendt (1906) o primeiro no século xx a chamar a atenção para o papel da "técnica como fator de cultura". Segundo Wendt, a técnica influencia não apenas a "cultura material", mas também a "cultura social e espiritual" (*die soziale und geistige Kultur*). Cf. J. Perrin (1994).

[17] Penso em P. Behrens, W. Rathenau, H. Muthesius, W. Gropius e Le Corbusier.

trializado pudesse assumir tais valores foi rejeitada – frequentemente de forma sarcástica – já nas primeiras décadas do século xx. Mas a situação não demorou a mudar radicalmente.

A partir dos anos 1930, graças à aplicação do design, os objetos técnicos foram incorporados cada vez mais ao nosso universo cultural. Essa nova atividade de projeto, tendo relação direta com o mundo produtivo, fez com que os objetos técnicos não fossem mais vistos pelos usuários como culturalmente inertes. Passando, então, a ser avaliados pelos valores (culturais) relacionados às suas qualidades formais e funcionais[18].

Esse processo de legitimação cultural do objeto técnico situa-se em um contexto mais amplo. O modo de 'viver a cultura' sofreu mudanças profundas após 1960. Hoje, é evidente que a fronteira entre 'viver a cultura' e 'viver a técnica' está cada vez menos nítida. Basta dar uma olhada, por exemplo, nas mudanças ocorridas na contracultura da juventude em relação à técnica: passou-se da contracultura tecnófoba dos hippies nos anos 1960 até a contracultura tecnófila dos cyberhippies nos anos 1980-1990[19]. Em resumo: a cultura 'tradicional' está impregnada de tecnologia, como demonstram os meios de produção e difusão utilizados, e o mesmo acontece com os adeptos da contracultura. Não existe ação cultural que não seja, em certo sentido, também uma ação técnica. A cultura técnica, até então uma arriscada proposta teórica, tornou-se uma realidade. Essa realidade pode agradar ou não, conforme o ponto de vista. Mas ainda assim continua sendo uma realidade.

A metáfora biológica

O segundo ponto que será discutido agora na redescoberta crítica da obra de Simondon é a credibilidade do seu "princípio de individualização". É um princípio que se baseia em três diferentes ambientes de referência: a individualização dos objetos técnicos (1958), a individualização físico-biológica (1964) e a individualização psíquica e coletiva (1989). Dessas três formas, apenas a primeira nos interessa.

Na sua fascinante investigação sobre a dinâmica evolutiva dos objetos (ou "seres") técnicos, Simondon recorre a conceitos provenien-

---

[18]   Em um ensaio de divulgação do desenho industrial (T. Maldonado, 1991), mostrei o papel decisivo que a componente projetual teve nesse processo. No mesmo trabalho, analisei também outros fatores que contribuíram para que objetos técnicos fossem reconhecidos como objetos de cultura. Cito o exemplo da contribuição de alguns movimentos de vanguarda artística dos anos 1910 e 1920 que, tal como o futurismo italiano e o construtivismo russo, celebravam a máquina como portadora de uma nova cultura. Isso sem excluir o dadaísmo, que contestava a validade universal da arte tradicional e apresentava provocatoriamente alguns objetos técnicos como verdadeiras obras de arte.

[19]   Sobre o mesmo argumento, cf. M. Dery (1996); Th. Roszak (1986) e T. Maldonado (1997).

tes da biologia (gênese, ontogênese, filogênese, morfogênese, genótipo, fenótipo, mutação). Isso não deve causar espanto, pois o seu pressuposto central é que os processos de gênese e evolução dos objetos técnicos são equiparáveis aos processos de gênese e evolução dos seres vivos. Ou seja, a "lógica da técnica" é muito semelhante à "lógica da vida", utilizando uma expressão de F. Jacob. Aí ele se revela como continuador do pensamento de seu mestre G. Canguilhelm (1965), que sustentava a continuidade entre o organismo humano e a técnica[20].

A teoria de Simondon apresenta-se como uma tentativa original de servir-se das categorias biológicas para explicar a individualização (e concretização) dos objetos técnicos. Contudo, a sua confiabilidade científica depende dos resultados obtidos (ou não) com o uso das referidas categorias. Em outras palavras, deverá haver resposta à dúvida se a biogênese foi ou não capaz de explicar a tecnogênese, como Simondon havia preconizado.

Existem boas razões para se acreditar que Simondon não tenha tido sucesso na empreitada. Alguns autores afirmam que os avanços científicos dos últimos decênios, tais como o progresso nos meios de artificialização dos seres vivos (biotecnologias, engenharia genética, biônica entre outras), vieram confirmar, *a posteriori*, a escolha do método de Simondon. Mas as coisas não são exatamente assim. Postular uma ligação entre sistemas viventes e não viventes não basta. O problema é bem outro: em qual teoria da evolução biológica baseia-se a tal ligação? E a sua escolha, a meu ver, não foi acertada.

Para justificá-lo, argumenta-se que ele não poderia ter agido de outra forma. Nos anos 1950, muitos conhecimentos experimentais que modificaram e enriqueceram os esquemas interpretativos da biologia da evolução, como a biologia molecular, eram ainda incipientes. Mas se elas eram conhecidas por Simondon, é curioso que ele se mantivesse fiel a uma ideia de ligação que excluía a dialética entre "o acaso e a necessidade", como notou Anne Fagot-Largeault (1994). Segundo essa estudiosa francesa, embora "o esquema simondoniano não seja nem o de Darwin nem o de Lamarck", a preferência por este último é evidente. E os efeitos dessa preferência se fazem notar na estrutura teórica de Simondon. Sabe-se que as controvérsias sobre Lamarck (e um pouco menos sobre Haeckel) ainda são atuais[21]. Mas daí a se transferir assuntos de cunho quase lamarckiano – por si só já questionáveis – da ontogênese dos seres vivos para os objetos técnicos, é forçar uma situação duplamente questionável[22].

---

[20]   Sobre o estudo da evolução dos sistemas técnicos utilizando modelos paralelos aos das ciências naturais, ver a pesquisa na tese de doutorado de S. Pizzocaro (1993).

[21]   S. J. Gould (1977).

[22]   Sobre o problema do uso metafórico das teorias de Darwin e de Lamarck, ver S. J. Gould (1997). Gould faz uma observação muito interessante para o nosso tema: "Se queremos utilizar uma metáfora biológica para a mudança cultural, devemos invocar a 'contaminação' e não a evolução [...] A mudança cultural humana opera fundamentalmente de uma forma lamarckiana, enquanto a evolução genética continua firmemente darwiniana".

4. Pensar a técnica hoje   **163**

Na base disso está a incapacidade de Simondon em reconhecer que a analogia entre as duas evoluções – biológica e técnica – possa constituir uma área de investigação fecunda. Isso, desde que não se desconsidere um fato essencial: o número de semelhanças existente entre as duas modalidades evolutivas é muito inferior ao das dessemelhanças (P. Grassmann, 1985). Uma prótese pode realizar a mesma função de um órgão. Isso é a prova da existência de uma semelhança (na verdade de uma semelhança funcional), mas seria equivocado – além de contraintuivo – considerá-los equivalentes para todos os efeitos[23].

A. Leroi-Gourhan (1962) que, como Simondon, foi considerado um expoente do 'vitalismo técnico' escreveu:

> "Na prática, uma ferramenta pode efetivamente ser considerada como um órgão. [...] Em vez de cortar com a unha, eu corto com uma faca. Mas não se pode dizer que a ferramenta seja da mesma natureza das minhas unhas: é uma outra coisa. É um processo em que, em um determinado momento, a ferramenta funciona como um prolongamento do corpo. Mas há uma diferença que não pode ser ignorada, visto que o progresso técnico não pode ser completamente assemelhado a uma série de mutações biológicas."

Essa diferença tem várias causas. Entre elas, destaca-se a heterogeneidade funcional, estrutural e morfológica entre sistemas vivos e não vivos, bem conhecida da biomedicina protética, pelas dificuldades que ela enfrenta. Essa diferença, porém, torna-se irremediável quando o problema se coloca em termos evolutivos. Nesse caso, a analogia mostra toda a sua fragilidade. E isso pelo simples motivo que, na ótica da evolução, o *tempo da vida* é substancialmente diferente do *tempo da técnica*. Enquanto o tempo requerido para uma mutação dos seres vivos é imenso, os objetos técnicos podem ser modificados em curtíssimo tempo[24].

---

[23]   Pela natureza nitidamente abstrata de sua obra, Simondon parece não perceber algo que parece óbvio. R. Thom (1994) escreveu a esse respeito: "Se há uma objeção a ser colocada na teoria de Simondon é que ele se agarra muito na individualização dos objetos sem jamais ocupar-se explicitamente da 'fenomenalidade' dos indivíduos perceptivamente constituídos como tais".

[24]   Nos últimos tempos anuncia-se a chegada de seres híbridos, nascidos de uma combinação de sistemas viventes e não viventes, que poderiam fugir das normas biológicas. Até prova em contrário, isso ainda é ficção centífica. Mas se um dia, que esperamos estar distante, essa criação se generalizasse por meio da manipulação genética, esses monstros sublimes também não escapariam às leis da evolução biológica, que continuará a ser "um complexo processo de otimização combinatória no qual cada espécie envolvida está ligada a um ecossistema" (S. A. Kauffman, 1993).

Contra uma visão autocrática da técnica

Gostaria agora de discutir a terceira questão levantada pelos estudiosos da obra de Simondon. Atribui-se a ele certa ambiguidade em relação à técnica: em algumas passagens, dizem, ele seria otimista, e em outras, pessimista (parecida com Heidegger). É curiosa essa insistência em discutir as posturas otimistas e pessimistas em relação à técnica, como no século XIX. Assemelha-se a Whitman, que decantava a locomotiva, como redentora da humanidade, em oposição a Zola, que a via como personificação da violência autodestrutiva[25].

Nota-se que essa questão é de extrema atualidade. De um lado, Simondon põe a técnica no centro do agir cultural e social e vai ainda muito além, chegando até a considerar a evolução da técnica como um fator essencial da evolução natural e vice-versa. De outro lado, a centralidade que ele atribui à técnica não exclui os seus riscos inerentes.

No primeiro capítulo da segunda parte de *Du mode d'existence des objects techniques*, um dos mais brilhantes textos de filosofia da técnica jamais escritos, Simondon fixa limites precisos ao seu otimismo. Ele denuncia os riscos de uma distorção no modo de entender (e utilizar) os objetos técnicos e faz alusão aos riscos inerentes ao que ele chama de "filosofia autocrática da técnica". Então, a ambiguidade de Simondon não se transforma em duplicidade em relação ao fenômeno examinado. Ao contrário, ela é a prova do seu notável rigor intelectual. A sua postura é diferente da ambiguidade presente no discurso de Heidegger sobre a técnica. Para Heidegger a técnica é um "mistério" cuja essência deve ser revelada e, enquanto isso não acontece, é melhor resignar-se aos perigos congênitos do moderno "frenesi da técnica" (*das Rasende der Technik*). Nada disso existe no posicionamento de Simondon: nem o culto a um perturbador mistério da técnica nem uma dócil resignação aos seus eventuais efeitos perversos.

Gostaria de examinar, mesmo que em linhas gerais, um aspecto que até aqui foi deixado de lado: o aporte que os economistas e os historiadores da economia deram ao nosso tema. Por razões óbvias, desde Smith, Ricardo e Marx até hoje, eles sempre se interessaram em encontrar respostas convincentes para algumas das questões cruciais das relações entre a tecnologia e a economia. Cito algumas das mais recorrentes. De que modo e em que medida a tecnologia – ou melhor, a inovação tecno-

---

[25]   Mesmo admitindo que na nossa época existam aqueles que assumem posições contrárias às inovações tecnológicas, como a de Whitman e Zola, creio que se trate de casos isolados. O que me parece muito mais comum é a boa vontade para se reconhecer as vantagens e as desvantagens, as oportunidades e os riscos das novas tecnologias. Ou seja, nem a candura de um otimismo absoluto nem um funesto pessimismo absoluto. Basta pensar, a título de exemplo, nos autores que normalmente são colocados na ala dos pessimistas como J. Ellul (1988 e 1990); D. F. Noble (1977); N. Postman (1992). Uma leitura mais atenta dos textos destes autores revela que, no fundo, a crítica à tecnologia feita por eles, em alguns casos virulenta, não exclui aqui e acolá algumas avaliações positivas. Cf., a esse propósito, E. Fano (1993).

lógica – interfere no desenvolvimento econômico? A mais-valia precede ou persegue a inovação tecnológica? A taxa de lucro é causa ou efeito da taxa de progresso tecnológico? Por que algumas inovações alcançam seu objetivo e outras ficam pelo caminho? É correto distinguir invenção de inovação? E se for assim, qual é a relação entre elas? Todas essas perguntas são objeto de inflamadas polêmicas até hoje. Participaram dessas controvérsias, em variadas épocas, estudiosos de economia do nível de J. A. Schumpeter, A. C. Pigou, J. R. Hicks, R. F. Harrod, J. V. Robinson, M. Kaldor, J. E. Meade e P. A. Samuelson[26].

O que mais nos interessa aqui é a proposta de Schumpeter (1939) para se distinguir invenção da inovação. Aceita ou não, ela teve um impacto considerável nos avanços mais recentes no campo da história da economia e da técnica. Vejamos do que se trata. Escreve Schumpeter:

> "A invenção do aeróstato não contribuiu para mudar a situação econômica daqueles tempos. O mesmo se pode dizer de todas as invenções, enquanto tais, que durante séculos, não produziram quaisquer efeitos sobre o curso da vida dos cidadãos, como provam essas invenções do mundo antigo e da Idade Média. Todavia, tão logo uma invenção for economicamente aproveitada, transformando-se em inovação, coloca-se em movimento um processo que passa a fazer parte da vida econômica da sua época." (p. 49).

E mais adiante acrescenta:

> "A inovação é possível sem aquilo que chamamos de invenção, e a invenção não gera necessariamente uma inovação nem provoca, por si só, algum efeito economicamente importante."

A ideia de Schumpeter – que a invenção possa tornar-se processo da "vida econômica" desde que seja "economicamente aproveitada" – possibilita, de fato, uma versão mais dialética da relação entre invenção e inovação. Ou seja, ele não exclui que a invenção, em alguns casos, possa transformar-se em inovação, como reconhece explicitamente em outra passagem do mesmo texto. Nathan Rosenberg (1976, 1982 e 1994), que teve um papel fundamental na tentativa de convergir o discurso histórico da economia com o da técnica, levantou objeções à ideia de Schumpeter de se fazer uma drástica distinção entre momento inventivo e momento inovador. Em um dos seus primeiros livros (1976) Rosenberg enfatiza a importância dos processos que levam, quando isso ocorre, da invenção à inovação. Foi exatamente o estudo desses processos que nos permitiu entender melhor como e por que a invenção encontra o caminho da inovação, ou seja, a possibilidade de ser "economicamente aproveitada". E quando e por que isso não acontece. Foi decisivo para este escopo o

---

[26] Para uma discussão mais detalhada deste argumento, ver T. Maldonado (1992).

166 Cultura, Sociedade e Técnica

desenvolvimento de novas categorias que abriram fecundas possibilidades interpretativas para o fenômeno em exame. Refiro-me precisamente aos conceitos de "trajetória tecnológica"[27], de "regime tecnológico" e de "corredor tecnológico".

Graças ao uso dessas categorias, sabemos hoje que a invenção deve percorrer um caminho árduo, cheio de perigos. Em um texto de alguns anos atrás (1992, p. 89), enumerei as principais dificuldades encontradas na trajetória da invenção até chegar à inovação, nos seguintes termos:

> "Esta [inovação] deve confrontar-se com a concorrência das outras invenções presentes no mesmo corredor, com as ameaças que derivam da [frequentemente impiedosa] competição entre as empresas, com a imprevisível mudança das estratégias produtivas e distributivas da grande indústria, com a imprevisibilidade do mercado e com as dificuldades derivadas dos longos prazos e do labirinto dos procedimentos para a obtenção de patentes."

Torna-se cada vez mais evidente que o tema referente à relação invenção–inovação não é mais de competência exclusiva de economistas e de historiadores da economia, como foi no passado. Temos agora, no mesmo nível de importância, os historiadores e os sociólogos da técnica, principalmente aqueles historiadores que trabalham *com amplos sistemas técnicos (large technical system)*[28] e os sociólogos da ciência e da técnica de orientação construtivista[29].

A abordagem sociológica

Para concluir, gostaria de examinar alguns aspectos da obra teórica de B. Latour, um dos maiores expoentes da sociologia (e da antropologia), ciência e técnica. Latour inaugurou um promissor filão de reflexão no âmbito de sua disciplina. Ele tem um estilo eloquente, levando a extremos o componente literário em detrimento do rigor da argumentação. Desse modo, a clareza das teses sustentadas pode ser ofuscada pelo uso abundante de audaciosas metáforas e de neologismos bizarros. Certa-

---

[27] Ver R. Nelson e S. Winter (1982); G. Dosi (1983); L. Georghiou *et al.* (1986). Para uma análise esclarecedora do 'processo inovador', com explícita referência a Rosenberg, cf. G. Dosi *et al.* (1988). Sobre o tema da 'trajetória tecnológica' no contexto da teoria e da história da empresa, ver R. Giannetti e P. A. Toninelli (1991).

[28] Th. P. Hughes (1979, 1989 e 1991); R. Mayntz e V. Schneider (1988); F. Canon (1988 e 1997). Cf. B. Joerges (1988); I. Gökalp (1992); A. Gras (1993 e 1997); M. Nacci e P. Ortoleva (1997).

[29] W. E. Bijker (1989, 1994 e 1995); T. J. Pinch e W. E. Bijker (1989); J. Law (1992); B. Latour (1987, 1991, 1993 e 1995); B. Latour e S. Woolgar (1986); M. Akrich (1992); K. Knorr Cetina (1992).

mente é possível colocar ressalvas ao seu estilo expositivo, principalmente em suas obras mais teóricas[30].

A despeito dessas avaliações de forma (e em parte de conteúdo), deve-se creditar a Latour o mérito de ter demonstrado, com exemplos concretos, como é possível examinar "da perto" a prática quotidiana de cientistas e engenheiros. Para isso, não é necessário exaltar esse trabalho, como tem feito certa hagiografia jornalística, apresentando uma visão épica, na qual o trabalho dos cientistas e engenheiros vem sempre considerado livre de quaisquer condicionamentos interno ou externo.[31]

Para Latour, aquilo que se faz nos laboratórios de pesquisa (e nos centros de desenvolvimento) não é algo que acontece fora da sociedade e sim, como ele diz, "através da sociedade". Como se percebe, essa afirmação pode assumir um tom vagamente programático. Ciente desse risco, Latour procurou atribuir a ela um sentido muito mais ligado aos processos que ocorrem na sociedade. Com suas pesquisas empíricas, Latour nos fornece exemplos esclarecedores sobre o modo pelo qual a ação tecnocientífica atravessa a sociedade. Refiro-me precisamente às suas pesquisas sobre a "vida de laboratório" (1987), mas, também e principalmente àquelas dedicadas aos projetos inovadores "fracassados" (1993).

Segundo Latour, esse atravessamento não se refere à sociedade em sentido abstrato, mas aos dispositivos que mantêm o sistema em funcionamento, ou seja, os seus aparatos de gestão, produção e socialização. É exatamente por esse caminho que Latour chega ao discurso sobre a modernidade. Uma abordagem como a sua deveria necessariamente levar, como de fato levou, a uma comparação com os mecanismos ideológicos

---

[30] M. Serres (1994) como veremos, teve grande influência sobre o pensamento de Latour. Ele afirma que inventar conceitos contribui para o avanço da filosofia e da ciência. Talvez seja verdade, desde que não entendamos como conceitos apenas metáforas e neologismos.

[31] A resistência de alguns cientistas em renunciar a essa visão épica deu origem a uma inflamada oposição dos sociólogos da ciência. Não se pode ignorar que essa resistência tenha tido certa importância na *affaire* Alan Sokal (1996A e 1996B). Por outro lado, deve-se considerar que as críticas feitas a alguns dos expoentes dessa disciplina são, ao menos em parte, fundamentadas. Refiro-me principalmente às críticas àqueles que, deixando-se seduzir pelo narcisista vício do hermetismo linguístico (e conceitual), desprezaram o desenho racionalista de seu programa. Um programa que queria (e quer) estudar cientificamente o contexto cultural e social da produção científica. Como reconhece o próprio Latour (1997), devem-se considerar mais confiáveis as críticas ao sociologismo – ou seja, a tendência a considerar a sociologia como meio necessário e suficiente para a explicação de cada fato social – à irritante e presunçosa postura daqueles que se jactam de poder explicar tudo recorrendo a poucas e surradas categorias sociológicas. As reações a todas essas críticas são bem embaraçosas, se pensamos na recente suspeita de que elas seriam apenas expressões de um disfarçado chauvinismo (americano) em relação à cultura francesa. Então me pergunto: não haveria certa responsabilidade daqueles autores franceses (e também americanos) que nos últimos anos contribuíram para recusar e até difamar a melhor tradição da cultura francesa? Aceitar, por princípio, que essa eventualidade seja verdadeira me pareceria uma prova de maturidade por parte dos cientistas. Afinal, um pouco de autocrítica é sempre bem-vinda.

168 Cultura, Sociedade e Técnica

mais profundos da nossa sociedade. Mecanismos que são parte essencial de uma sociedade cuja dinâmica geral sempre encontra motivação, incentivo e legitimação no discurso da modernidade.

Mesmo que as ideias de Latour estejam muito distantes daquelas sustentadas pelos paladinos da modernidade, ele nada tem a ver com aqueles que teorizam uma preconceituosa negação da modernidade, em nome de um pós-modernismo mal definido. Diga-se de passagem, um pós-modernismo em que transparece uma indisfarçável nostalgia pelos 'bons tempos' do mundo pré-moderno. Ele faz uma dura crítica a esse pós-modernismo, escrevendo (1992): "Não encontrei uma palavra vulgar o bastante para definir este movimento, ou melhor, esta imobilidade intelectual, que abandona humanos e não humanos ao seu destino"[32].

Nas críticas direcionadas à modernidade (e aos "modernos"), a sua posição é menos cáustica e seguramente mais diferenciada. Para Latour, a modernidade é um fingimento, visto que ela falha escandalosamente no compromisso com a realidade. *Jamais fomos modernos* é o título de um dos seus livros mais polêmicos. Mas ele poderia também ter dito: "Jamais seremos pós-modernos". Por um lado, ele denuncia o fingimento de uma modernidade que jamais existiu. Por outro, rejeita, como duplo fingimento, um pós-modernismo que se propõe a ir além daquilo que nunca existiu.

Por esse aspecto, a abordagem de Latour em relação à dialética entre o moderno e o pós-moderno tem algo de familiar com J. Habermas, mais em relação à lógica intrínseca do que em relação ao conteúdo. Essa lógica, porém, não está livre de contradições. Esse algo de familiar não é uma eventualidade que agrade a Latour. Para combatê-lo, ele se apressa em distanciar-se drasticamente de Habermas. Mesmo considerando Habermas "honesto e respeitável", ele não compartilha a ideia de uma modernidade com a acepção de um 'projeto inconcluso', ou seja, de um projeto a ser realizado ou parcialmente realizado. Segundo Latour, trata-se de uma caricatura na qual "é ainda possível reconhecer o brilho atenuado dos Iluministas do século XVIII ou o eco da crítica do século XIX". Igualmente pungentes são suas considerações sobre a vontade de Habermas "de fazer tudo girar em torno da intersubjetividade" e da "razão comunicativa".

Já fiz uma longa reflexão, em outro trabalho (1987), sobre as aporias existentes no projeto moderno desse pensador alemão. E nos vem uma dúvida. Quando Latour faz sua denúncia provocatória sobre a modernidade proclamada (e teorizada), mas jamais efetivada – não existiria uma ambiguidade lógica de fundo, uma flagrante aporia? O próprio fato de Latour considerar a modernidade como um fingimento ideológico, ou seja, uma enganação (ou uma autoenganação coletiva) nos faz pensar em uma modernidade livre de todo fingimento ideológico como objetivo programático a ser perseguido. A bem da verdade, ele

---

[32] Parece, portanto, desconcertante incluir Latour entre os pós-modernos, como faz Sokal (1997).

se mantém enigmático sobre esse assunto: às vezes parece aceitar tal hipótese. Outras vezes, a renega sem meios termos.

A importância da contribuição de Latour não deve ser procurada na teoria da modernidade (ou da antimodernidade) e sim nos seus estudos empíricos de socioantropologia da ciência e da técnica. Para ele, o escopo de tais estudos não consiste em "falar de ciência e de técnica", mas em se ocupar da própria "matéria da sociedade". Nisso, Latour leva às últimas consequências algumas das posições sustentadas pelos principais expoentes do construtivismo. Seus trabalhos enriqueceram e tornaram mais concreto o programa do construtivismo, até hoje confuso e não isento de equívocos. Mas Latour especifica que a sua concretude – "ter acesso às coisas e não aos seus fenômenos" – não é a de um obtuso interesse pela "monotonia das coisas em si" e nem pelos "maçantes homens-entre-elas" nas suas próprias palavras.

Todavia, não se deve desprezar o fato de que o indubitável aporte de concretude realizado por Latour parece baldado pelas teorias que ele constrói em torno dos resultados de suas pesquisas. Isso me parece muito insólito se pensarmos na ideia sustentada pelo próprio Latour, de "que não existe (ou não deveria existir) uma oposição entre o saber teórico e prático" (1996). O problema é que as reflexões teóricas de Latour mostram uma forte propensão a distanciar-se, tornando-se relativamente autônomo da prática (da sua própria prática), apesar de sua tese sobre a inseparabilidade dos saberes. Creio que isso se deve principalmente ao seu estilo de escrever. Refiro-me à sua peculiar inclinação para discutir um mesmo argumento recorrendo a diversos (e contrastantes) interpretações. E mais: usando termos que, conforme o contexto, mudam o sentido, assumido, algumas vezes, um caráter positivo e, em outras, negativo.

Por outro lado, seria injusto colocar Latour na classe dos filósofos que preferem abordar a ciência e a técnica pelo lado meramente especulativo. Somente aqueles que não conhecem o seu trabalho de pesquisa empírica poderiam supor que Latour pertença à categoria daqueles que adoram apenas "falar da ciência e da técnica", que ele mesmo definiu com desdém. Em resumo, abordar superficialmente o tema. Esse não é seguramente o caso de Latour. Contudo, é necessário admitir que algumas de suas escolhas lexicais contribuíram para um julgamento equivocado sobre a verdadeira natureza do seu raciocínio[33].

Simetria, rede e tradução

As causas desse possível mal-entendido devem ser procuradas nos conceitos empregados por Latour em suas teorias. Considero, portanto, oportuno examinar alguns desses conceitos. Embora a terminologia de

---

[33] Alguns 'excessos' terminológicos de Latour produziram disputas que se referem apenas marginalmente ao conteúdo, como se pode ver em M. Callon e B. Latour (1992); H. M. Collins e S. Yearley (1992).

Latour pareça muito fluida, alguns pontos básicos podem ser identificados. Vejamos quais.

Em seus escritos, como ele mesmo admite, os conceitos mais recorrentes provêm do sociólogo D. Bloor (1991), como, por exemplo, a ideia de simetria e (assimetria) metodológica. Do filósofo da ciência M. Serres (1968, 1974 e 1989) vêm as ideias de *tradução*, *simetrização* e de *rede*. Essas categorias são fundamentais para entender a posição de Latour sobre o tema da modernidade.

Para ele, a principal característica da modernidade é representada pela tendência a desvencilhar-se daquelas dicotomias que sempre foram a obsessão do pensamento filosófico ocidental: natureza–sociedade, natureza–cultura, natureza–história, natureza–técnica, objeto–sujeito e objeto não humano–objeto humano.

No seu entender, encontramo-nos hoje diante de um desenfreado processo de hibridação de todas as realidades contrapostas, de um processo de simetrização de todas as assimetrias. Contrariamente ao que se poderia pensar, isso não levaria ao nascimento de um universo caótico de híbridos isolados, de quase entidades incomunicáveis. Nota-se que a teoria da hibridação, mesmo que Latour o exclua, conta com a defesa de Hegel. Qualquer um pode perceber que essa hibridação de mundos contrapostos (e conflituosos) não é muito diferente da "unidade dos opostos" da dialética hegeliana.

Em Latour e também em M. Callon[34], o conceito de hibridação não se refere apenas à superação das antinomias, mas como veremos, é considerado fundamental para a compreensão do processo gerador da rede. A questão da rede coloca-se no centro do argumento teórico de Latour e Callon. Convém ressaltar, porém, que o significado que eles atribuem a ela é bem diferente do habitual.

Explica Callon: "A rede da qual estou falando não deve ser confundida com a rede dos engenheiros (por exemplo, as supervias eletrônicas). Nem com as redes sociais (como as de amizade, de profissão, de confiança, de reputação) dos sociólogos e nem mesmo com as redes dos enunciados ou de textos tão amadas pelos filósofos e pelos especialistas na análise do discurso. As minhas redes são um híbrido dessas três formas de rede".

São redes de "coletivos híbridos" gerados pela mistura, ou seja, pela junção de duas entidades originalmente contrapostas, e por tradução, ou seja, pela assunção de uma nova modalidade expressiva ausente nas duas categorias de origem. Esse processo é diferente da "solidariedade técnica" como ocorre com os "conjuntos técnicos" de Simondon.

Analisemos a ideia de *tradução*, que Latour apresenta, apoiando-se em Serres (1974). Este último entende por tradução um processo através

---

[34] M. Callon (1994). Latour e Callon, coautores de numerosos livros e ensaios, empregam basicamente os mesmos conceitos quando analisam os temas que aqui nos interessam. Pareceu-me, portanto, útil recorrer a Callon quando se discute a terminologia de Latour. Cf. M. Callon e B. Latour (1997).

do qual o sentido de um determinado construto (científico, por exemplo) é reproposto por meio de um construto artístico-figurativo. O caso citado por Serres, entre muitos outros semelhantes, é o da termodinâmica de Carnot *traduzido* em uma pintura de Turner[35].

Escreve Latour (1992): "A nossa trama é um vai e vem no conceito de *tradução* e de *rede*. Menos rígido que o conceito de sistema, mais histórico que o da escrita, mais empírico que o da complexidade, o conceito de rede é *il filo d'Arianna* desses acontecimentos confusos".

A rede viria a substituir a ideia de sistema. No meu entender, essa proposta deve ser levada a sério. Latour argumenta que o conceito de rede, por ser menos "rígido", é mais operável que o conceito de sistema. Ele deixa intuir que o primeiro poderia substituir o segundo. Se a intenção de Latour é a de esclarecer "esses acontecimentos confusos", creio, porém, que o resultado seja exatamente o oposto.

Nos últimos tempos, tem-se falado muito em rede. Normalmente, atribuem-lhe uma vasta gama de significados, todos mais ou menos defensáveis. Pessoalmente, prefiro a acepção utilizada pelos teóricos do amplo sistema técnico (*large tecnical system*). Ou seja, a rede entendida como aquela parte de um 'macrossistema' que gerencia os fluxos de qualquer natureza. Essa terminologia lógica é importante por duas razões. Em primeiro lugar, a rede não se confunde com um objeto de exercitações parafilosóficas e paraliterárias não verificáveis. Segundo, a rede não se configura como um âmbito de reflexão autossuficiente, sem nenhuma relação de continuidade com o rico patrimônio de análises elaboradas, a partir dos anos 1950, pela *teorias dos sistemas*.

Neste ponto, parece-me obrigatório aprofundar a questão, ainda aberta, da ligação histórica entre construtivismo e teoria dos sistemas. O construtivismo sustenta, entre outras, a necessidade de se escapar da ideologia do determinismo tecnológico, ou seja, de se repelir a tendência de se enxergar a técnica como o único fator gerador da vida social, econômica e cultural. Mas isso certamente não é uma novidade. Os teóricos de sistemas ambientais W. Ogburn (1956) e J. H. Milsum (1972), seguidores dos russos V. I. Vernadskij e G. F. Chil'mi tinham adotado uma visão sistêmica de um mundo alterado exclusivamente em função das exigências e dos interesses do homem. Ou seja, o ambiente era visto como um único sistema articulado em três subsistemas: a biosfera, a sociosfera e a tecnosfera. Nenhum deles, porém, podia ser explicado como causa dos outros ou fazendo abstrações dos outros[36].

Não pretendo aqui ocupar-me da validade geral dessa tese, mas quero apenas chamar a atenção para o fato de que o construtivismo e a teoria dos sistemas têm muito em comum. Isso foi reconhecido por

---

[35]   É significativo que para Serres o processo de *tradução* seja algo análogo ao processo da transformação topológica contínua.

[36]   A ideia de um sistema destinado a integrar funcional e estruturalmente as três esferas, a *biotecnosociosfera*, teve uma influência considerável no moderno pensamento ambientalista. Cf. T. Maldonado (1970 e 1987) e também M. Chiapponi (1989).

172 Cultura, Sociedade e Técnica

Th. P. Hughes, o estudioso dos amplos sistemas técnicos que apresenta uma abordagem sistêmica à história da técnica. Particularmente, J. Law (1989) listou três aspectos que, a seu ver, são comuns às duas teorias: 1) a tecnologia não depende apenas da natureza; 2) a tecnologia tem uma relação de dependência com a ciência; 3) a maturação tecnológica deve ser reconhecida como tal apenas quando seu resultado pode ser inter-relacionado com uma ampla gama de fatores não técnicos, principalmente aqueles de natureza social.

Creio que esses três pontos poderiam ter sido assumidos tanto por um expoente da tradicional teoria dos sistemas, como Milsum, quanto pelos historiadores da técnica de orientação construtivista, como Hughes. Contudo, quando Law procura listar as diferenças, as coisas tornam-se menos persuasivas. Segundo Law, os sociólogos da técnica privilegiariam o social. Os neossistemista, ao contrário, tenderiam a torná-lo relativo. Considero que essa seja uma interpretação muito redutiva. É óbvio que os sociólogos se remetem a um conjunto de categorias que não são aquelas dos sistemistas. Mas é errôneo afirmar, como faz Law, que estes últimos não atribuam importância ao fator social.

O *actor-network theory* de Callon e Law (1995) corresponde a uma maneira holística de se entender a relação técnica–sociedade–natureza. Isso é demonstrado pelo fato de que a expressão *actor-network theory* pode ser substituída, sem alterar significativamente o seu conteúdo, pela expressão *actor-system theory*[37]. Em última análise, a ideia de rede não pode ser dissociada daquela de sistema. Isso é particularmente verdadeiro no caso de um sistema dinâmico. Não existe sistema dinâmico sem rede, visto que a rede, por assim dizer, é o componente gerencial de cada sistema dinâmico. Vice-versa, é difícil de imaginar uma rede que não esteja a serviço de um sistema dinâmico. Existem certamente os sistemas estáticos, sem ação e sem atores e, portanto, sem redes. Mas esses sistemas são estranhos à nossa discussão. Entre muitas outras coisas, nosso tema refere-se, não nos esqueçamos, às interações dinâmicas entre sistemas técnicos e sistemas sociais.

A outra opção terminológica de Latour que valeria a pena ser examinada refere-se à simetria e suas derivações: assimetria, dissimetria, simétrico, assimétrico e simetrizar. Enquanto o vocábulo hibridizar é em última análise uma metáfora biológica, o vocábulo simetria, já incorporado à linguagem quotidiana, é uma metáfora do âmbito científico, mais rica e complexa, que deve ser buscada na matemática, na física e na biologia. Se se considera que, no discurso de Latour e de Callon, a metáfora simétrica tem um papel predominante, seria de se esperar um maior rigor no seu uso, ou seja, que fosse especificado o sentido no qual ela é utilizada. Nisto, Latour não se aprofunda no assunto.

Entretanto, pode-se presumir que o sentido que ele atribui seja aquele da linguagem quotidiana: uma simetria que se identifica exclusi-

---

[37] Considero que o mais correto seria falar de *sociotechnical action system*, expressão proposta por G. Ropohl (1979 e 1986).

vamente com a simetria especular (ou bilateral) que, mesmo assim, não deixa de ter consequências para a tese sustentada por Latour. Como é sabido, a simetria especular não é a única possível. Como indica a etimologia, a simetria é definida em função da *comensurabilidade* das partes de um conjunto. Nem todas as configurações, porém, são comensuráveis da mesma maneira. Existem simetrias que, mesmo não sendo especulares, ainda assim são simetrias[38].

Em que medida isso é importante para o discurso feito por Latour? É claro que recorrer a um conceito de simetria própria da linguagem quotidiana, ou seja, apenas aquela especular, torna sua abordagem pouco convincente. Muitas das simetrias que ele analisa, tais como aquelas objeto-humano e objeto não humano, por exemplo, poderiam não ser de fato. Em outras palavras, Latour não tira vantagem teórica do fato que, afinal de contas, existem mais simetrias "entre o céu e a terra" do que se poderia imaginar. Seguindo os passos de Bloor, ele recorre à ideia de simetria especular em um âmbito muito mais restrito – aquele refinadamente metodológico. Segundo Bloor, a sociologia do conhecimento científico "deve ser simétrico no tipo de explicação". Quer dizer: "Os mesmos tipos de causa devem explicar as crenças verdadeiras e as crenças falsas". Apesar das minhas objeções a uma abordagem exclusivamente especular da simetria, isso é aceitável em linhas gerais. Afinal de contas, trata-se de uma razoável proposta de "equidade metodológica".

Nesta longa exposição sobre as tentativas de 'pensar a técnica' em termos não especulativos, como dissemos no início, emerge com clareza um panorama nada homogêneo. Alguns estudiosos alcançaram admiravelmente o objetivo. Outros o fizeram apenas em parte. Mas existem aqueles que, apesar de todos os esforços, não conseguiram se liberar da velha forma de pensar que vê a técnica como uma realidade abstrata, tratável apenas em termos abstratos.

---

[38] Cf. K. L. Wolf e R. Wolf (1956).

5. Os óculos levados a sério[1]

Hoje em dia, difunde-se cada vez mais a ideia de que a técnica é um fator exógeno, ou seja, um fator que impacta o "mundo em que vivemos" a partir de fora. É algo que vem de um lugar remoto e furtivamente se insinua na nossa sociedade. Assim, está fora de nós, mas, principalmente, acima de nós.

É claro que essa exasperação da autonomia da técnica contribui para o seu distanciamento e, em seguida, para a sua sacralização. Na prática, ela abre o caminho para o *determinismo tecnológico*, para a crença em que a técnica seja a causa de todas as transformações – reais ou presumidas – que ocorrem em nossa sociedade.

Despreza-se, porém, um fato bastante óbvio: a técnica não se apresenta em seu estado bruto fora da sociedade, mas coloca-se no seu interior e é fortemente condicionada pelas dinâmicas sociais, econômicas e culturais. Em resumo, é a sociedade e não a técnica que muda o mundo, para o bem ou para o mal. E quando a técnica 'nos cria problemas', como no caso da poluição ambiental, esses problemas são, no final das contas, da própria sociedade e não da técnica.

"Tudo é técnica", afirmou o historiador Fernand Braudel, aludindo presumivelmente ao fato que, em cada ação humana, existe sempre, em maior ou menor grau, um momento artificial, protético. Ou seja, recorre-se a algum dispositivo artificial para potencializar o nosso agir operativo e comunicativo. Creio que, nessa ótica, a asserção de Braudel esteja correta, ou melhor, parcialmente correta. Muito mais realista teria

---

[1] Este texto foi publicado originalmente em italiano no livro *Memoria e Conoscenza* (p. 227-238), por Feltrinelli, Milão, 2005.

sido dizer que "Tudo é técnica, pois tudo é sociedade". Ou vice-versa: "Tudo é sociedade, pois tudo é técnica". Por trás dessa identificação abrangente da técnica com a sociedade, do agir técnico com o agir social, não se esconderia uma versão levemente mais branda de determinismo tecnológico?

A meu ver é um temor injustificado. Reconhecer que a técnica é onipresente porque a sociedade é onipresente ou, inversamente, que a sociedade é onipresente porque a técnica é onipresente, não significa admitir que exista uma autonomia da técnica e nem que a técnica exerça um inapelável governo do mundo. Ao contrário, desmente-se a presumível autonomia da técnica e, portanto, o determinismo tecnológico nela implícito.

Refuta-se igualmente a ideia de uma total autonomia da sociedade em relação à técnica. É uma tese banal, pois a ideia dessa autonomia colide frontalmente com a realidade dos fatos. Ninguém pode duvidar, sem correr o risco do ridículo, que os avanços da técnica foram capazes de condicionar fortemente o nosso estilo de vida, as nossas relações pessoais, os nossos valores e as nossas crenças. Ninguém pode ser tão incoerente a ponto de afirmar que a técnica pode ser considerada um fator marginal na nossa sociedade.

A verdade é que o objeto do debate não é tanto o de aceitar (ou não) a importância da técnica – que está fora de discussão –, mas saber se é possível (ou não) atribuir-lhe um papel causal das mudanças que ocorrem na sociedade. Muitos historiadores e filósofos da ciência e da técnica, principalmente aqueles que se inspiram no construtivismo sociológico, rejeitam essa hipótese. Para eles, a principal causa das mudanças da sociedade deve ser buscada na própria sociedade e não na técnica. É uma posição que normalmente é resumida no seguinte lema: a sociedade é a *causa* e a técnica é apenas o *agente* das mudanças.

Diga-se de passagem, que essa assertiva (em linhas gerais, admissível, na minha opinião) merece algumas reflexões e detalhamentos adicionais. Não se pode desprezar o fato de que os conceitos de causa e de agente têm uma notória e longa tradição no pensamento filosófico. Basta pensar na doutrina aristotélica das 'quatro causas' e nas complexas construções conceituais da escolástica medieval sobre as relações de causa e efeito. E ainda os sofisticados quebra-cabeças lógico-epistemológicos da moderna filosofia da ciência sobre esse assunto.

Embora não tenha intenção de delongar-me sobre as implicações filosóficas do determinismo tecnológico, parece evidente a dificuldade (diria até impossibilidade) de discutir esse tema sem levá-las em consideração. Isso é verdade mesmo quando os conceitos de causa e efeito não são utilizados de modo explícito, sendo substituídos por um equivalente metafórico mais ou menos engenhoso.

Vejamos o exemplo da norma – que muito agrada aos apoiadores do determinismo tecnológico –, segundo a qual a técnica "empurra" (*push*) e a sociedade "puxa" (*pull*). Para os opositores, ao contrário, seria a sociedade que "empurra" e a técnica que "puxa".

Neste ponto, surge uma dúvida: será que essas duas versões contrapostas não são resultados de um mesmo erro, de crer que a ligação entre causa e efeito seja sempre linear, unidirecional e irreversível? Foi exatamente a tradição filosófica dos estudos da casualidade que nos levou a refletir sobre o problema ainda insolúvel da *casualidade circular* e das *cadeias causais*.

No tema que estamos discutindo, a questão da circularidade não pode ser ignorada. Para continuarmos na metáfora, se é verdade que em uma certa fase é, de fato, a técnica que *empurrou* e a sociedade que *puxou*, é também verdadeiro que em uma fase precedente foi a sociedade que *empurrou* e a técnica que *puxou*.

Em outras ocasiões, defendi o papel fundamental da sociedade na dinâmica das mudanças sociais. E essa é seguramente a minha mais firme convicção. A relação existente entre sociedade e técnica, todavia, não se resume a um processo com um ponto de partida, a sociedade; - e um ponto de chegada, a técnica, como normalmente fazem os expoentes do construtivismo. Em outras palavras, um processo que encontra na técnica o seu ponto de culminância, de desembarque e, portanto, de exaustão definitiva. Acredito que essa seja uma versão muito simplista. No caminho que vai da sociedade até a técnica, não se encontra jamais um *final de percurso*, não se alcança jamais um *fim de linha*. O que hoje *puxa*, amanhã pode *empurrar*. E vice-versa, em contínuo refluxo.

Nos últimos anos tenta-se comprovar, com exemplos concretos, que foi sempre a sociedade que estimulou, condicionou e direcionou as inovações tecnológicas, devido às suas exigências econômicas, sociais e culturais. Ou seja, a sociedade *empurra*, obrigando a técnica a *puxar*.

Com poucas exceções, esses casos estudados recaem na órbita dos macrossistemas técnicos. Estão nessa categoria, por exemplo, os trabalhos de Th. P. Hughes (1979) sobre a eletrificação dos EUA e o de F. Canon (1988) sobre as ferrovias francesas. Sob essa mesma óptica, Robert Pool escolheu o desenvolvimento das tecnologias nucleares, entre muitos outros exemplos contidos no seu livro com o significativo título *Beyond Engineering: How Society Shapes Technology* (1977).

Naturalmente, os macrossistemas técnicos são, simultaneamente, *ótimos* e *péssimos* exemplos para sustentar as teses em questão. São *ótimos*, por um lado, enquanto o seu nexo com a sociedade parecer óbvio. Nessa condição, torna-se difícil questionar a ligação da sociedade com os macrossistemas técnicos. Pensando bem, esses macrossistemas técnicos são, no fundo, verdadeiros macrossistemas de gestão (e de controle) social.

Por outro lado, são *péssimos exemplos*, pois, diante de sua obviedade, fica difícil fazer uma avaliação mais detalhada dos aspectos menos evidentes, mas não menos importantes, da relação sociedade–técnica.

Para verificar a possibilidade de estudar essa relação de uma maneira não simplista, gostaria de examinar o caso do nascimento e do desenvolvimento de um objeto técnico. Apesar (ou por causa) de sua reduzida dimensão e de sua pouca complexidade, esse objeto pode nos ajudar a analisar aqueles aspectos que geralmente são desprezados no caso dos macrossistemas.

Refiro-me especificamente aos *óculos*, um humilde objeto que há mais de 700 anos permite à esmagadora maioria de nós – míopes, presbitas, hipermetropes ou astigmáticos – ter um fácil acesso sensório-perceptivo da realidade.

"Levar a sério" os óculos pode parecer uma proposta pouco estimulante para os estudiosos que preferem dedicar-se apenas e exclusivamente aos objetos bem maiores e mais complexos. Embora os óculos sejam aparentemente objetos banais (ou que se tornaram banais para nós), não é razão suficiente para considerá-los historicamente irrelevantes. Ou pior ainda, não reconhecer a sua utilidade para a atual reflexão teórica sobre a técnica.

O historiador Lynn White (1940) escreveu: "Seguramente ninguém, no universo dos quatro-olhos acadêmicos, pode ser tão descortês a ponto de colocar em dúvida o fato de que a invenção dos óculos contribuiu para aumentar o nível geral da educação, além de favorecer a febril atividade do pensamento nos séculos XIV e XV."

Iniciarei lembrando que a história dos óculos está intimamente ligada à história das lentes. E não é só isso: a invenção das lentes oftálmicas marca seguramente um ponto de inflexão no desenvolvimento dos instrumentos óticos. As lentes abriram o caminho para o desenvolvimento das primeiras lunetas e dos primeiros microscópios compostos. Prenunciaram, ainda, o advento da ótica fina e de altíssima precisão, ou seja, daquele conjunto de instrumentos e de aparelhos que, entre os séculos XIV e XVIII, criou as bases tecnocientíficas da revolução industrial. Em resumo, instrumentos e aparelhos que serviram de alicerce para a poderosa revolução que nos levou do "mundo da aproximação ao universo da precisão", para utilizar a feliz expressão de A. Koyré (1961). Um universo no qual a observação escrupulosa, a medição acurada e a quantificação exata transformaram-se nos três elementos que sustentam o mundo do engenho estrutural e funcional.

Mas pode-se objetar que a minha vontade de atribuir um papel tão significativo aos óculos no processo construtivo do mundo moderno seria um pouco exagerada. Não se trataria, pois, de uma interpretação forçada? A meu ver estas e outras perplexidades semelhantes são infundadas. Suspeito que sejam apenas uma herança daquilo que Vasco Ronchi (1962) denunciou, em diversas ocasiões, como a 'conjuração do silêncio' dos filósofos e historiadores em relação às lentes e suas aplicações. Aquela mesma 'conjuração do silêncio' que o genial Giambattista Della Porta procurou romper, pioneiramente, com seus livros *Magia Generalis* e *De Refractione* no século XVI.

Apesar dos notáveis progressos proporcionados pela ótica instrumental durante séculos, com todo seu legado, ainda hoje persistem dúvidas sobre a importância histórica da invenção dos óculos. Importância que se relaciona não apenas com a invenção do objeto de uso conhecido por esse nome, mas também com o conhecimento científico e as experiências técnicas que o precederam e, por certos aspectos, o prefiguraram. Isso sem esquecer o conhecimento e as experiências que, seguindo o caminho dessa invenção, foram imediatamente adquiridos e que abriram perspectivas inéditas para a observação instrumental. Para a fase inicial, gostaria de citar as contribuições de Alhazen, Grossatesta (Robert Greathead) e Roger Bacon, para a fase posterior, de Della Porta, Kepler e Galilei.

A controvérsia entre os florentinos, pisanos e venezianos sobre quem seria o inventor dos óculos não vai me embaraçar. Para os florentinos foi Salvino Armando degli Armati. Para os pisanos, Alessandro Spina e para os venezianos, um desconhecido vidreiro de Murano.

Meu interesse aqui é outro. Quero encontrar a resposta para duas perguntas, diversas (e antitéticas). A primeira: qual é a ligação, eventualmente causal, entre os avanços da indústria vidreira, ou seja, a capacidade de fornecer lentes adequadas às necessidades da ótica e a invenção dos óculos? A segunda: como e por que surge, por volta de 1280, a necessidade social, econômica e cultural de se corrigir a anomalia visual dos presbitas, ou seja, daqueles que enxergam bem de longe e mal de perto e, em 1450, de se corrigir a anomalia visual dos míopes, ou seja, aqueles que enxergam bem de perto e mal de longe?

Através dessas duas questões retornamos ao centro da questão, discutida anteriormente, sobre quem empurra e quem puxa, na relação entre técnica e sociedade.

Analisaremos agora a segunda pergunta. Seguramente não é uma tarefa fácil. O principal obstáculo refere-se à nossa condição de vida moderna. Realmente, hoje estamos tão habituados ao uso dos óculos e de outras refinadas próteses visuais, que se torna difícil imaginar a vida quotidiana dos míopes e dos presbitas *antes* da invenção dos óculos. Apesar disso, vale a pena fazer uma tentativa nesse sentido.

É plausível admitir que a vida dos míopes e presbitas não deveria ser nada fácil na Baixa Idade Média. Em comparação com os *presbitas*, a vida dos *míopes* era muito mais difícil, particularmente daqueles com miopia de grande intensidade.

Procuraremos examinar as condições existenciais desses últimos. Hoje temos muitos conhecimentos sobre os mais variados aspectos da vida quotidiana na Baixa Idade Média, envolvendo as práticas higiênicas, vestuário, joias e ornamentos, formas de cortejo entre os sexos, festas, desfiles e procissões. Contudo, é surpreendente constatar a escassez de informações sobre os sujeitos portadores de formas agudas de miopia. Isso é difícil de entender, se considerarmos a grande quantidade e diversidade de míopes atuando continuamente na vida e no relacionamento entre as pessoas.

Nos poucos documentos existentes sobre o assunto, incluindo aqueles da crônica e da história da medicina, as referências aos míopes são indiretas, sob forma de alusões críticas e notas irônicas ou sarcásticas. Por ignorância ou maldade, a classe dos míopes era registrada com imprecisão. Nos relatórios sobre os internos dos asilos medievais, juntos aos enfermos, velhos, órfãos, indigentes, loucos e cegos, existe a menção a uma imprecisa categoria dos *quase cegos*.

E quem eram esses *quase cegos*? Parece-me plausível incluir também os míopes nessa categoria. É provável que grande número de mulheres e homens míopes terminasse seus dias nos asilos. Na pior das hipóteses, alguns deles poderiam ser considerados indesejáveis e, portanto, obrigados a viver fora dos muros e das fortificações, passando a fazer parte de uma variada malta de inúteis.

Isso certamente acontecia com os míopes da classe popular, pois os míopes das classes superiores recebiam outro tratamento. Na cultura da corte, o ritual do olhar era fundamental nas relações interpessoais. Os míopes, por motivos óbvios, eram excluídos desse ritual, pois não eram capazes de respeitar o respectivo código de etiqueta e de boas maneiras. O comportamento do míope parecia indiferente, sombrio, frio, enigmático, desligado. Em outras vezes, soberbo e arrogante, por 'ignorar' as pessoas.

De qualquer forma, a despeito da origem social, os míopes eram motivo da intolerância geral. E mais: a aversão e a hostilidade que suscitavam poderiam transformar-se – como de fato acontecia – em suspeitas infundadas e julgamentos pesados, com graves consequências para eles. Havia a tendência de se atribuir ao míope – e ao cego – poderes maléficos. O fato de um míope ser capaz de enxergar tão bem de perto e tão mal de longe não era interpretado como uma patologia ótico-fisiológica, mas como prova de um presumível fingimento. Em outras palavras, o míope era visto como um impostor que, por motivos secretos, simulava ser cego sem sê-lo verdadeiramente.

No caso dos míopes, mais ainda que no dos cegos, a tese demoníaca era definitivamente reforçada. Não é de se espantar que, nessa lógica perversa, algumas mulheres consideradas 'simuladoras de cegueira' tenham sido torturadas e condenadas à fogueira pela prática da bruxaria.

É preciso admitir, porém, que os fatos evocados, embora verídicos, fornecem uma imagem bem incompleta dos míopes e do seu destino na Baixa Idade Média. Devemos relembrar o outro lado da moeda. Os míopes, por sua peculiar anomalia, estão presentes em todas as profissões onde se exige uma boa visão de perto: amanuenses, copistas, calígrafos, incisores, miniaturistas, professores, mercantes, escribas, contadores, tabeliões, juízes, ourives, fiandeiros, tecelões, bordadeiras, entalhadores, carpinteiros, sapateiros e costureiros, entre outros.

Os presbitas, também por sua particular anomalia, optavam obrigatoriamente pelas atividades que exigiam boa visão de média e longa distância: caçadores, agricultores, pastores, criadores, pescadores, mateiros, pedreiros, mineiros, marinheiros e soldados.

Utilizando as palavras de Lucien Febvre (1942), os primeiros eram "homens de clausura", trancados em espaços limitados e protegidos. Os segundos eram os "homens de céu aberto", vinculados à terra e à vida rural.

Essa divisão de trabalho é bem esclarecedora sobre o papel de ambos os tipos de ametropia. Enquanto os presbitas estavam mais ligados às áreas produtivas tradicionais, ou seja, produção de alimentos, extração e transporte de materiais e construção civil, o campo de atividade dos míopes é muito mais articulado e variado.

É claro que os míopes estavam também vinculados às áreas produtivas tradicionais, principalmente de natureza artesanal. Mas alguns deles, como clérigos e leigos, exerciam atividades de natureza intelectual em conventos e nas universidades, dedicando-se aos trabalhos de escritura, leitura, tradução e produção de livros. Outros (às vezes os mesmos), porém, por sua capacidade organizacional, contábil e notarial, desenvolveram uma importante função na gestão administrativa (e política) dos negócios dos Senhores. Esses míopes gozavam, ao seu modo, de uma inegável posição junto ao poder.

Como é sabido, a invenção dos óculos ocorreu em duas fases. A primeira, no século XIII, com o desenvolvimento dos óculos de lentes convexas, convergentes, destinadas à correção da anomalia dos presbitas. A segunda, na metade do século XV, com o desenvolvimento dos óculos de lentes côncavas, divergentes, para corrigir a miopia. Pergunto-me: por que foi necessário esperar um século e meio para se passar dos óculos com lentes convergentes para aqueles divergentes? Como se explica esse longo intervalo entre esses dois eventos?

Os expoentes do determinismo tecnológico seguramente sustentarão a tese de que isso se deveu ao simples fato de os artesãos óticos não serem capazes de produzir lentes côncavas, divergentes, antes de 1450. Esse argumento se sustenta? Apenas em parte. Não se pode negar (pois é nitidamente verdadeiro) que os artesãos óticos *não* produziram lentes côncavas durante esse longo intervalo de tempo. Essa constatação, embora incontestável, não basta.

Existe o consenso entre os historiadores da técnica de que o conhecimento necessário para a produção de lentes divergentes não era muito diferente daquele necessário para a produção de lentes convergentes. Os artesãos de Veneza, os mais hábeis da Europa no século XIV, muito provavelmente teriam conseguido fazê-las sem maiores dificuldades, aplicando-se basicamente os mesmos processos produtivos, como desbaste, lixamento e polimento das lentes.

Mas aqui aparece implícita uma pergunta: se isso, como parece, era efetivamente possível, o que os impediu de fazê-lo? Uma explicação foi proposta por alguns historiadores da ciência. Segundo eles, a invenção dos óculos para perto (divergentes) foi o resultado de uma rara coincidência temporal de dois fatores: de um lado, das reflexões dos 'doutos' de Oxford, Roberto Grossatesta e Roger Bacon, sobre as propriedades óticas das lentes convexas e, por outro lado, pela construção dessas por parte dos 'práticos' italianos. Por 'doutos' aqui entendemos os 'filósofos da natureza' e por 'práticos', os artesãos. Na linguagem atual poderíamos chamar os primeiros de cientistas e, os segundos, de técnicos.

Além disso, confirma-se que tal coincidência temporal entre doutos e práticos jamais ocorreu durante todo o século XIV. Os doutos demoraram a elaborar uma teoria sobre as lentes bicôncavas, tal como haviam feito com as lentes biconvexas no século XIII. Pela lógica, a conclusão seria a seguinte: o desenvolvimento dos óculos para os míopes só ocorreu quando os doutos elaboraram uma teoria sobre as lentes bicôncavas, subsidiando o trabalho dos práticos.

Novamente se propõe a velha ideia que são os doutos – e não os práticos – os principais protagonistas da inovação tecnológica. Essa ideia está no centro das controvérsias de muitas invenções. Quem foi, por exemplo, o inventor da máquina a vapor: o douto Denis Papin ou o prático Thomas Newcomen? O douto Joseph Black ou o douto-prático James Watt?

No caso dos óculos para míopes, faltam fundamentos históricos para sustentar a tese do pioneirismo dos doutos. Diferentemente do que aconteceu no século XIII, é inegável que os doutos demoraram a apresentar teoria sobre lentes bicôncavas, e foram ultrapassados pelos práticos. Chegaram com um notável atraso: 150 anos depois que os práticos já haviam inventado os novos óculos.

Os óculos para míopes surgem pela primeira vez em 1450, enquanto os textos que levam a uma quase 'teoria geral das lentes', nos trabalhos de Della Porta, Kepler e Maurolico, foram publicados em um intervalo de tempo que vai de 1589 a 1611.

A verdade é que essas sutilezas interpretativas, embora necessárias, nos ajudaram relativamente pouco a encontrar uma resposta à pergunta sobre as razões de fundo que, em um determinado contexto sóciohistórico, levaram a considerar mais urgente fornecer óculos de correção para perto (presbitas) do que para longe (míopes).

Para poder avançar na busca de uma eventual resposta, perece-me imprescindível um ulterior esclarecimento sobre algumas das noções que utilizo. Até aqui, para simplificar, referi-me apenas aos míopes e aos presbitas, excluindo a importante categoria dos emetropes, dos *normais*, ou seja, daqueles que não sofrem nem dos distúrbios dos míopes nem dos presbitas.

Quem é míope carrega essa deficiência por toda a vida, com as leves alterações em função do avançar da idade. Enquanto isso, a maioria das pessoas *normais* se torna presbitas após os 45 ou 50.

Para continuar na metáfora de Febvre, pode-se afirmar que antes da invenção dos óculos divergentes, os míopes continuavam sempre "homens de clausura". Para os *normais* que tinham decidido abraçar as mesmas profissões dos míopes, durante a juventude, as coisas tornavam-se muito mais dramáticas com o passar dos anos. Esses "homens de clausura" deveriam obrigatoriamente transformar-se em "homens de céu aberto" após a idade crítica, em torno dos 50 anos.

Para eles, o que era mais constrangedor era ter de mudar de profissão. Quem era copista, repentinamente tinha de aprender a ser caçador ou mineiro. Mais fácil era a vida dos *normais* que trabalhavam em profissões dos presbitas. Para estes que viviam e trabalhavam *como* se fossem presbitas, o alongamento da vista não era particularmente embaraçoso.

Qual era a relação entre o número de míopes e o de presbitas entre os séculos XIII e XIV? É impossível saber, pois os dados são muito escassos e não existe uma resposta confiável. Talvez a única coisa que se pode tentar, a título meramente indicativo, é uma comparação com a situação atual.

Nos países industrializados, os presbitas são muitos e serão em número cada vez maior. Se considerarmos que a presbiopia é um distúrbio do envelhecimento, não é de espantar que em uma sociedade de idosos como a nossa, em que a expectativa de vida é de aproximadamente 75 anos, é também uma sociedade com muitos presbitas. Proporcionalmente, são mais numerosos que os míopes.

Na Baixa Idade Média, a situação era muito diferente. Não há um consenso entre os estudiosos de demografia histórica sobre a expectativa de vida naquele período, mas as avaliações mais confiáveis e menos pessimistas estimam em 55 a 60 anos. Isso significa que um sujeito normal que se tornou presbita com 45 anos, continuaria assim por apenas mais dez anos. Parece evidente que, diferentemente da situação atual, o número de presbitas era proporcionalmente muito menor que o número de míopes.

Para sustentar essa tese, é útil examinar o que acontece atualmente com a presbiopia (após os 45). Robert N. Kleinstein, epidemiologista da presbiopia, faz a comparação entre países desenvolvidos como os EUA, e países do terceiro Mundo, como o Haiti, cuja expectativa de vida é semelhante à da Baixa Idade Média. O resultado é muito eloquente: o número de presbitas na população norte-americana é de 31% e apenas 16% da população haitiana.

À luz dessa (e de outras) avaliações, emergem com clareza alguns elementos de grande interesse para a questão que estamos discutindo. Pode-se supor que a divisão do trabalho em vigor, sendo muito rígida no limiar do século XIV, começava a revelar-se pouco adequada em relação à necessidade de uma maior mobilidade nas relações sociais.

Havia uma necessidade emergente, diga-se de passagem, ocupando o centro de reflexão dos mais eminentes estudiosos da Idade Média. De Rudolf Stadelmann a Charles Haskins, de Marc Bloch a Georges Duby, de Gioacchino Volpe a Ovidio Capitani, cada qual a seu modo, estavam empenhados em identificar os fatores de crise e de recomposição latentes na Baixa Idade Média. Isso contrasta com a versão estática e imutável daquele período histórico.

A relação entre os distúrbios da visão e a divisão do trabalho coloca-se de forma dinâmica e intensa no contexto de uma Baixa Idade Média. Tudo nos leva a crer que, entre os séculos XIII e XIV, a tradicional prática de se estabelecer uma divisão da força de trabalho, baseada na capacidade dos indivíduos de enxergar bem de perto ou de longe, já não era mais adequada. Surgiram novas exigências para se enfrentar as mudanças que lenta e inexoravelmente estavam acontecendo na sociedade.

Nessa nova perspectiva reitero a pergunta: por que a invenção dos óculos para os presbitas foi considerada prioritária em relação aos óculos para os míopes? Estou convencido de que essa prioridade não foi resultante de uma escolha arbitrária ou de um simples acidente de percurso. Foi a necessidade de se adaptar ao que estava mudando (ou se desejava que mudasse) no panorama geral da divisão do trabalho.

No fundo, tratava-se de permitir aos sujeitos *normais*, empregados em trabalhos em que se exigiam boa visão de perto, continuar a realizar as mesmas funções após terem completado 45 ou 50 anos, com a ajuda dos óculos, corrigindo-se a presbiopia deles.

184 Cultura, Sociedade e Técnica

Procurava-se, assim evitar, como acontecia anteriormente, que os novos presbitas migrassem para outros tipos de trabalho que não exigissem boa visão de perto. Evitavam-se, com isso, o enfraquecimento, a desestabilização e a descontinuidade dos setores onde os trabalhadores atuavam antes de se tornarem presbitas.

Existia, no fundo, um projeto ainda mais ambicioso: atrair, graças ao uso de óculos corretivos, muitos dos trabalhadores ocupados em tarefas nas quais apenas a visão de longe era necessária. O uso dos óculos permitiu inverter o fluxo tradicional dos trabalhadores, permitindo que os presbitas ocupassem também os cargos dos míopes.

Essa redistribuição da força de trabalho atendia as necessidades criadas pelas novas exigências, cada vez mais evidentes no seio da sociedade da baixa Idade Média. Em última análise, visavam atender as demandas cada vez maiores dos trabalhos ligados à visão de perto, ou seja, dos trabalhos que exigem meticulosa e atenta visão dos detalhes.

Basta pensar em algumas realidades que se tornaram emergentes à época: a alfabetização dos jovens e dos artesãos, a multiplicação dos *studia* e das *universidades*, o nascimento dos sistemas de contabilidade, a difusão da atividade notarial, a expansão do comércio internacional, o desenvolvimento da manufatura têxtil, os avanços da relojoaria mecânica e das armas de fogo, entre outras.

Com apresentação desse caso da invenção dos óculos, procurei demonstrar como a sociedade 'empurra' e a técnica 'puxa'. Mas também como, uma vez estabelecida, é a técnica que 'empurra' e a sociedade que 'puxa'. Sei bem que esse processo não é linear, como agradaria a muitos. Mas as coisas são realmente assim. Por outro lado, coloca-se, no caso dos óculos, certa ambiguidade.

Em tudo aquilo que se refere à visão através de instrumentos, como em geral ocorre no ato de enxergar, é difícil identificar qual é a causa e qual é o efeito. Uma questão que Bachelard, no estilo alusivo que o caracteriza, resume nos seguintes termos: "Utilizar uma lente de aumento é prestar atenção, mas prestar atenção já não é dispor de uma lente de aumento?"

6. A "idade projetual" e Daniel Defoe[1]

Em 1697, Daniel Defoe publicou o *Ensaio sobre Projetos* (*An Essay upon Projects*)[2]. Nesse livro singular, contendo aspectos de grande atualidade, Defoe anuncia o início da "Era do Projeto" (*Projecting Age*). Vinte anos depois, o mesmo Defoe publicou *As Aventuras de Robinson Crusoe* (*The Life and Strange Surprising Adventures of Robisnon Crusoe of York*) (1719)[3], o romance de aventura que o fez famoso. Nessas obras – na primeira, implicitamente; e na segunda, explicitamente –, o tema tratado

---

[1]   Este texto foi publicado originalmente em italiano no Apêndice II do livro *Il futuro della modernità* (p. 186-194), Feltrinelli, Milão, 1987.

[2]   D. Defoe, *An Essay upon Projects*, The Scholar Press Limited, Menston 1969. Esta é uma edição anastática do texto original publicado em Londres em 1697 por Th. Cockerill, e que foi reimpresso em 1700 com o título *Several Essays relating to Academies* e, em 1702 como texto, ver W. Sombart, *Der Burgeois. Zur Zeitgeschichte des modernen Wirtschaftsmenschen* (1913), Verlag von Duncker und Humblot, München, 1923 (tr. it. Longanesi, Milano, 1978). São, sobretudo, importantes as reflexões de Sombart sobre o papel dos "artífices de projeto" (*Projectanten*) no século XVII e XVIII, através dos quais Defoe assume no *Ensaio* uma postura crítica e de dialético confronto. Defoe afasta-se desses "artífices de projeto", que ele considera uma verdadeira praga. Segundo ele, com poucas exceções, seriam vendedores inescrupulosos de *Projetos Desonestos*, que não devem ser confundidos com aqueles que, como o próprio Defoe, elaboram *Projetos Honestos* para o progresso da sociedade do seu tempo dos tempos vindouros. A ideia de uma projetualidade que, exercitada consequentemente em todos os níveis da realidade, pode ser um fator de modernização, constitui o núcleo fundamental dessa obra.

[3]   No presente texto usamos D. D., *The Life and Adventures of Robinson Crusoe. Written by Himself*, Sands and Co., London, 1899, e também D.D., Robinson Crusoe, Dent-Eveyman, London, 1977, edição baseada, como é sabido, an Shakespeare Head Edition, Oxford, 1927.

é o da projetualidade, ou seja, da capacidade de criar projetos. Mas a ideia de projetualidade sustentada no ensaio é diferente, diametralmente oposta àquela que se deixa transparecer no romance.

No ensaio, Defoe coloca a hipótese de uma projetualidade entendida principalmente como aplicação dos "métodos de política civil"[4] – são palavras do autor – para resolver os problemas de uma civilização profundamente afetada por "guerras e desordem pública"[5]. No romance ao contrário, a projetualidade aparece orientada exclusivamente para a resolução dos problemas de um indivíduo que o destino jogou em uma praia desconhecida, sendo obrigado a viver sozinho, sem outros seres humanos, "sem sociedade", em um ambiente hostil[6].

Robinson jamais questiona o que seria "útil para a sociedade", mas sempre e apenas o que seria "útil para mim"[7]. Assim, explicam-se, e em parte justificam-se, as 'robinsonadas' de Robinson Crusoe: ele não projeta para os outros, mas apenas para si mesmo. A sua projetualidade

---

[4]   D. Defoe, *An Essay...*, cit., p. 2.

[5]   Idem, p. 1.

[6]   A solidão e o isolamento do indivíduo são temas recorrentes no universo narrativo (e não apenas narrativo) de Defoe. Personagens como Robinson Crusoe, Capitão Singleton, Moll, Coronel Jack, Lady Roxana, todos tinham escolhido a insularidade. E a insularidade é aqui entendida como tática (ou melhor, como estratégia) individual de sobrevivência, como um cinturão protetor para enfrentar um mundo ameaçador. Diga-se de passagem que o mundo ameaçador que Robinson deve enfrentar não é o mesmo dos outros personagens de Defoe. O solitário Robinson deve enfrentar o "mundo natural", mas os "solitários" Singleton, Moll, Jack e Lady Roxana devem enfrentar o 'mundo dos homens'. A contraposição mundo natural *versus* mundo dos homens pode ser insuficiente ou até equivocada. Não leva em consideração a relação entre o estado da natureza (*state of nature*) e o homem natural (*natural man*). Como se sabe, essa relação está no centro do importante debate filosófico (e político-filosófico) dos séculos XVII e XVIII. De alguma maneira, Defoe foi protagonista desse debate, mas foi principalmente seu intérprete, nem sempre confiável, das várias posições em conflito. Essa situação é retratada no exaustivo tratado de M. E. Novak, *Defoe and the Nature of Man*, Oxford University Press, Oxford 1963. Defoe, como Locke, era fortemente influenciado por duas filosofias políticas de sentidos opostos: a de Th. Hobbes e a de R. Cumberland. Segundo Novek, a ideia de Defoe sobre a "condição natural da humanidade" (Locke) não é um cruzamento entre o *lobo* de Hobbes e o *cordeiro* de Cumberland. Defoe não podia ignorar, e não ignorava, a dificuldade de abraçar exclusivamente uma ou outra filosofia política. De um lado Robinson não se deixa enquadrar nas categorias de Hobbes: ele é um homem natural na solidão. Essa solidão, como é sabido, não é bem vista por Hobbes. Cf. Th. Hobbes, *Leviatano*, La Nuova Italia, Firenze, 1976. Por outro lado, Cumberland (*De legibus naturae*, 1672), fiel continuador do pensamento do holandês H. Grotius (*De jure belli et pacis*, 1625) jamais aceitaria Robinson Crusoe como seu protótipo de homem natural. Robinson não é suficientemente autônomo em relação aos 'comandos dos governantes', mesmo que esses governantes não estejam fisicamente presentes na ilha, mas apenas no repertório dos 'valores morais' que ele traz consigo para a ilha. Cf. F. Chapman Sharp, *The ethical system of Richard Cumberland and its place in the history of British ethics*, in "Mind", XXI:83 (1912), p. 371-398.

[7]   L. Terzi, Prefacio a D. D., *La vita...*, cit., p. XII.

6. A "idade projetual" e Daniel Defoe   **187**

jamais considera o sistema de valores e as normas que normalmente condicionam o projeto e as características do objeto projetado. Ele tem um único problema: sobreviver. O que está aquém ou além da sua vontade de sobreviver não é considerado um problema. Robinson Crusoe é, antes de qualquer coisa, um 'solucionador de problemas', e aquilo que para ele não é um problema, na prática, não existe.

Outro princípio que guia o comportamento de Robinson situa-se no mesmo nível: considera apenas aquilo que lhe é conveniente. A sua obsessão é sempre a utilidade para si mesmo. Eis o motivo pelo qual ele foi considerado a figura emblemática do utilitarismo ético de Bentham e o primeiro expoente da ideologia "burguesa". Muitos autores acreditam existir em Robinson Crusoe a expressão arquétipa da ética protestante do trabalho[8].

Na composição do seu mundo material, Robinson renuncia a qualquer referência às formas institucionalizadas da cultura. Efetivamente ele não procura, em nenhum caso, uma legitimação cultural para os objetos que produz: a própria ideia de legitimação lhe pareceria desprovida de sentido. Quando, por exemplo, decide fabricar um guarda-chuva, não se define a criação de um objeto de "arte" ou de "artesanato artístico"[9],

---

[8]   P. Colaiacomo, *Biografia del personaggio nei romanzi di Daniel Defoe*, Bulzoni, Roma 1965: "Para Robinson todo produto da sua atividade parece ser especificado como "tempo de trabalho" (p. 47). Isto é verdadeiro, mas uma simplificação excessiva desse aspecto nos colocaria fora da realidade do pensamento de Defoe. Além disso, deve-se ter extrema cautela ao analisar a tese, muito difusa, segundo a qual a adesão de Defoe à ética do trabalho poderia ser *totalmente* explicada nos termos da ética protestante. Cf. sobre o argumento M. E. Novak, *Robinson Crusoe and economic utopia*, in "Kenyon Review", 25 (1963), p. 474-490. Apesar de a ética protestante do trabalho aparecer em Defoe e Robinson, como Novak justamente evidencia, de maneira muito sutil, continuamos a ver ainda hoje na 'vocação ativa' de Robinson uma das características essenciais do 'burguês emergente', uma prova da raiz protestante do 'espírito do capitalismo'. É uma linha interpretativa que sabidamente evoca Max Weber, para quem as origens do capitalismo devem ser buscadas principalmente na ética protestante, isto é, na santificação do trabalho, no ascetismo e na austeridade, entre outras. Ver o famoso ensaio de Max Weber, *Die protestantische Ethik und der "Geist" des Kapitalismus*, in "Archiv für Sozialwissenschaft und Sozialpolitik", XXI (1905), p. 1-110. Sabe-se também que a versão de Weber sobre as origens do capitalismo nunca foi aceita unanimemente pelos estudiosos do assunto. W. Sombart, por exemplo, forneceu uma versão diferente. Ver W. Sombart, *Luxus und Kapitalismus*, Verlag von Duncker und Humblot, München, 1913.

[9]   Defoe sempre manifestou desconfiança em relação à arte, como constatou Anthony Burgess. É a mesma percepção de James Joyce, externada na famosa conferência ocorrida em Trieste em 1912 (e publicada em D. D., *Robinson Crusoe*, Einaudi, Torino, 1963). Mas no caso de Robinson, Paul Valéry oferece uma versão mais sutil, fazendo uma distinção entre um primeiro Robinson Crusoe, aquele que conhecemos logo após o naufrágio, ainda em fase de indigência, e um outro Robinson, que já resolveu quase todos os seus problemas de sobrevivência, numa fase de segurança e de abundância. Sobre este último Robinson ele escreve: "Uma habitação bem feita, com uma despensa bem sortida, dispondo da segurança essencial – tudo isso trás, como consequência, a liberação do tempo para lazer. Em meio a esses bens, Robinson

mas apenas uma engenhoca feita para protegê-lo do sol e da chuva, que possa ser fechado quando se desejar[10].

A escassez de recursos, materiais e instrumentos tornam a sua tarefa extremamente difícil. Para enfrentá-la, Robinson Crusoe muda drasticamente a sua estratégia criativa: em condições tão adversas, não pode percorrer o caminho tradicional. Não pode partir de uma ideia genérica de guarda-chuva – o guarda-chuva que "vi uma vez na loja" – e deste ponto começar uma série de invenções parciais, cuja somatória resultará no objeto guarda-chuva. O caminho que ele escolhe é obviamente diferente: reduz ao mínimo as etapas intermediárias e procura encontrar na natureza – digamos já 'prontos' – os elementos construtivos do futuro guarda-chuva.

Mas o procedimento requer uma visão da natureza com um olhar diferente, com critérios utilitários. Ou seja, enxergar cada pedaço da realidade como uma parte potencial do guarda-chuva. A postura utilitarista de Robinson parece plenamente confirmada nessa opção projetual. Definitivamente, ele se comporta como um predador para o qual tudo é presa: cada objeto, cada fragmento da realidade e cada fenômeno observado é imediatamente avaliado segundo a óptica da utilidade. Em outras palavras, para Robinson não existe uma clara linha de demarcação entre a racionalidade dos fins e a racionalidade dos meios. E, nessa visão, não há espaço e nem tempo para divagações com outros tipos de valores.

É verdade que Robinson Crusoe apela frequentemente à sua rica religiosidade. São frequentes as suas invocações a Deus, suas referências à Bíblia, suas preces, seus agradecimentos à Divina Providência e seus julgamentos morais de evidente origem puritana[11]. Tudo isso, porém, não denigre o seu modo de entender a atividade projetual, decididamente orientada para o útil e absolutamente indiferente a julgamentos éticos ou estéticos. Não influi nem mesmo a postura de extrema objetividade, de total distanciamento, com a qual ele observa a relação entre a própria ação laboral e os produtos que dela resultam. Marx, no *Capital*, faz uma avaliação ironicamente positiva dessa postura, atribuindo ao personagem de Defoe certa contribuição à economia política, mais precisamente à "teoria do valor"[12].

---

tornava-se novamente homem, um animal indeciso, um ser que apenas as circunstâncias não bastam para definir. Respirava distraído. Não sabia que rumos deveria seguir, dedicando-se às letras e às artes". P. Valéry, *Histoires brisées. Robinson. Le Robinson oisif, pensif, pourvu*, in *Oeuvres*, Gallimard, Paris, 1960, p. 412.

[10]   D. Defoe, *La vita...*, cit., p. 161.

[11]   Cf. M. Praz, *Defoe e Cellini*, in *Studi e svaghi inglesi*, Sansoni, Firenze 1937. Praz evidencia: "Apesar de Robinson Crusoe protestar pelas contínuas rememorações dos pensamentos religiosos, o que é admirável nele não é a contemplação, mas a ação" (p. 38); "Robinson... reza bastante, mas sua ação é ainda maior" (p. 39); "a sua postura moralista é pouco mais que uma fraca reflexão *posteventum*" (p. 52).

[12]   K. Marx, *Das Kapital*, cit. (trad. it. p. 93). Cf. S. S. Prauver, *Karl Marx and World Literature*, Oxford University Press, Oxford, 1978, p. 335. Para as implicações econômicas,

6. A "idade projetual" e Daniel Defoe **189**

Vejamos outro exemplo esclarecedor. Desde o dia em que chegou à ilha, Robinson Crusoe sabe que deverá construir urgentemente um abrigo. Mas desde o início ele tem consciência das dificuldades a serem enfrentadas: é preciso construí-lo imediatamente, mas ele não sabe onde e nem como. À exceção de alguns restos do naufrágio, os meios à disposição para alcançar esse objetivo são limitadíssimos. Acrescente-se ainda a falta de conhecimento, pois, nos primeiros dias, Robinson ignora tudo sobre a ilha. E isso torna ainda mais problemático o seu empreendimento: deve erguer um abrigo capaz de resistir às forças hostis do ambiente, mas ainda é incapaz de avaliar as suas reais ameaças – a natureza, frequência e potência dos eventos hostis. Isso dificulta estabelecer a resistência e as dimensões do abrigo. Assim, ele encontra dificuldades em definir as características físicas do abrigo: não pode correr o risco de subdimensioná-lo e, por outro lado, nem pode se dar ao luxo de superdimensioná-lo.

Também nesse caso, como no do guarda-chuva, ele deve assumir uma postura de voraz apropriação utilitária do ambiente circundante. Também nesse caso, a dramática urgência do problema a ser resolvido condiciona fortemente o seu comportamento projetual: para ele, o abrigo é só um abrigo e ponto final. Não passa pela sua mente que a sua habitação possa ser uma "bela obra de arquitetura". E a sua ação resulta em: "uma cortina colocada sob uma parede de rocha, circundada por uma robusta paliçada de mastros de madeira e cabos marítimos". Uma construção que dificilmente poderia ser aceita como uma "bela obra de arquitetura". No máximo, poderia ser incluída na categoria de "arquitetura sem arquiteto" que Bernard Rudofsky chamou de "arquitetura sem pedigree"[13].

Então, pergunto-me: essas duas formas de projetualidade identificadas por Defoe no final do século XVII e no início do século XVIII – a projetualidade de *An Essay upon Projects* e a de Robinson Crusoe – podem enriquecer o debate atual sobre o papel da projetação? É provável. Com alguns ajustes e adaptações, as questões levantadas por Defoe estão, sem dúvida, presentes nos dias atuais.

---

tanto da narrativa quanto dos ensaios de Defoe, ver K. Polanyi, *La grande trasformazione*, cit.: "Defoe tinha identificado a verdade que setenta anos depois Adam Smith pode não ter ou não entendido" (p. 139). Essas avaliações, hoje muito comuns, não são compartilhadas por M.E. Novak, *Economics and the Fiction of Daniel Defoe*, University of California Press, Berkeley, 1962. Novak vê em Defoe um dos mais ferrenhos defensores do sistema mercantilista. Cf. também M. E. Novak, *Robinson Crusoe and economic utopia*, cit. Novak faz uma dura crítica aos economistas que procuraram "utilizar Crusoe como herói para as suas parábolas", p. 477. Sobre a posição de Defoe em relação ao tema do pauperismo e da benevolência, ver a estimulante introdução de V. Accattatis a D. D., *Fare l'elemosina non è carità, dare lavoro ai poveri è un danno per la nazione*, Feltrinelli, Milano 1982. Segundo a óptica atual, colocar Defoe entre os conservadores do seu tempo é um posicionamento que, como todos os julgamentos sobre Defoe, pode ser controvertido.

[13] B. Rudofsky, *The Prodigious Builders*, Secker and Warburg, London 1997, p. 18.

Basta pensar no discurso central do *Essay*, versando sobre a necessidade de formular projetos para enfrentar os problemas inadiáveis da nossa sociedade. Essa colocação tem seus pontos fracos. Não basta falar genericamente de projetação sem indicar as intervenções projetuais específicas. Isso pode levar a uma espécie de autopiedade por um dever que acreditamos cumprido, quando, na realidade, existiu apenas no plano da exortação verbal, sem nenhuma concretude.

Essa fraqueza encontra-se no ensaio de Defoe. Qual é a utilidade de se colocar hipóteses para formulação de projetos para transformação da sociedade, se tais projetos se mostram incapazes de contribuir para uma real mudança dessa sociedade?[14] A bem da verdade, Defoe não ignora essa questão. Ele mesmo acena para o perigo de uma projetação que incide à margem das grandes instituições sociais sem impactar diretamente os centros de poder onde se decidem "as grandes questões sociais que podem produzir benefícios diretos à população".

Para superar esse risco, Defoe propõe, no *Essay*, não apenas um projeto, mas vários projetos para instituições a serviço da comunidade, tais como as academias para o estudo da língua inglesa, educação das mulheres, formação de militares profissionais; instituições de crédito sob a vigilância de um banco central; rede de estradas capazes de garantir a mobilidade intensiva das pessoas e das mercadorias. Esses projetos seriam financiados pelos proprietários das áreas beneficiadas, por meio de contribuições 'compulsórias para a urbanização'. Embora de maneira um tanto quanto confusa, faz distinção do que seria atualmente o imposto direto, taxas e impostos indiretos; agência de seguros para a proteção dos mercadores para os riscos e os efeitos de uma eventual falência.

Desse modo, Defoe se iludia, acreditando que os centros de poder da época pudessem atuar de forma mais equânime para estabelecer a ordem social. Essa proposta, porém, permanece abstrata e inconclusa, pelo simples motivo de não se poder criar instituições e estruturas de serviço apenas através de um determinismo (*diktat*) projetual. Pior ainda, mudar o mundo exclusivamente através desse determinismo. Esta é a crítica que sempre se fez à projetualidade de inspiração iluminista.

Nos últimos tempos, tende-se a generalizar e dar uma extensão exagerada a essa crítica, até o ponto de invalidar todas as formas de projetualidade. Essa tendência tem origem no erro de se identificar 'projeto' com 'ideologia' ou 'projeto' com 'plano'. Parece-me tratar-se de um grave equívoco. Não há dúvidas de que esse equívoco gerou as posições errôneas apresentadas nos mais recentes debates sobre a projetualidade. Estas posições levam a banalizar e até ofuscar um importante projeto de reflexão teórica.

A atividade projetual foi desvirtuada, não sendo mais aquela atividade que procura oferecer soluções inovadoras aos problemas da

---

[14] Cf. M. Apollonio, *Defoe*, La Scuola, Brescia 1946. Apollonio escreveu: "Se nós ficamos surpresos pela bondade intrínseca dos seus esquemas propostos... os contemporâneos, e mais ainda os revisores burocráticos das suas propostas, podiam desprezá-los" (p. 84).

6. A "idade projetual" e Daniel Defoe   **191**

sociedade e, portanto, não é mais um fator de "progresso inovador", como diria L. Sklair[15]. Tornou-se uma atividade de pérfidos ideólogos tardiamente iluministas (ou de utópicos extravagantes) que gostariam de impor os seus sonhos (ou delírios) totalitários à humanidade. O projeto é demonizado e chega-se, assim, à rejeição indiscriminada da projetação, à qual já nos referimos. Esquece-se, todavia, que, para todos os efeitos, a nossa época é uma era projetual – uma *projecting age*, como chamou Defoe com três séculos de antecedência – talvez a mais projetual de todas as épocas da história.

Peguemos, a título de exemplo, o caso dos mais recentes avanços da tecnologia da informática. Ela está à beira de mudar radicalmente os pressupostos que, durante milênios, foram a base das nossas práticas na vida econômica e social. Tais avanços certamente resultam de uma criatividade tecnocientífica e também de uma operosidade projetual sem precedentes. O mesmo se pode dizer de outros importantes avanços da tecnologia moderna, pois uma coisa é óbvia: em um mundo como o nosso, cada vez mais dominado por objetos e processos técnicos, a projetualidade está onipresente. Nesse contexto, a retórica da antiprojetualidade pode ter apenas um sentido: a capitulação acrítica em relação a uma projetualidade que mesmo assim se realiza.

Existe ainda uma tendência (ou melhor, um movimento), que transforma a proposta projetual de Robinson Crusoe em um verdadeiro modelo de comportamento para a nossa época. Robinson torna-se um arquétipo ideal de um novo modo de projetar que, diferentemente do modelo hoje dominante, não se utiliza de um saber tecnocientífico sofisticado e nem se propõe a criar objetos de alta complexidade estrutural e funcional. Essa nova maneira de projetar privilegia a simplicidade das soluções propostas e a utilização dos recursos básicos.

Nessa ótica, Robinson Crusoe é apresentado como um precursor das 'tecnologias pobres', um precursor de uma projetação que rejeita explicitamente o condicionamento institucional das 'tecnologias ricas'. Esquece-se, porém, que Robinson Crusoe é um personagem de ficção e, como tal, com um elevado grau de artificialismo[16]. Ele não está livre de todas as formas de condicionamento institucional, como Defoe gostaria que se acreditasse. Não se pode escapar ao sutil condicionamento às instituições da sociedade à qual pertencia antes do naufrágio. Quer queira,

---

[15]   L. Sklair, *The Sociology of Progress*, cit. p. 177 e seguintes.

[16]   Devemos ser cautos sobre o artificialismo dos personagens de Defoe, pois o que mais impressiona na sua narrativa é o alto grau de verossimilhança dos seus contos. Isso fez dele um grande precursor do realismo, ou melhor, de um "realismo visionário" como corretamente o define Terzi, ou ainda de um "realismo mágico", segundo Apollonio. De Quincey admirava em Defoe exatamente aquele *"ar de verossimilhança"* da sua narrativa [P. Rogers (a cura di), *Defoe. The Critical Heritage*, Routledge and Kegan Paul, London 1972, p. 118]; e J. L. Borges fala de "romances exageradamente verossímeis de Daniel Defoe" (*Discusión*, Gleizer, Buenos Aires, 1932, p. 97). Borges sabe, talvez melhor do que qualquer outra pessoa, como a descrição minuciosa do detalhe – típica tanto de Defoe quanto de Borges – leva cedo ou tarde ao fantástico.

quer não, a principal referência continua sendo a sociedade inglesa da época de Lord Walpole, a mesma do próprio Defoe. Examinando bem, a tecnologia pobre de Robinson nada mais é que uma versão emergencial da tecnologia rica típica da época de Defoe.

Os atuais partidários das tecnologias pobres entronizam Robinson Crusoe como aquele que se rebela contra os injustos condicionamentos das instituições do seu tempo. Deve-se recordar que em *As Aventuras de Robinson Crusoe (Serious Reflections During the Life and Surprising Adventures of Robinson Crusoe)*[17], publicado em 1720, um ano depois das *Aventuras (Adventures)* (25 de abril de 1719), e das *Outras Aventuras (Farther Adventures)* (20 de agosto de 1719), Defoe deixa transparecer uma outra chave de interpretação do seu romance: a vida de Robinson Crusoe nada mais seria que uma versão alegórica da vida atormentada de um personagem real, a vida de um homem que "sofreu todo tipo de violência, opressão, desonras e injúrias, atraindo o desprezo dos homens, as oposições terrenas, os ataques dos demônios e as punições celestes".

Ele faz com que se perceba claramente que esse personagem não seria o marinheiro escocês Alexander Selkirk, ou seja Robinson, mas o próprio Defoe[18], o hábil artífice, capaz de "todo tipo de violência". O autor de *Robinson Crusoe*, além de romancista, ensaísta e jornalista, era também um impertinente conselheiro dos poderosos, um empreendedor falido e perseguido por suas dívidas, um panfletário preso por difamação, e posteriormente libertado como informante secreto.

Todavia, a alternativa que emerge das duas filosofias projetuais de Defoe – aquela explicitamente formulada no *Ensaio* e aquela que transparece no comportamento do personagem Robinson – não é uma alternativa moderna. Os problemas que temos hoje não se definem e nem se resolvem em termos de aceitação ou de renúncia às instituições. Os nossos problemas mais pungentes, devemos recordar, são aqueles relativos à guerra, meio ambiente, fome, mas também a liberdade, igualdade e dignidade. Como sabemos, alguns desses problemas são institucionais. Outros o são apenas parcialmente. Outros ainda não o são em absoluto.

---

[17] D. Defoe, *Serious Reflections During the Life and Surprising Adventures of Robinson Crusoe*, in *Shakespeare Head Edition of Novels and Selected Writings of Daniel Defoe*, XII e XIII, Oxford, 1927.

[18] A vida de Defoe foi uma longa sequência de desventuras e de problemas de todos os tipos, muitos do quais eram acontecimentos corriqueiros na vida dos 'homens das letras' daquele período da história europeia. O que importa é saber como tais infortúnios pessoais eram interpretados (e, às vezes, transformados em matéria-prima da criatividade) por aqueles que os sofriam. É um ponto delicado. Nesse caso pode ser útil estabelecer uma comparação (ou melhor, buscar analogias e diferenças) entre as personalidades que tiveram uma trajetória de vida semelhantes, cheias de peripécias. Esse é o método utilizado por Scwob, que compara Defoe e Cervantes e ainda por Praz, que compara Defoe e Cellini. Em Defoe como em Cellini (mas não em Cervantes), existe um forte sentimento de autocomiseração pelos próprios infortúnios. Essa automiseração não deve ser confundida com resignação. Nem Defoe nem Cellini pertencem àquela categoria de vítimas resignadas e acomodadas.

O *An Essay upon Projects* é obra de um idealizador de Projetos Honestos (*Honest Projects*) que viveu um período particularmente conturbado do nascimento da sociedade burguesa. A reflexão sobre as propostas de Defoe pode nos ajudar a verificar a possibilidade (e principalmente a probabilidade) de elaborar Projetos Honestos em uma época como a nossa, na qual a enorme complexidade dos problemas a serem resolvidos submete a uma dura prova, todos os dias, a vontade projetual.

7. A arquitetura é um texto?[1]

Se abordarmos qualquer passante pelas ruas de Nova York, Frankfurt ou Milão para perguntarmos à queima roupa: "Você acha que um edifício é um texto?" O transeunte vai nos olhar surpreso e, na melhor das hipóteses, vai procurar a telecâmara da "pegadinha". Pensará que desejamos registrar o seu embaraço ou o seu estupor para um público ávido por gargalhadas.

Se fizermos a mesma pergunta a um arquiteto nessas mesmas cidades, a resposta indubitável será entusiasticamente afirmativa, caso seja este chegado aos modismos culturais ou for um assíduo discípulo dos mestres do *prèt-à-penser*. O hipotético arquiteto responderá sem hesitação: um edifício nada mais é do que um texto, ou seja, uma espécie de escritura. Enquanto tal, pode ser objeto de leitura, sim. E isso pode se sustentar, no sentido metafórico. Afinal de contas, diante de um edifício é possível escolher um determinado itinerário perceptivo. E onde existe um itinerário, constituído por uma sucessão de experiências perceptivas, é lícito falar de leitura, sempre no sentido metafórico. É também lícito, dentro de determinados limites, teorizar a arquitetura como linguagem. No máximo como uma metáfora, mas não muito mais que isso. Digamos, então, que as associações arquitetura–escrita, arquitetura–leitura e arquitetura–linguagem não são particularmente novas. Este tem sido um tema recorrente na tradição da semiologia de natureza estruturalista dos anos 1960 e 1970.

---

[1]   Este texto foi publicado originalmente em italiano e em inglês no livro *Tre lezioni americane*, *Three American Lectures* (p. 11-28), Feltrinelli, Milão, 1992.

Naquela época, a arquitetura era entendida como um sistema de signos visuais. Todo o discurso arquitetônico apresentava-se como discurso sobre os signos. Sempre havia quem fosse além do conceito semiológico de signo. Em nome do neopopulismo, arriscavam a sugestiva proposta de uma arquitetura que devesse aprender com os verdadeiros signos que transbordam nas avenidas de Las Vegas. Na Itália, França e Alemanha houve, naquele período, um grande número de publicações e debates sobre o tema. Alguns estudiosos proclamaram até o nascimento de uma nova disciplina: a "semiologia da arquitetura".

Diga-se de passagem, que essa aposta teórica foi alta, mas os resultados obtidos foram bem modestos. No final das contas e a bem da verdade, tratava-se de uma revolução puramente léxica: uma terminologia substituindo a outra. A semiologia da arquitetura não nos ofereceu melhores descrições e interpretações dos edifícios do que já tinha feito o suíço Heinrich Wölfflin, em 1915, utilizando-se de um arcabouço conceitual seguramente menos sofisticado. Tomemos como exemplo a análise de uma fachada de um edifício. Se compararmos o método utilizado por Wölfflin com o método de um semiólogo, verificamos que o primeiro é mais eficaz e mais adequado ao objeto examinado. Contudo, ambos cometem o mesmo erro primordial: acreditar que a arquitetura seja um fenômeno exclusivamente visual.

A semiologia da arquitetura continua ligada à estética da "pura visibilidade" apesar das tentativas terminológicas para explicá-la à luz da teoria dos signos e da linguística estruturalista. Wölfflin, seguindo os passos de Fielder, foi um dos mais importantes expoentes dessa linha. O nosso hipotético arquiteto responde com absoluta certeza que efetivamente a arquitetura é um texto. Sustentar hoje o significado dessa asserção é muito mais difícil que nos anos 1960 e 1970, quando ela foi enunciada pelos semiólogos. As teorias dos semiólogos da arquitetura pareciam, sem dúvida, mais acessíveis. E isso acontece porque eles se consideravam continuadores de uma tradição de pensamento muito conhecida, caracterizada pela grande consistência e credibilidade científica, filosófica ou simplesmente cultural. A semiologia realmente sofreu influência de pensadores como Peirce, Frege e Saussure, que procuraram construir uma teoria coerente do significado, cada qual no seu campo específico de atuação.

Nas últimas décadas, as considerações relativas ao significado mudaram drasticamente. E isso emerge com evidência quando examinamos as obras de alguns dos mais eminentes pensadores parisienses. Refiro-me às elaborações teóricas que procuram personificar a escrita, tornando-a autônoma de qualquer conteúdo referencial, com proposta de uma radical desconstrução, visando corroer, remover ou anular a virtualidade comunicativa do texto.

À luz de evoluções desse tipo, o que significa sustentar que a arquitetura seja um texto, como hoje se tem feito? Compreendê-lo não é simples, principalmente quando se leva em conta a supracitada teoria da desconstrução.

7. A arquitetura é um texto? **197**

Neste ponto, surgem duas possibilidades de interpretação:

1) A arquitetura deve ser entendida como um texto desconstruído, um texto aberto, um texto ao qual se pode atribuir um número infinito de referências.

2) A arquitetura deve ser entendida como um ato projetual, destinado a antecipar ou a predeterminar a sua própria desconstrução como texto.

Devo confessar que vejo essas duas possibilidades com um grau de opacidade exasperador. Às vezes, sou tentado a acreditar que seja obra de um diabinho que tenta, de todas as maneiras, turvar o que deveria ser claro para qualquer pessoa de bom senso. Mas por que esse diabinho pode agir assim, tão impunemente? Quais facilidades ele encontra?

Devemos procurar a resposta no intrincado emaranhado parafilosófico e paraliterário chamado *descontrutivismo* do qual, como é sabido, Jacques Derrida foi um dos expoentes.

Permitam-me uma divagação para contextualizar o argumento. Nos primeiros anos após a Segunda Guerra, os alemães estavam – como sempre estiveram – desconfiados da famigerada clareza (*lucidité*) dos franceses. Nela, viam uma forma de superficialidade intelectual, enquanto atribuíam a virtude da profundidade intelectual unicamente à própria cultura germânica. Nos anos 1950 – fui testemunha disso – os alemães começaram a rever essa posição fazendo autocrítica, mostrando uma grande abertura na tradição analítica anglo-saxã. Tentaram familiarizar-se com o estilo do pensamento dos franceses.

Mas enquanto os alemães caminhavam em direção à clareza, com enorme esforço, os franceses foram em sentido contrário, apresentando versões canhestras da profundidade (e da obscuridade) alemã. Obviamente estou simplificando mais do que o aceitável, mas era mais ou menos assim que acontecia naqueles anos. E tudo isso passava por Heidegger. Os alemães se afastavam de Heidegger enquanto os franceses o consideravam como o pensador que tinha aberto novos caminhos para a filosofia ocidental, em companhia de Marx e Freud.

Recentemente, as coisas se complicaram ainda mais. Os americanos identificaram-se fortemente com um pensamento francês, abandonando a sua tradição cultural de pragmatismo. Foram influenciados pela filosofia analítica de Derrida, uma versão francesa do pensamento alemão, de natureza heideggeriana. Exemplos emblemáticos dessa influência de Derrida no pensamento americano podem ser encontrados principalmente no âmbito da chamada *deconstructive criticism*, normalmente identificado com a *Yale critics*.

Por outro lado, nesse jogo de equívocos recíprocos e de frenéticos intercâmbios entre as partes – Pirandello teria se deliciado com isso –, os italianos não poderiam ficar de fora. Nos últimos anos, eles também se apresentaram com um heideggerismo sem nada de original, a fim de participar dessa corrida em direção às trevas. E realmente o fizeram, teorizando um pensamento fraco – ou melhor, fraquíssimo – que deveria servir para 'desconstruir' a modernidade e para decretar definitivamente 'o fim da modernidade'.

198 Cultura, Sociedade e Técnica

Tudo isso deveria ficar circunscrito ao campo exclusivo dos teóricos (e dos críticos) de literatura, caso o desconstrutivismo se limitasse ao campo da hermenêutica dos textos literários. O problema é que os críticos de arquitetura (e os próprios arquitetos) começaram a transferir a ideia de 'desconstrutivismo' do campo literário para o arquitetônico. Diga-se de passagem, que Derrida foi um dos responsáveis, ao menos em parte, por essa arriscada operação, como se constata em alguns de seus recentes ensaios sobre a arquitetura.

Nestes últimos anos, ocupei-me muito com Derrida, talvez por uma inexplicável e doentia curiosidade. Se não me engano, li todos os trabalhos legíveis (e alguns dos quase ilegíveis) desse autor. Devo dizer que tenho uma relação muito bizarra com a obra de Derrida. Os escritos desse profeta da Escrita – da escrita com 'E' maiúsculo – sempre me deixaram curioso. E algumas (poucas) passagens da sua obra me deixaram fascinado. Devo confessar que não foram poucos os textos de Derrida que me pareceram brilhantes trechos de ópera-bufa.

Minha explicação está no fato, algo grotesco, da absoluta falta de relação entre a sofisticação textual de Derrida – com os impenetráveis neologismos e os arriscados rearranjos metafóricos – e os argumentos que ele trata de fato. São argumentos que, no final das contas, nada mais são que variações sobre algumas temáticas antimetafísicas, já bastante exploradas por Heidegger. Derrida tem a presunção de ser mais heideggeriano que o próprio Heidegger. Aliás, de ser melhor do que Heidegger.

Em algumas de suas obras de cunho mais literário – penso, por exemplo, em *Positions* (1972) e principalmente em *Glas* (1974) – o gosto pelas acrobacias textuais é levado à exasperação. E o resultado é mais do que decepcionante. Seus textos, na prática, se aproximam muito de algumas modalidades de escrita típicas das vanguardas literárias dos anos 1920 e 1930. Apesar da intenção de Derrida em fazer experiências com a escrita – e estou convencido que ele tinha essa intenção secreta –, confesso que prefiro as obras dos grandes expoentes daquela vanguarda. Elas, a meu ver, são melhores e mais originais.

Mas o que Derrida nos diz substancialmente sobre o tema específico da arquitetura? Relativamente pouco. Que eu saiba, são três os seus textos mais recentes sobre a arquitetura: um de 1986 sobre Bernard Tschumi; um segundo, de 1987 sobre Peter Eisenman e um terceiro, do mesmo ano, a título de prefácio para os anais de um congresso sobre a relação arquitetura e filosofia. Todos os três foram republicados no seu livro *Psyché*, de 1987. O que nos interessa aqui, que fique bem claro, não é tanto a obra de Tschumi ou de Eisenman, arquitetos que eu estimo, mas o que Derrida teoriza em torno das obras (e das ideias) deles.

É necessário admitir que Derrida é extremamente cauteloso com a arquitetura. Na realidade, a sua posição, especialmente no que se refere ao texto sobre Tschumi, não se destaca substancialmente daquela exposta por Heidegger no seu ensaio *Bauen, Wohnen, Denken*, que se tornou quase uma obra sagrada para os arquitetos inclinados a filosofar. O último dos três textos de Derrida, entre os 52 deliciosos aforismos sobre a arquitetura, é talvez o mais estimulante. Nesse texto, consegue-se capturar algumas assertivas que fazem sentido, apesar do hermético charme que sempre caracterizou seus escritos.

A cautela de Derrida manifesta-se principalmente na sua abordagem ambígua em relação à possibilidade (ou não) de se aplicar a ideia de desconstrução à arquitetura. Às vezes, ele confirma essa possibilidade; outras vezes, a nega e, algumas vezes, confirma e nega ao mesmo tempo. Alguns exemplos, tirados dos 52 aforismos: "Não existe projeto desconstrutivo, projeto para a desconstrução... contrariamente às aparências, desconstrução não é uma metáfora arquitetônica... Uma desconstrução deveria desconstruir antes de mais nada, como o seu nome indica, a própria construção... Mas [deveria] desconstruir também a construção arquitetônica em *stricto sensu*, a construção filosófica do conceito de arquitetura...".

Para melhor entender essas assertivas, devemos recordar alguns dos pressupostos do desconstrucionismo de Derrida. Ele contrapõe a sua 'arquitetura', ou seja, a escrita entendida como forma primogênita e como configuração 'irredutivelmente gráfica', à tirania e até ao terrorismo do lógos, do pensamento que se vale da palavra vocalizada, que privilegia os sons articulados da língua. Em resumo, a escrita como alternativa ao 'logocentrismo'. Esta é a tese que sustenta a sua 'gramatologia'.

Sob essa óptica, é explicável a tentação de considerar a arquitetura como escrita. Segundo Derrida, a escrita não seria (ou não deveria ser) um "suplemento da palavra", como queria Rousseau, ou, como queria Voltaire, uma "pintura da voz". Para ele o mesmo vale para a arquitetura, que deveria ser um fato visível, autônomo em relação a qualquer discurso oralmente desenvolvido.

O problema, todavia, é que o método de desconstrução que permite à escritura liberar-se da tirania do *logos*, não se deixa aplicar tão facilmente à arquitetura. E Derrida está ciente disso. A certa altura, no texto sobre Tschumi, ele se pergunta: "Aquilo que as estratégias desconstrutivas começam ou acabam por desestabilizar, não é exatamente o princípio estrutural da arquitetura?" E acrescenta: "As desconstruções seriam fracas se fossem negativas, se não fossem capazes de construir, mas, sobretudo, se não fossem capazes de se comparar com as instituições justamente no que elas têm de sólido, no ponto de sua maior resistência..."

E isso não é tudo. Outra dificuldade está implícita no fato de que a intervenção desconstrutiva colocada como hipótese assume, paradoxalmente, a forma de um discurso sobre alguma coisa que valoriza, querendo ou não, a tradição do *lógos*.

E existe, ainda, a relevante questão da corpórea materialidade tanto do construir quanto do construído. Diz um provérbio italiano que palavras são pedras, em alusão ao fato de que as palavras têm um peso subjetivo e que, uma vez pronunciadas, produzem efeitos nem sempre reversíveis. Mas se as palavras são pedras, não é verdade que as pedras sejam palavras. Obviamente, as pedras têm um peso maior que as palavras, visto que o peso das pedras, como se sabe, é objetivo e não subjetivo. Portanto a sua inércia, ou seja, o seu grau de persistência, é sempre mais elevada que a das palavras. Às vezes, os arquitetos se esquecem que se constrói com pedras. E não com palavras. Eis o motivo pelo qual existe entre eles quem se convenceu que a desconstrução de uma construção seja algo tão fácil como a desconstrução de um texto. E isso não é verdade.

A menos que por desconstrução de um edifício não se entenda o sutil procedimento utilizado para inutilizar os edifícios de Pruitt-Igoe em Saint Louis. Esse procedimento, embora seja justificável em muitos casos, não é plenamente aconselhável como método generalizado de crítica arquitetônica. Porque, se é disso que se trata, cada um de nós teria uma lista própria de edifícios a serem 'desconstruídos'. Na Itália, por exemplo, eu proporia inicialmente o monumento nacional a Vittorio Emanuele II, em Roma e a Estação Central (ferroviária), em Milão. Sei muito bem que esses monumentos têm hoje exaltados admiradores. Questão de gosto.

Pode-se objetar, todavia, que não se trata de desconstruir uma construção, mas apenas a configuração formal da construção. Utilizando um velho termo, a meu ver muito comprometido: o seu estilo, ou seja, o conjunto de detalhes estilísticos que distinguem um edifício de outro. O estilo é a diferença. E aqui a noção de diferença tem pouco a ver com a de Nietzsche. E nada a ver com aquela, seguramente mais hermética, de Heidegger, Deleuze ou Derrida. Pode-se dizer que desconstruir um estilo apresenta alguma semelhança com a desconstrução de um texto, pois, afinal de contas, um estilo é uma espécie de normativa (ou axiomática) originalmente decretada por palavras. Na realidade, pode-se tentar desconstruir, por exemplo, o barroco, o neoclássico e o construtivismo russo. Pode-se pegar um edifício (ou o projeto de um edifício) de Borromini, de Schinkel ou dos irmãos Vesnin e submeter os seus respectivos detalhes estilísticos a tratamentos de distorção, de estilhaçamento ou de amputação, ou até mesmo fazer uma colagem de todos esses detalhes, com o objetivo de produzir um único edifício.

Mas tudo isso, a bem da verdade, são divagações acadêmicas, "linguísticas", como se dizia antigamente, e continua-se a dizer nas escolas de arquitetura do mundo todo.

Não pretendo afirmar que tais divagações sejam inúteis ou desinteressantes no plano teórico. Gostaria, porém, de ficar em guarda contra a tendência, hoje muito comum, de se atribuir um valor programático a divagações desse tipo, de acreditar que elas constituam, em si por si só, um novo e grande paradigma, a estrada principal a ser percorrida pela arquitetura.

Sem sombra de dúvidas, essa pretensão é reconhecível no texto de Derrida sobre Eisenman. Nele, Derrida abandona a sua cautela em relação à arquitetura e assume uma postura insinuatória. Tira do baú Platão, Nietzsche e Wagner e vai além do suportável. Fala de uma arquitetura nietzschiana, antiwagneriana, uma arquitetura que deveria desestabilizar o humanismo e o antropocentrismo.

A bem da verdade, não entendo por que Nietzsche tenha se interessado pelo assunto. É sabido que ele odiava o exibicionismo de Wagner "colocando a música em cena" e fazendo teatralização sufocante da música. Pelo que entendi, o desconstrutivismo na arquitetura serve, como diria Nietzsche, para "teatralizar" a arquitetura, ou seja, para privá-la de uma sensibilidade para entender (ou pelo menos uma vontade de entender) a sorte e as desventuras da vida concreta dos homens, como usuários dos espaços arquitetônicos. Completada a desconstrução, o que resta é uma nova versão da arquitetura como espetáculo, da arquitetura que "entra em cena".

Definitivamente, esta não é uma arquitetura nietzschiana e menos ainda antiwagneriana. Nela há muita encenação, recheada de efeitos teatrais. Conhecendo a aversão de Nietzsche a tudo que relembre um estetismo esclerosado, obscuro, consolador, é provável que a arquitetura desconstruída teria recebido a sua desaprovação. Esse estetismo contrasta com os interesses da vida. Realmente pode-se acreditar que Nietzsche teria considerado essa arquitetura um pântano, um "pântano wagneriano", para utilizar as suas próprias palavras.

Nietzsche escreveu: "Moral para os construtores de casas: quando a casa está pronta, é necessário retirar os andaimes". Essa metáfora, forçando um pouco, poderia sustentar as teorias de Derrida sobre a arquitetura. Mas Nietzsche, simultaneamente, nos previne contra aquilo que ele chama de "o arquiteto metafísico", ou seja, aqueles constroem teorias no vazio. E o arquiteto "desconstrucionista" é, creio eu, duplamente metafísico: enquanto constrói teorias no vazio, ao mesmo tempo, pretende fazer de cada construção um vazio.

Examinando bem, essa avaliação pode parecer redutiva, sectária e arrogante. Em suma, o resultado de uma postura de hostilidade prejudicial. É mais que provável. Aliás, não excluo que essa avaliação, por certos aspectos, seja até mesmo injusta. No atual cenário teórico da arquitetura deve-se seguramente creditar pelo menos um mérito ao desconstrutivismo: ter escolhido o construtivismo russo dos anos 1920 para as suas exercitações consagradoras (ou, se preferir, desconsagradoras), abrindo, assim, um caminho alternativo ao *revival* neoclássico, que tem caracterizado grande parte do movimento pós-moderno.

Na realidade, sanciona o fim de algumas das seduções mais perversas do pós-moderno, precisamente aquelas que o tinham tornado particularmente atraente ao *show biz*. A escolha do construtivismo russo pode ser um *revival*, mas trata-se de um *revival* que repropõe um momento importante da vanguarda e, portanto, querendo ou não, faz uma implícita homenagem à tradição não tradicional da modernidade. Afinal de contas, tal escolha se contrapõe à grotesca tentativa que algumas tendências do pós-moderno de fazer a exumação do 'bolo de noiva' classicista da era stalinista. Essa escolha, diga-se de passagem, é muito conveniente na época atual da *Perestroika*.

8. Notas sobre a iconicidade[1]

O discurso sobre a iconicidade é normalmente decepcionante. As intenções são boas, mas não os resultados. Inicia-se com o propósito de se articular um discurso sobre a iconicidade e atinge-se uma mera iconicidade apenas no nível do discurso, visto que, sem dúvida, a iconicidade é contagiosa. O ícone, quando visual, contamina as palavras que são utilizadas para descrevê-lo. Quando verbal, contamina as imagens com as quais queremos representá-lo.

Quase dois séculos atrás, Licthenberg percebeu com a sua corrosiva lucidez: "As silhuetas são abstrações. A sua descrição é uma mera silhueta"[2]. Nesse aforismo não é possível identificar, de forma segura, nem o sujeito e nem o objeto da descrição. Todavia, conhecendo-se o uso provocativo que Lichtenberg normalmente faz da ambiguidade gramatical (e até mesmo lógica), podemos arriscar a seguinte paráfrase: "As descrições das silhuetas são elas mesmas silhuetas". Dito de outra maneira, quando linguagem e silhueta entram em contato, a linguagem normalmente se 'silhuetiza', isto é, se 'iconiza'.

Sob certo aspecto, Lichtenberg é precursor de Wittgenstein e este também é cultor de uma corrosiva lucidez. Wittgenstein, embora devesse muito a Frege e Russell, admirava Lichtenberg. As mais evidentes influências vieram de Frege e de Russell. Aquelas mais sutis e mais profundas se devem a Lichtenberg e também a Heinrich R. Hertz.

---

[1]   Apêndice I ao texto *Reale e Virtuale* (p. 119-144), foi publicado originalmente em italiano, por Feltrinelli, Milão, 1992.

[2]   G. Ch. Lichtenberg (1972, p. 108).

Detenhamo-nos um momento no *Tractatus Logico-Philosophicus*. Nesse livro Wittgenstein desenvolve a sua 'teoria da modelagem'[3]. A substância de tal teoria pode ser sintetizada, de forma certamente muito simplista, nos seguintes termos: em cada proposição (*Satz*) jaz uma imagem-modelo (*Bild-Abbild*) e em cada imagem-modelo, uma proposição. Ou melhor: em cada proposição se *mostra* uma imagem-modelo, e em cada imagem-modelo *se vê* uma proposição. A "imagem" postula Wittgenstein, "é um modelo da realidade... A imagem apresenta a situação no espaço lógico, o subsistir e não subsistir de estados de coisas... A proposição é uma imagem da realidade"[4].

Já acenamos para o paradoxo de Lichtenberg sobre a silhueta, mas gostaríamos de citar outra observação hermética sobre a correspondência entre a linguagem e a imagem: "Na proposição 2 vezes 2 são 4 ou $2 \times 2 = 4$, existe, na realidade, algo da paralaxe do sol, de forma semelhante a uma laranja da terra"[5].

Muito se disse sobre a 'influência de Wittgenstein sobre Russell'[6]. Esta se revela especificamente no artigo de Russell *On Propositions*, de 1919, no qual o autor adere à 'teoria da modelação' de Wittgenstein. Ele escreve: "Faço uma distinção entre uma proposição expressa em palavras – a 'proposição de palavras' – e outra feita de imagens – a 'proposição de imagens'"[7]. É preciso assinalar que a coincidência com Wittgenstein baseia-se em um mal-entendido, pois existe uma diferença fundamental entre o *Bild* de Wittgenstein e a *imagem* de Russell.

Frequentemente, esquece-se que Wittgenstein não participava da tradição empirista inglesa, e que o conceito de *image* utilizado no sentido de Hume – isto é, *mental image* – era para ele obrigatoriamente estranho. Isso foi levantado com muita precisão no sugestivo livro publicado por A. Janik e S. Toulmin sobre as origens culturais e, por assim dizer, ambientais de Wittgenstein. Escrevem esses autores: "As interpretações inglesas e americanas do *Tractatus* se ressentiram das dificuldades apresentadas pelo vocábulo alemão *Bild* e suas formas derivadas como *abbilden*. Escrevendo em inglês, os filósofos procuraram discutir a teoria da 'imagem' de Wittgenstein como se se tratasse de proposições capazes de formar, por assim dizer, 'instantâneos' –ou ainda 'imagens mentais' – dos 'fatos'.

---

[3]   Normalmente, esta teoria – em alemão, *Abbildungstheorie* – é conhecida na Itália como 'teoria da representação' e nos países anglo-saxões como *picture theory*. Neste texto preferimos utilizar 'teoria da modelagem' que, em relação ao alemão, é uma tradução tão arbitrária quanto as precedentes. No nosso entender, ela tem, pelo menos, a vantagem de evidenciar o verdadeiro propósito de Wittgenstein que, no *Tractatus*, pretendia identificar o conceito de imagem com aquele modelo (Cf. os parágrafos 2.12 e 4.463). Além disso, ele contribui para esclarecer o papel precursor de Wittgenstein em relação à moderna 'teoria da modelação' (*theory of modelling*). Espero que os experts em Wittgenstein saibam perdoar-me esse sacrilégio.

[4]   L. Wittgenstein (1951, p. 38 e 62).

[5]   G. Ch. Lichtenberg (1972, p. 27).

[6]   Ver J. P. Leyraz (1972).

[7]   B. Russell (1971B, p. 285-320).

Segundo Wittgenstein, um *Bild*, ou 'imagem' é algo que nós fazemos ou produzimos, como um artefato. É como se fosse um pintor produzindo uma 'representação artística' de uma cena ou de uma pessoa. Do mesmo modo, nós mesmos construímos, na linguagem, 'proposições' que têm as mesmas formas dos fatos que elas ilustram"[8]. Em outras palavras, o *Bild* de Wittgenstein é uma configuração concreta que funciona como modelo[9].

Para melhor entender as razões dessa concepção da imagem como copia ou réplica (modelo) da imagem, é necessário considerar que Wittgenstein, antes de se tornar filósofo, foi um brilhante e – comenta-se – até genial estudante de engenharia mecânica em Manchester. O itinerário que o levou primeiro a Russell e depois a Frege é mais que sintomático. Inicialmente, o seu interesse não era voltado para os estudos filosóficos, mas exclusivamente aos estudos técnicos. Ele chegou aos *Principles of Mathematics* de Russell, procurando documentar sobre os cálculos necessários para o projeto de uma hélice[10]. A sua problemática naqueles anos, como também a terminologia que usa, são típicas da situação em que se encontrava a física experimental da segunda metade do século 19 e da primeira década do século 20. Nesse período, o mundo científico foi envolvido pelas novas descobertas sobre a estrutura da matéria, principalmente pela confirmação, por parte de Hertz, das teses de Maxwell sobre a natureza eletromagnética da luz. Repentinamente, o modelo tradicional, de Lord Kelvin e outros, perdia a sua essência, diante de uma matéria cuja materialidade, pelo menos no sentido tradicional, parecia *desaparecer*[11].

A maior preocupação estava na busca das bases epistemológicas para iniciar uma nova teoria da imagem. O livro do físico Hertz, *Princí-*

---

[8] A. Janik e S. Toulmin (1973, p. 182 e seg.).

[9] D. Pears (1971, p. 77) grande conhecedor da obra de Wittgesntein, confirma plenamente a interpretação da imagem como modelo ou réplica: "Isto torna-se facilmente explicável, quando utilizamos o vocábulo alemão *Bild*, que não significa apenas representação, mas também modelo." Uma interpretação oposta, e a nosso ver errônea, é apresentada por A. Naess, que insiste em atribuir ao *Bild* de Wittgenstein uma natureza mental (1969, p. 21 e seg.). Na realidade, após a publicação dos *Tagebücher*, por exemplo, Wittgenstein escreve: "A proposição e o modelo são, no sentido negativo, como um corpo rígido e inerte que limita a liberdade de movimento dos outros e, no sentido positivo, são como um espaço limitado por uma substância rígida na qual está contido um corpo (p. 119)... Na proposição, ajuntam-se outras possibilidades, a título de prova (como acontece na sala de audiências quando encena-se um acidente automobilístico com manequins)" (1969, p. 94 e seg.).

[10] W. Mays (1955). Escreve Mays, comentando as lembranças de Eccles: "Wittgenstein interessou-se pelo projeto de uma hélice que era modelada pela aplicação de um procedimento completamente matemático. Isso despertou o seu interesse pela matemática e, no final, a hélice foi esquecida" (p. 245). Sobre esse mesmo argumento, ver também G. H. von Wright (1955, p. 529) e N. Malcom (1958).

[11] Cf. E. Bloch (1972), em especial o capítulo *"Zum Kältestrom-Wärmestrom in Naturbildern"*, p. 316 e seg.

206   Cultura, Sociedade e Técnica

pios da Mecânica (*Prinzipien der Mechanik*) é o documento que melhor reflete essa preocupação. Este se constituía na leitura científica preferida do jovem Wittgenstein e pode-se dizer que se trata de um texto imprescindível para uma correta avaliação do *Tractatus*[12]. Basta ler as seguintes linhas da introdução de Hertz aos *Princípios* para entender a enorme influência desse livro sobre a 'teoria da modelação' de Wittgenstein: "Se conseguíssemos pelo menos deduzir da experiência acumulada até hoje as imagens das características previstas, poderíamos desenvolver sobre elas, em pouco tempo, como se fossem modelos, as consequências que no mundo exterior se apresentam apenas em um longo período de tempo ou como consequência da nossa própria intervenção imediata"[13].

Mais tarde, nas *Pesquisas Filosóficas* (*Philosophical Investigations*), Wittgenstein renegará a confiança que tinha depositado até então no valor verificativo da modelagem. Essa mudança essencial deu origem à lenda da absoluta não linearidade do pensamento de Wittgenstein. Não haveria, então, uma ruptura (*coupure*)[15] do tipo althusseriano em Wittgenstein, à semelhança daquilo que ocorre em Marx e Nietzsche. Pode-se fazer uma distinção entre o Marx dos *Manuscritos Econômico-filosóficos* (1844) e aquele do *Capital* (1867), assim como o Nietzsche de *O Nascimento da Tragédia* (1872) e aquele de *Humano, Demasiado Humano* (1878). Analogamente, pode-se distinguir o Wittgenstein do *Tractatus* (1921) daquele de *Pesquisas Filosóficas* (1953). Muitos consideram *Pesquisas Filosóficas* como um retorno ao '*common sense*' após o pesadelo do solipsismo linguístico. Para outros, ao contrário, trata-se de uma tentativa de degradar a filosofia a uma mera filologia, a uma banal investigação lexicográfica. Para Cornforth, *Pesquisas Filosóficas* demonstra que Wittgenstein é "não apenas um filósofo profundo, mas também um homem honesto"[16]. Para o mais importante filósofo soviético do positivismo, I. S. Narski, o novo livro de Wittgenstein, ao contrário, merece crítica mais severa. Ele escreve: "Um resultado tão insignificante anula anos da sua pesquisa sobre a 'verdade' filosófica. E isso não acontece por acaso"[17]. C. D. Broad compartilha do mesmo ponto de vista, quando fala sarcasticamente das "atormentadas explorações no fundo da alma do 'último' Professor Wittgenstein e de seus alunos de Cambridge"[18].

É inegável que tenham ocorrido mudanças entre a primeira e a segunda fases do desenvolvimento de Wittgenstein. Contudo, a nosso ver, mas trata-se de mudanças que incidem apenas sobre um determinado

---

[12]   No *Tractatus* (L. Wittgenstein, 1951), Hertz é citado duas vezes, nos parágrafos 4.04 e 6.361.

[13]   R. Hertz (1894, III, p. 1 e seg.).

[14]   L. Wittgenstein (1953).

[15]   Sobre a *coupure* em Wittgenstein e em Nietzsche, ver E. Heller (1972, p. 57). E também J. J. Katz (1971, p. 5 e seg.).

[16]   M. Cornforth (1971, p. 133).

[17]   I. S. Narski (1967, p. 239).

[18]   C. D. Broad (1963, p. 45).

8. Notas sobre a iconicidade   207

segmento do seu pensamento e não sobre a sua totalidade. Há quem atribua uma importância decisiva exatamente a esse segmento, e chega à conclusão que, em última análise, as mudanças ocorridas abrangem a totalidade do sistema. Nós não compartilhamos dessa avaliação. Consideramos fundamentais em Wittgenstein os aspectos que permaneceram imutáveis e não aqueles que sofreram mudanças. Existe um núcleo constante em *Tractatus* e nas *Pesquisas Filosóficas*, que reencontramos ainda na terceira e última fase, nas *Notas sobre os Fundamentos da Matemática* (*Remarks on the Foundations of Mathematics*)[19].

Pode-se dizer que esse núcleo não é perturbado nem pela turbulência dos grandes temas metafísicos (ou antimetafísicos) nem pelas acrobacias do 'jogo linguístico' (*Sprachspiel*). Pode-se, assim, dizer que ele tem vida própria, tendo adquirindo, pouco a pouco, independência, nitidez e densidade cada vez maiores. É o conceito de imagem como modelo, como modelagem da realidade[20]. Embora desprovido de qualquer intenção verificadora, ele emerge novamente das *Pesquisas Filosóficas* e nas *Notas sobre os Fundamentos da Matemática*. E seguramente melhorado: "Uma representação ou ideia (*Vorstellung*) não é uma imagem (*Bild*), mas uma imagem pode corresponder a uma representação... Imagem e aplicação podem entrar em colisão? Podem, sim, porque a imagem nos faz prever um emprego diverso; visto que os homens, em geral, fazem *esta* aplicação *desta* imagem", como se lê nas *Pesquisas Filosóficas*[21]. Igualmente importante é o seguinte parágrafo das *Notas sobre os Fundamentos da Matemática*: "Como posso saber que esta imagem é a minha representação do *sol*"[22]. A problemática aqui tocada é muito semelhante àquela

---

[19]   L. Wittgenstein (1956). Neste livro – uma coletânea póstuma de anotações – surge um Wittgenstein que, após *Pesquisas Filosóficas*, retoma plenamente a sua paixão intelectual inicial: a filosofia da matemática. É um livro no qual abundam as contradições, e o idealismo subjetivo do autor assume formas de extrema agressividade. Como em todas as suas obras precedentes, nesta também Wittgenstein procura semear o estupor. A sua obstinada busca pelo insólito verbal, herdada de Lichtenberg (e também de K. Kraus) o leva, em algumas passagens, a tornar o seu pensamento ainda menos compreensível que de costume. É exatamente essa a desaprovação que o matemático P. Bernays (1952) faz a esse livro.

[20]   A nossa interpretação que situa o núcleo constante da filosofia de Wittgenstein na modelação, isolando-o de outros aspectos importantes dessa mesma filosofia, pode ser criticada por sua superficialidade. A. Schaff previne contra o perigo desta abordagem. Comentando as proposições de Wittgenstein sobre a modelação, ele escreveu: "Para aqueles que consideram estas proposições separadamente do sistema global da filosofia de Wittgenstein, elas se parecem com a formulação de uma teoria, cuja verdade é fundamentada no acordo do juízo com a realidade" (1971, p. 292). Essa objeção, em parte, tem fundamento: é óbvio que se pode fazer uma leitura empirista e até materialista ou mesmo solipsista desse aspecto da teoria de Wittgenstein. Nós preferimos a primeira, mesmo estando cientes que, em certo sentido, estamos oferecendo uma versão que não corresponde exatamente à realidade global do pensamento de Wittgenstein.

[21]   L. Wittgenstein (1953, p. 101 e 56).

[22]   L. Wittgenstein (1956, p. 40).

208 Cultura, Sociedade e Técnica

que, mais tarde, se situaria no centro do debate sobre os fundamentos epistemológicos de uma teoria científica da modelação. Nesse ponto, estamos mais aptos a elaborar o tema da iconicidade. Agora está claro que a natureza contagiante da iconicidade constatada no início – ícone e palavra se contaminam reciprocamente – advém do pressuposto que os ícones são *proposições de imagem* de tipo *mental*. Aqui não se pensa na imagem de tipo mental como queria Russell, e sim de forma concreta, como queria Wittgenstein.

Existe um fato que desperta uma particular atenção quando se lê *On Propositions*, de Russell: na sua longa e minuciosa polêmica contra o anti-imaginismo de Watson, o autor nunca leva em consideração outras imagens que não sejam *mentais*. Russell jamais se refere a imagens objetivadas e imagens reproduzidas, em suma, a imagens icônicas[23]. Wittgenstein, ao contrário, o faz com frequência, mesmo porque as imagens, como ele as entende, não são *mentais*, como já assinalamos. A sua exemplificação recai habitualmente nos campos da mecânica, do desenho técnico, da cartografia, da pintura, da fotografia e dos filmes.

Em 1953, no campo da filosofia britânica, surgiram duas publicações que reavivaram o interesse epistemológico pelas imagens icônicas. Referimo-nos ao livro de H. H. Price, *Thinking and Experience*, e ao artigo da Sra. Daitz (naquela época ainda O'Shaughnessy), *The Picture Theory of Meaning*. Mesmo que Price não seja um wittengsteiniano, a sua posição sobre a problemática da imagem não deixa dúvidas: "Existe um ponto importante que os imaginistas (os partidários das imagens 'mentais') transcuraram completamente. Modelos, gráficos, desenhos feitos publicamente à luz do dia sem que neles existisse algo de 'mental', mímicas, paradas, encenações teatrais ou reproduções cinematográficas públicas das mesmas – todos esses entes e eventos têm a mesma função exemplificativa das imagens. Um modelo de um crocodilo feito em gesso evocará em mim a palavra 'crocodilo' na ausência do animal verdadeiro. Para convencer a mim mesmo e a outras pessoas que entendem a palavra 'giboso', posso fazer um esboço de uma lua gibosa sobre o papel. O argumento de que é necessário primeiramente ter uma imagem mental para depois produzir um modelo ou desenho é falso e errado desde o princípio... Todos esses diversos tipos particulares de exemplos que mencionei, sejam aqueles representativos ou aqueles públicos ou físicos, podem, a bel-prazer, ser chamados 'reproduções' (ou cópias). Às vezes, conseguimos pensar mesmo através das reproduções"[24].

A contribuição mais importante do artigo de Daitz, consiste em ter relacionado, pela primeira vez, a *teoria pictórica* (*picture theory*) de Wittgenstein com a teoria semiótica da iconicidade de Ch. S. Peirce[25]. O

---

[23]   Falamos aqui propositalmente de *imagens icônicas*, expressão que pode parecer redundante. Mas neste contexto ela é correta: o ícone, a nosso ver, é um tipo particular de imagem. Mais adiante retornaremos o argumento.

[24]   H. H. Price (1969, p. 256).

[25]   J. C. Morrison (1968) colocou em dúvida que se deva atribuir o valor de uma "contri-

8. Notas sobre a iconicidade · 209

Bild de Wittgenstein aparece, pela primeira vez, comparado ao *icon* de Peirce. Menos bem-sucedida, ao contrário, é a tentativa de invalidar a pretensão (pretensão atribuída a Wittgenstein e a Peirce) de conferir às imagens icônicas uma função enunciativa de tipo declarativo. Ele afirma: "Reflexões, imagens e cartas geográficas, todas têm uma característica fundamental: são ícones... (mas) as proposições não são ícones... Os ícones mostram e as proposições enunciam. Mostrar consiste em referir e descrever. Os elementos que representam, ao mesmo tempo mostram; mas os elementos que referem ou descrevem, não necessariamente enunciam"[26]. Vimos que Wittgenstein definiu o *Bild* como uma proposição e, do mesmo modo, Peirce definiu o *icon* como um eventual portador de um *index*[27]. Mas o que Daitz parece ignorar, ou que parece não considerar, é que *raramente* Wittgenstein usa a palavra proposição como enunciado ou assertiva; ao contrário, *quase sempre* utiliza como "aquilo que é expresso (significado, formulado, representado, designado) por uma proposição (declarativa)"[28]. Dizemos *raramente* e *quase sempre* porque Wittgenstein era volúvel em suas escolhas terminológicas. G.

---

buição positiva" a este artigo. Discutindo as ideias de Daitz sobre a *picture* de Wittgenstein, Morrison disse: "*pictures are not icons*" (p. 64).

[26] E. Daitz (1966, p. 59 e seg.). Sobre certos erros interpretativos de Daitz em relação a Wittgenstein, ver E. Evans (1955).

[27] Peirce escreve: "O retrato de um homem com um nome masculino escrito embaixo é exatamente uma proposição, embora a sua sintaxe não seja aquela da linguagem, e o próprio retrato não apenas represente, mas seja, um hipoícone (1960, II, p. 184). A relação proposição–ícone–índice é um dos aspectos mais complexos do proverbial e complexo universo peirciano. Para evitar equívocos, procuraremos fazer uma breve apresentação das ideias de Peirce sobre este assunto. Antes de mais nada, Peirce nega que o ícone possa portar informação e, portanto, torna-se difícil, pelo menos para os 'que não são do ramo', entender como o ícone possa servir como proposição. Isso, porém, torna-se mais claro – mas não absolutamente claro – se considerarmos certas nuances feitas pelo próprio Peirce sobre o argumento. Peirce escreve: "Um ícone puro não pode comunicar uma informação, seja positiva ou factual, pois esta não oferece nenhuma garantia de que coisa semelhante exista na natureza" (1960, IV, p. 359). Segundo Peirce, a informação lógica declarativa pode ser completada apenas com a ajuda do índice e com a complexidade do nome. "Uma proposição é também uma descrição geral, mas difere de um termo enquanto tende a estar em relação real com o fato, a ser verdadeiramente determinada por este. Portanto, uma proposição pode ser formada apenas pela conjugação de um nome com um índice" (1960, I, p. 196). Sobre as eventuais implicações lógicas da percepção, Peirce não deixa dúvidas sobre o seu ponto de vista: "Se alguém vê, não pode evitar o percepto... Mas o percepto não pode ser uma premissa, visto que não é uma proposição; e uma declaração sobre o caráter do percepto deveria basear-se no julgamento perceptivo, em vez deste sobre aquela. Então, o julgamento perceptivo não representa o percepto *logicamente*. De que forma inteligível pode representar, então, o percepto? Não pode ser uma cópia deste, visto que, como se verá, não se assemelha absolutamente ao percepto. Não sobra outra coisa a não ser uma forma que pode representar o percepto, isto é, como um índice ou um verdadeiro sintoma." (1966, VII, p. 373).

[28] R. Carnap (1959, p. 235 e seg.).

210 Cultura, Sociedade e Técnica

E. Moore, que acompanhou suas aulas em Cambridge nos anos 1930-33 conta que Wittgenstein habitualmente usava os termos *proposição* e *enunciado* como se fossem sinônimos[29]. Peirce, ao contrário, usava *quase sempre* a "proposição" como enunciado e *raramente* em outro sentido.

Dito de outra maneira, Peirce frequentemente foi contra Peirce e Wittgenstein contra Wittgenstein. É claro, então, que Daitz, em ambos os casos, acerta e não acerta o alvo. Ela processa as intenções de dois pensadores que, por princípio, sempre nutriram uma particular relutância a tornar muito evidentes, isto é, muito acessíveis, as suas intenções. Independentemente das dificuldades inerentes a Peirce e a Wittgenstein, o problema evocado por Daitz continua em aberto: seria correto dizer que um ícone é uma proposição? Responder a esta pergunta nunca foi uma tarefa simples. No passado, todas as vezes que se tentou fazê-lo, os resultados foram pouco convincentes. Devemos admitir, porém, que, nos últimos tempos, a tarefa tem se tornado cada vez mais complexa, por duas razões: primeira, pela atual "condição caótica" dos estudos lógicos, nas palavras de Lewis[30]; segunda, pela atual condição não menos caótica dos estudos semióticos. A primeira é o resultado de um desenvolvimento evolutivo da lógica moderna, que tornou o objeto de pesquisa dessa disciplina cada vez mais vasto e complexo e, portanto, sempre mais agudos os contrastes entre as diversas maneiras de interpretá-lo. A segunda, ao contrário, é o resultado de um desenvolvimento certamente involutivo, cuja causa principal deve ser buscada na influência cada vez maior da semiolinguística francesa, a qual tem, superficialmente, *linguistifié* a total problemática da semiologia.

Apesar desse estado de coisas nada favorável, deveria ser procurada novamente a resposta à pergunta sobre as implicações lógico-epistemológicas da iconicidade. Dessa vez, porém, diferentemente das precedentes, dever-se-ia começar aceitando – pelo menos como hipótese de trabalho – o significado de um dos dois termos: ou do ícone ou da proposição. Nossa escolha tática, por motivos que veremos adiante, recai sobre a proposição.

No presente texto, usaremos o termo *proposição* na acepção que é dada hoje pela maior parte dos estudiosos da lógica formal. O termo *proposição*, então, não será utilizado aqui "nem como expressão linguística nem como evento subjetivo ou mental, como algo mais objetivo. Aplicaremos o termo 'proposição' a toda entidade do tipo lógico, e que possam ser expressas por enunciados (declarativos) em uma linguagem"[31]. A proposição "não terá o caráter psicológico da '*propositio mentalis*' de Guglielmo Occam ou do 'juízo tradicional'"[32]. Para nós, proposição será

---

[29] Ver G. E. Moore (1959).
[30] "*Logical theory is today in a chaotic condition*", dizia Lewis em 1946; e isto é cada vez mais válido ainda hoje (C. I. Lewis, 1962, p. 36).
[31] R. Carnap (1956, p. 27).
[32] A. Church (1956, p. 26).

o "conteúdo objetivo de um juízo"[33]. Diremos ainda que "uma proposição é um termo capaz de significar um estado de coisas... A proposição é algo assertivo: o 'conteúdo' da asserção, significando um estado de coisas, pode ser discutido, negado ou simplesmente suposto"[34].

Ressalta-se que esse mosaico de definições deve ser julgado exclusivamente sob o viés das exigências particulares da nossa economicidade expositiva. Sabemos que o procedimento por nós adotado é bastante discutível. Tiradas do seu contexto original e inseridas em outro, considerado conceitualmente homogêneo, *a priori*, as citações dos vários autores podem parecer mais convergentes (e, portanto, menos divergentes) do que o são efetivamente. Para a nossa finalidade, todavia, não representam um grande risco: basta-nos estabelecer, mesmo com uso de um procedimento sabidamente rudimentar, qual é a orientação do conceito de proposição que, por comodidade, decidimos adotar.

Pois bem, se cada proposição – como foi convencionado – não é um enunciado, e se o ícone – segundo Peirce e Wittgenstein – é uma proposição, o ícone não é um enunciado. Mas, a esta altura, constata-se que as coisas estão apenas aparentemente mais claras. O campo de investigação que pretendíamos reduzir parece, ao contrário, em franca expansão. A dificuldade da nossa abordagem, agora, emerge com evidente clareza.

Somos colocados diante do problema do significado a partir do momento em que aceitarmos, de um lado, a natureza proposicional do ícone e, de outro, a diferença entre proposição e o enunciado. Desde Aristóteles até os dias de hoje e, particularmente após Frege, o problema é saber onde se apoia cada debate sobre os fundamentos da lógica. Particularmente após Saussure, tem-se buscado esse apoio no debate sobre os fundamentos da linguagem. Conforme as várias maneiras de se colocar diante desse problema, os estudiosos da lógica, como é sabido, são definidos como realistas ou nominalistas e os estudiosos da linguagem, como analogistas ou anomalistas[35].

O problema do significado continua a ser colocado praticamente nos mesmos termos da antiguidade e da Idade Média, apesar do formidável refinamento instrumental alcançado atualmente pela lógica e pela linguística. Os estoicos foram os primeiros a intuir que a zona em que se situavam a lógica e a linguagem é precisamente a zona do significado. Foram também os primeiros a denunciá-la como *zona de penumbra*. E tinham razão. O problema do significado configura uma zona particularmente obscurecida por cortinas de fumaça do idealismo filosófico. Essa zona é cheia de armadilhas, imprevistos e perigos de todo tipo. No seu contexto, um mesmo argumento pode servir de sustentação para uma tese ou para a tese oposta. O mesmo acontece com os proverbiais exemplos de fauna mitológica, frequentemente chamados para provar a consistência (ou a inconsistência) de uma tese ou da outra. Referimo-

---

[33] A. Pap (1955, p. 2).

[34] C. I. Lewis (1962, p. 48).

[35] Ver H. Arendt (1955, p. 18).

212 Cultura, Sociedade e Técnica

nos àqueles monstros dóceis e condescendentes que são os centauros, os pégasos e os unicórnios, sempre prontos para socorrer tanto os realistas quanto os nominalistas, tanto os analogistas quanto os anomalistas.

Agora é importante continuar a examinar a relação ícone–proposição. A seguir, tentaremos estabelecer os limites do discurso lógico sobre a iconicidade. Para alcançá-lo, no nosso entender, o melhor procedimento consiste em identificar as teses que os lógicos modernos têm elaborado sobre a proposição, e verificar se elas podem ser legitimamente transformadas em teses sobre a iconicidade. É apenas um exercício, mas vale a pena ser tentado. Vejamos.

É justificável considerar que o ícone, um *raciocínio* no sentido lógico, seja um paradigma daquela "particular forma de pensar chamada inferência, através da qual chega-se a conclusões partindo de algumas premissas"?[36] Pode-se sustentar que a construção icônica e a construção lógica sejam isomórficas? Ou mais simplesmente: é correto colocar a hipótese de que qualquer tipo de ícone possa assumir o caráter de uma verdadeira *forma preposicional declarativa*? Devemos admitir que, normalmente, o ícone não se apresenta dessa forma. Quando representa um objeto por meios inanimados (fotografia, desenho, pintura), o ícone assume uma forma de configuração sinóptica[37]. Entende-se por configuração sinóptica um sistema no qual os elementos se comportam *constitutivamente* e não *cumulativamente*, ou seja, um sistema no qual os elementos aparecem em uma relação recíproca de total dependência formal, estrutural e funcional[38]. Em poucas palavras, uma configuração com um elevado grau de compactação sistêmica. Deve-se notar, porém, que, quanto mais elevado for o grau de compactação sistêmica de uma configuração, mais elevado será o grau de sua opacidade referencial[39], isto é, a sua opacidade preposicional. A ordem sinóptica restringe aquela margem de desordem que é imprescindível para o cumprimento da ordem lógica. Enquanto a forma lógica declarativa pressupõe heterogeneidade – e, portanto, precisa da articulação – a compactação sistêmica, ao contrário, enfatiza a homogeneidade e, portanto, relativiza a articulação.

É óbvio que isso não deve ser entendido em termos absolutos. Efetivamente, nenhum ícone pode construir-se sem articulação. Enquanto imagem, o ícone obrigatoriamente tem necessidade de um mínimo de diferenciação interna, de um mínimo de hierarquização entre as partes que o compõem. Uma estrutura bidimensional organizada isometricamente

---

[36] I. M. Copi (1966, p. 2).

[37] Escreve A. C. Moorhouse (1953): "A característica mais importante da escrita pictográfica consiste em enxergar o fato que é representado como um todo, em um modo sinóptico" (p. 7 e seg.).

[38] L. von Bertalanffy (1969, p. 3 e seg.). Cr. A. D. Hall (1965, p. 65).

[39] W. v. O. Quine (1960, p. 141 e seg.). É óbvio que opacidade e transparência referencial não podem ser examinadas separadamente. Sobre a noção de transparência, ver o apêndice à segunda edição (1927) de A. N. Whitehead e B. Russell (1968, p. 665). Ver ainda o agudo tratamento do tema opacidade–transparêcia em J. J. Katz (1972, p. 261 e seg.).

(isto é, suas partes são todas iguais e equidistantes)[40], sendo desprovido de articulação, não é nem mesmo capaz de gerar uma imagem, icônica ou não. Sabemos que o processo de leitura de uma imagem – mesmo aquelas sem movimento – se desenvolve ao longo do tempo. Perceber é percorrer, seguindo um itinerário.

Considerando as imagens que nos são submetidas, algumas partes atraem o nosso interesse antes de outras, e algumas – em geral, as mais extensas – nos deixam indiferentes. Em suma, são ruídos de fundo. Se quisermos exprimir-nos em termos retóricos, pode-se dizer que a sinédoque, principalmente na forma *pars pro toto*, é a figura mais frequente no processo perceptivo. A importância desse fato não é apenas cognitiva, mas também recognitiva. Tudo acontece, porém, em um nível de complexidade muito baixo – certamente muito mais baixo que o nível requerido pela articulação preposicional.

É necessário assinalar que o sistema icônico, no qual as partes se comportam *constitutivamente*, não é o único possível. Existem também exemplos de configurações icônicas – cada vez mais comuns na nossa cultura – onde as partes se comportam *cumulativamente*. Pertencem a essa categoria todos os sistemas icônicos que representam objetos ou eventos através dos meios técnicos de registro cinético (filme e televisão, entre outros). Nesse tipo de organização, além de existir articulação, ela se desenvolve na temporalidade, isto é, linear e sucessivamente, contrariamente ao que ocorre na primeira configuração analisada. Nessa configuração, pelo menos teoricamente, a colocação da forma lógica declarativa encontra condições substancialmente mais favoráveis. Realmente é possível projetar *intencionalmente* uma série de sequências capazes de organizar-se como forma lógica declarativa.

Devemos mencionar, ainda, outro tipo de configurações icônicas. Trata-se daquelas – conhecidas há milênios – que tentam representar objetos ou eventos animados com a ajuda de meios inanimados que, graças a um estratagema sintático, conseguem simular as técnicas cinemáticas. Nesses termos, alguns elementos comportam-se *constitutivamente* e outros *cumulativamente*. Referimo-nos a certas formas precursoras da escrita, como, por exemplo, a chamada escrita sintética. Février escreve: "A escrita à qual damos a qualificação de sintética é caracterizada essencialmente pelo fato de sugerir, com apenas um desenho, toda uma proposição, toda uma frase e ainda um grupo de frases que o olho pode perceber de um só lance"[41]. É errado dizer que essa protoescrita opere sempre, necessariamente, através de uma só imagem – "um só desenho". Existem casos em que "toda uma proposição, toda uma frase e ainda

---

[40] Cf. K. L. Wolf e R. Wolff (1956, I, p. 5).

[41] J. G. Février (1959, p. 43). O comportamento de tal configuração explica-se pelo fato de que, na realidade, ela está mais próxima do discurso que da escrita; mais próxima então de uma *semia direta* do que de uma *semia substitutiva*. Ver E. Buyssens (1943, p. 49 e seg.). Importantes desenvolvimentos dos aspectos epistemológicos da teoria *sêmica* de Buyssens encontram-se em L. J. Prieto (1966).

um grupo de frases" são sugeridos por uma série de imagens que se apresentam como sequência de um mesmo desenvolvimento temático. A Proclamação da Tasmânia (*Proclamation from van Diemen's Land*), analisada por I. J. Gelb[42], é um excelente exemplo disso. Nessa mesma categoria podem ser incluídas as modernas histórias em quadrinhos.

Indubitavelmente, tais configurações icônicas, embora se comportem apenas parcialmente de forma cumulativa, são também muito adequadas a hospedar uma proposição declarativa. Isso se explica, como no caso recém-examinado, pela sua elevada complexidade. Mas, de tanto insistir sobre o papel da complexidade, corre-se o risco de ser induzido a acreditar que entre a complexidade lógica e a complexidade icônica exista uma analogia (ou simetria) absoluta. Arrisca-se, por exemplo, chamar de *atômicos* os ícones simples ou elementares e de *moleculares* os ícones complexos ou compostos. Assemelha-se à lógica, a partir de Russell[43], quando se fala de *proposições atômicas* e de *proposições moleculares*. Na realidade, tal transposição é muito arbitrária. O ícone atômico, que preferimos chamar de *iconema*[44], é pouco equiparável à proposição atômica tanto quanto o ícone molecular à proposição molecular. O ícone atômico, enquanto configuração de baixa complexidade, é habitualmente mais vulnerável à opacidade referencial. O ícone molecular, ao contrário, enquanto configuração de alta complexidade, habitualmente alcança a transparência referencial com mais facilidade.

Os conceitos de opacidade e de transparência referencial são utilizados aqui no sentido mais livre, menos técnico do que aquele utilizado por Quine. Talvez mais próximo ao "mínimo significado descritivo" (*minimal descriptive meaning*) e ao "máximo significado descritivo" (*maximal descriptive meaning*) de Strawson[45]. Diferentemente daquilo que ocorre com os ícones, a relação entre proposição atômica e proposição molecular apresenta-se de forma muito sutil, visto que se trata de uma relação de recíproca subordinação, sob o ponto de vista referencial. Pode-se dizer que a transparência referencial de uma proposição molecular – isto é, o seu máximo significado descritivo – é possível apenas se as proposições atômicas que a compõem contiverem certo grau de transparência referencial[46].

---

[42]   I. J. Gelb (1952, p. 32 e seg.).

[43]   B. Russell (1969 e 1971, p. 177 e seg.) ver ainda a introdução à segunda edição (1927) de Whitehead e Russell (1968, I, p. xv).

[44]   Iconema: unidade icônica não susceptível de ser dividida em unidades icônicas menores. Ver as definições dadas de *fonema* e de *morfema* em *Projet de terminologie phonologique standardisée*, em *Traveaux du Circe linguistique de Prague, Réunion phonologique internationale tenue à Prague* (18-21 dez. 1920). (Praga, 1931, 4 p. 311 e 312).

[45]   P. F. Strawson (1966, p. 44).

[46]   Sabemos que exatamente este argumento foi um dos mais debatidos entre os lógicos da atualidade, e que muitos deles não estariam de acordo com esta interpretação. Principalmente aqueles que não concordam com o papel fundamental atribuído por Wittgenstein às proposições elementares (ou atômicas) no famoso parágrafo 2.0201 do *Tractatus*.

A esta altura é necessário fazer alguns esclarecimentos. Tínhamos dito anteriormente que os ícones do tipo sinóptico, devido à sua articulação quase inexistente – ou muito fraca – são pouco adequados para hospedar um discurso proposicional. Porém, em seguida, relativizamos esse assunto, admitindo que os ícones, incluindo os de tipo sinóptico, apresentam-se sempre como configuração diferencial, isto é, como configuração cujas partes não têm todas o mesmo valor para quem as percebe. Ou seja: existem partes privilegiadas que, em determinadas condições, podem até mesmo substituir a totalidade. No final, introduzimos a temática da complexidade, explicando a opacidade referencial do *iconema* – e sua baixa complexidade com mínimo significado descritivo.

Tudo isso pode parecer contraditório. De um lado, fazemos do *iconema* parte cognitivamente privilegiada de todas as configurações do tipo sinóptico. De outro lado, ao contrário, afirmamos que o *iconema* – enquanto elemento atômico de baixa complexidade – é a parte referencialmente fraca e, portanto, não equiparável à proposição atômica que normalmente age como parte referencialmente forte.

A contradição que aqui emerge põe em evidência a extrema dificuldade apresentada pela temática ícone-proposição. Seria errado acreditar que tal contradição seja estranha ao sistema icônico, decorrente de uma dificuldade causada somente pela imaturidade (ou ineficácia) do nosso cabedal metodológico. Ao contrário, ela pertence à própria natureza do sistema que estamos examinando e isso confirma a validade dos instrumentos interpretativos utilizados. Sabemos hoje que o problema da iconicidade é indissociável do problema da relação entre categorizador conceitual e categorizador perceptual, sendo inseparável do problema da relação entre estrutura de raciocínio e estrutura da realidade. Mas sabemos também que não teremos nenhuma chance de sucesso se uma área problemática tão vasta for analisada a partir de um único ponto de vista epistemológico.

Um grande mérito de Piaget foi o de ter sido o primeiro a chamar a atenção sobre a necessidade de operar com duas epistemologias: a *epistemologia normativa* e a *epistemologia genética*. Parece-nos oportuno citar aqui o trecho de Piaget: "A epistemologia normativa procura determinar quais seriam as condições da verdade, ou quais seriam as normas gerais sobre as quais tal verdade se fundamenta para uma área de conhecimento, não se dedicando às atividades do sujeito detentor do conhecimento. Enquanto isso, a epistemologia genética procura estabelecer as condições normativas da verdade para a mesma área de conhecimento, pelas quais o sujeito chegou a construí-las e a considerá-las... superiores em relação aos níveis anteriores"[47].

---

[47] J. Piaget (1957, p. 24). A teoria das duas epistemologias não deve ser entendida como uma variante do *psicologismo*. A tomada de posição de Piaget em relação a isso é muito clara. ele escreve: "Na realidade não poderiam ocorrer conflitos entre os dois métodos, normativo e genético, até quando esses se atenham ao que constitui as suas respectivas e rígidas normas: nunca deixar intervir uma consideração psicológica na formalização lógica (sob pena de descam-

Essa divisão de tarefas na pesquisa epistemológica não vem exaltar uma diferença, como se poderia imaginar, mas colocar as bases para iniciar futuramente um processo de unificação na diversificação. Mesmo que possa parecer paradoxal, pode-se dizer que essa divisão de tarefas constitui o mais duro golpe desferido naquilo que Quine, em um célebre ensaio, havia definido como um dos dois dogmas do empirismo: a necessidade de uma rígida separação entre discurso lógico e discurso factual, entre verdade analítica e verdade sintética[48].

É claro que a tradição iniciada por Peirce e Wittgenstein, com as suas hipóteses de uma relação isomórfica entre imagem e proposição, abriu novas e fecundas perspectivas. Mas devemos ainda admitir que essa tradição não conseguiu liberar-se da unilateralidade da *epistemologia normativa* e acabou por demonstrar-se impotente diante de todos os problemas oriundos de uma área de investigação que não seja a lógico-formal.

Os principais expoentes dessa tradição acreditavam que o processo de categorização, muito determinante em todo sistema icônico, pudesse ser explicado exclusivamente em termos de *categorização conceitual*. Devido à sua obsessão antipsicologista, não quiseram reconhecer a necessidade de defini-lo *também* em termos de *categorização perceptual*[49]. Ter conseguido fazer entender a importância deste último tipo de categorização foi outro importante mérito de Piaget e da sua escola de *epistemologia genética*.

Na temática específica da iconicidade, essa impostação revela-se decisiva. O ícone é, antes de mais nada, o resultado de um processo de *categorização perceptual*. Isso é verdadeiro tanto do ponto de vista da produção quanto do ponto de vista da utilização icônica. Ter desprezado esse fato – no nosso entender, tão óbvio – levou a erros fundamentais de avaliação. É claro que a *categorização conceitual* tem um papel essencial na mediação entre o espaço icônico e o espaço lógico. E é precisamente esse papel de mediação que permite ao espaço icônico "apresentar a situação no espaço lógico, o subsistir e o não subsistir de estados de coisas" (Wittgenstein).

Contudo, seria pouco sensato afirmar que o espaço icônico é o espaço lógico. Nesse caso, como em muitos outros, a cautela recomen-

---

bar no 'psicologismo') e não substituir jamais a dedução lógica pela análise dos fatos genéticos (sob pena de cair no 'logicismo')" (p. 24 e seg.).

[48] W. v. O. Quine (1963, p. 110 e seg.). Ver J. Piaget (1972, p. 81). Sobre o mesmo argumento ver ainda B. Kaplan (1971, p. 75).

[49] J. S. Bruner, J. J. Goodnow e G. A. Austin (1966). Deste livro fundamental sobre a estrutura do pensamento foi tirada grande parte dos conceitos relativos ao processo de categorização. Principalmente, fizemos a nossa própria definição de categorização: "Categorizar", escrevem os autores, "significa tornar diferentes coisas equivalentes, reagrupar em classes os objetos e as pessoas que nos circundam, e replicá-los nos termos de sua pertinência à própria classe em vez de fazê-lo nos termos de sua própria individualidade" (p. 1). Ver ainda J. S. Bruner et al. (1966).

dada por Frege para o emprego do *é* mostra-se mais que oportuna[50]. O escrupuloso respeito dessa recomendação nos leva a rebater que o espaço icônico não é, nem pode ser, o espaço lógico. E menos ainda aquele particular ordenamento do espaço lógico, que é a proposição declarativa.

Mas o espaço icônico e o espaço lógico não se excluem entre si. Isso não pode acontecer simplesmente porque entre o perceber e o pensar existe um nexo que não se pode negar. Normalmente, o que acontece (ou não acontece) entre ícone e proposição parece fortemente condicionado pelas coisas que se conectam (ou não), entre perceber e pensar. Examinemos esse argumento.

Perceber e pensar têm certas propriedades em comum: ambos estão em constante estado transiente de *passar a outra coisa*[51]; ambos são orientados para a constituição (ou reconstituição) de uma *ordem serial*[52]; ambos são mais estimulados pelas novidades do que pela familiaridade[53]. Essas propriedades comuns, todavia, não se realizam do mesmo modo: o modo de *passar a outra coisa*, de estruturar a *ordem serial* e de responder à novidade são diversos. Pode-se dizer que a discrepância entre pensamento e percepção é, principalmente, de forma. E a forma aqui não é entendida em um sentido genérico, mas muito específico. Na realidade, a discrepância de forma ocorre exclusivamente pelos diferentes modos de estabelecer as conexões entre os eventos, isto é, diferentes modos de regular as *cadeias causais*. Ou talvez, melhor ainda, um modo diverso de conectar os dois atributos da causalidade, conhecidos como *antecedente e contiguidade*[54].

A dificuldade do ícone em parafrasear a proposição, ocorre exatamente devido a esse tipo de discrepância. E o fato não é acidental. Ícone e proposição são ambos, em certo sentido, construtos formais, mas suscetíveis à discrepância formal supracitada. Ícone e proposição, não há dúvidas, organizam o próprio tecido conectivo de modo diverso. Suas *cadeias causais* normalmente não coincidem. E esse é um dos motivos – não o único – pelo qual o ícone imita tão mal a proposição.

Devemos recordar a notável dificuldade, senão a impossibilidade, de encontrar uma composição icônica capaz de *enunciar* uma proposição molecular, anteriormente referida, sem recorrer ao auxílio de meios verbais. Isso não nos surpreende: uma proposição molecular, precisa dos termos sincategoremáticos, ou seja, conectivos e quantificadores, que só se deixam reproduzir através de meios visuais com muito custo.

Tudo isso nos levaria a acreditar que existe uma incompatibilidade congênita entre ícone e proposição? Uma conclusão dessa natureza seria no mínimo prematura. Ainda não sabemos as surpresas que nos reserva o desenvolvimento das tecnologias do pensamento (*thought te-*

---

[50]   G. Frege (1969, p. 60).

[51]   J. Paliard (1949).

[52]   K. S. Lashley (1951).

[53]   D. E. Berline (1950).

[54]   M. Born (1964).

chnologies)[55]. Estas podem se apresentar combinadas às mais avançadas tecnologias da percepção, como é o caso da gráfica computadorizada[56].

Apesar do caráter bastante rudimentar das suas primeiras aplicações, a gráfica computadorizada (*computer graphic*) inaugurou uma nova fase na história da relação instrumental entre pensamento e percepção. Pela primeira vez, estabeleceram-se as bases técnicas para permitir uma relação operativa – e talvez até heurística – entre formalização lógica e modelação visual. É necessário assinalar que esse instrumento técnico não acabará com o velho debate sobre o significado, como se poderia imaginar. Ao contrário: vai reabri-lo com mais veemência.

Recordo que tínhamos deixado de lado o exame do problema do significado, para dar a prioridade à relação ícone-proposição, que considerávamos mais urgente. No nosso entender era necessário, antes de tudo, identificar os limites do discurso exclusivamente lógico sobre a iconicidade.

Falta ainda discutir uma tese: definir uma coisa, baseado em sua similaridade com outra, equivale a não defini-la realmente, porque todas as coisas, em última análise, teriam alguma característica em comum. Tal objeção pretende impugnar globalmente a própria ideia de similaridade, negando-lhe qualquer valor cognitivo. Esse fato é bastante grave pois, examinando bem, essa postura hostil em relação à similaridade é indício de uma postura ainda mais hostil em relação aos construtos teóricos que hoje guiam todas as práxis científicas. No final das contas, afirmar que a similaridade não tem valor cognitivo equivale a dizer que o mesmo acontece com as operações de modelar, simular, categorizar e classificar. É sabido que na base dessas operações encontra-se sempre a ideia de similaridade. Modelar e simular significa construir similaridades; categorizar e classificar significam ordenar a similaridade[57]. Esse foi um legado de Galileo, fundamental para o conhecimento científico.

Para esse propósito, parece-nos oportuno mencionar outro as-

---

[55]   M. Bunge (1966).

[56]   T. E. Johnson (1963), R. W. Mann (1965), S. A. Coons (1964) e I. E. Sutherland (1963).

[57]   É evidente que as teorias da modelação (*modelling theory*), da simulação (*simulation theory*), da categorização e da classificação (*taxonomy*) são de grande interesse para a problemática da similaridade e, particularmente, da iconicidade. A teoria da modelação e da simulação de um lado, e da categorização e da classificação, do outro, mostram hoje uma forte tendência à integração e até à fusão. Por outro lado, constata-se que as duas primeiras entram em um contato mais estreito e frequente com as segundas quando se enfrenta a temática do reconhecimento de padrões (*pattern recognition*). Alguns autores sustentam que as operações de modelação, simulação, categorização e classificação são todas de reconhecimento da similaridade. Sobre o tema da relação modelação-simulação ver F. J. Crosson e K. M. Sayre (1963). Sobre a relação entre categorização e classificação ver R. R. Sokal e P. H. A. Sneath (1963); e N. Jardine e R. Sibson (1971); e ainda, a importante contribuição de G. A. Maccaro (1958). Sobre a questão do reconhecimento como ponto de cruzamento entre as teorias anteriormente mencionadas, ver K. M. Sayre (1965). Para maior detalhamento sobre o papel da similaridade e as teorias da simulação e da modelação, ver o livro do soviético V. A. Venikov (1969).

pecto da mesma problemática: a crítica da similaridade na observação instrumental, ou seja, na observação efetuada com uso de instrumentos. Evidentemente, essa observação parte do pressuposto de que existe uma relação de similaridade entre a imagem produzida pelo instrumento e o objeto representado por essa imagem. Sustentar que tal similaridade não tem valor cognitivo significa reabrir, após mais de três séculos, uma controvérsia que se acreditava definitivamente superada. Esta surgiu em torno das descobertas astronômicas de Galileu com a utilização do seu telescópio. Na prática, isso significa um alinhamento com os adversários de Galileu, que se recusaram até mesmo a olhar pelo telescópio. Eles consideraram uma alucinação pessoal aquilo que o autor do *Sidereus Nuncius* afirmava ver: "coisa belíssima e surpreendentemente agradável, ver o corpo da Lua"[58].

Frege utiliza o exemplo da observação da Lua com o telescópio para ilustrar a relação significado/referência-sentido/senso-representação (*Bedeutung-Sinn-Vorstellung*). Ele escreve: "Tendo um telescópio astronômico em mãos, examinamos o processo pelo qual a lua pode ser observada. A observação da lua torna-se possível devido à imagem real produzida pela objetiva dentro do telescópio, e pela imagem retínica produzida nos olhos do observador. Então, é fácil encontrar uma analogia entre a lua e o significado/referência (*Bedeutung*), entre a imagem produzida pela objetiva e o sentido/senso (*Sinn*), entre a imagem retínica e a representação ou intuição (*Vorstellung*). Em verdade, enquanto a lua é o objeto real em sua compacticidade, a imagem percebida pela objetiva é somente unilateral, visto que depende do ponto de observação. Apesar disso é objetiva, podendo servir a vários observadores"[59]. Um exame atento dessa comparação nos permite explicar por que os semiolinguistas recusem em bloco a teoria *Sinn-Bedeutung*: no seu obstinado idealismo, eles contestam tudo aquilo que, de um modo ou de outro, poderiam obrigá-los a admitir que a realidade existe – neste caso, a lua.

Porém, devemos recordar que a comparação de Frege não resolve todos os problemas relacionados com a similaridade no campo da observação instrumental. Para aprofundar esse argumento, procuraremos agora analisar aqueles instrumentos que nos ajudam a distinguir, coletar ou registrar visualmente um determinado segmento da realidade. É evidente que o produto da sua mediação produz uma imagem capaz de cumprir a função que lhe confiamos, devendo ter um relativo grau de similaridade com o objeto real, do qual esperamos obter alguma nova cognição ou recognição.

Deve-se ainda recordar que a natureza da mediação é condicio-

---

[58]   Ver G. Galilei (1953). Sobre a questão do debate em torno do telescópio de Galileu, ver V. Ronchi (1942 e 1952, p. 85 e seg.). No que concerne à relação entre experiência sensível e experimentação, ver A. Pasquinelli (1968, p. 82 e seg.). Sobre o mesmo argumento: A. Koyré (1966, em particular o capítulo sobre Galileo e Platão, p. 166 e seg.); e P. Rossi (1971, em particular o capítulo III sobre Galileo, p. 85 e seg.).

[59]   G. Frege (1962) Ver ainda sobre este argumento Ch. Thiel (1965, p. 89).

nada pelo grau de exigência da similaridade. É óbvio que a mediação instrumental entre observador e o objeto observado depende da tecnicidade dessa mediação. Mas essa constatação, por mais exata que seja, não diz qual é o problema específico que essa tecnicidade deve resolver. Surge o problema de otimizar, encontrando, no plano teórico, a melhor adequação possível entre as demandas convencionais provenientes do observador e aquelas não convencionais oriundas do objeto observado.

Se os filósofos tivessem prestado mais atenção àqueles fenômenos um tanto quanto banais, como a otimização técnica da *qualidade de imagem*, é provável que muitas perplexidades pré-galileanas, que ainda hoje nos atormentam, teriam perdido a razão de ser. Pode-se afirmar que a física técnica trouxe uma contribuição revolucionária para os fundamentos da teoria do conhecimento no campo da pesquisa sobre a qualidade de imagem, principalmente após os espantosos avanços da foto eletrônica[60]. Graças a essa contribuição, agora sabemos que *Sinn* e *Bedeutung*, sem renunciar as suas especificidades, estão objetivamente correlacionados entre si. Dito de outra forma, a física teórica viria confirmar a comparação de Frege. Embora pareça óbvio apenas pelo bom senso, ela demonstra capacidade de responder a condicionamentos mais profundos, muito além daquilo que se poderia imaginar à primeira vista.

Todavia, devemos admitir que as coisas tornam-se ainda muito mais complexas se colocarmos uma questão ulterior: como se explica a obviedade que atribuímos às teses de Frege? Ou melhor, por que, independentemente da confirmação técnica supracitada, o raciocínio de Frege sobre a similaridade entre imagem e o objeto, entre *Sinn* e *Bedeutung*, nos pareceu tão pleno de bom senso desde o início? De onde vem a nossa espontânea sensação de obviedade diante de um Galileu que *crê* na similaridade entre a sua lua instrumental e a lua real?

Quando procuramos dar uma resposta a essas perguntas, somos imediatamente levados a tomar posição sobre problemas atualmente muito controversos da filosofia e da ciência. Em particular sobre aqueles que, de um modo ou de outro, se conectam à temática crucial do isomorfismo. A bem da verdade, não existe um modo homogêneo de se tratar esses temas. A definição de isomorfismo apresentada, por exemplo, pela cristaloquímica (isomorfas são as substâncias que têm formas cristalinas muito semelhantes e naturezas químicas diferentes), tem relativamente pouco em comum com aquela fornecida pela matemática ou pela lógica (isomórficos são os conjuntos ou classes de correspondência biunívoca, sendo tal relação simétrica, reflexiva e transitiva).

É evidente que um analogismo estrutural genérico não é suficiente para justificar a sua integração em um único sistema. Deve-se, porém, considerar que tanto a cristaloquímica quanto a matemática e a lógica parecem concordar em um ponto importante: todas as três foram capazes de especificar, com notável exatidão metodológica, os seus respectivos conceitos de isomorfismo.

---

[60] Ver H. L. Zinder (1973).

8. Notas sobre a iconicidade   **221**

O mesmo não se pode dizer de outras disciplinas, como a psicologia. Köhler, um dos mais ilustres representantes da teoria da *Gestalt*, sustentava a tese que existem correspondências entre certos conteúdos da consciência e certos campos de atividade do cérebro[61]. Apesar do rigor científico usado por Köhler para apresentar e defender o argumento, a tese não conseguiu apresentar uma demonstração convincente no plano empírico. A teoria da equipotencialidade (*equipotentiality, mass action*) de Lashley[62] provou, ao contrário, que os fenômenos da correlação se apresentam em um modo muito mais complexo do que Köhler tinha imaginado. Em resumo, o isomorfismo, como foi concebido pela psicologia da *Gestalt*, é um conceito muito vago, sendo praticamente impossível livrar-se da acusação de tardio dualismo cartesiano, que frequentemente lhe é imputada[63].

Pode-se colocar ainda uma objeção, não muito diferente, àquele outro tipo de isomorfismo, proposto pela linguística e pela filosofia da linguagem. Ou seja, o isomorfismo como correlação biunívoca entre linguagem e realidade. Nesse tipo de isomorfismo aparece ainda mais evidente aquilo que as teorias precedentes mal conseguiam esconder, quando se deseja descrever as correspondências isomórficas. Aí surgem as enormes dificuldades sem que se consiga esclarecer certas questões relativas aos fundamentos epistemológicos da similaridade. Já tratamos desse tema por um outro ângulo, discutindo a teoria pictórica (*picture theory*) de Wittgenstein.

No fundo trata-se de velhas questões sempre colocadas e recolocadas através dos séculos, mas que Leibniz, no seu notável texto *De Analisi Situs*, soube intuir com rara lucidez: "Não basta definir como semelhantes os objetos cuja forma é a mesma, sem basear-se em um conceito geral de *forma*. Ao iniciar a explicação da qualidade ou forma, constatei que a questão assim se apresenta: são semelhantes aquelas coisas que, observadas uma a uma, não podem ser distintas entre si. A quantidade pode ser percebida somente através da presença simultânea das coisas, ou com a intervenção de algo que possa ser efetivamente aplicada a elas. A qualidade, ao contrário, apresenta à mente algo que se pode reconhecer nas coisas tomadas isoladamente e que pode-se utilizar na comparação de duas coisas, sem confrontá-las imediatamente, ou com a mediação de um terceiro como critério de comparação"[64].

Um profundo reexame da temática leibniziana poderia esclarecer os fundamentos epistemológicos da similaridade e, portanto, do isomorfismo. Como já vimos, ele adota dois modos para estruturar a similaridade: o quantitativo e o qualitativo. O primeiro se define através da heteronomia da presença simultânea; o segundo através da autonomia

---

[61]   W. Köhler (1920, p. 193; 1929, p. 64; e 1938, principalmente o capítulo VI sobre o isomorfismo).

[62]   K. S. Lashley (1929 e 1931).

[63]   E. G. Boring (1963, p. 3 e seg.).

[64]   G. W. Leibniz (1962, V, p. 180).

que não pressupõe a presença simultânea. Depois de Leibniz, um dos poucos pensadores que retomaram esta ideia foi Peirce, levando-a até as suas mais extremas e exacerbadas consequências.

Na realidade, a proposta de Leibniz sobre a presença simultânea é indispensável para compreender os dois conceitos fundamentais de Peirce: índice e ícone[65]. O índice é um veículo quantitativo da similaridade e o ícone, ao contrário, é o seu veículo qualitativo. No primeiro, a presença simultânea é obrigatória – o que Peirce chama de "conexão dinâmica com o objeto individual"[66], ou ainda a "conexão ótica com o objeto"[67], ou ainda a "relação existencial para o objeto"[68]. No segundo, ao contrário, pode-se prescindir da presença simultânea, da compresença[69].

No contexto do sistema de pensamento de Peirce, a ideia leibniziana da compresença deve ser entendida, por um lado, no sentido generativo-criativo-produtivo; por outro lado, em sentido verificador. Quer dizer, de um lado parte-se do fato que a similaridade é sempre *produzida* através da *compresença projetiva* do objeto representante e do objeto representado. Por outro lado, a similaridade deve necessariamente estar submetida à prova da "compresença" projetiva, quando se deseja confirmar a correspondência ou não, entre objeto representante e objeto representado.

No discurso sobre a iconicidade vimos o quanto é fácil cair na tentação do idealismo subjetivista. A crítica que fizemos aos semiolinguistas foi direcionada a essa fraqueza. A nossa posição é clara: ancoramo-nos no valor cognitivo da iconicidade. E este é, para nós, inseparável da sua possibilidade de confirmação, isto é, da possibilidade de submeter o conteúdo objetivo do sinal icônico à prova experimental. Obviamente, temos consciência que nem todos os sinais icônicos oferecem essa possibilidade, mas seguramente os sinais icônicos que a oferecem foram gerados-criados-produzidos através de uma compresença projetiva.

---

[65] Queremos ressaltar que o conceito de índice exposto nestas anotações coincide apenas parcialmente com aquele atualmente mais comum na Itália, principalmente por obra de U. Eco. Em Peirce (1960, II, p. 161), como é sabido, o índice é entendido de dois modos: 1. Como um sinal com função extensiva (*"a weathercock is an index of the direction of the wind"*), ou com função causal (*"a low barometer with moist air is an index of rain, ibidem"*); 2. Como um sinal que aparece explicitamente condicionado por seu nexo com um objeto real... Esses dois aspectos são complementares e, portanto, inseparáveis.

[66] Ch. S. Peirce (1960, II, p. 170).

[67] Ch. S. Peirce (1960, IV, p. 359).

[68] Ch. S. Peirce (*ibidem*, p. 462).

[69] O tema da presença simultânea pode parecer, à primeira vista, bastante hermético. Um esclarecimento, portanto, pode ser útil. Por presença simultânea entende-se, em geral, a propriedade que duas ou mais entidades têm de encontrarem-se presentes ao mesmo tempo, no mesmo lugar. Em Leibniz, a compresença é um dos requisitos para a confirmação quantitativa da similaridade entre duas ou mais entidades. Nesse caso, confirmar e confrontar. Nota-se, porém, que o confronto confirmativo pode completar-se apenas através de um efetivo "movimento de superposição" (ver K. L. Wolf e R. Wolff, 1956, p. 7) ou através de uma transformação métrica

8. Notas sobre a iconicidade   **223**

Devemos reconhecer que o desenvolvimento de uma metodologia que possibilite conduzir essa operação de confirmação com sucesso ainda apresenta graves dificuldades. Elas se devem principalmente ao fato desconcertante de que, ainda hoje, falta-nos uma história crítica das técnicas de iconicidade indexada. Dizemos desconcertante porque acontece exatamente em uma sociedade na qual, apesar de tudo, está em curso a mais formidável tentativa de iconização da vida comunicativa jamais empreendida.

Na realidade, a falta dessa história crítica é apenas parte de outra, com muito mais consequências, que Marx lamentava no *Capital*: a falta de uma história crítica da tecnologia em geral. Engana-se, porém, quem interpretá-la apenas como a expressão de uma vontade de se historiar a tecnologia. Marx escreveu: "Uma história crítica da tecnologia demonstraria quão pequena é a parte de cada indivíduo em uma invenção qualquer do século XVIII. Até agora esta obra não existe. Darwin dirigiu o interesse sobre história da tecnologia natural, isto é, sobre a formação dos órgãos vegetais e animais como instrumentos de produção da vida das plantas e dos animais. Mereceria igual atenção a história da formação dos órgãos produtivos do homem social, base material de cada organização social"[70].

De outros textos de Marx[71], sabemos que os "órgãos produtivos do homem social" significavam não apenas os órgãos de reprodução da realidade material, mas também aqueles da reprodução da realidade comunicativa. Entre estes últimos, colocam-se habitualmente a linguagem e a escrita, que são estudadas pela linguística e pela gramatologia e apenas parcialmente pela história da literatura. Estranhamente, as técnicas da iconicidade geralmente não são consideradas como verdadeiros órgãos de reprodução comunicativa. Mais estranhamente ainda, pensa-se que o estudo de tais técnicas deva ser deixado a cargo exclusivo da história da arte. A verdade é que as técnicas da iconicidade sempre foram, e ainda

---

ou projetiva. No âmbito específico da relação entre sinal e objeto ao qual se refere o sinal, estes dois tipos de confronto são possíveis somente com aqueles tipos de sinais que reproduzem um objeto existente (Peirce: *Dicisign*); ou que são o resultado de um contato direto com o objeto (Peirce: *Index*). Em outras palavras: somente os sinais que, de algum modo, são considerados *impressões* podem ser evocados para um confronto confirmativo desse tipo. Se os sinais não respondem a essa característica (Peirce: *Rheme*), um procedimento desse tipo não se aplica, pelo simples motivo que a compresença torna-se impossível. Devemos considerar que tais sinais podem ser submetidos a um tipo diferente de confronto confirmativo. Seguindo Leibniz, um confronto qualitativo. Nesse caso, não seriam utilizados nem *movimentos de superposição* nem transformações do tipo métrico ou projetivo, mas apenas transformações de tipo topológico. É necessário dizer que tais questões não foram ainda suficientemente estudadas para permitir uma tomada de posição definitiva sobre esse argumento. Foi mérito de U. Volli (1972, p. 25) ter chamado a atenção sobre esse argumento.

[70]   K. Marx (1957, I, livro I, p. 389).

[71]   K. Marx e F. Engels (1970, V, p. 27) Sobre o mesmo argumento, ver U. Erckenbrecht (1973) e ainda F. Rossi-Landi (1968 e 1972).

são, órgãos fundamentais de reprodução comunicativa. Por outro lado, é evidente que o seu estudo no futuro não poderá continuar a ser confiado apenas à história da arte.

No âmbito da proposta de Marx, fica claro que a história crítica das técnicas da iconicidade deverá ocupar uma posição privilegiada. Ela partirá do exame da técnica mais primordial, ou seja, da utilização da mão como estampo ou como estêncil, para borrifar as cores (procedimento abundantemente documentado nas paredes e nos tetos das cavernas de Gargas ou de El Castillo) e chegará até o exame da técnica mais atual, a produção holográfica de imagens através do raio laser. Entre esses dois extremos se desenvolveram historicamente os órgãos produtivos de *iconicidade indexicada*: dos meios mecânicos e químicos-mecânicos mais tradicionais, aos meios fotoquímicos, até aos meios radiotécnicos e eletrônicos.

A sua história crítica nos permitirá enxergar a fidelidade de cada um deles do modo particular de cada sociedade afrontar – ou constringe os homens a afrontar – a relação com a realidade.

Seguindo esse caminho, é provável que a semiótica possa finalmente renunciar ao seu atual posicionamento idealista-subjetivista, para tornar-se uma ciência empírica, cujo objeto será o estudo dos aspectos mais sutis da reprodução social da realidade. O estudo da maneira de reproduzir a realidade material torna-se realidade comunicativa e vice-versa.

Havíamos iniciado essas anotações sobre a iconicidade com uma citação de Lichtenberg, que complementamos com outra citação do mesmo autor: "O semiótico perceberá logo se a interpretação dos sinais o engana. Então, de um lado, há dificuldade infinitamente maior do que na ciência natural (*Naturlehre*). Do outro, menos ajuda. O que poderemos fazer?"[72]

---

[72]   G. Ch. Lichtenberg (1967, p. 387).

9. Falar, escrever e ler[1]

Nas últimas décadas, os avanços das tecnologias digitais[2], principalmente os relativos à produção hipertextual e de multimídia, tiveram um forte e, por certos aspectos, desestabilizante impacto sobre as nossas práticas comunicativas. Em pelo menos três dessas práticas verificaram-se (e ainda se verificam) mudanças notáveis: na linguagem, na escrita e na leitura. Percebe-se claramente que existe um divisor de águas, antes e depois da difusão das tecnologias digitais, no nosso jeito de falar, de escrever e de ler. Com isso, pretendo aludir ao modo de se exercitar a linguagem, a escrita e a leitura, não se restringindo (ou não apenas) às reviravoltas lexicais (ou das gírias e dos jargões) que essa difusão provocou.

Diga-se de passagem, essa generalização não corresponde exatamente à verdade. Na realidade, tais mudanças estão acontecendo apenas, e somente, naquelas sociedades (ou setores da sociedade) nas quais o acesso à rede é garantido a um número elevado de seus membros. Ou

---

[1]   Este texto foi publicado originalmente em italiano no livro *Memoria e Conoscenza* (p. 49-81), por Feltrinelli, Milão, 2005.

[2]   No presente capítulo, bem como em todos os outros, o conceito de *tecnologias digitais* repete, por comodidade expositiva, aquele da mídia em geral. É, porém, sabido que nem todas as tecnologias ditas *digitais* são, na realidade, exclusivamente digitais. Normalmente, existe uma compresença de elementos digitais e analógicos. E não só: em muitos desses instrumentos, hoje considerados o suprassumo da revolução digital – câmeras digitais, computadores e celulares –, constata-se um notável aumento de componentes analógicos.

seja: apenas nas sociedades (ou setores da sociedade) definidos, como classe de autoafirmação etnocêntrica, *tecnologicamente abastadas*[3].

De qualquer maneira, mesmo considerando essa limitação, não parece arriscada a nossa hipótese de que, naquelas sociedades, esteja em curso um processo de mudança radical no sistema de valores, das crenças e das preferências. Ninguém pode facilmente evitar essa sensação de que algo semelhante possa acontecer (ou que já esteja acontecendo). O que não significa que haja unanimidade sobre a avaliação dos efeitos dessas mudanças. Há quem veja nelas apenas efeitos benéficos. Outros, menos convictos, acreditam que os efeitos serão apenas maléficos. É provável que ambas as posições estejam erradas. Ou, se preferir, que estejam parcialmente certas e parcialmente erradas.

Acabei de mencionar o fato de que a influência das tecnologias digitais se manifesta principalmente na escrita e na leitura e, através dessas, na linguagem. Sem querer reabrir o velho debate sobre a autonomia (ou não) da escrita em relação à linguagem, parece-me evidente que, pelo menos no caso da escrita alfabética – que como veremos a seguir, não é a única forma de escrita –, o ato de escrever e ler está intrinsecamente ligado ao ato de falar.

A invenção da escrita e suas consequências

Neste ponto, creio que uma breve incursão preliminar sobre as origens da escrita (e tacitamente da leitura) pode ser o ponto de partida

---

[3]   Mesmo que pareça óbvio que os usuários da rede sejam muito mais numerosos nas sociedades (ou setores da sociedade) onde reinam o bem-estar e a opulência do que naquelas onde prevalecem a pobreza e a indigência, nem sempre é fácil quantificar o verdadeiro alcance deste fenômeno. Isso se deve ao fato de que ainda não dispomos dos instrumentos capazes de estabelecer, com razoável segurança, quantos são no presente os usuários da Internet em cada país e no mundo. Após as fantasiosas (e nem sempre desinteressadas) projeções dos anos 1990, em que se previa até mesmo que o número mundial de usuários da Internet em 2005 chegaria à marca de cinco bilhões (MIDS, Austin Texas), a tendência atualmente dominante é orientada para uma maior parcimônia na avaliação dos dados. Nenhuma entidade responsável fala, como era comum há uns anos, de um *crescimento exponencial* do número de usuários. Se fosse assim, já teríamos mais de seis bilhões de habitantes do planeta como usuários habituais da rede. Como sabemos, isso não é verdade. Continua, porém, aberto o problema da necessidade de uma tal quantificação. Nos últimos anos foram feitas novas tentativas nesse sentido. Procurou-se, por exemplo, identificar o número de *hostcount*, ou seja, de endereços IP (*Internet Protocol*) permanentes e ativos em cada país e em nível mundial. De uma comparação dos resultados obtidos e com base nesse parâmetro, feita por entidades mais sérias (Nações Unidas, União Europeia, Network Wizards, Ripe, Eurostat e Nielsen/Nethatings), pode-se colocar a hipótese que em 2004 o número de IP não fosse maior que 240 milhões. Obviamente sabemos que a um número de IP não corresponde um igual número de usuários, pelo simples motivo que um IP pode hospedar numerosos usuários. Por outro lado, uma mesma pessoa ou empresa pode ser o titular de diversos IP. Um caminho muito mais árduo (e não mais confiável) foi percor-

9. Falar, escrever e ler

para uma tentativa de identificar as influências da escrita eletrônica sobre o tipo de escrita até hoje praticado. Ou seja, sobre o tipo de escrita que, no passado, teve um papel fundamental na produção e na reprodução cultural. Não há dúvidas que uma volta ao passado, mesmo que rápida, pode nos ajudar a entender melhor as razões da inflamada controvérsia suscitada, em alguns setores, pelo surgimento da escrita eletrônica.

Hoje em dia, admite-se amplamente que a invenção da escrita é a resposta, por assim dizer técnico-instrumental, da necessidade de agilizar os processos de elaboração, coleta, armazenamento e recuperação de dados. Principalmente daqueles dados que, 5.000 anos atrás, começavam a ser considerados indispensáveis para uma relação operacional mais eficaz com o mundo. Entre estes, por exemplo, os dados relativos à atividade de contar, calcular e medir, à gestão contábil diária, ao registro das transações mercantis, à administração das primeiras cidades e, naturalmente, à crônica dos eventos militares e de estado[4].

Sob essa ótica, pode-se afirmar que a invenção da escrita foi um meio para amplificar a memória, em particular a 'memória do trabalho'. A escrita nasce, sem dúvida, de uma crescente insatisfação, em nível individual e coletivo, da deficiência da memória verbal, não mais considerada à altura das novas necessidades anteriormente referidas.

Essa versão prática-utilitarista (e até mesmo puramente econômica) da origem da escrita é sustentada principalmente por P. Amiet (1966) e por D. Schmandt-Besserat (1978, 1992 e 1996), mas não é aceita (ou é aceita com grandes reservas) por todos os estudiosos. Além do inegável

---

rido na tentativa de identificar, através do auxílio de técnicas específicas de monitoramento, semelhantes ao *Peoplemeter*, o aparelho empregado para a medição de audiência da TV, não tanto do número de IP e sim diretamente o número de usuários. As previsões efetuadas através desse método estimam entre 700 (*Computer Industry Almanac*) e os 800 milhões de usuários (Nações Unidas) em 2005, ou seja, entre 11,3% e 12,9% da população mundial. Estes, porém, são números genéricos. Não levam em conta, por exemplo, a frequência da navegação. Alguns estudos lançam a hipótese que, na realidade, apenas 5% dos usuários adultos sejam ativos na Internet. De qualquer maneira, essas projeções, não obstante o seu valor meramente ilustrativo, nos autorizam a pensar que o *povo da Internet* não constitui (nem está em vias de constituir) uma maioria, como a mídia habitualmente deixa entender. Constitui apenas uma minoria dos habitantes do planeta.

[4] O nascimento da documentação escrita é um marco na passagem da "burocracia pré-histórica" (J. Chadwick, 1959) à "burocracia histórica". Dito de outra maneira, de uma burocracia arbitrária e aproximativa, privada de referências quantitativas confiáveis, a uma burocracia baseada principalmente na coleta e na gestão de dados. É inegável que os sumérios e, posteriormente, os egípcios contribuíram, através da escrita, para o advento de uma *administração das coisas* mais racional. Isso abriu definitivamente as portas para uma mais eficaz *administração dos homens* (M. Foucault, 1975). Assim, explica-se, no caso da Mesopotâmia, a presença das mais variadas categorias de especialistas nas quais eram classificados os escribas, ou seja, os responsáveis institucionais da prática (e do ensino) da escrita. Fazia-se, por exemplo, uma distinção entre o *escriba da contabilidade*, o *escriba da medição*, o *escriba dos cadastros* (L. Bonfante *et al.*, 1990).

papel da escrita para realizar a contagem, o cálculo e a medição, muitos estão convencidos que foram igualmente importantes os fatores mágico-rituais, expressivos e comunicativos[5]. Eu também estou convencido disso. Não vejo, porém, a necessidade (nem a utilidade) de se contrapor essas duas versões. Creio que ambas sejam verdadeiras. Tudo depende do respectivo contexto histórico-cultural no qual os primeiros sistemas de escrita se desenvolveram.

Dito isto, e mesmo desprezando-se as avaliações sobre suas origens, não se pode negar que a escrita sempre absorve uma função de memória. Foi exatamente essa função memorial da escrita que possibilitou, em nível individual, uma radical mudança da racionalidade discursiva. Parece evidente que a possibilidade de memorizar, de estabelecer por escrito e, portanto, de rememorar o próprio pensamento, permitiu o aparecimento de um estilo de raciocínio mais estruturado, menos fugaz ou precário.

A escrita introduziu um elemento inovador no âmbito das relações simbólicas com as coisas, com os outros e, naturalmente, com nós mesmos. Ou seja, trata-se de uma novidade diluída no tempo. Recorde-se que o acesso à escrita e, portanto, à leitura foi um privilégio de poucos até Gutenberg. Na prática, apenas os monarcas, escribas-sacerdotes, mercantes e uma restrita elite de pensadores, poetas e historiadores dominavam a escrita.

Apesar disso, a invenção da escrita, a despeito da sua modesta difusão na antiguidade, deixa perceber, desde o início, um potencial destrutivo no seio de uma sociedade baseada na oralidade, principalmente daquele tipo particular de oralidade próprio da poesia épica, lírica e trágica. A prática da escrita aportou mudanças substanciais no uso quotidiano da linguagem. O tradicional hábito de falar e de ouvir parece sutil, mas está inexoravelmente condicionado à prática de escrever e ler. O *Homo scribens* não é simplesmente o *Homo oralis* que dominou a escrita. É outra coisa. Os primeiros usuários da escrita começaram, a certo ponto, a falar como escreviam e a escutar como liam. Ganhou espaço uma nova forma de dialogar, de trocar opiniões, ideias e sentimentos. Admite-se a necessidade de distinguir o momento de falar do momento de escutar (E. A. Schegloff, 1968).

Nasceu, assim, a conversação racional, criando-se um modo diferente de interação verbal. Em resumo, surgiu a oralidade racionalizante, contrapondo-se à oralidade poetizante. O ato de falar e de ouvir tornou-se cada vez menos fluido, fugaz e imprevisível. A ordem

---

[5]   São desta opinião, entre outros, G. Février (1959); I. Gelb (1952); A. Leroi-Giurhan (1964, 1965 e 1982); S. J. Lieberman (1980); G. R. Cardona (1985A, 1985B e 1988). J. Goody (1986 e 1996A). Na realidade, a posição assumida por J. Goody (1996A) é muito articulada: "Crer que a escrita tenha se desenvolvido apenas com escopo econômico seria um grave erro. Na China, a escrita está ligada, antes de tudo, às práticas rituais e da adivinhação. Na Mesopotâmia, ao contrário, a contabilidade teve seguramente um papel fundamental nos primórdios da escrita" (p. 207).

lógico-semântica inerente à escrita, a linearidade implícita na relação entre antecedente e consequente, entre premissa e conclusão, se fazem sentir na prática do falar e do ouvir. A linguagem, digamos, se *textualiza* e, assim, perde grande parte da sua autonomia, que caracterizava a antiga fala. Essa autonomia vigorou por milênios em um mundo sem escrita. É esta, com acréscimo de alguns poucos detalhes, a famosa tese sustentada por E. Havelock (1963) e W. Ong (1967, 1977 e 1982) e J. Svenbro (1993)[6].

No homem que apenas fala e ouve, encontra-se a raiz do homem escrevente, o homem que escreve e lê. A invenção da escrita tornou explícita essa ligação. Em outros termos, a atividade de falar e de ouvir deveria desembocar necessariamente – como de fato aconteceu – nos atos de escrever e ler. Nas culturas altamente letradas, falar, ouvir, escrever e ler já pode ser considerado como parte de um único sistema. Isso não significa que produzir palavras e voz seja o mesmo que produzir textos escritos e nem que ouvir palavras pronunciadas seja o mesmo que ler palavras escritas ou impressas. As áreas envolvidas no nosso cérebro, em cada uma dessas funções, são distintas.

Uma definição de escrita

Na reflexão até aqui desenvolvida, referi-me à escrita como se existisse um acordo sobre o seu significado, entre os estudiosos. Infelizmente não é assim. Para dissipar eventuais equívocos, quero agora tornar explícito o meu conceito de escrita. Proponho a seguinte definição: *escrita é um sistema gráfico de notação que, no contexto específico de uma comunidade linguística, é utilizado como um instrumento de interação comunicativa, de produção (e criação) cultural e registro da memória individual e coletiva.*

A meu ver, essa definição delimita (com relativa clareza, creio eu) o âmbito de competência da escrita. Na prática, ela exprime a nossa opção dentro da controvérsia que, por mais de um século, ocupou os

---

[6]   Normalmente, quando se discute a relação oralidade–escrita na antiguidade, costuma-se citar a *postura ambígua* de Platão (W. J. Ong, 1982). É sabido que Platão, testemunha privilegiada do advento da escrita alfabética na Grécia além de ser, ele mesmo como também Aristóteles, um prolífico usuário, considerou o fenômeno, ao mesmo tempo, um bem e um mal. Um bem, pois a escrita pode, de uma vez por todas, liberar os homens da tirania dos abusos retóricos próprios da oralidade. Abusos que sempre foram um obstáculo à busca da verdade e da justiça (*República*). Por outro lado, um mal, pois, ainda segundo Platão, a escrita destinada a armazenar os fatos coletados e as experiências vividas teria conduzido, mais cedo ou mais tarde, a um progressivo enfraquecimento da nossa memória individual, e a uma restrição do nosso horizonte de pensamento e de ação (*Fedro*). O famoso experto italiano G. Reale (1998) em Platão negou que exista tal postura ambígua por parte do filósofo grego, em polêmica com Havelock. Segundo esse estudioso, não haveria contrastes entre as críticas à escrita feitas por Platão em *Fedro* e às críticas à oralidade feitas na *República*. Cf. Vegetti (1989) e C. Sini (1994).

estudiosos da escrita: semióticos, linguistas, historiadores, arqueólogos, paleontólogos e antropólogos[7].

Entre as questões frequentemente debatidas, aquela principal se refere ao que se deve incluir ou excluir no conceito de escrita. Para alguns estudiosos, a escrita é entendida unicamente como um sistema de sinais *fonogramáticos*, quer dizer, um sistema de representação gráfica da dimensão fonética da linguagem[8]. Em resumo, um sistema de escrita alfabética. Essa categoria compreende não apenas o alfabeto latino moderno, mas também muitos outros alfabetos que têm hoje uma vasta difusão mundial: o árabe, o hebraico e o cirílico. Além disso, são considerados também como alfabetos muitos sistemas específicos de escrita. Como exemplos, temos o código Morse, o Braille e a moderna estenografia.

Para outros estudiosos, ao contrário, a escrita alfabética, a despeito do seu atual papel hegemônico em nível global, não é a única possível. Eles sustentam que, ao lado do sistema *fonogramático*, existem os sistemas *pictográficos* e os *ideogramáticos*, além daqueles *compostos*, que resultam da combinação de pictogramas, de ideogramas e até de fonogramas[9]. Todas as escritas não alfabéticas incluem-se, de uma forma ou de outra, nessas categorias. Pertencem a elas, por exemplo, as escritas cuneiforme, hieroglífica, chinesa e japonesa, mas também os sistemas de sinais (ou simbólicos) como a sinalização viária e os sistemas de notação musical, da lógica matemática, da química, da cartografia, da botânica, da eletrônica, das telecomunicações e da genética, entre outros[10].

Existem, por último, aqueles que consideram a escrita (ou pelo menos a protoescrita) qualquer representação gráfica pintada ou gravada sobre uma superfície. Para eles, são escrita (ou protoescrita) as

---

[7]   Cf. P. Keraval (1897); F. de Saussure (1955); E. Buyssens (1943); I. Gelb (1952); A. Moorhouse (1953); J. G. Février (1959); T. Maldonado (1961, 1974A e 1974B); L. Prieto (1966); O. Ducrot e T. Todorov (1972); W. Haas (1976A e 1976B); A. J. Greimas e J. Courtés (1979); R. Barthes (1953); G. Sampson (1985); R. Harris (1986); G. R. Cardona (1988); G. Anceschi (1988); G. Yule (1995) e F. Coulmas (1999).

[8]   F. de Saussure (1916/1972); L. Bloomfield (1935); J. G. Février (1959); R. W. Langacker (1968) e J. Lyons (1968).

[9]   Existe atualmente uma grande confusão no uso dos termos *pictograma* e *ideograma*. Neste texto, entendemos por *pictograma* um sinal gráfico icônico cujo referente é um objeto único. Por *ideograma*, ao contrário, um sinal gráfico icônico (ou não icônico), cujo referente é um conceito ou uma ação. Na tentativa de simplificar a taxonomia das escritas, Sampson (1985), sucedendo a Haas (1976B), propôs englobar os diversos tipos de escrita em apenas duas categorias: os sistemas *glotográficos* (alfabéticos) e os sistemas *semasiográficos* (não alfabéticos). Pode-se adicionar a esses dois uma terceira categoria híbrida: os sistemas *gloto-semasiográficos*. Cf. Buyssens (1943); Prieto (1966); Maldonado (1961); Harris (1986) e Cardona (1988). A ideia de classificar as escritas em duas categorias remonta a John Wilkins (1668). Após ter examinado o *"common way of Writting by ordinary Letters"* (p. 12), Wilkins propõe outra classe de escrita *"that should not signify Words, but Things and Notions"* (p. 13).

[10]   Ver a rica documentação a este respeito em W. Shepherd (1971). Cf. ainda F. Specht (1909) e J. Friedrich (1954).

representações zoomórficas e certos sinais abstratos encontrados nas cavernas do paleolítico superior. Eles incluem na mesma categoria até as representações pictóricas ou gráficas que narram eventos históricos, religiosos ou mitológicos como, por exemplo, os documentos contratuais dos índios norte-americanos, o *Sacrifício de Ísis* em Pompéia ou a *Coroação de Napoleão* de David[11].

Pessoalmente, entre as três teses aqui expostas, eu compartilho da segunda, ou seja, o conceito de escrita que inclui, de fato, uma pluralidade de subsistemas, abrangendo tanto os alfabéticos como os não alfabéticos. Não concordo com a primeira tese, que assume uma versão muito parcial do termo escrita, identificando-a *apenas* com a escrita alfabética. Tampouco, não concordo com a terceira, que apresenta um sentido muito amplo para a escrita, englobando metaforicamente tudo, de modo que quase tudo pode entrar na categoria da escrita. Considero que seja equivocado confundir escrita e representação pictórica, escrita e expressão gráfica. Deixo bem claro, não duvido que a representação pictórica e a expressão gráfica tenham tido (e ainda mantêm) um importante papel no processo de apropriação simbólica do mundo. É bastante óbvio que um sistema de escrita é, definitivamente, um agregado funcional de representações, um conjunto de representações gráficas. Esse assunto, todavia, coloca obrigatoriamente algumas interrogações teóricas. É desnecessário recordar o papel central que a escrita desempenhou (e continua desempenhando) na filosofia, lógica, semiótica e linguística[12].

---

[11] Como é sabido, o uso dos vocábulos *leitura* e *escrita* é recorrente no léxico dos historiadores da arte. Nas investigações iconológicas e, em algumas das iconográficas, parte-se do pressuposto de que as pinturas são uma espécie de escrita e que, através de "chaves de leitura" apropriadas, seja possível revelar o seu "simbolismo oculto", o seu "significado intrínseco ou seu conteúdo" (E. Panofsky, 1957, p. 30). Trata-se de um discutível uso metafórico das noções de leitura e escrita. Cf. T. Maldonado (1992, p. 59-67). O ensaio de L. Martin (1985), sobre a famosa carta de Poussin a um seu cliente, é muito esclarecedor a esse respeito.

[12] Como se sabe, é um tema que, nos últimos anos, teve um papel importante na velha controvérsia antropológico-filosófica sobre qual se deva considerar o *specie specifico* dos humanos, ou seja, sobre qual seria o elemento distintivo da nossa espécie em relação às espécies não humanas. Anota I. Hacking (1983): "Os seres humanos são representadores. Não *Homo faber*, diria, mas *Homo depictor*. As pessoas produzem representações". Mas Hacking não para por aqui. Segundo ele, o nosso *specie specifico* não seria nem mesmo a linguagem. Ele coloca a hipótese de um processo evolutivo bastante linear que vai do surgimento da nossa capacidade de representação pictórica (*Homo depictor*) até a aquisição da linguagem (*Homo loquens*) e, somente por último, à produção de instrumentos (*Homo faber*). Nem todos os estudiosos estão de acordo com essa versão linear e nem mesmo com a precedência atribuída por Hacking à faculdade de representar em relação à faculdade de falar e de produzir (e de usar) instrumentos. O dissenso refere-se ainda à ideia de que as faculdades em questão devam ser três e apenas três. É nosso dever recordar que nas propostas interpretativas sobre as origens da linguagem, muito difusas a partir do século XIV, foi considerada uma quarta categoria: a comunicação ou a expressão através da ação corporal, ou seja, através do recurso à gestualidade. F. Bacon (1986,

232   Cultura, Sociedade e Técnica

Muitos desses aspectos requerem um conceito de escrita capaz de acolher diversas temáticas de natureza estética. A propósito, na definição há pouco proposta, incluí entre as funções da escrita, além daquelas relativas à *comunicação* e à *memória,* também aquela relativa à *produção (e criação) cultural.* Esta última, como é óbvio, não deve ser subestimada[13]. Esse aspecto será mais bem examinado mais adiante, no contexto do impacto das novas tecnologias hipertextuais e de multimídia no âmbito da criação literária.

Naturalidade da linguagem, artificialidade da escrita

Gostaria de examinar agora a tese que contrapõe a naturalidade da linguagem à artificialidade da escrita-leitura e também a tese segundo a qual a linguagem é o resultado de um desenvolvimento natural enquanto a escrita-leitura é uma conquista artificial. A esse respeito, observa o neuropsicólogo M. S. Gazzaniga (1998): "Os cérebros não foram feitos para ler. Ler é uma invenção recente da cultura humana [...] O nosso cérebro não dispõe de um local dedicado a essa nova invenção".

Talvez tenha sido Darwin (1972, p. 74) o primeiro a atribuir um caráter *natural* à linguagem e um caráter *artificial* à escrita. Observa Darwin: "A linguagem é uma arte tal como fazer o pão ou a cerveja [...] o homem tem uma tendência instintiva para falar, como vemos no

---

p. 440) evidenciou a estreita ligação causal entre gesto e linguagem e entre gesto e protoescrita nãoalfabética (*"real characters"*). Vico (1953, p. 535 e 536), explicando as 'origens das línguas e das letras', nota como os homens "no início de sua espécie, sendo praticamente mudos, deviam explicar-se através de atos e gestos que tivessem relações naturais com suas ideias". Lembramos ainda a importante contribuição de W. Wundt (1911, p. 141-257) no estudo da relação linguagem-gestualidade. Nos últimos anos, parece abrir caminho entre os estudiosos a convicção, que deve ser ainda demonstrada, que as capacidades humanas: 1) de representar graficamente; 2) de comunicar através de gestos e mímica; 3) de utilizar formas incipientes de linguagem e 4) de produzir (e de utilizar) artefatos tenham se desenvolvido de forma sincronizada (D. Bickerton, 1990; S. Mithen, 1996; T. W. Deacon, 1997; M. Corballis, 2002). Torna-se difícil imaginar que a aquisição de tais competências não tenha sido o resultado de um processo de recíproco condicionamento funcional. Em resumo, de um processo coevolutivo.

[13]   O estruturalismo (e o pós-estruturalismo) francês teve um papel considerável na análise desses aspectos da escrita. Refiro-me precisamente aos textos de J. Derrida sobre o argumento, principalmente aqueles dos anos 1960 e 1970 (1967A, 1967B, 1967C e 1972), quer dizer, aqueles que precederam a fase fortemente literária. Sobre a insustentabilidade da assim chamada *gramatologia* de Derrida, cf. J. Goody (1997 e 2000). As anotações de W. Ong (1977 e 1982) são esclarecedoras sobre o assunto. Apesar de Ong não esconder o seu dissenso com o conjunto teórico de Derrida, ele reconhece o mérito do filósofo francês de ter chamado a atenção para o problema da escrita e de tê-la liberado do preconceito, muito comum entre os linguistas, de que a escrita nada mais seja do que uma experiência parasitária da linguagem oral. Considero que se pode estar de acordo sobre isso, e apenas sobre isso.

balbuciar das nossas crianças. Enquanto isso, nenhuma criança tem a tendência instintiva para fazer pão, cerveja ou escrever"[14].

A ideia de que a linguagem, diferentemente da escrita, seja "parte do mundo natural" está também na base do inatismo de N. Chomsky (1957, 1964, 1965, 1966, 1995 e 2002). Ele sustenta que os seres humanos nascem dotados de um 'órgão da linguagem', ou seja, de um "equipamento para a aquisição da linguagem"[15]. A tese da *naturalidade* da linguagem encontrou convincentes confirmações experimentais no âmbito da psicologia cognitiva e da neurobiologia nas últimas décadas (D. Loritz, 1999). Contudo, o mesmo não se pode dizer da tese da *artificialidade* da escrita.

A esse propósito, continuam em aberto inúmeras questões. Como se explica que o processo de aquisição de uma língua seja, segundo Chomsky, guiado por uma faculdade mental inata (J. A. Fodor, 1983 e 1998), enquanto a aquisição da escrita não disponha do auxílio de uma faculdade semelhante? Por que consideramos plausível a existência de um *instinto de linguagem* (S. Pinker, 1995), enquanto rejeitamos a existência de um *instinto da escrita*? Por que uma criança aprende espontaneamente a linguagem, enquanto a escrita é considerada uma técnica – uma *arte*, segundo Darwin – que a criança pode dominar apenas após uma difícil aprendizagem? Seria realmente assim? E, se assim fosse, como se explicaria essa diferença entre linguagem e escrita?

O motivo mais frequentemente alegado ressalta o lapso de tempo decorrido, tanto na criança quanto na história evolutiva do gênero humano, entre uma presumível data de aquisição da linguagem (e aqui entendemos linguagem como um sistema oral munido de uma estrutura predicativa e sintática) e a da invenção dos sistemas de escrita propriamente ditos.

Seguindo essa linha de argumento, parece evidente que o uso da linguagem por um período de tempo tão longo, deixou uma marca no nosso patrimônio genético. O que não aconteceu com a prática da escrita, devido ao seu brevíssimo percurso filogeneticamente falando. Observa P. Zesiger (1995): "Esse caráter tardio é sempre evocado para demonstrar que o sistema nervoso central do homem não é geneticamente programado para tratar da linguagem escrita. Desse modo, a tese chomskiana do crescimento da linguagem [...] não parece ser aplicável à linguagem escrita" (p. 21).

A questão é, pois, bastante complexa. As observações funcionais, feitas através de PET Scan e da ressonância magnética funcional, para

---

[14]   Sobre o caráter 'natural' da linguagem, não se pode esquecer a contribuição de J. Herder (2001, p. 32). Para Herder "a invenção da língua foi para o homem tão natural quanto o próprio fato de ser um homem".

[15]   Para o inatismo de Chomsky e Fodor, principalmente em relação ao construtivismo de Piaget, ver M. Piatelli Palmarini (1980). Cf. L. M., Anthony e N. Hornstein (2003). Para uma crítica conexa ao inatismo, cf. J. Elman *et al.* (1996).

identificar localização das atividades de *falar, reconhecer e escrever palavras* no cérebro, demonstraram que se trata de três diferentes atividades cognitivas (J. Dumit, 2004, p. 64). Embora sejam diferentes, todas as três são assistidas por um vasto número de estruturas neurais ligadas, direta ou indiretamente, a muitas outras funções cognitivas, em particular, aos processos da memória, do reconhecimento visual e auditivo e da coordenação senso-motora (S. E. Petersen *et al.* , 1990; S. Brown e Th. H. Carr, 1993; C. J. Price *et al.*, 1994; K. R. Pugh *et al.*, 1997). Assim, nem o módulo de linguagem nem o da escrita funcionam isoladamente. Eis o motivo pelo qual a tese de uma linguagem *totalmente natural* e de uma escrita *totalmente artificial* parece muito esquemática.

Nem uma localização específica para a escrita e nem para a leitura há no cérebro. Contudo, a prática dessas duas atividades, mesmo que por um breve lapso de tempo, pode deixar marcas no nosso sistema nervoso central. A verdade é que novos recursos técnicos no âmbito da comunicação (e a escrita e leitura são, como é óbvio, recursos desse tipo) sempre provocam notáveis alterações funcionais e estruturais do cérebro. Como nos ensinam os biólogos, a *estabilidade* dos organismos vivos e a sua resistência às mudanças jamais devem ser menosprezadas, bem como a sua *plasticidade*, a sua abertura em relação à aprendizagem e aos novos desafios provenientes do mundo exterior.

Escrita e memória

No nosso breve resumo histórico vimos que alguns estudiosos atribuem o nascimento da escrita à necessidade de agilizar os processos de coleta, armazenamento, recuperação e elaboração de dados. A escrita é considerada como um meio definitivo para tornar mais eficaz (e mais confiável) a memória, principalmente aquele tipo peculiar de memória destinada à gestão dos intercâmbios comerciais ou à prática administrativa das instituições. A meu ver, esse é um argumento mais que plausível.

Porém, seria um erro considerar que o envolvimento da memória ocorra apenas, e unicamente, onde a escrita desenvolve tais funções. A verdade é que existem outros setores da escrita onde a memória desempenha outras funções igualmente importantes. Entre essas, em primeiro lugar, a escrita entendida como técnica. Diga-se de passagem, às vezes nos esquecemos de que a escrita é uma técnica, como notou D. Baron (1999), antes de qualquer outra análise (não importando seu grau de sofisticação).

Essa técnica, como todas as outras, pode ser objeto de aprendizagem. Dito de outra maneira, uma habilidade que pode ser adquirida pela prática da aprendizagem, na qual a memória desempenha um papel muito importante.

Ainda nesse caso, atribui-se um papel bastante limitado da memória nos atos da escrita. Ocorre que a memória não pode ser circunscrita àquelas tarefas relativas à aprendizagem da habilidade de escrever e de ler e nem às da gestão de dados. Todos nós sabemos que a ligação entre escrita e a memória está presente em todas as práticas de escrita.

Para melhor entendermos essa ligação, vale a pena examinar mais de perto como funciona, concretamente, o ato de escrever. A primeira constatação, bastante óbvia, é que o ato de escrever requer a confluência de três componentes: um sujeito que escreve, um instrumento (manual ou mecânico) e um suporte (real ou virtual). Em outras palavras, um complexo sistema perceptivo-motor no qual estão envolvidos principalmente os olhos, a mão, o instrumento de escrita e os processos cognitivos (reconhecimento, representação, categorização, decodificação). Naturalmente, a memória tem um papel muito importante nesses processos[16].

Meio técnico e cognição

É preciso admitir que o ato de escrever, enquanto um complexo sistema perceptivo-motor, sofreu muitas mudanças ao longo do tempo. Existem motivos para se acreditar que os meios técnicos utilizados – caule de planta, pincel de junco, pena de ganso, pena de aço ou lápis – tenham tido uma influência considerável nessas mudanças. Eles influíram no modo e até no conteúdo da escrita, modificando a natureza do processo cognitivo do sujeito que escreve. Em outras palavras, o instrumento de escrita teria condicionado fortemente o resultado final da escrita, conforme o seu grau de maneabilidade, adaptabilidade e precisão. Isso se reflete no aspecto formal dos sinais traçados sobre o suporte e até nas modalidades intelectuais e lógicas envolvidas no processo. Isso significa, na prática, colocar a hipótese de uma sutil (mas não por isso menos relevante) correlação entre o tipo de instrumento e o modo de pensar. Entre a natureza do instrumento e o conteúdo da escrita existe aquilo que poderíamos chamar de *estilo de pensamento*. Essa ideia foi sustentada por muitos estudiosos, em particular por Leroi-Gourhan (1943-1945). Eles estavam convencidos que o uso de determinados artefatos tenha frequentemente condicionado uma produção simbólica de certa maneira, indo ao encontro de um certo tipo de vida mental.

O processo de semantização do artefato, ou seja, o processo que faz do artefato um objeto de uso simbólico, é oriundo da relação interativa entre o artefato e o usuário. Mas o usuário é, entre outros, um sujeito físico, configurado em um corpo. Não causa surpresa que a semantização do artefato seja inseparável da ritualização do corpo. Observa-se que a habilidade operacional do usuário e a sua destreza no uso do artefato dependem, em grande parte, da adoção de uma série de estratagemas corporais altamente formalizados e codificados (T. Maldonado, 1994). Em resumo, o usuário utiliza uma "técnica do corpo" para assumir diversas posturas, nas palavras de M. Mauss (1968).

---

[16]   A. R. Damaso (1999, p. 319) observa: "As palavras que estou utilizando [...] aparecem antes de tudo, de maneira breve e difusa, como imagens auditivas, visivas e somato-sensitivas de fonemas e morfemas, antes que eu as concretize sobre a página em sua versão escrita".

A postura não se refere apenas a uma parte do corpo. Refere-se à sua totalidade. Embora o ato de escrever empregue principalmente o uso das mãos (e dos olhos), seria um erro considerá-lo uma atividade exclusivamente manual, como normalmente se faz. A verdade é que ela envolve simultaneamente, de uma forma ou de outra, *todo* o corpo daquele que escreve. Devemos considerar que uma afirmação desse tipo pode parecer pouco intuitiva. Porém, se examinarmos mais atentamente a prática da atividade de escrever, parece claro que ela envolve, além das mãos (e dos olhos), as mais variadas estruturas funcionais do nosso organismo. Isso inclui os órgãos da audição, o tato, os aparelhos muscular, circulatório, respiratório e endócrino, os sistemas nervoso central e periférico[17].

Essa linha interpretativa adquire maior credibilidade quando se leva em consideração os modernos meios de escrita, além daqueles tradicionais. Fica claro que esses meios modernos contribuíram para modificar, como veremos mais adiante, tanto o nosso estilo de escrita (no sentido literário) quanto o nosso estilo de pensamento. Não restam dúvidas que a passagem da escrita à pena para a escrita mecânica (máquina de escrever) e posteriormente à eletrônica (computador, palmtop, celular), significou uma reviravolta importante na longa história da *interface* entre o sujeito que escreve e o instrumento de escrita[18].

Devemos ressaltar, nessas mudanças, o papel revolucionário da invenção da máquina de escrever, no século XIX. A máquina de escrever inaugurou uma fase totalmente nova. Até então os instrumentos de escrita eram uma espécie de prolongamento da mão, que permitiam uma ação direta sobre a superfície da placa de argila macia, papiro, pergaminho ou papel. Com a máquina de escrever, esses movimentos foram substituídos pelas batidas no teclado, e, portanto, a escrita no papel tornou-se indireta[19]. Não é por acaso que essas máquinas foram chamadas de máquina *dactilográfica* nos seus primeiros anos.

---

[17] Sobre as implicações corporais, somáticas e das "posturas daquele que escreve", ver I. Illich (1993, tradução italiana, p. 204).

[18] Quando se fala de *interface* hoje se pensa geralmente nas nossas relações operacionais *face a face* com o computador. A verdade, porém, é que a interface não diz respeito unicamente a esse instrumento em particular. A interface foi sempre uma constante na história da nossa espécie desde quando fabricamos e usamos, pela primeira vez, os artefatos.

[19] As origens históricas do moderno teclado devem ser procuradas no âmbito dos instrumentos musicais dotados de teclados, no órgão, mas principalmente no clavicêmbalo introduzido no século XV. Para o tema que aqui tratamos, são importantes as características físicas do clavicêmbalo. O primeiro aspecto refere-se exatamente ao seu teclado. Diferentemente dos dois teclados do acordeom, que são dispostos lateralmente, o teclado do clavicêmbalo é posicionado frontalmente em relação ao seu usuário. O clavicêmbalo antecipou aquilo que, mais tarde, tornou-se um dos aspectos mais característicos do piano e também da máquina de escrever. Hoje não restam dúvidas de que a máquina de escrever baseou-se no modelo do clavicêmbalo. Prova disso é o fato de que o advogado Giuseppe Ravizza, nascido em Novara, patenteou sua invenção, em 1855, com o nome explícito de "Cêmbalo escrivão", definindo a forma e a estrutura atual do teclado. Para uma análise aprofundada do papel do teclado, ver

Para os primeiros usuários das (ainda) imperfeitas máquinas de escrever, a experiência era um desafio cativante, mas, em certos aspectos, desencorajadora. Que eu saiba, Nietzsche foi o primeiro filósofo a utilizar a máquina de escrever. Em uma recente publicação (F. Nietzsche, 2003), contendo uma coletânea em fac-símile de todos os seus textos batidos à máquina (textos, poesias, aforismos), encontra-se muito bem documentada a atribulada história da relação do filósofo com a máquina de escrever.

Ele trata explicitamente desse argumento em, pelo menos, seis cartas. Numa delas, datada Gênova, 10 de fevereiro de 1882, Nietzsche afirma: "A máquina de escrever está em fase inicial mais zangada (*angreifender*) do que qualquer outra maneira de escrever". Um mês depois, em outra carta, ele comenta com autoironia: "Divertiu-me um artigo de jornal de Berlim, sobre a minha vida em Gênova: não esqueceram nem da máquina de escrever. Esta máquina é delicada como um filhote, dá muito aborrecimento e algum divertimento. Agora os meus amigos deveriam inventar uma máquina de ler: senão fico defasado comigo mesmo e não me sobra tempo para alimentar-me suficientemente. Ou ainda melhor, seria bom ter ao meu lado uma pessoa jovem, suficientemente inteligente e instruída, que possa trabalhar para mim. Para isso estaria disposto até a casar-me por uns dois anos. Mas, neste caso, ainda teria de impor algumas condições".

Mas talvez a mais arguta (e mais famosa) observação de Nietzsche sobre o tema é aquela contida na sua carta do final de fevereiro de 1882 ao seu amigo Köselitz: "O instrumento que utilizamos para escrever interfere nos nossos pensamentos". Em seguida, meditando sobre as dificuldades encontradas no uso da máquina de escrever, ele acrescenta um pouco desconsolado: "Quem sabe quando conseguirei imprimir com meus próprios dedos uma frase longa em vez de usar o desagradável modelo de Malling Hansen". Contudo, essa dificuldade contém um aspecto paradoxal. Mesmo quando o instrumento *não ajuda*, sua excessiva lentidão acaba influenciando o ritmo dos nossos pensamentos. Em outras palavras o instrumento, de um jeito ou de outro, sempre colabora com os nossos pensamentos. Seja, como nesse caso, reduzindo muito o seu fluxo, ou, no caso do processador de textos, que acaba por acelerá-lo demais.

Escrita-leitura eletrônica e literatura

Gostaria agora de retomar, mesmo que em linhas gerais, o tema da escrita eletrônica. Analisarei, em particular, o papel que essa nova técnica de escrita-leitura já assumiu nos dias de hoje, ou que poderá assumir no futuro, no âmbito da produção cultural. Certamente esse não é um campo inédito de reflexão, visto que nas últimas décadas foram publicados muitos ensaios sobre o assunto.

E. Tenner (2003, p. 187-212) e E. A. Bowles (1966). Sobre a máquina de escrever em geral, cf. G. Ulrich (1953); E. Martin (1949) e M. Adler (1973).

238 Cultura, Sociedade e Técnica

Em geral, encontram-se ensaios de qualidade muito heterogênea. Mesmo assim deve-se admitir que alguns deles (poucos, na verdade) abriram estimulantes perspectivas de análise. Refiro-me em particular, às contribuições de autores como R. A. Lanham (1989); J. D. Bolter (1991); J. Y. Douglas (2001); M. Joyce (1995 e 2000); I. Snyder (1998 e 2002) e N. C. Burbules (1998). Apesar de esses estudiosos terem opiniões divergentes sobre certos pontos – por exemplo, sobre o determinismo tecnológico –, eles concordam em considerar necessária (e por certos aspectos, inevitável) uma digitalização de *todas* as formas da vida cultural. Nesse programa, certamente muito ambicioso, a escrita-leitura tem um papel preponderante.

Considerando que o objetivo principal das escritas consiste na produção de textos, a despeito das tecnologias empregadas, não deve causar surpresa que a radical transformação refira-se principalmente ao tipo de textos que a nova tecnologia digital pode permitir. Esses novos textos deveriam constituir-se em alternativa explícita aos textos típicos da escrita analógica, na qual os humanos procuraram registrar por escrito seus pensamentos e experiências, durante 50 mil anos. Inicialmente, fizeram isso sobre as placas de argila, depois em rolos e, por último, sobre o códice, precursor direto do livro atual.

Alguns autores apresentam um discurso crítico exagerado em relação aos pressupostos culturais (e às vezes filosóficos) do livro, ao analisar o modo tradicional de produzir textos. Nessa ótica, o livro frequentemente é visto como uma somatória de todos os elementos negativos da escrita pré-eletrônica. O chamado autoritarismo do autor é o principal obstáculo para a realização de um programa de produção interativa de textos. Essa posição foi teorizada, por um ângulo diverso, por Roland Barthes (1968).

Vejamos agora quais são especificamente os aspectos da escrita tradicional que são frequentemente considerados negativos pelos teóricos da escrita eletrônica: A- descrição linear e unidirecional do fluxo narrativo ou argumentativo; B- sequência lógica entre premissa e conclusão, entre antecedente e consequente, entre sujeito e predicado; C- inteireza, completando-se o texto do início ao fim; D- hermetismo, sendo inadmissíveis as intervenções do leitor ou de um outro autor e impossibilitando as relações com outros textos não previstos pelo autor da redação original.

Em contraste, a escrita eletrônica elimina esses aspectos negativos, ao caracterizar-se pela não linearidade; não sequencialidade; não inteireza e não hermetismo.

Bastariam esses dois conjuntos de caracterizações opostas para compreender plenamente o conceito em discussão? Certamente não. Mesmo admitindo que elas sintetizem muito bem as diferenças entre os dois tipos de escrita, revelam-se muito genéricas e pouco convincentes quando se passa a examiná-las concretamente. A primeira coisa que impressiona é que os estudiosos da questão não levem em consideração a diversidade de conteúdos e de contextos em que os textos são produzidos. Os textos literários merecem atenção privilegiada, mais especificamente aqueles de narrativa, enquanto os ensaios (filosóficos, históricos e científicos) são examinados apenas marginalmente. Isso talvez se explique, pelo menos em parte, pelo fato de que os teóricos da escrita eletrônica sejam provenientes, em sua esmagadora maioria, do ensino de línguas, da literatura e da retórica.

Isso não impede, porém, que as contribuições mais sugestivas desses estudiosos sejam, em minha opinião, exatamente aquelas que são examinadas pela perspectiva da hipertextualidade eletrônica no campo dos textos narrativos. Especificamente, onde floresce um tipo de romance radicalmente novo. Em outras palavras, uma literatura interativa, da não linearidade, da não consequencialidade, da não inteireza e do não hermetismo. Uma literatura, enfim, na qual o autor e o leitor podem interagir no processo de produção do texto.

Já existem numerosos romances concebidos dessa forma. Os mais famosos são aqueles de Michael Joyce, Shelley Jackson, Carolyn Guyer, Edward Falco, Robert Kendall e Clark Humphrey.

A árvore genealógica

É interessante notar que os teóricos da literatura hipertextual gostam de listar os nomes dos autores que teriam sido os precursores desse novo tipo de escrita, na história da literatura. Trata-se, geralmente, de autores cujas obras contribuíram de alguma forma para colocar em discussão os pressupostos fundamentais do romance. Aqueles mais frequentemente citados são Sterne, James Joyce, Kafka, Pirandello, Borges, Queneau, Robbe-Grillet, Sarraute, Calvino, Derrida e Cortázar.

Penso que, entre todos estes autores, apenas Joyce e Cortázar e, abrindo um pouco o leque, Borges[20], possam ser considerados precursores da prosa hipertextual. Creio que tenha sido Julio Cortázar (1963), com seu romance *Rayuela* (traduzido em português como *O Jogo da Amarelinha*), o primeiro explorar, sem renunciar aos tradicionais meios da escrita pré-eletrônica, vários componentes textuais hoje propostos pela escrita eletrônica. Mesmo que os resultados alcançados tenham sido de indubitável interesse experimental, dificilmente podem ser considerados como verdadeiros experimentos de hipertextualidade. De qualquer forma, creio que se deve a Cortázar o mérito de ter colocado em evidên-

---

[20]   A bem da verdade, a obra de Borges apresenta, sob esta óptica, características muito peculiares. É desnecessário recordar que ele escreveu admiráveis textos narrativos onde se descrevem coisas e situações com um *forte ar familiar*, tendo os pressupostos programáticos da literatura hipertextual (não linearidade, não consequencialidade, não hermetismo). Assim, considero justo atribuir-lhe o papel de precursor. Por outro lado, é necessário admitir que a *hipertextualidade* de Borges se manifesta prevalentemente nas coisas e nas situações que descreve – por exemplo, no *Libro de Arena* do seu conto homônimo (1980). Mas raramente se manifesta na parte mais complexa da sua escrita. Nisso, há uma importante diferença em relação a Joyce e Cortázar. Nestes últimos, a busca pela hipertextualidade acontece principalmente no âmago da escrita.

240 Cultura, Sociedade e Técnica

cia a dificuldade, a meu ver insuperável, de se produzir uma narrativa hipertextual com uso de uma tecnologia que, por sua própria natureza, não oferece os graus de liberdade exigidos pela narrativa imaginada pelo autor[21].

Existe outro autor que os teóricos da escrita hipertextual parecem ignorar, mas que poderia ter sido incluído no restrito clube dos precursores. Refiro-me ao alemão Arno Schimidt (1970). No romance (ou melhor, um antirromance), *Zettels Traum* ele utiliza vários procedimentos da técnica gráfica da montagem e da colagem, que atualmente fazem parte de um ambicioso programa hipertextual.

Quando se fala em liberar os vínculos da linearidade na produção textual, é difícil não levar em conta a contribuição das "palavras em liberdade" de Marinetti, do poema *An Anna Blume* de Schwitters e dos *"cadavre esquis"* de Breton e seus amigos.

Deixando de lado o tema relativo aos seus precursores, reais ou presumidos, pode-se afirmar que a escrita hipertextual se mostra, pelo menos em princípio, como um enriquecimento técnico da criação literária, seja na vertente narrativa quanto na poética. Todavia, alguns discursos feitos em sua defesa vão muito além desse assunto e esbarram em questões de outra ordem. Procuraremos, a seguir, aprofundar algumas dessas questões.

Morte do livro e morte do autor

Um dos temas mais recorrentes entre os autores da escrita hipertextual, ou pelo menos entre aqueles que sustentam a posição mais extremada, refere-se à certeza que a 'morte do autor' seria iminente. Não menos iminente seria a 'morte do romance' e até mesmo a 'morte do livro'. Mas devemos ser cautos com esses necrológios. Sempre existe o risco que o defunto encomendado apareça pessoalmente no próprio funeral, gozando de perfeita saúde e de uma vitalidade renovada, contrariando todas as previsões funestas. Parece-me que algo semelhante esteja acontecendo com os obscuros vaticínios sobre o futuro dos autores. Goste-se ou não, o autor ainda está vivo e sadio. O mesmo pode-se dizer do romance tradicional e do livro impresso.

É uma constante entre os apologistas de a *cyber culture* denunciar

---

[21]   Em *Rayuela*, Cortázar (p. 5) põe na boca do seu personagem Morelli esta apreciação sobre o romance: "Parece que o romance atual se esmera em circunscrever o leitor ao seu próprio ambiente. Quanto melhor for o romancista, torna-se mais nitidamente definido. Em todos os grandes escritores do Ocidente, o romance encontra a sua satisfação na ordem fechada. É um aprisionamento forçado nos diversos graus do dramático, do psicológico, do trágico, do satírico e do político. Deve-se buscar um novo texto, que não aprisione o leitor e o torne necessariamente cúmplice ao sugerir-lhe outras vias esotéricas, entremeadas com a trama convencional, [...] decididamente contrários, buscando a abertura com o objetivo de cortar pela raiz cada construção sistemática dos caráteres e das situações. Método: a ironia, a incessante autocrítica, a incongruência, a fantasia a serviço de ninguém".

os limites (e os riscos) do livro impresso na nossa sociedade. Eles advogam frequentemente a sua inexorável extinção. O livro, dizem, teria se tornado obsoleto e deveria ser substituído por novos e mais eficazes meios de comunicação e de informação. Além disso, reforçando essa tese, cita-se a avaliação – a meu ver não verificável – de que o livro já seria um produto praticamente sem mercado.

Embora o livro seja um produto de consumo e, portanto, submetido às leis de mercado (moda, obsolescência, concorrência, giro de estoque), é difícil imaginar que, por causa de uma inflexão conjuntural qualquer de mercado, o livro possa desaparecer repentinamente da superfície da terra. Seguramente o livro é um objeto. Seguramente é também uma mercadoria sujeita às leis do mercado. Seguramente, como todas as demais coisas humanas (seja objeto ou mercadoria), o livro é mortal. Mas é necessário admitir que alguns objetos e mercadorias são, desculpe-me o paradoxo, mais mortais que outros. Um livro, por exemplo, é menos mortal que um disco de vinil. O desaparecimento dos discos de vinil do mercado e a sua substituição pelo CD foi um evento clamoroso na história dos meios de registro musical, mas seus efeitos culturais, mesmo sendo importantes, ficaram limitados a uma área muito específica.

Um eventual desaparecimento do livro seria totalmente diferente. O livro conseguiu ocupar um lugar muito privilegiado na nossa cultura literária. Ele nasceu de um amplo processo de síntese entre os diversos modos de se entender a produção, a distribuição e o aproveitamento individual e coletivo do saber. Se entendermos por livro qualquer veículo portador de escrita (o rolo, por exemplo, seria incluído nessa categoria), é evidente que ele foi o resultado de um complexo e acidentado percurso no qual os mais variados fatores (sociais, culturais, econômicos, organizacionais e técnicos) tiveram um papel determinante. Atualmente alguns desses fatores não são mais operantes da mesma forma que foram no passado. Seria, porém, irracional pensar que isso baste para decretar o fim do livro. Goste-se ou não, ao lado dos fatores de mudança sempre existem os fatores de continuidade que, no fim das contas, são os que dão equilíbrio à experiência humana. O livro (manuscrito ou impresso) é uma das invenções que mais contribuíram para preservar esse equilíbrio ao longo dos séculos.

Não se pode esquecer o papel que as religiões monoteístas tiveram nesse propósito, transformando o livro em objeto sagrado, ao identificar a 'palavra de Deus' com o *Livro* (as *Escrituras*). Sob a óptica da tradição iluminista, o livro foi considerado o veículo da racionalidade, da laicidade e da democracia. Não é de surpreender que o livro tenha se transformado num foco de contaminação metafórica, para uma capilar irradiação sinonímica. Muitas metáforas fazem aceno *direto* ao livro, como, por exemplo: 'a natureza como um livro', 'o homem como um livro', 'o mundo como um livro', 'ser um livro aberto'. Ou ainda de forma *indireta*, referindo-se à leitura: 'ler a realidade', 'ler o pensamento', 'ler nos olhos' (ver sobre este assunto H. Blumenberg, 1981).

O primeiro a deparar-se com esse uso (e abuso) metafórico do livro foi o crítico e filólogo alemão E. R. Curtius que se ocupou desse assunto em duas ocasiões (1926 e 1948). Na Itália, E. Garin (1958, p. 91-102) comentou criticamente a insustentabilidade dos exemplos escolhidos por Curtius – em alguns casos verdadeiras distorções (como em Dante), imperdoáveis ausências (como Campanella) e menosprezo (como em Galileu). Desconsiderando seus aspectos controversos, o uso metafórico do livro deve ser examinado com extrema atenção.

Dialética autor–leitor

No âmbito da relação autor–leitor, ocorreram algumas novidades importantes nas últimas décadas. É inegável que a chegada do texto na rede informatizada introduziu mudanças substanciais da dialética dessa relação. Mas a interpretação (e avaliação objetiva) de tais mudanças não é sempre fácil. Isso se explica, em parte, porque existem diversos modos de produzir e de usufruir um texto em rede e porque a cada um desses modos corresponde uma visão diversa sobre os papéis do autor e do leitor.

Em linhas gerais, pelo menos no âmbito da escrita em rede, é bastante óbvio que a figura do autor não goze da mesma indiscutível centralidade, como acontecia no âmbito do papel impresso, a partir de Gutenberg. No novo quadro de referência, a distância entre autor e o leitor diminui significativamente. Escrever não é mais uma prerrogativa exclusiva do autor. O autor, querendo ou não, deve admitir que a escrita na rede, exatamente porque é em rede, torna-se acessível às intervenções – concordadas ou espontâneas – de múltiplos leitores capazes de participar do processo de escrita. Todavia, se é verdade que a hegemonia do autor é colocada em discussão, nem todos os cultores da literatura hipertextual concordam sobre o tipo de papel que será atribuído ao autor no futuro. Na realidade, existem diversas posições a esse respeito.

Inicialmente, gostaria de apresentar brevemente aquela que considero a mais radical de todas. Os expoentes desta posição são de opinião que a figura arquétipa do autor, o autor como o único detentor da autoria de um texto, deverá desaparecer. O autor-leitor individual deverá ser substituído pelo autor-leitor coletivo. No jargão destes, surgirá o *"escrileitor universal"* (*universal wreaders*). Em resumo, todos são autores e todos são leitores. Diga-se de passagem, que até agora faltam provas convincentes da exequibilidade desse programa. A ideia de que cada usuário da rede possa (se quiser) participar da criação coletiva *ex nihilo* de uma obra textual, sem limitações de qualquer tipo, é uma visão social e culturalmente generosa, mas sobre a qual é lícito levantar muitas dúvidas.

As dúvidas referem-se não tanto aos pressupostos técnicos de tal empreitada, mas principalmente quanto à sustentabilidade cultural do hipotético produto acabado. Este último ponto não deve ser minimamente menosprezado. Existe um risco, muito provável, de que o produto final dessa vasta operação de criatividade em nível mundial acabe por se tornar nada mais que uma colossal colcha de retalhos, uma arbitrária aglomeração de trechos sem sentido.

Já dissemos que essa é uma posição extrema, com forte dimensão utópica. Além dela, existem outras posições muito diferentes. A mais pertinente ao tema que estamos discutindo é aquela assumida pelos atuais autores de romances hipertextuais.

As diversas formas de narrativa multimídia

Parece-me pertinente recordar que as narrativas hipertextuais podem assumir formas diversas. Cito aqui a mais frequente. Um autor (e somente um) elabora um texto base que pode ter (ou não) uma estrutura linear e consequencial. Dentro desse texto o autor estabelece um imenso sistema de conexões possíveis (ou *links*) que são submetidos à escolha dos leitores. Dessa forma, o acesso a uma conexão leva a outro texto, que frequentemente (mas nem sempre) conduz à multiplicidade de novas conexões e assim por diante. O resultado é que os leitores, tendo escolhido conexões diversas, em todos os níveis, acabam por obter textos diferenciados, por assim dizer, personalizados, pois espelham as suas preferências. Naturalmente isso depende da amplitude de conexões ofertadas ao leitor. É obvio que, quanto menor for o número das conexões possíveis, menor é a probabilidade de se conseguir textos personalizados. Essa é a estrutura de *Afternoon*, de Michael Joyce (1987), o mais famoso e talvez o mais bem-sucedido romancista multimídia.

Contudo, examinando bem, uma estrutura narrativa concebida dessa forma coloca alguns problemas. Antes de tudo, parece evidente que o aproveitamento desse tipo de estrutura narrativa não tem nenhuma relação com aquilo que habitualmente se entende por leitura. Na realidade, acessar uma obra como *Afternoon* e percorrer o labirinto da sua rede de conexões é uma experiência mais próxima daquela que se tem ao participar de um videogame literário. Não excluo a performance de um leitor-jogador como um evento promissor. Afinal de contas, uma interpretação lúdica da leitura foi frequentemente teorizada no passado pelos dadaístas e pelos neodadaístas, por exemplo.

Mesmo aceitando a legitimidade de uma versão lúdica da leitura (e da literatura em geral), creio que não seja possível considerá-la uma alternativa à leitura tradicional. Estamos diante de dois prazeres da leitura muito diferentes. Aqui pode ser útil a famosa distinção dos formalistas russos entre trama e *enredo*. Na literatura hipertextual o prazer da leitura se identifica preponderantemente com a *trama* e, na leitura tradicional, com o *enredo*.

Existe também a ideia, muito difusa, de que a hipertextualidade contribuiria para anular o poder do autor. Tenho muitas dúvidas quanto a isso. A partir do momento em que o autor cria a navegação hipertextual, passa a ser condutor oculto (ou manifesto) dos itinerários que o leitor poderá percorrer. O resultado prático é um fortalecimento substancial do papel clássico do autor como agente único, ou seja, um incremento do famigerado 'autoritarismo do autor'. Esse resultado contrasta-se nitidamente com a intenção habitualmente proclamada (inclusive pelo

244 Cultura, Sociedade e Técnica

próprio Michael Joyce) da utilização da hipertextualidade para reduzir o 'autoritarismo do autor'.

Para reduzir esse autoritarismo, não basta conceder ao leitor a liberdade de escolha dentro de um elenco pré-confeccionado de possíveis itinerários de leitura. Nesse caso ocorre apenas uma *autonomia subjetiva* do leitor em relação ao autor. Afinal, sempre se trata de itinerários que o leitor escolhe em condições pré-elaboradas, podendo-se afirmar, sob *liberdade vigiada*. Vigiada pelo autor.

Em minha opinião, a navegação hipertextual não contribui para tornar o texto de narrativa mais aberto, contrariamente ao que se presume. Ela tende a barrar, restringindo a tendência presente em cada um de nós para efetuar uma navegação subjetiva livre e espontânea, dentro (e em torno) a um texto.

Em certo sentido pode-se afirmar, em tom provocativo, que uma obra hipertextual é menos aberta que uma obra tradicional (T. Maldonado, 2005). Que *Afternoon*, de Michael Joyce, apesar de sua imponente miríade de conexões, é menos aberta que *La cognizione del dolore* de Gadda. Esta apresenta uma narrativa complexa, ambígua, errática e digressiva, desafiando-nos continuamente a criar, no plano imaginário, nossas próprias conexões. De qualquer forma, estas são seguramente a duas estratégias mais importantes para se obter aquilo que Raymond Queneau (1950) chamou de "romance personalizado", ou seja, o romance construído com a participação dos próprios leitores.

O conceito de abertura

Devemos mencionar a importante contribuição de Umberto Eco para discutir o conceito de abertura. Eco, seguindo os passos do seu mentor Luigi Pareyson, foi um dos primeiros a utilizar a dialética abertura-fechamento para interpretar alguns fenômenos emergentes no campo da arte e da literatura contemporâneas.

Em seu livro *Opera aperta* de 1962, Eco delineou os elementos essenciais de sua teoria. Entre eles a ideia de que "a obra coloca-se intencionalmente aberta à livre manifestação do usuário". Mas também a sua observação sobre a natureza *inexaurível* da obra de arte.

Em textos posteriores, Eco (1979 e 1992) introduziu, passo a passo, muitas especificações, modulações e correções da sua ideia original. Chegou a distanciar-se, sem meios termos, daqueles "desconstrutivistas irresponsáveis e convencidos que podem fazer qualquer coisa com o texto" (1996). Eu pessoalmente concordo com Eco sobre a necessidade de se fazer um esclarecimento cabal sobre os limites da interpretação, a fim de evitar os frequentes abusos da exegese literária. Na prática, isso significaria estabelecer um pacto de não agressão entre o leitor, a obra e o autor. Nas palavras de Eco, entre *"intentio autoris"*, *"intentio operis* " e *"intentio lectoris"*.

Naturalmente esse pacto, como qualquer outro pacto que se respeite, deve garantir um equilíbrio entre as três partes em questão. Ou seja, deve-se evitar que uma delas possa invadir o domínio das outras. O risco dessas invasões de domínios alheios é sempre muito frequente. Deve-se recordar que, até hoje, a ótica privilegiada foi a da *intentio lectoris*. No caso específico a *intentio lectoris* não é a intentio do leitor normal que se tem em mente, mas aquela do leitor-crítico ou do leitor-hermeneuta.

Para não se repetir os erros do passado, é importante fazer distinção entre o texto como objeto de interpretação e o texto como objeto de produção. Fixar limites *razoáveis* para a interpretação de um texto não é (nem deveria ser) o mesmo que fixar limites *irracionais* para a sua produção. Uma coisa é denunciar, em nome do bom senso, os efeitos nefastos de certa libido interpretativa. Outra coisa é querer enquadrar (e eventualmente disciplinar) as escolhas que o autor faz para produção de sua obra. É justa a oposição, no âmbito da interpretação, aos autores convencidos que "se possa fazer qualquer coisa com um texto". Mas seria equivocado colocar em dúvida a legitimidade cultural, por exemplo, de um romance hipertextual, com o argumento de que aqui se desejou "fazer qualquer coisa com o texto".

Hipertextualidade e ensaios

Vamos abordar uma questão particularmente delicada sobre os ensaios. E eu me pergunto: a liberdade de vínculos que reivindicamos – creio que justamente – para a escrita narrativa poderia ser proposta nos mesmos termos para os ensaios? Existem motivos para considerar que a liberdade dos vínculos deva ser mantida em alguns setores do ensaísmo. Em outros setores, com algumas restrições. E em outros ainda, deveria ser absolutamente rejeitada. Creio que seja necessário fazer uma espécie de classificação no âmbito dos ensaios, estabelecendo-se certas condições para medir o grau de vínculo a ser mantido. Vamos fazer um retrocesso. Como se recordará, a rejeição dos vínculos estruturantes do complexo narrativo era colocada entre os argumentos utilizados pelos teóricos da narrativa hipertextual contra a tradicional narrativa analógica. Não foi por acaso que os autores considerados precursores da narrativa hipertextual – de Sterne a Cortázar – manifestavam, de um jeito ou de outro, uma forte intolerância em relação à linearidade e ao sequencial.

Será que tal intolerância também é encontrada nos autores de ensaios, ou seja, nos filósofos, historiadores e cientistas? A bem da verdade, os autores de ensaios, normalmente, sentem-se à vontade para conservar os vínculos que garantam coesão parcial ou total às suas reflexões. Existem, porém, principalmente entre os filósofos, ilustres exceções. Vêm-me à mente, em primeiro lugar, Nietzsche, mas também Wittgenstein (1977), ambos cultores do pensamento fragmentado e aforista[22]. Wittgenstein

---

[22] Como é sabido, Nietzsche e Wittgenstein são dois pensadores muito diferentes, mas que têm uma coisa em comum: o uso dos aforismos como estratégia alusiva a um modo de pensar explícito, incontestável ou exaustivo. Mas não é só. Às vezes, tem-se a impressão que

246   Cultura, Sociedade e Técnica

escreveu: "Quando penso por mim mesmo, sem a obrigação de escrever um livro, pulo de um tema para outro, por ser este o meu modo natural de pensar. Ser obrigado a pensar em sucessão linear, para mim, é um martírio. Devo procurar fazê-lo? Eu desperdiço muita energia para ordenar os pensamentos que talvez não tenham nenhum valor".

Na base do mal-estar de Wittgenstein, do seu "martírio", existe a implícita rejeição a todos os vínculos que impedem o "livre fluir dos pensamentos" para usar uma expressão de Locke. O que Wittgenstein reivindica no trecho citado tem raízes profundas no pensamento filosófico ocidental. Os filósofos sempre reivindicaram o direito à liberdade de explorar criativamente infinitos percursos associativos. Em resumo, de "pular de um tema a outro" como Wittgenstein sugeriu. Sobre isso não há o que objetar. Considero menos persuasiva a ideia, acalentada pelos promotores de uma presumível 'criatividade responsável', de que a liberdade de explorar deva necessariamente identificar-se com o estilo fragmentário e aforista. Assim, não seria compatível com formas mais estruturadas, articuladas e continuativas.

A liberdade de explorar, mesmo ao custo de errar, é fundamental para o desenvolvimento do pensamento, assim como a possibilidade de se *delongar* sobre o objeto de reflexão. O estilo fragmentário e aforista não favorece essa possibilidade. Nele, prevalece a tendência a uma breve análise do objeto de reflexão. Uma permanente fuga, numa corrida em direção ao próximo objeto de reflexão.

Já ressaltamos a necessidade de distinguir entre a escrita narrativa e a escrita filosófica, histórica e científica. A diferença é mais que óbvia. Os vínculos da linearidade e da sequencialidade lógica têm significados diferentes em um texto de narrativa e em um ensaio. No caso de um romance hipertextual, por exemplo, os efeitos permanecem circunscritos ao âmbito da experimentação literária. No caso de um ensaio filosófico ou científico, somos obrigados a enfrentar a verdade (ou não verdade) das assertivas nele contidas.

Essa distinção entre narrativa e ensaio, que o bom senso aconselha a jamais esquecer, é habitualmente desprezada. Assim, os dois campos são frequentemente considerados um só. Existem verdadeiras (e arriscadas) trocas de argumentos de um campo ao outro. Os apologistas da nar-

---

Wittgenstein estabelece, pelo menos em certas circunstâncias, um diálogo ideal com Nietzsche. Existe um ar familiar entre o famoso aforismo com o qual Nietzsche inicia o segundo volume de *Menschliches, Allzumenschliches* (1886): "É preciso falar apenas quando não é lícito calar" (*Man soll nur reden, wo man nicht scweigen darf*) e aquele igualmente famoso com o qual Wittgenstein conclui o seu *Tractatus Logico-Philosophicus* (1951): "Sobre o que não se deve falar, deve-se calar" (*Wovon man nicht sprechen kann, darüber muss man schweigen*). Mesmo que Wittgenstein tenha admitido expressamente, em mais de uma ocasião, a influência de Lichtenberg, Schopenhauer e Karl Kraus no seu raciocínio, e em particular nos seus aforismos, não se deve ignorar o fato de que ele também era, como todos os jovens alemães e vienenses de sua geração, um leitor das obras de Nietzsche, como demonstra a sua citação de *Menschliches, Allzumenschliches* (Wittgenstein, 1977, p. 113).

rativa hipertextual criticam a narrativa analógica tradicional recorrendo ao argumento de que a linearidade e a sequencialidade congênitas desta última podem ser atribuídas a um *pecado original* da cultura ocidental. Este teria origem na argumentação lógico-silogística desenvolvida por Aristóteles 2.500 anos atrás[23].

Em outras palavras, romances como os de Defoe, Swift, Manzoni, Balzac, Dumas, Dickens, James, Pérez Galdós, Dostoiévski e Tolstói seriam condenáveis justamente pelo fato de serem muito fiéis à herança lógica aristotélica. Herança à qual se atribuiria a responsabilidade histórica por todas as desgraças da cultura ocidental antes do aparecimento do computador. Atrás disso tudo, como se pode intuir, está a inconsistente ideologia do anti-Logos. Há muitas décadas, essa ideologia considera a coerência discursiva como nefasta doença a ser combatida com todos os meios.

Hipertextualidade no ensaio tradicional

Gostaria de sublinhar que não existe uma incompatibilidade substancial entre a escrita tradicional e as tecnologias hipertextuais. Assim, o ensaio tradicional não se considera estranho às possibilidades prospectadas pelas novas tecnologias hipertextuais. Os textos do moderno ensaísmo, a seu modo, sempre foram hipertextuais, por assim dizer, *avant la lettre*.

Basta pensar, por exemplo, no uso das notas de rodapé nos ensaios. Com esse expediente, como se sabe, o autor pode inserir, fora do texto principal, reflexões pontuais, citações de fonte, referências a outros textos ou outros autores[24]. Para o bem ou para o mal, recorri com frequência a esse expediente neste livro.

Mas qual é o objetivo das notas de rodapé? Deve-se usá-las para esclarecer, aprofundar ou documentar o discurso que o autor está desenvolvendo no texto. Assim, não é – ou não deveria ser – a banal ostentação de erudição (real ou presumida) do autor. Algumas questões ainda permanecem abertas sobre o seu uso. Por que se deve necessariamente recorrer a inserções externas para esclarecer, aprofundar e documentar um discurso? Dito de outra maneira: por que a qualidade científica (ou simplesmente argumentativa) de um discurso depende, em grande parte, da capacidade de gerar textos auxiliares? Por que se considera que um texto tenha necessidade de outros textos de apoio? Por que um texto não

---

[23]   É uma ideia, no mínimo, simplista sustentar que as carências da lógica aristotélica, amplamente demonstradas pelo desenvolvimento da lógica moderna, autorizem a se decretar o fim de qualquer forma de pensamento lógico. Por outro lado, não se pode ignorar que por trás da lógica inerente ao computador estejam Leibniz, De Morgan, Boole, Frege, Russell, von Neumann, Turing, mas também Aristóteles.

[24]   Para uma aprofundada análise do papel das *notas de rodapé* na tradição erudita europeia (da alemã, em particular), ver A. Grafton (1999).

é autossuficiente? Por que se deve procurar legitimidade e credibilidade fora do texto principal?

Penso que pode ser útil analisar os pressupostos que estão na base destas interrogações. Em princípio, existe a convicção que um texto é capaz de estabelecer uma relação de covariância com uma infinidade de outros textos. Um texto sempre tem potencial para ser inserido em uma rede de textos. Quer dizer, todos os textos são, por princípio, *reticuláveis*. Nessa convicção estão implícitas outras duas teses. Primeira, que cada texto é, por natureza, instável, mutável e errático e que precisa de apoio externo para tornar-se solidificado, enrijecido e delimitado. Segunda, que existe, fora do texto principal, um número infinito de outros textos que estão à nossa disposição, e que podem ser usados à vontade para as construções hipertextuais.

Creio que ambas as teses são sustentáveis. Na segunda, porém, é necessário fazer um esclarecimento. Deve-se levar em conta que a inimaginável abundância de textos disponíveis na nossa época é um fenômeno sem precedentes na história. Ela foi precedida por milênios de indigência. O exercício da hipertextualidade, como a entendemos hoje, teria sido indubitavelmente impensável no passado. Isso pelo simples motivo de que o volume global de textos era tremendamente reduzido. Não pode haver mais dúvidas sobre as causas deste estado de indigência no passado. Ele resultou de uma escolha consciente dos detentores do poder, eclesiástico ou secular. Eles procuraram fomentar o aprofundamento (e a difusão) de uns poucos textos e vetar a produção (e a proliferação) de outros. As primeiras tentativas (ainda que tímidas e ineficazes) de mudar esta situação ocorreram no momento do nascimento (e da consolidação) da cultura laica.

Refiro-me ao momento especial da história europeia, entre os séculos XII e XIII, quando ocorreram os primeiros sintomas de mudança na maneira de se produzir e entender o livro manuscrito. Essa mudança também prenunciou o fim do período da absoluta hegemonia monástica. E, ao mesmo tempo, iniciou um processo lento, mas inexorável de uma influência cada vez maior do mundo laico (L. Febvre e H.-J. Martin, 1958, p. 17; H.-J. Martin, 1988).

A partir desse ponto, o livro manuscrito, como foi concebido (e realizado) nos mosteiros, não podia mais ficar isolado, fechado em sua nobre (e estéril) sacralidade. Foram os próprios expoentes do mundo eclesiástico os primeiros a ter consciência disso. Eles perceberam a necessidade de encontrar alguma forma de conciliação (ou melhor, de prudente mediação) entre cultura religiosa e cultura profana. Vem-me à mente o exemplo de Ugo di San Vittore que, com o seu *Didascalion*, tentou introduzir elementos de síntese entre esses dois mundos (J. Taylor, 1961; Ch. H. Buttimer, 1939; V. Liccaro, 1969; Ugo di San Vittore, 1987; I. Illich, 1993; P. Sicard, 1996).

Procurou-se tornar o "modelo monástico" mais receptivo aos estímulos provenientes do "modelo escolástico (universitário)" (J. Le Goff, 1964). E os efeitos da nova postura não demoraram a aparecer. De um lado, a prática da leitura-escrita parece amaciar a sua tradicional rigidez e aridez. Ao mesmo tempo, porém, a complexidade do texto manuscrito mostra sinais de profunda instabilidade. As margens e até mesmo os espaços entre linhas são cada vez mais invadidos por glosas, comentários, digressões, correções e sublinhados que os leitores (e com frequência o próprio autor) inseriam. Esse movimento intensificou-se exageradamente, gerando agitação, desconforto, incerteza e até mesmo a frustração aos atores da mudança.

E, então, surge o problema central da escolha dos textos. Continuar a tratar os velhos textos, sempre os mesmos, não funcionava mais. Surge emergente necessidade de se recorrer à ajuda de outros textos, até mesmo aqueles *impuros*, ou seja, aqueles proibidos pelos rigorosos ditames teológicos, com todos os riscos que isso acarretava. A leitura exegética, centrada em poucos textos, principalmente sobre *Corpus biblicum*, sobre *Corpus Iuris* e sobre as obras dos pais da Igreja, já não é suficiente. Começa a procura de novos textos, recém-descobertos, de filósofos antigos, árabes e judeus.

Difunde-se a prática de compilar textos de vários autores (mesmo com posições teóricas contrapostas) e de épocas diversas. Deu-se o primeiro passo em direção a uma visão enciclopédica do saber (P. Sicard, 1966). Desse modo, a *leitura intensiva* de poucos textos, dominante na fase anterior, foi substituída, de maneira revolucionária, pela propagação da *leitura extensiva* de muitos textos (G. Cavallo e R. Charter, 1998, p. 31-32).

Contudo, o que vale para a leitura vale também para a escrita. A escrita pode ser, sem dúvida, intensiva ou extensiva. Aquela intensiva ocorria na monástica tradicional, que pretendia ser autossuficiente e autorreferencial. A extensiva, ao contrário, é de natureza laica (ou em vias de se tornar laica) e se desenvolve com apoio de uma rica rede de referências, que acolhe os desafios propostos por outros escritos e outras ideias. Foram vários os motivos que levaram à invenção da imprensa. Mas é necessário admitir que foi também a contribuição da leitura-escrita extensiva a torná-la possível e inevitável.

Em direção a uma convergência oralidade–escrita

Ong (1982) faz distinção entre *oralidade primária*, ou seja, a oralidade anterior à invenção da escrita e *oralidade secundária*, ou seja, a oralidade atual, privilegiada pelos meios eletrônicos de primeira geração (telefone, gravador, rádio, TV, filmes)[25]. Por outro lado, o mesmo Ong

---

[25] Salta aos olhos o fato de que a oralidade tenha entrado em uma fase de forte expansão. Mas a distinção feita por Ong entre oralidade primária e oralidade secundária – entre Homero e a televisão, como ele diz – nos leva a pensar que, para ele, após o advento da escrita, e principalmente após a sua ulterior potencialização devida à imprensa, tenha havido uma espécie de zona cinzenta na qual a oralidade teve um papel quase irrelevante. A bem da verdade, essa zona cinzenta nunca existiu. A historiadora francesa F. Waquet (2003) o demonstra na sua brilhante reconstrução histórica sobre a presença, jamais enfraquecida, da oralidade na cultura ocidental.

identificou um período de *escrita primária* que cobre o arco de tempo entre a invenção da escrita (fase manuscrita) e a invenção da imprensa (fase tipográfica). Curiosamente, Ong não considerou que, concomitante com a oralidade secundária, existe hoje a *escrita secundária*, ou seja, a escrita resultante do uso dos meios eletrônicos de segunda geração (videoescrita, Internet, correio eletrônico, palmtops, telefonia celular).

Gostaria de reter-me um pouco no correio eletrônico que, a meu ver, é um dos exemplos mais característicos desse fenômeno. Após a chegada dos meios eletrônicos de *primeira geração*, que decretava um predomínio absoluto da oralidade e da imagem (basta pensar apenas na televisão), muitos se desesperavam com relação ao futuro da escrita. A partir dos anos 1970, houve uma mudança radical, com a difusão dos meios de *segunda geração*, em especial, do correio eletrônico. Ele repropôs, com força e amplitude, a prática da escrita.

Notoriamente, os usuários mais assíduos do correio eletrônico são atualmente os dirigentes e os agentes da administração pública e privada, do comércio, da indústria, os expoentes da justiça e da política e também os cultores da correspondência epistolar entre pessoas[26]. A esse elenco devem-se acrescentar os representantes do mundo científico, acadêmico e cultural.

Na longa história dos meios de comunicação, principalmente daqueles destinados ao intercambio intelectual, o surgimento do correio eletrônico é, a meu ver, uma novidade de grande alcance. Nada de semelhante existiu anteriormente capaz de permitir um desempenho comunicativo de tamanha eficiência, em quantidade e qualidade, ou seja, de tal acessibilidade, celeridade e confiabilidade. É, então, plausível assumir que, num futuro próximo, o seu uso generalizado poderá, pelo menos em teoria, desenvolver um papel importante na gestão global do saber na nossa sociedade, tanto na sua difusão quanto no seu aprofundamento.

Deve-se recordar que, da Antiguidade até a Alta Idade Média, os contatos epistolares e manuscritos entre os doutos apresentavam normalmente enormes dificuldades logísticas. E as dificuldades eram ainda maiores para quem procurava estabelecer, fora da própria região geográfica, contatos pessoais face a face. A invenção da imprensa durante o Renascimento mudou radicalmente a natureza da relação de intercâmbio entre as elites intelectuais. Os livros começaram a se popularizar e circular com maior facilidade. Ao mesmo tempo, entre os membros da comunidade científica, começou um período de verdadeira grafomania epistolar que dura até o século XIX[27]. Do século XVI ao XVIII, o número dos contatos epistolares cresce de forma exponencial. Galilei escreve a Kepler; Descartes a Huyghens; Newton a Locke e Leibniz; Hume a Montesquieu; Voltaire a Hume; Rousseau a Adam Smith.

---

[26] Refiro-me aqui concretamente não à prática de missivas minimalistas que encontramos, por exemplo, no IRC (*Internet relay chat*), mas à correspondência epistolar tradicional através de correio eletrônico. Sobre este argumento ver T. Maldonado (1997, p. 53 e seg.).

[27] Cf. L. Febvre e H.-J. Martin (1971); R. Chartier (1996) e B. Richardson (1999).

Mas os grandes cultores do gênero epistolar foram Erasmo (1967; 1984), cuja coletânea compreende 12 volumes e Voltaire (1978; 1992) que escreveu 22.000 cartas ao longo da vida. Erasmo foi o primeiro a conceber a difusão do saber em forma de rede. Nesse caso específico, a rede era apta a gerir o fluxo do saber[28]. No atual debate sobre a primazia da visão do nosso tempo, esquece-se com frequência que a nossa cultura é comunicativa, com primazia da multimídia (ou seja, a compresença de voz, texto e imagem numa mesma mensagem).

Quantitativamente falando, o envolvimento visual, implícito no texto e na imagem, é superior ao envolvimento auditivo implícito na voz. Alguém pode fazer objeção a que o crescimento exponencial do número de usuários de telefone celular poderia desequilibrar esse balanço. No momento, é difícil exprimir um juízo definitivo sobre o mérito. E o motivo é simples: a tendência atual de transformar o telefone celular em instrumento multimídia complica ainda mais o problema. Isso viria reforçar não apenas a presença da voz, mas também (e novamente) a do texto e da imagem.

A despeito da questão da multimídia, deve-se considerar que a oralidade, por um lado, e a escrita e a imagem por outro, não se configuram como dois compartimentos estanques. Na nossa época, entre oralidade, escrita e imagem existe uma estreita relação de recíproco condicionamento. A isso se deve acrescentar o papel desempenhado pelas imagens, no plano cognitivo. Um papel substancialmente de mediação (e de verificação) semântica entre o discurso verbal e o discurso escrito. E por último, devem ser lembrados os promissores aportes da pesquisa e desenvolvimento no campo do reconhecimento de voz, da tradução simultânea e dos resumos automáticos.

Se for verdade que a relação voz–texto–imagem pode ser considerada um sistema único, é também necessário admitir que cada parte desse sistema tem suas peculiaridades. Existem fenômenos que se verificam no âmbito da imagem, mas não no da oralidade nem da escrita. No âmbito da imagem procura-se colocar à mostra todos os recursos técnicos disponíveis, ostentando um domínio dos meios de expressão e das possibilidades criativas e de inovação. Em contraste, no âmbito da oralidade e da escrita constata-se uma forte preferência pela aridez, pela indigência expressiva e pelo conservadorismo. Está à vista de todos – as

---

[28] No final do século XV e no início do XVI, a ideia de rede do saber era no mínimo prematura. Apesar das aflitas incursões de Erasmo por toda a Europa e a sua prolífica atividade epistolar, a proposta de um fluxo de saber sem fronteiras, por ele sustentada, não consegue frutificar-se na realidade do seu tempo. Restou uma proposta antecipadora e somente agora (talvez) existam as condições técnicas para a sua realização. Erasmo nos oferece a imagem, na sua pessoa, de um novo arquétipo do intelectual aberto ao mundo, dotado de uma inesgotável curiosidade e operoso militante das próprias ideias (J. Jardine, 1993). Não há dúvidas que nisso ele antecipa os tempos modernos, mas, a bem da verdade, não estamos totalmente seguros que este arquétipo goze hoje, por muitas razões, de uma influência especial (T. Maldonado, 1995, p. 82-87).

imagens na mídia são habitualmente luxuriantes, enquanto as vozes e os textos são quase sempre opacos e lúgubres.

Deve-se também notar que há outra contraposição tanto nas vozes quanto nos textos. De um lado, está a preferência persistente e redundante por um número reduzido de argumentos. De outro lado, o laconismo discursivo, a banalização, com uso repetitivo de um elenco limitado de frases pré-confeccionadas. De um lado, repete-se infinitamente o mesmo discurso, para não ter que se ocupar de outras coisas consideradas muito complexas (ou muito chatas) para o usuário médio. Por outro lado, recorrem-se a expressões espirituosas para fazer crer que se pode fornecer, com um mínimo investimento de tempo (e energia), verdadeiras chaves interpretativas dos fatos do mundo[29].

Conclusão

Eu havia prometido, no início deste capítulo, fornecer um panorama sobre o destino do falar, escrever e ler em uma sociedade altamente digitalizada. A tarefa que estabeleci era certamente imensurável. Creio, porém, que consegui colocar, pelo menos, alguns pontos de reflexão importantes. Analisei, por exemplo, a possibilidade do processo de digitalização influenciar positivamente as formas (e os conteúdos) de alguns setores da produção cultural.

Desaconselhei, todavia, qualquer celebração efusiva desse fato. A cautela, penso, é obrigatória. Estou convencido de que o processo de digitalização, nos seus meandros mais recônditos, esconde também os fatores que têm (ou podem ter) efeitos deletérios sobre a produção cultural.

Isso não deve causar surpresa. A produção cultural habitualmente espelha a ambivalência, às vezes clamorosa, das tecnologias informáticas. É desnecessário lembrar a contribuição das tecnologias da informática, no desenvolvimento de grande parte dos atuais progressos do campo biomédico, com todos os seus impactos benéficos sobre a saúde. Por outro lado, deve-se lembrar também a sua contribuição para a produção de armamentos cada vez mais *inteligentes*, mais poderosos e funestos para devastar as populações civis.

A mesma ambivalência existe no domínio da produção cultural.

---

[29] Curiosamente, para justificar este estado de coisas, apela-se para a necessidade de ir ao encontro dos anseios populares, dizem, de concisão e clareza. Mas a qual concisão ou clareza se referem? Seguramente não àquelas que encontramos nas regras do *correto pensar* de Descartes, nem mesmo nas regras (muito cartesianas) do *correto conversar* de H. Paul Grice, mas naquele conjunto de estratagemas destinados a barrar qualquer possibilidade de aprofundar um argumento. E isso é feito alegando a falta, real ou presumida, de tempo à disposição, ou o risco de entediar com descrições muito prolixas, ou ainda a incapacidade de ilustrar com exemplos concretos, e se possível agradáveis, a própria tese. Basta pensar nos *talk show*, nos debates políticos e nas entrevistas na televisão.

Por um lado, as novas tecnologias promovem um substancial incremento das comunicações entre indivíduos, povos e culturas. Por outro lado, como assinalamos em capítulo precedente, as novas tecnologias promovem o controle sobre indivíduos, povos e culturas, de forma cada vez mais capilar e abrangente.

O empenho em refletir sobre o futuro do falar, escrever e ler assume uma dramática importância neste mundo cheio de ambiguidades, riscos e insídias. E as razões para isso são óbvias. O que está em jogo, em última análise, é o futuro do pensar, neste mundo cada vez mais digitalizado.

Bibliografia

1. O ciberespaço é um espaço democrático?

ABRAMSON, Jeffrey B. *et al. The Electronic Commonwealth: The Impact of New Media Technologies on Democratic Politics*. New York: Basic Books, 1988.

ABRUZZESE, Alberto. *Lo splendore della TV: Origini e destino del linguaggio televisivo*. Genova: Costa e Nolan, 1995.

-----. Media del potere e potere dei media: Viaggi sparsi a partire da Rosebud, *Media Philosophy*. I:0, primavera-verão 1996, p. 35-69.

ADORNO, Theodor W. Prolog zum Fernsehen [1953], em *Eingriffe: Neun kritische Modele*. Frankfurt: Suhrkamp, 1963.

-----. Fernsehen als Ideologie [1953], em *Eingriffe. Neun kritische Modelle*. Frankfurt: Suhrkamp, 1963.

-----. *Jargon der Eigentlichkeit. Zur deutschen Ideologie*. Frankfurt: Suhrkamp, 1964.

ANCESCHI, Giovanni. *Monogrammi e figure*. Firenze-Milano: La casa Usher, 1981.

ANDERS, Günther. The phantom world of TV, em B. ROSENBERG e D.M. WHITE (org.), *Mass Culture. The Popular Art in America*. Glencoe (Ill.): The Free Press, 1957.

ARDESI, Luciano. *Il mito del villaggio globale:La comunicazione nord-sud*. Capodarco di Fermo: Molisv, 1992.

ARENDT, Hannah. *The Human Condition: A Study of Central Dilemmas Facing Modern Man*. Garden City (N.Y.): Doubleday, 1959.

ARTERTON, Christopher F. *Teledemocracy: Can Technology Protect Democracy?* Newburry Park (Ca.): Sage, 1987.

AUSTIN, John L. *How to Do Things with Words*. Oxford: Oxford University Press, 1962.

BACHTIN, Michail. *L'autore e l'eroe: Teoria letteraria e scienze umane*. Torino: Einaudi, 1988.

BACON, Francis. On negotiating, em *The Essays or Conseils Civil and Moral*. London-Toronto: Dutton, 1932.

BARBER, Benjamin. Justifying justice: Problems of psychology, politics, and measurement in Rawls, em N. DANIELS (org.). *Reading Rawls*. Blackwell: Oxford, 1975.

BARBROOK, Richard e CAMERON, Andy. *The Californian Ideology*, 1996 [http://actlab.rtf.utexas.edu/].

BARRY, Brian. *The Liberal Theory of Justice: A Critical Examination of a Theory of Justice by John Ralws*. Oxford: Oxford University Press, 1973.

BAUDRILLARD, Jean. *Simulacres et simulation*. Paris: Galilée, 1981.

BAUMAN, Zigmunt. *Postmodern Ethics*. Oxford: Blackwell, 1993.

BECK, Ulrich. *Risikogesellschaft*. Frankfurt: Suhrkamp, 1986.

-----. *Die Erfindung des Politischen. Zu einer Theorie reflexiver Modernisierung*. Frankfurt: Suhrkamp, 1993.

-----. GIDDENS, Antony e LASH, Scott. *Reflexive Modernisierung*. Frankfurt: Suhrkamp, 1993.

BELL, Jeffrey. *Populism and Elitism. Politics in the Age of Equality*. Washington: Regnery Gateway, 1992.

BENTHAM, Jeremy. *The Works of Jeremy Bentham*. Edinburg: Tait, 1838-1843, vol. II (reprint). New York: Russel and Russel, 1971.

-----. *The Panopticon Writings* [1787, 1790 e 1791]. London: Verso, 1995.

-----. *Panopticon ovvero la casa d'ispezione*. (Org.). M. FOUCAULT e M. PERROT. Veneza: Marsilio, 1983.

BERGER, Peter L., Brigitte BERGER e Hansfried KELLNER, *The Homeless Mind: Modernization and Consciousness*. New York: Random House, 1973.

BERLIN, Isaiah. *Four Essays on Liberty*. Oxford: Oxford University Press, 1969.

BERLYNE, Daniel E. *Conflict, Arousal, and* Curiosity. New York: McGraw Hill, 1960.

BOBBIO, Norberto. Il futuro della democrazia. Torino: Einaudi, 1995.

BOORSTIN, Daniel. The Americans. New York: Random House, 1958, vol. III. (I: The Colonial Experience [1958]; II: The National Experience [1965]; III: The Democratic Experience [1973]).

BORGES, Jorge Luis. Obras completas. Buenos Aires: Emecé, 1974.

BOTTOMORE, T.B. *Elites and Society*. London: Watts, 1964.

BOŽOVIČ, Miran. An Utterly Dark Spot, apresentação de BENTHAM, J. *The Panopticon Writings*. London: Verso, 1995.

BRANSCOMB, Anne W. *Who Owns Information?* New York: Basic Books, 1994.

BRECHER, Jeremy e Tim COSTELLO. *Global Village or Global Pillage. Economic Reconstruction from the Bottom up*. Boston (Mass.): South End Press, 1994.

BRETON, Philippe. *L'utopie de la communication: Le mythe du «village planétaire»*. Paris: La Découverte, 1995.

BRONSON, Po. George Gilder. *Wired*, mar. 1996, p. 122-195.

BÜHLER, Karl. *Sprachtheorie*. Jena: Gustav Fischer, 1934.

BURSTEIN, Daniel e David KLINE. *Road Warriors, Dreams and Nightmares. Along the Information Highway*. New York: Dutton, 1995.

CAILLOIS, Roger. *Le jeux et les hommes. La masque et la vertige*. Paris: Gallimard, 1967.

CALVO, Marco *et al. Internet '96*. Roma-Bari: Laterza, 1996.

CAMPANA, Domenico. *Il voto corre sul filo: Democrazia diretta, democrazia indiretta*. Torino: Seat, 1994.

CANFORA, Luciano. *Le vie del classicismo*. Roma-Bari: Laterza, 1989.

CARDONA, Giorgio Raimondo, *Antropologia della scrittura*. Torino: Loescher, 1987.

CESAREO, Giovanni. Towards electronic democracy? em V. MOSCO e J. WASKO (org.), *The Critical Communications Review*. vol. I. Norwood (N.J.): Ablex, 1984.

CHANDLER, Alfred D. *Strategy and Structure* – Capítulos sobre History of the Industrial Enterprise. Cambridge (Mass.): The MIT Press, 1968.

CHESNAUX, Jean. *Modernité-monde, Brave Modern World*. Paris: La découverte, 1989.

CHIAPPONI, Medardo. *Ambiente, gestione e strategia: Un contributo alla teoria della progettazione ambientale*. Milano: Feltrinelli, 1989.

CLAESSENS, Dieter. *Rolle und Macht*. München: Juventa, 1970.

COHEN, Marcel. *L'écriture*. Paris: Éditions sociales, 1953.

COLOMBO, Furio. *Confucio nel computer: Memoria accidentale del futuro*. Milano: Rizzoli, 1995.

CRUZ, Juan de la. *Les dits de lumière et d'amour / Dichos de luz y amor*. Paris: Iberiques - José Corti, 1990.

DAHL, Robert A. *A Preface to Democratic Theory*. Chicago: University of Chicago Press, 1956.

-----. *Dilemmas of Pluralist Democracy*. New Haven: Yale University Press, 1982.

-----. *Democracy and its Critics*. New Haven: Yale University Press, 1989.

DAHRENDORF, Ralf. *Homo Sociologicus*. Opladen: Westdeutscher Verlag, 1958.

DANZINGER, Kurt. *La socializzazione*. Bologna: Il Mulino, 1972.

DELAHAIE, Henri e Félix PAOLETTI. *Informatique et libertés*. Paris: La découverte, 1987.

DELEUZE, Gilles e Félix GUATTARI. *Rhizoma*. Paris: Minuit, 1976.

-----. *Mille plateaux: Capitalisme et schizophrénie*. Paris: Minuit, 1980.

DE MAURO, Tullio. Troppe notizie, troppe parole, troppe informazioni. Bisogna distinguere e diffidare, *Telèma*. II, 1996, p. 113.

DE MICHELIS, Giorgio. Il possibile dell'informatica e i processi democratici, *Amministrare*, XX:2-3, ago.- dez. 1990, p. 203-228.

-----. *A che gioco giochiamo? Linguaggio, organizzazione, informatica*. Milano: Guerini, 1995.

DIDEROT, Denis, Paradoxe sur le comédien, em *Oeuvres esthétiques*. Paris: Garnier, 1959.

DUNN, John (org.). *Democracy: the Unfinished Journey*. Oxford: Oxford University Press, 1992.

DUVIGNAUD, Jean. *L'acteur. Esquisse d'une sociologie du comédien*. Paris: Gallimard, 1965.

DWORKIN, Roland. The original position, em N. DANIELS (org.), *Reading Rawls*. vOxford: Blackwell, 1975.

EAGLETON, Terry. *Ideology: an Introduction*. London: Verso, 1991.

ECO, Umberto. Einleitung em P. SANTARCANGELI, *Il libro dei labirinti*. Milano: Frassinelli, 1984.

ELLUL, Jacques. *Le bluff technologique*. Paris: Hachette, 1988.

ELSTER, Jon. *The Multiple Self*. London: Cambridge University Press, 1986. Emoticon. [http://www.cnet.com/Resources/Info/Glossary/Terms/emoticon.html] [1996].

ENGELS, Friedrich. Brief an Franz Mehring, 14 jul. 1893, em K. MARX e F. ENGELS, *Werke*, vol. XXXIX. Berlin: Dietz Verlag, 1968.

ENZENSBERGER, Hans Magnus. Reminiszenzen an den Überfluß. Der alte und der neue Luxus, *Der Spiegel*, v. 51, 16 dez. 1996, p. 108-118.

258 Cultura, Sociedade e Técnica

FARRAR, Cynthia. La teoria politica nell'antica Grecia come risposta alla democrazia, em J. DUNN (Org.). *La democrazia*. Venezia: Marsilio, 1995.

FELLMANN, Ferdinand. *Gelebte Philosophie in Deutschland*. München: Alber, 1983.

FOUCAULT, Michel. *Surveiller et punir. Naissance de la prison*. Paris: Gallimard, 1975.

FREGE, Gottlob. Über Sinn und Bedeutung, em *Zeitschrift für Philosophie und philosophische Kritik*, 100 [1892], p. 25-100, reproduzido em *Funktion, Begriff, Bedeutung. Fünf logische Studien*. Göttingen: Vanderhoeck-Ruprecht, 1962.

-----. Ausführungen über Sinn und Bedeutung [1892-1895], em *Nachgelassene Schriften*. Hamburg: Felix Meiner Verlag, 1969.

----. Der Gedanke. Eine logische Untersuchung, em *Beiträge zur Philosophie des deutschen Idealismu*, 1 [1918-1919], p. 58-77.

FREUD, Sigmund. Massenpsychologie und Ich-Analyse [1921], em *Gesammelte Werke*, vol. XIII. Frankfurt: S. Fischer, 1940.

GARFINKEL, Harold. Remarks on ethnomethodology, em J.J. GUMPERTZ e D. HYMES (org.), *Direction in Sociolinguistics*. New York: Holt, Rinehart and Winston, 1972.

GERGEN, Kenneth J. *The Satured Self. Dilemmas of Identity in Contemporary Life*. New York: Basic Books, 1991.

GERHARDT, Uta. *Rollenanalyse als kritische Soziologie*. Neuwied: Luchterhand, 1971.

GIDDENS, Anthony. *The Consequences of Modernity*. Stanford (Cal.): Stanford University Press, 1990.

GILDER, George. *Life After Television: The Coming Transformation Media and America Life*. New York: Norton, 1992.

GIORELLO, Giulio, Incommensurabilità e confrontabilità, em *Introduzione alla filosofia della scienza*. Milano: Bompiani, 1994.

Glossary of Internet Terms [http://www.lainet.com/cdi/glossary.htm] (1996).

GOFFMAN, Erwing. *Relation on Public*. New York: Harper and Row, 1971.

-----. *Form of Talk*. Philadelphia: University of Pennsylvania Press, 1981.

GREEN, Giorgia M. *Pragmatics and Natural Language Understanding*. Erlbaum, 1989.

GRICE, Paul H. Logic and conversation, em P. COLE e J.L. MORGAN (org.). *Syntax and Semantic Speech Acts*. New York: Academic Press, 1975.

GROSSMAN, Lawrence K. *The Electronic Republic: Reshaping Democracy in the Information Age*. New York: Viking, 1995.

GUISNEL, Jean. *Guerres dans le cyberspace: Services secrets et Internet*. Paris: La découverte, 1995.

HABERMAS, Jürgen. Vorbereitende Bemerkungen zu einer Theorie der kommunikativenKompetenz, em J. HABERMAS, *Theorie der Gesellschaft oder Sozialtechnologie*.Frankfurt: Suhrkamp, 1971.

-----. Was heißt Universalpragmatik?, em K.O APEL (org.), *Sprachpragmatik und Philosophie*. Frankfurt: Suhrkamp, 1976.

-----. Diskursethik. Notizen zu einem Begründungsprogramm, em *Moralbewußtsein und kommunikatives Handeln*. Frankfurt: Suhrkamp, 1983.

-----. Notizen zur Entwicklung der Interaktionkompetenz [1974], em *Vorstudien und Ergänzungen des kommunicativen Handels*. Frankfurt: Suhrkamp, 1984.

-----. *Moralbewußtsein und kommunikatives Handeln*. Frankfurt: Suhrkamp, 1985.

-----. *Theorie des kommunikativen Handelns*. Frankfurt: Suhrkamp, 1981, vol. II

----. *Erläuterung zur Diskursethik*. Frankfurt: Suhrkamp, 1991.

-----. *Faktizität und Geltung*. Frankfurt: Suhrkamp, 1992.

-----. The European nation state. Its achievements and its limitations. On the past and future of sovereignty and citizenship, *Ratio Juris*, XI:2, jun. 1996, p. 125-137.

HANSEN, Mogens Herman. *Demography and Democracy: The Number of Athenian Citizen in the Fourth Century B.C.* Herning: Systime, 1985.

-----. *The Athenian Assembly in the Age of Demosthenes*. Oxford: Basil Blackwell, 1987.

-----. *The Athenian Assembly in the Age of Demosthene: Structure, Principles, and Ideology*. Oxford: Basil Blackwell, 1991.

HARSANYI, John C. *Essays on Ethics, Social Behavior and Scientific Explanation*. Dordrecht: Reidel Publ. Co., 1976.

-----. *L'utilitarismo*. Milano: Il Saggiatore, 1988.

HARTER, Peter F., *Representative Democracy or Remote Control: A Constitutional Analysis and Critique of Ross Perot's Electronic Town Hall*, 1993. [http://law.vill.edu/chron/articles/anal_elect_town_halls,html] [1996].

HAUG, Frigga. *Kritik der Rollentheorie*. Frankfurt: S. Fischer, 1972.

HAUSKNECHT, Murray. The Mike in the bosom, em B. ROSENBERG e D.M. WHITE, *Mass Culture. The Popular Art in America*. Glencoe (Ill.): The Free Press, 1959, p. 375-378.

HAYEK, Friedrich August von. *The Constitution of Liberty*. Chicago: Chicago University Press, 1960.

HEGEL, Georg W.F. Phänomenologie des Geistes, em *Sämtliche Werke*, vol. II, Stuttgart-Bad Cannstatt: F. Frommann Verlag, 1964.

-----. *System der Philosophie*, vol. X, *Die Philosophie des Geistes*. Stuttgart-Bad Cannstatt: Fromman Verlag, 1965.

HEMPEL, Carl G. The logic of functional analysis, em L. GROSS (Org.), *Symposium on Sociological Theory*. New York: Harper and Row, 1959. Vejam também C.G. HEMPEL. *Aspects of Scientific Explanation*. New York: The Free Press, 1965.

HJELMSLEV, Louis Trolle. *Prolegomena to a Theory of Language*. Wisconsin: University of Wisconsin, 1961.

HOFSTADTER, Richard. North America, em G. IONESCO e E. GELLENER (Org.), *Populism: its Meanings and National Characteristics*. London: Weidenfeld and Nicholson, 1969.

HOLMES, Stephen. *The Anatomy of Antiliberalism*. Harvard: President and Fellows of Harvard College, 1993.

HORNBLOWER, Simon. Creazione e sviluppo delle istituzioni democratiche nell'antica Grecia, em J. DUNN (org.), *La Democrazia*. Venezia: Marsilio, 1995.

HUBERMAN, Bernardo A. The social mind, em J.-P. CHANGEUX e J. CHAVAILLON (org.). *Origins of the Human Mind*. Oxford: Clarendon Press, 1996.

JAY, Martin. *Downcast Eyes: The Denigration of Vision in Twentieth-Century French Thought*. Berkeley: University of California Press, 1993.

JOHNSON, William R. Anything, anywhere, anytime: The future of networking, em D. LEEBAERT (org.). *Technology 2001: The Future of Computing and Communications*.Cambridge (Mass.): The MIT Press, 1991.

KANT, Immanuel. Beantwortung der Frage: Was ist Aufklärung?, em *Schriften zur Anthropologie, Geschichtsphilosophie, Politik und Pädagogik*, vol. XI. Frankfurt: Suhrkamp, 1968A.

-----. Grundlegung zur Metaphysik der Sitten [1785], em *Theorie-Werkausgabe Immanuel Kant*, vol. VII. Frankfurt: Suhrkamp, 1968B.

-----. Die Metaphysik der Sitten [1797], em *Theorie-Werkausgabe Immanuel Kant*, vol. VIII. Frankfurt: Suhrkamp, 1968C.

KAPOR, Mitchell. Where is the digital highway really heading: The case of jeffersonian policy. *Wired*, 1993, p. 3.

KERN, Hermann. *Labirinti: forme e interpretazioni. 5000 anni di presenza di un archetipo.* Milano: Feltrinelli, 1981.

KLINE, David e Daniel BURSTEIN. Is government obsolete?, em *Electrosphere*, Hot Wired Ventures LLC, www 1996.

KROKER, Arthur e Michael A. WEINSTEIN. *Data Trash. The Theory of the Virtual Class.* New York: St. Martin's Press, 1994.

KRUEGER, Lester E. Effect of stimulus frequency on speed of same-different judgement, em S. KORNBLUM (org.). *Attention and Performance*. New York: Academic Press, 1973.

LACAN, Jacques. Le Moi dans la théorie de Freud et dans la technique de la psychanalyse [1954-55], em *Le séminaire*, vol. II. Paris: Seuil, 1978.

LAING, R.D. *The Divised Self*. London: Tavistock, 1959.

LATOUR, Bruno. *Nous n'avons jamais été modernes*. Paris: La découverte, 1991.

LEFEBVRE, Henri. *Critique de la vie quotidienne*. vol. I. Paris: Grasset, 1947.

LEIBNIZ, G.W. Lettre à A.T. Burnett [18 jul. 1701], em *Le droit de la raison*. Paris: Vrin, 1994.

LEVY, Michael. Electronic Monitoring in the Workplace: Power Trough the Panopticon, 1994, [http://bliss.berkeley.edu/inpact/students/mike-paper.html] [1996].

LIFTON, Robert Jay. *The Protean Self: Human Resilience in an Age of Fragmentation*. New York: Basic Books, 1993.

LINTON, Ralph. *The Study of Man*. New York: Appleton-Century-Crofs, 1936.

LIPPMANN, Walter. *Public Opinion*. New York: Macmillan, 1922.

LOCKE, John, Two treatises of government, em *The Works of John Locke*, vol. V, London: Johnson et al., 1801.

LONDON, Scott. *Electronic Democracy*, 1994 [http://www.west.net/~insight/london/ed.htm] (1996).

-----. Teledemocracy vs. deliberative: A comparative look at two models of public talk, *Journal of Interpersonal Computing and Technology*, III:2, abr. 1995, p. 33-55.

LONGO, Giuseppe, Reti e cultura, *Pluriverso*, 2, mar. 1996, p. 80-89.

LUCIANO. Menippo e la negromanzia, *Dialoghi*, vol. I. Torino: Utet, 1992.

-----. Timone e il misantropo, *Dialoghi*, vol. II. Torino: Utet, 1992.

LUHMANN, Niklas. *Soziologische Aufklärung*, vol. I. Opladen: Westdeutscher Verlag, 1970.

-----. *Die Realität der Massenmedien*. Opladen: Westdeutscher Verlag, 1996.

LUKÁCS, György. *Geschichte und Klassenbewußtsein*. Berlin: Luchterhand, 1970.

LYON, David. *The Electronic Eye: The Rise of Surveillance Society*. Cambridge-Oxford: Polity Press/Blackwell, 1994.

MACHLUP, Fritz. *The Production and Distribution of Knowledge*. Princeton (N.J.): Princeton University Press, 1962.

MAFFESOLI, Michel. *Les temps de tribus. Le déclin de l'individualisme dans les sociétés de masse*. Paris: Méridiens, Klincksick, 1988.

-----. *La transfiguration du politique. La tribalisation du monde*. Paris: Grasset et
 Fasquelle, 1992.

MALDONADO, Tomás, *Il futuro della modernità*. Milano: Feltrinelli, 1987.

-----. Is architecture a text?, Intersight - Journal of the School of Architecture and Planning,
 [1990], p. 10-14.

-----. *Che cos'è un intellettuale? Avventure e disavventure di un ruolo*. Milano: Feltrinelli, 1995.

MANACORDA, Paola M. Le nuove tecnologie della comunicazione per la democrazia
 locale, *Amministrare*, XX:2-3, ago. - dez. 1990, p. 229-253.

MARTINOTTI, Guido. *Informazione e sapere*. Milano: Anabasi, 1992.

MARX, Gary T. Privacy and technology, *The World and I*, set. 1990, p. 523-581.

-----. Computer in the Workplace. Elysium or Panopticon?, conferência no congresso
 Computers, Freedom, and Privacy. Washington, 1992,
 [http://www.cfp.org/cfp92/westin] (1996).

MARX, Karl. *Das Kapital*, vol. 1. Stuttgart: Cotta Verlag, 1962.

MATTEUCCI, Nicola, Dell'eguaglianza degli antichi paragonata a quella dei moderni.
 Intersezioni, IX:2 ago. 1989, p. 203-230.

MATTHIESEN, Ulf. *Das Dickicht der Lebenswelt und die Theorie des kommunikativen
 Handelns*. München: Fink Verlag, 1985.

MCCORDUCH, Pamela, Sex, lies, and avatars, *Wired*, abr. 1996, p. 106-165.

McQUAIL, Denis. *Mass Communication Theory. An Introduction*. London: Sage, 1987.

MEAD, George H. *Mind, Self, and Society: From the Standpoint of a Social Behaviorist*.
 Chicago: The University of Chicago Press, 1934.

MEIER, Christian. *Die Entstehung des Politischen bei den Griechen*. Frankfurt:
 Suhrkamp, 1983.

MEIKSINS Wood, Ellen. *Peasant-Citizen and Slave: The Foundations of Athenian
 Democracy*. London: Verso, 1988.

MERTON, Robert K. *Social Theory and Social Structure*. New York: The Free Press, 1949,
 1957 e 1968.

MEYERSOHN, Rolf B. Social research in television, em B. ROSENBERG e D.M. WHITE.
 Mass Culture. The Popular Art in America. Glencoe (Ill.): The Free Press, 1957,
 p. 345-357.

MILLER, Jacques-Alain. Le dispotisme de l'utile: la machine panoptique de Jeremy Betham,
 Ornicar, 3 maio 1975, p. 5.

MIYAKAWA, H. The socio-economic role of the new electronic media, em M. McLEAN
 (org.), *The Information Explosion*. London: Frances Printer, 1985.

MOLES, Abraham A. Design und Immaterialität, em F. RÖTZER (org.). *Digitaler Schein:
 Ästhetik der elektronischen Medien*. Frankfurt: Suhrkamp, 1991.

MORENO, Jacob Levy. *Who Shall Survive?* New York: Beacon House, 1953.

MUSTI, Domenico. *Demokratia: Origini di un'idea*. Roma-Bari: Laterza, 1995.

NAISBITT, John. *Megatrends*. New York: Warner Books, 1982.

-----. e Patricia ABURDENE. *Megatrends 2000*. New York: William Morrow, 1990.

NANZ, Patrizia, Zum Konzept der Redegenres, em *Die Sprachtheorie Michail Bachtins*.
 Vortrag am Institut für Philosophie der Universität Frankfurt, Jul. 1993, Apostila.

NEGROPONTE, Nicholas P. *Being Digital*. New York: Alfred A. Knopf, 1995.

NOZICK, Robert. *Philosophical Explanations*. Cambridge (Mass.): Harvard University
 Press, 1981.

-----. *The Nature of Rationality*. Princeton (N.J.): Princeton University Press, 1983.

262 Cultura, Sociedade e Técnica

ODGEN, C.K. *Bentham's Theory of Fictions*. London: Kegan Paul, 1932.

OECD. *Information Technology Outlook 1995*. Paris: OECD, 1996.

ORLETTI, Franca. L'analisi conversazionale negli anni Novanta, em F. ORLETTI (org.), *Fra conversazione e discorso*. Roma: La Nuova Italia Scientifica, 1994.

OSBORNE, David e Ted GAEBLER. *Reinventing Government: How the Entrepreneurial Spirit is Transforming the Public Sector*. New York: Penguin, 1993.

PASSERINI, Luisa, Enrica CAPUSSOTI e Peter BRAUNSTEIN. La conversazione on-line tra oralità e scrittura, em C. OTTAVIANO (org.), *Lo strabismo telematico*. Torino: Utet, 1996.

PETRUCCO, Corrado. *Internet. Guida per i comuni mortali*. Venezia: Il Cardo, 1995.

POLANYI, Karl. *The Livelihood of Man*. New York: Academic Press, 1977.

POOL, Ithiel De Sola. *Technologies of Freedom. On Free Speech in an Electronic Age* Cambridge (Mass.): The Belknap Press, 1983.

-----. *Technologies Without Boundaries: On Telecommunications in a Global Age*. Cambridge (Mass.): Harvard University Press, 1990.

POPITZ, Heinrich. *Der Begriff der sozialen Rolle als Element der soziologischen Theorie*. Tübingen: Mohr, 1968.

POSTMAN, Neil. *Technology: The Surrender of Culture to Technology*. New York: Alfred Knopf, 1992.

RABASSIÈRE, Henry, In defense of television, em B. ROSENBERG e D.M. WHITE. *Mass Culture: The Popular Art in America*. Glencoe (Ill.): The Free Press, 1959, p. 368-374.

RAUCH, Jonathan. *Demosclerosis: The Silent Killer of American Government*. New York: Random House, 1995.

RAWLS, John. *A Theory of Justice*. Cambridge (Mass.): The Belknap Press of Harvard University Press, 1971 (versão alemã, Frankfurt: Suhrkamp, 1975).

-----. *Political Liberalism*. New York: Columbia University Press, 1993.

RHEINGOLD, Howard. *The Virtual Community. Homesteading on the Electronic Frontier*. Reading (Mass.): Addison-Wesley, 1993.

RICHARDS, Ivor Armstrong. *The Philosophy of Rhetoric*. New York: Oxford University Press, 1936.

RIFKIN, Jeremy. *Time Wars: The Primary Conflict in Human History*. New York: Simon and Schuster, 1989.

-----. *The End of Work. The Decline of the Global Labor Force and the Dawn of the Post-Market Era*. New York: G.P. Putnam and Sons, 1995.

RODOTÀ, Stefano. *Repertorio di fine secolo*. Roma-Bari: Laterza, 1992.

-----. *Tecnologie e diritti*. Bologna: Il Mulino, 1995.

RONFELDT, David. Cyberocracy, Cyberspace and Cyberology: Political Effects of Information Revolution. Santa Monica: P-7745 Rand, 1991, veja também Cyberocracy is Coming, em Gopher.well.sf.ca.us [1996].

RORTY, Richard. *Objectivity, Relativism, and Truth*. Cambridge: Cambridge University Press, 1991.

ROSENBERG, Bernard e David Manning WHITE. *Mass Culture: The Popular Arts in America*. Glencoll (Ill.): The Free Press, 1957.

ROSZAK, Theodore. *The Cult of Information: The Folklore of Computers and the True Art of Thinking*, New York: Pantheon Books, 1986.

ROY, Jean-Hugues. Way new leftists, *Wired*, fev. 1996, p. 108-109.

SACKS, Harrey, Emanuel SCHEGLOFF e G. JEFFERSON. A implest systematics for the organization of turn taking for conversation. *Language*, 50:4, 1974, p. 696-735.

SALIN, Edgar. *Vorwort*, sobre J.A. SCHUMPETER, *Kapitalismus, Sozialismus und Demokratie*. Bern: A. Francke Verlag, 1950.

SALMON, Wesley C. *Four Decades of Scientific Explanation*. Minnesota: Regents of the University of Minnesota, 1990.

SANDEL, Michael J. *Liberalism and the Limits of Justice*. Cambridge: Cambridge University Press, 1982.

SARTORI, Giovanni. Videopolitica, *Rivista italiana di scienza politica*, XIX:2 ago. 1989, p. 185-198.

-----. *Elementi di teoria politica*. Bologna: Il Mulino, 1995.

-----. e Ralf DAHRENDORF. *Il cittadino totale*. Torino: Biblioteca della libertà, 1997.

SAUSSURE, Ferdinand de. *Cours de linguistique générale*. Paris: Payot, 1955.

SBISÀ, Marina. *Linguaggio, ragione, interazione: Per una teoria pragmatica degli atti linguistici*. Bologna: Il Mulino, 1989.

-----. (org.). *Gli atti linguistici*. Milano: Feltrinelli, 1978.

SCANLON, T. M. *Contractualism and utilitarianism*, em B. WILLIAMS e A. SEN (org.). *Utilitarianism and Beyond*. Cambridge: Cambridge University Press, 1982.

SCHEGLOFF, Emanuel e Harrey SACKS. Opening up closing. *Semiotica*, 8, 1973, p. 297-298.

SCHILLER, Herbert I. The global information highway: Project for an ungovernable world, em J. BROOK e I.A. BOAL (org.). *Resisting the Virtual Life: The Culture and Politics of Information*. San Francisco: City Lights, 1995.

SCHUMPETER, Joseph A. *Capitalism, Socialism and Democracy*. London: George Allen and Unwin, 1954.

SCHÜTZ, Alfred. Strukturen der Lebenswelt, em *Gesammelte Aufsätze*, v. III. Den Haag; M. Nijhoff, 1971.

-----. e Thomas Luckmann. *Strukturen der Lebenswelt*. Frankfurt: Suhrkamp, 1979.

SEARLE, John R. *Intentionality*. Cambridge: Cambridge University Press, 1983.

SEN, Amartya K. Behaviour and the concept of preference, em *Choice, Welfare, and Measurement*. Oxford: Basil Blackwell, 1982.

-----. *Inequality Reexamined*. Oxford: Oxford University Press, 1992.

-----. e Bernard Williams (org.). *Utilitarianism and Beyond*. Cambridge: Cambridge University Press, 1982.

SHAKESPEARE, William. *Le commedie romantiche*. Milano: Mondadori, 1982.

SIMMEL, George. How is society possible? *American Journal of Sociology*, XVI,1910, p. 372-391. Veja também *Soziologie. Untersuchungen über die Formen der Vergesellschaftung*. Leipzig: Duncker & Humblot, 1908.

SINCLAIR, Thomas A. *A History of Greak Political Thought*. London: Routledge and Kegan Paul, 1951.

Smiley Dictionary [http://gwis2.circ.gwundedu/~phreak/smiley.html] (1996).

SOWELL, Thomas. *Knowledge and Decision*. New York: Basic Books, 1980.

SPEARS, Russell e Martin LEA. Panacea o «Panopticon»? Il potere nascosto nella comunicazione mediata dal computer. *Sistemi intelligenti*, VII:3, dez. 1995. p. 339-371.

SPITZ, Jean-Fabien. *La liberté politique*. Paris: Presses Universitaires de France, 1995.

SRUBAR, Ilja. *Kosmion*. Frankfurt: Suhrkamp, 1988.

STAROBINSKI, Jean. *L'œil vivant*. Paris: Gallimard, 1961.

STEFIK, Mark. *Internet Dreams. Archetypes, Miths, and Metaphors*. Cambridge: The MIT Press, 1996.

STOCKTON, David. *The Classical Athenian Democracy*. Oxford: Oxford University Press, 1990.

STOLL, Clifford. *Silicon Snake Oil: Second Thoughts on the Information Highway*. New York: Doubleday, 1995.

SURMAN, Mark. *From VTR to Cyberspace: Jefferson, Gramsci and the Electronic Commons*. 1994 [http://www.web.apc.org/ ⁻msurman/ecommons.html] (1996).

TALBOTT, Stephen L. *The Future Does Not Compute: Transcending the Machines in Our Midst*. Sebastopol (Ca.): O'Reilly, 1995.

TAPSCOTT, Don. *The Digital Economy. Promise and Peril in the Age of Network Intelligence*. New York: McGraw Hill, 1995.

TAYLOR, Charles. *Sources of the Self. The Making of the Modern Identity*. Cambridge (Mass.): Harvard University Press, 1989.

TAYLOR, Mark C. e Esa SAARINEN. *Imagologies: Media Philosophy*. London: Routledge, 1994.

TOCQUEVILLE, Alexis de. *De la démocratie en Amerique*. Paris: Garnier-Flammarion, 1981.

TOFFLER Alvin. *Future Shock*. New York: Bentam Books, 1971.

-----. *The Third Wave*. London: Collins, 1980.

-----. e Heidy TOFFLER. *Creating a New Civilization. The Politics of the Third Wave*. Atlanta: Turner Publishing, 1995.

TORALDO DI FRANCIA, Giuliano. La formation d'une conscience scientifique: que veut dire aujourd'hui divulgation scientifique, em V. MATHIEU e P. ROSSI (org.), La culture scientifique dans le monde contemporain, *Scientia*, 1979, p. 329-338.

TOURAINE, Alain. *Critique de la modernité*. Paris: Librairie Arthème Fayard, 1992.

-----. *Pourrons-nous vivre ensemble? Egaux et différents*. Paris: Fayard, 1997.

Tucidide, *La guerra del Peloponneso*, v. I. Milano: Rizzoli, 1989.

TURKLE, Sherry. *Psychoanalitic Politics: Jacques Lacan and Freud's French Revolution*. New York: The Guilford Press, 1992.

-----. *Life on the Screen: Identity in the Age of the Internet*. New York: Simon and Schuster, 1995.

-----. Ich bin viele, Interview. *Der Spiegel*, 23 dez. 1976, p. 70.

TURNER, Frederick J. *The Frontier in American History*. New York: Henry Holt & Co., 1953.

VARIOUS net.artist, *The Whole Smiley Face Catalog* [http://manes.vse.cz/⁻ xdoupo3/smiley.html] (1996).

VECA, Salvatore. *La società giusta. Argomenti per il contrattualismo*. Milano: Il Saggiatore, 1982.

-----. *Questioni di giustizia*. Milano: Pratiche, 1985.

-----. *Cittadinanza: Riflessioni filosofiche sull'idea di emancipazione*. Milano: Feltrinelli, 1990.

-----. L'idea di equità. Inauguração do ano letivo 1996-97. Pavia: Università degli Studi di Pavia, 2 dez. 1996. Apostila.

VICARI, Serena. Esperienze di teledemocrazia. Conferência na jornada «Telecomunicazioni, partecipazione e democrazia», Bologna, 21 maio 1993. Manuscrito.

VIRILIO, Paul. *L'horizon négatif*. Paris: Galilé, 1984.

-----. *Cybermonde. La politique du pire. Paris*: Textuel, 1996.

VOLTAIRE. *Traité de métaphysique, in Mélanges*. Paris: Gallimard, 1961.

WELTER, Rüdiger. *Der Begriff der Lebenswelt*. München: W. Fink Verlag, 1986.

WESTIN, Alan F. Computer in the Workplace: Elysium or Panopticon? Conferência no congresso *Computers, Freedom, and Privacy*. Washington, 1992 [http://www.cfp.org/cfp92/westin] (1996).

WILLIAMS, Bernard. *Problems of the Self*. Cambridge: Cambridge University Press, 1973.

WINNER, Langdon. *The Wake and the Reactor: A Search for Limits in the Age of High Technology*. Chicago: University of Chicago Press, 1986.

WITTGENSTEIN, Ludwig. *Philosophical Investigations*. Oxford: Basil Blackwell, 1953.

-----. Das Blaue Buch. Eine philosophische Betrachtung, em *Schriften* 5. Frankfurt: Suhrkamp, 1970.

WOLFF, Robert Paul. *Understanding Rawls*. Princeton (N.J.): Princeton University Press, 1977.

WORSLEY, Peter. The concept of populism, em G. IONESCO e E. GELLENER (org.), *Populism: Its Meanings and National Characteristics*. London: Weidenfeld and Nicholson, 1969.

ZOLO, Danilo. *Il principato democratico: Per una teoria realista della democrazia*. Milano: Feltrinelli, 1992.

ZUBOFF, Shohana. *In the Age of the Smart Machine: The Future of Work and Power*. New York: Basic Books, 1984.

2. Telemática e novos cenários urbanos

ABRAMS, Philip. Towns and economic growth: some theories and problems, em Ph. ABRAMS e F.A. WRIGLEY (org.). *Towns in Societies: Essays in Economic History and Historical Sociology*. Cambridge: Cambridge University Press, 1978.

ALLARD, Guy-H. Présentation em G.-H. ALLARD (org.), *Aspects de la marginalité au Moyen Age*. Montréal: L'aurore, 1975.

ALLEN, Sheila e Carol WOLKOWITZ. *Homeworking: Myths and Reality*. London: MacMillan, 1987.

ANTONUCCI, Francesco. Apprendere con gli ipermedia a scuola, *If*, IV:3 [1996], p. 58-65.

ARENDT, Hanna, *Was ist Politik?* München: Pieper, 1993.

AROLDI, Piermarco *et al.*, Conoscere i new media, em G. BETTETINI e F. COLOMBO. *Le nuove tecnologie della comunicazione*. Milano: Bompiani, 1993.

BERTUGLIA, Cristoforo S. e La Bella AGOSTINO (org.), *I sistemi urbani*, vol. 1. Milano: Franco Angeli, 1991.

BIANCO, Maria Luisa. Sentieri di innovazione organizzativa: come è stato progettato un esperimento di telelavoro, *Rassegna italiana di sociologia*, 1, jan.- mar. 1990, p. 97-113.

BONFIGLIOLI, Sandra. *L'architettura del tempo. La città multimediale*. Napoli: Liguori,1990.

BONSIEPE, Gui. *Dall'oggetto all'interfaccia. Mutazioni del design*. Milano: Feltrinelli, 1995.

BORGNA, Paola, Paolo CERI e Angelo FAILLA, *Telelavoro in movimento*. Milano: Etaslibri, 1996.

BORTHAGARAY, Juan Manuel. Metropolis: Population and Exclusion. *Anais do 18°*

Seminário sobre Emergências Planetárias. Erice: Centro Ettore Majorana. 19-24 ago. 1993.

BRACCHI, Giampio. Fattori organizzativi, sociali, economici e tecnici nel telelavoro, em Centro europeo informazione, informatica e lavoro e O. Group (org.). *Telelavoro: i miti, le prospettive concrete per l'Italia*. Milano: Franco Angeli, 1989, p. 28-33.

-----. e CAMPODALL'ORTO, Sergio (org.). *Telelavoro oggi. Esperienze, opportunità e possibilità di applicazione* Milano: AIM, 1994.

BRANSCOMB, Lewis M. e James KELLER (org.). *Converging Infrastructure*. Cambridge (Mass.): The MIT Press, 1996.

BRETON, Thierry. *Le télétravail en France. Situation actuelle, perspectives de dévelopment et aspects juridiques*. Paris: La documentation française, 1994.

BUTERA, Federico. Telematica e lavoro: contesti virtuali, organizzazioni vitali, persone reali, em *Notiziario del lavoro*, XIII:75, nov. 1995, p. 53-59.

CAMAGNI, Roberto, Roberta CAPELLO e Marco SCARPINATO. Scenari di sviluppo del mercato delle telecomunicazioni in Italia, em R. CAMAGNI (org.), *Computer Network*. Milano: Etaslibri, 1991.

CAMPODALL'ORTO, Sergio e C. ROVEDA. *Teleworking in Italy: some cases*, em *Condition of Work Digest on Telework*. Geneve: International Labour Office, 1991.

CAMPORESI, Piero. *Il libro dei vagabondi*. Torino: Einaudi, 1973.

CAPITANI, Ovídio. *La concezione della povertà nel Medioevo*. Bologna: Patron, 1983.

CARBONI, Carlo. *Lavoro informale ed economia diffusa. Costanti e trasformazioni recenti*. Roma: Edizioni Lavoro, 1990.

CASTEL, Robert. Les marginaux dans l'histoire, em S. PAUGAM (org.), *L'exclusion: l'état des saviors*. Paris: La découverte, 1996.

CASTELLS, Manuel. *La question urbaine*. Paris: Maspero, 1972.

-----. *Luttes urbaines*. Paris: Maspero, 1973.

-----. *The Informational City. Information Technology, Economic Restructuring, and the Urban-Regional Process*. Oxford: Basil Blackwell, 1989.

CENTRO EUROPEO INFORMAZIONE, INFORMATICA E LAVORO e O. GROUP (org.), *Telelavoro: i miti e le prospettive concrete per l'Italia*. Milano: Franco Angeli, 1989.

CEPOLLARO, Giancarlo. Il turno in vestaglia. La prospettiva del telelavoro tra mito, problemi e realtà, em *Sociologia del lavoro*, 28, 1986, p. 135-159.

CESAREO, Giovanni. Trent'anni di pronostici sul futuro della comunicazione, em F. Di SPIRITO, P. ORTOLEVA e C. OTTAVIANO (org.), *Lo strabismo telematico. Contraddizioni e tendenze della società dell'informazione*. Torino: Utet, 1996.

CHOAY, Françoise. *L'urbanisme. Utopie et réalité. Une anthologie*. Paris: Seuil, 1965.

-----. *La règle et le modèle. Sur la théorie de l'architecture et de l'urbanisme*. Paris: Seuil, 1980.

COOK, Peter. *Architecture: Action and Plan*. London: Studio Vista, 1967.

-----. *Experimental Architecture*. London: Studio Vista, 1970.

-----. (org.), *Archigram*. New York: Praeger, 1973.County of Los Angeles Telecommuting Program [www.dpa.ca.dov/jobsnpay/telework/] (1996).

COWAN, Peter *et al. The Office: A Fact of Urban Growth*. London: Heineman, 1969.

CROSS, Thomas B. e Marjorie RAIZMAN, *Telecommuting. The Future Technology of Work*. Irwin, Homewood (Ill.): Don Jones, 1986.

DEUTSCH, J.C. e LATERASSE, J. Gestion des réseaux, techniques urbaines et nouvelles technologies de l'information, em A. POLISTINA (org.). *La città interattiva*. Milano: Tiemme, 1991.

DOHENY-FARINA, Stephen. *The Wired Neighborhood*. New Haven: Yale University Press 1996.

DUPUY, Gabriel. *L'informatisation des villes*. Paris: Presses Universitaires de France, 1992.

ELIAS, Norbert. *Die höfische Gesellschaft*. Neuwied: Luchterhand, 1969.

-----. *Was ist Soziologie*. Weinheim: Juventa, 1986.

EMPIRICA, ASSOCIATION D'ÉTUDES ET D'AIDE POUR LE DÉVELOPEMENT RURAL e THE TAVINSTOCK INSTITUTE OF HUMAN RELATION, *Distance Working Project in the Federal Republic of Germany, France and the UNDK*. Bonn: (Publicação interna), mar. 1985.

EUROPEAN TELEWORK DEVELOPMENT 1996. [http://www. eto.org.uk/etd/etd-what.htm] (1996).

FANNING, T. e B. RAPHAEL, Computer Teleconferencing: Experience at Hewlett-Packard, *Conference on Computer-Supported Cooperative Work*. New York: The Association Computer Machinery, 1986.

FEHL, Gerhard. Information ist alles... Anmerkungen zu staatlich-kommunalen Informations-Verbund-Systemen in der BRD, em G. FEHL, M. FESTER e N. KUHNERT (org.), *Planung und Information. Materialien zur Planungsforschung*. Gütersloh: Bertelsmann Fachverlag, 1972.

FLEISCHER, Aaron, *Is it possible to describe general problem-solving processes?*, em G.T. Moore (org.), *Emerging Methods in Environmental Design and Planning*, The MIT Press, Cambridge (Mass.) 1970.

FORESTER, Tom (org.). *The Information Technology Revolution*. Cambridge (Mass.): The MIT Press, 1985.

-----. The Myth of Electronic Cottage, em T. FORESTER (org.), *Computers in the Human Context. Information Technology, productivity, and People*. Cambridge (Mass.): The MIT Press, 1991.

FOUCAULT, Michel. *Histoire de la folie à l'age classique*. Paris: Gallimard, 1972.

FRANZ, Peter. *Soziologie der räumlichen Mobilität*. Frankfurt: Campus, 1984.

FRASER, Derek e Anthony SUTCLIFFE (org.). *The Pursuit of Urban History*. London: Edward Arnold, 1983.

FREY, Luigi. Il mercato del lavoro sommerso: aspetti di continuità e nuove tendenze, *Quaderni di economia del lavoro*, 41-42, 1990, p. 157-166.

-----. Trabalho apresentado no *Congresso Le ragioni della fantasia*. Reggio Emilia: Instituto Banfi, 26-30 abr. 1994.

GAETA, Lorenzo. *Lavoro a distanza e subordinazione*. Napoli: Edizioni Scientifiche Italiane, 1993.

GALLIANI, Luciano. Ambiente multimediale di apprendimento: processo di integrazione e processi di interazione, em P. GHISLANDI (org.). *Oltre il multimedia*. Milano: Franco Angeli, 1995.

GALLINO, Luciano. Tecnologia/occupazione: la rottura del circolo virtuoso, *Quaderni di sociologia*, XXXVIII-XXXIX:7, 1994-95, p. 5-15.

GIANNOTTI, José Arthur. *Origines de la dialectique du travail*. Paris: AubierMontaigne, 1971.

GINZBURG, Carlo. *Il formaggio e i vermi. Il cosmo di un mugnaio del '500*. Torino: Einaudi, 1976.

GÖKALP, Iskender. On the analysis of large technical systems, *Science, Technology and Human Values*, XVII:1, Inverno 1992, p. 57-78.

GOLDFINGER, Charles. *L'utile e le futile: L'economie de l'immateriel*. Paris: Odile Jacob, 1994.

GOLDSTEIN, Fred R. *Isdn in Perspective*. Reading (Mass.): Addison Wesley, 1992.

GOTTMANN, Jean, *Megalopolis: The Urbanized Northeastern Seabord of the United States*. New York: The MIT Press, 1961.

-----. Why the Skyscraper, *Geographic Review*, LVI:2, 1966, p. 190-212.

-----. *Megalopolis and Antipolis: The Telephone*. Cambridge (Mass.): The MIT Press, 1977.

-----. *La città invincibile. Una confutazione dell'urbanistica negativa*, Milano. Franco Angeli: 1983.

GRAFMEYER, Yves. La ségrégation spatiale, em S. PAUGAM (org.). *L'éxclusion. L'état des savoirs*. Paris: La découverte, 1996.

GRAY, Mike, Noel HODSON e Gil GORDON, *Teleworking Explained*. Chichester: John Wiley & Sons, 1993.

GUDE, Sigmar. Wirtschaftsentwicklung, Infrastrukturpolitik und Stadtplanung, em H. KORTE *et al.* (org.). *Soziologie der Stadt*. München: Juventa, 1974.

HADDON, Leslie e Roger SILVERSTONE. Telework and the changing relationship of home and work, em N. HEAP *et al.* (org.), *Information Technology and Society*. London: Sage, 1995.

HAMBLIN, Heather. Employees' perspectives on one dimension of labour flexibility: working at a distance, *Work, Employment & Society*, IX:3, set. 1995, p. 473-498.

HARRIES, Steve. The potential of information networks for library and information science education, *On-line and Cd-rom Review*, XIX:1, fev. 1995, p. 13-16.

HARRIS, Briton. The city of the future: the problem of optimal design, em *Regional Science Association Papers*, XIX, 1967, p. 185-198.

HEAP, Nick *et al.* (org.), *Information Technology and Society*. London: Sage - The Open University, 1995.

HELD, R. e N. DURLACK, Telepresence, spotlight on: the concept of telepresence, *Presence*, I:1, 1991, p. 109-112.

HUBER, Joseph. *Telearbeit*. Opladen: Westdeutscher Verlag, 1987.

HUGHES, Thomas P. The electrification of America: the system builders, *Technology and Culture*, XX:1, jan. 1979, p. 124-161.

-----. *Networks of Power: Electrification in Western Society*, 1880-1930. Baltimore: The John Hopkins University Press, 1983.

-----. The evolution of large technological systems, em W.E. BIJKER, T.P. HUGHES e T.F. PINCH (org.), *The Social Construction of Technological Systems: New Directions in the Sociology and History of Technology*. Cambridge (Mass.): The MIT Press, 1987.

ICHINO, Pietro. Telelavoro e normativa: quali prospettive di adeguamento, em CENTRO EUROPEO INFORMAZIONE, INFORMATICA E LAVORO e O. GROUP, *Telelavoro: i miti, le prospettive concrete per l'Italia*. Milano: Franco Angeli, 1989, p. 99-108.

JENKINS, Reese V. *et al.*, *The making of an invention*, em *The Paper of Thomas A. Edison*, vol. I, The John Hopkins University Press, Baltimore 1989.

JOCHIMSEN, Reimut e Knut GUSTAFSSON, *Theorie der Infrastruktur: Grundlagen der marktwirtschaflichen Entwicklung*. Tübingen: Mohr, 1966.

KINSMAN, Francis. *The Telecommuters*. Guilford: Biddles, 1987.

KORTE, Hermann *et al.* (org.), *Soziologie der Stadt*. München: Juventa Verlag, 1974.

KORTE, *Werner et al.* (org.). Telework: opening remarks on an open debate, em *Telework: Present Situation and Future Development of a New Form of Work Organisation*. Amsterdam: Elsevier Science Publishers, 1988, p. 7-19.

LA BELLA, Agostino e Maria A. SILVESTRELLI. Telecomunicazioni e trasporti nella città del futuro, em C.S. BERTUGLIA e A. LA BELLA (org.). *I sistemi urbani*, v. II. Milano: Franco Angeli, 1991.

LARGE, Andrew e Jamshid BEHESHTI. Multimedia and comprehension: the relationship among text, animation, and captions, *Journal of the American Society for Information Science*, XXXVI:5 jun. 1995, p. 340-347.

LAURILLARD, D. *Rethinking University Teaching: A Framework for Effective Use of Educational Technology*. London: Routledge, 1993.

LE GOFF, Jacques. Propos de synthèse, em J. LE GOFF e L. GUIESSE (org.), *Crise de l'urbaine. Future de la ville*. Paris: Economica, 1985.

LUMSDAINE, A.A. e Robert GLASER (org.), *Teaching Machine and Programmed Learning*. Washington (DC): National Education Association, 1960.

MALDONADO, Tomás. *Il futuro della modernità*. Milano: Feltrinelli, 1987.

-----. *Reale e virtuale*. Milano: Feltrinelli, 1992.

-----. Progettare oggi. Trabalho escrito apresentado no *Seminari di cultura del disegno industriale*. Milano: Politecnico di Milano, 4 mar. 1996A.

-----. Tecnica e società: i nuovi scenari. Trabalho escrito apresentado no *Einführungsvortrag zum Studienjahr* 1996-1997. Milano: Politecnico di Milano. 21. out. 1996B.

MANAGEMENT TECHNOLOGY ASSOCIATES, TELEWORK & TELECOMMUTING: *Common Terms and Definitions* [http://www.intanet.co.uk/] (1996).

MANDEVILLE, Thomas. The spatial effects of information technology, em *Futures*, XV:1, fev. 1983, p. 65-72.

MANHEIM, Marvin L. A design process model: theory and applications to transportation planning, em G.T. MOORE (org.). *Emerging Methods in Environmental Design and Planning*. Cambridge (Mass.): The MIT Press, 1970.

MANZINI, Ezio. *Dal prodotto al servizio: Le imprese nella prospettiva della sostenibilità*. jan. 1995. Apostila.

MARTIN, Henri-Jean. *Histoire et pouvoirs de l'écrit*. Paris: Albin Michel, 1996.

MARAZZI, Christian *et al.*, *Stato e diritti nel postfordismo*. Roma: Manifestolibri, 1996.

MARTINOTTI, Guido. *Metropoli. La nuova morfologia sociale della città*. Bologna: Il Mulino, 1993.

MATTELART, Armand. *La communication-monde. Histoire des idées et des stratégies*. Paris: La découverte, 1991.

-----. *L'invention de la communication*. Paris: La découverte, 1994.

MAYNTZ, Renate e Thomas P. HUGHES (org.). *The Development of Large Technical Systems*. Frankfurt: Campus, 1988.

MEADOWS, Jack. The future of research information, *On-line and Cd-rom Review,* XVIII:5, out. 1994, p. 301-303.

MEIER, Richard L. *A Communication's Theory of Urban Growth.* Cambridge: The MIT Press, 1962.

McCALL, Andrew. *The Medieval Underworld.* London: Hamish Hamilton, Garden House, 1979.

MOMIGLIANO, Franco. Le tecnologie dell'informazione: effetti economici e politiche pubbliche, em A. RUBERTI (org.), *Tecnologia domani.* Roma-Bari: Laterza, 1985.

-----. e Domenico SINISCALCO. Note su terziarizzazione e deindustrializzazione, em *Moneta e credito,* XXXV:138, 1982.

MOYER, Alan J. Urban growth and the development of the telephone: some relationships at the turn of the century, em I. de S. POOL (org.), *The Social Impact of the Telephone* Cambridge (Mass.):The MIT Press, 1977.

NILES, John S. *Beyond Telecommuting: A New Paradigm for the Effect of Telecommunications on Travel.* Washington: UNDS. Department of Energy, 1993 [http://www.lbl.gov/ICSD/Niles/index.html] (1996).

NILLES, Jack, Teleworking from home, em T. FORESTER (org.), *The Information Technology Revolution.* Cambridge (Mass.): The MIT Press, 1985.

-----. *Making Telecommuting Happen. A Guide for Telemanagers and Telecommuters.* New York: Van Nostrand Reinhold, 1994.

-----. et al. *The Telecommunications-Transportation Trade-Off: Options for Tomorrow* New York: Wiley, 1976.

OCDE (Organisation de coopération et de développement économiques). *L'avenir du travail et des loisirs.* Paris: Les éditions de l'Ocde, 1994.

OLSEN, Donald J. The city as a work of art, em D. FRASER e A. SUTCLIFFE (org.), *The Pursuit of Urban History.* London: Edward Arnold, 1983.

OVI, Alessandro. Per le telecomunicazioni globali un modello a ragnatela. *L'impresa,* 6, 1994, p. 22-30.

PAGLIA, Vincenzo. *Storia dei poveri in Occidente.* Milano: Rizzoli, 1994.

PAPERT, Seymour. *The Children's Machine.* New York: Harper Collins, 1993.

PEEK, Robin P. e Gregory B. NEWBY (org.), *Scholarly Publishing. The Electronic Frontier.* Cambridge (Mass.): The MIT Press, 1996.

PELED, Abraham. The next computer revolution, *Scientific American,* 257:4, out. 1987, p. 35-42.

PIATTELLI, Palmarini Massimo. Nove raccomandazioni e mezzo, *If,* IV:3, 1996, p. 76-83.

PINCH, Trevor F. e Wiebe E. BIJKER, *The social construction of facts and artifacts: or how the sociology of science and the sociology of technology might benefit each other,* em W. E. BIJKER, T. P. HUGHES e T. F. PINCH (org.). *The Social Construction of Technological Systems: New Directions in the Sociology and History of Technology.* Cambridge (Mass.): The MIT Press, 1989.

POOL, Ithiel de Sola. *Forsight and hinsight: The case of the telephone,* em I. de S. POOL (org.), *The Social Impact of the Telephone.* Cambridge (Mass.): The MIT Press, 1978.

-----. *Technologies of Freedom. On Free Speech in an Electronic Age.* Cambridge (Mass.): The Belknaps Press, 1983.

-----. *Technologies without Boundaries: On Telecommunication in a Global Age*. Cambridge (Mass.): Harvard University Press, 1990.

PRED, Allan R. *The Spatial Dynamic of UNDS:Urban Industrial Growth 1800-1914: Interpretative and Theoretical Essays*. Cambridge (Mass.) The MIT Press, 1966.

-----. *Urban Growth and the Circulation of Information: The United States System of Cities, 1790-1840*. Cambridge (Mass.): Harvard University Press, 1973.

-----. Diffusion, organizational spatial structure, and city-system development, *Economic Geography*, LI, 1975, p. 252-268.

-----. On the spatial structure of organizations and the complexity of metropolitan interdependence, em L.S. BOURNE e J.W. WILLIAMS (org.). *Systems of Cities*. New York: Oxford University Press, 1978.

QUEIROZ, Jean-Manuel de. Exclusion, identité et désaffection, em S. PAUGAM (org.), *L'exclusion: l'état des saviors*. Paris: La découverte, 1996.

RAMSOWER, Reagan M. *Telecommuting: The Organizational and Behavioral Effects of Working Home*. Ann Arbor (Mich.): Umi Research Press, 1985.

RENFRO, William L. Second thoughts on moving the office home, em T. FORESTER (org.), *The Information Technology Revolution*. Cambridge (Mass.): The MIT Press, 1985.

ROSENBERG, Nathan. *Inside the Black Box: Technology and Economics*. Cambridge: Cambridge University Press, 1982.

-----. Telecommunications: complex, uncertain, and path-dependent, em *Exploring the Black Box. Technology, Economics, and History*. Cambridge: Cambridge University Press, 1994.

ROSSI, Pietro. La città come istituzione politica: l'impostazione della ricerca, em P. ROSSI (org.), *Modelli di città. Strutture e funzioni politiche*. Torino: Einaudi, 1987.

ROUSENAU, Helen. *The Ideal City: Its Architectural Evolution*. London: Studio Vista, 1974.

ROUSSEAU, Philippe-Olivier. La modernité à marche force. *Géopolitique*, 48, inverno 1994-1995, p. 24-32.

SALOMON, Ilan. Telecommunications and travel. Substitution or modified mobility? *Journal of Transport Economics and Policy*, set. 1985, p. 219-235.

SASSEN, Saskia. *The Mobility of Labor and Capital: A study in international investment and labor flow*. Cambridge: Cambridge University Press, 1988.

-----. *The Global City: New York, London, Tokyo*. Princeton (N.J.): Princeton University Press, 1991.

-----. *Cities in a World Economy*. Thousand Oaks (Calif.): Pine Forge Press, 1994A.

-----. Economy and culture in the global city, em B. MEURER (org.). *Die Zukunft des Raums*. Frankfurt: Campus, 1994B.

-----. La nuova centralità: l'impatto della telematica e la globalizzazione, trabalho escrito apresentado no *Comunicare nella metropoli: innovazione tecnologica e strategia urbana*. Palermo, 12 out. 1994C.

SCARPITTI, Giovanna e Delia ZINGARELLI. *Il telelavoro. Teorie e applicazioni. La destrutturazione del tempo e dello spazio nel lavoro post-industriale*. Milano: Franco Angeli, 1993.

SENNET, Richard. *The Conscience of the Eye: The Design and Social Life of Cities*. New York: Knopf, 1990.

SIMMEL, Georg. Die Großstädte und das Geistesleben, *Jahrbuch der Gehestiftung,* ix, 1903.
-----. *Die Fremde,* em *Das individuelle Gesetz:Philosophische Exkurse.* Frankfurt: Suhrkamp, 1968.
SIMONIS, Udo Ernst (org.), *Infrastruktur. Theorie und Politik.* Köln: Kiepenheuer & Witsch, 1977.
SKINNER, Burrhus F. Teaching machines, *Science,* CXXVIII:969-997, 24 out. 1958, p. 137-158.
-----. *Beyond Freedom and Dignity.* New York: Knopf, 1971.
SOLOMON, Arthur P. (org.). *The Prospective City. Economic, Population, Energy, and Environmental Developments.* Cambridge (Mass.): The MIT Press, 1980.

TELECOM ITALIA, Osservatorio Telelavoro. *Caratteri e dimensioni del telelavoro: Dalla sperimentazione al mercato.* Relatório, dez. 1994.

WEBER, Max. Die nichtlegitime Herrschaft (Typologie der Städte), em *Wirtschaft und Gesellschaft.* Tübingen: Mohr, 1980.
WILSON, A.G. Models in urban planning: a synoptic review of recent literature, *Abstract in Urban Studies,* I:3, 1968, p. 249-276.
-----. Mathematical models in planning, *Arena Journal,* abr. 1976, p. 260-265.
WORLOCK, David. The death of reading. *On-line and Cd-rom Review,* XVIII:2, abr. 1994, p. 107-108.

3. O corpo humano e o conhecimento digital

ACKERMAN, Diane. *A Natural History of the Senses.* New York: Random House, 1990.
-----. *A Natural History of Love.* New York: Random House, 1994.
ALLPORT, A. Visual Attention, em M.I. POSNER (org.). *Foundations of Cognitive Science.* Cambridge (Mass.): The MIT Press, 1990.
AMATO, I. In search of the human touch, *Science,* CCLVIII, nov. 1992, p. 1436-1437.
ANDRIEU, B. *Le corps dispersé. Une histoire du corps au xxe siècle.* Paris: L'Harmattan, 1993.
ANGELETTI, Luciana R. *Storia della medicina e bioetica.* Milano: Etaslibri, 1992.
ARNHEIM, Rudolf. *Art and Visual Perception.* Berkeley: University of California Press, 1954.

BATTISTI, Eugenio. L'illustrazione scientifica in Italia, em E. BATTISTI. *L'anti-Rinascimento.* vol. 1. Milano: Garzanti, 1989.
BELLINA, C.R. e O. SALVETTI. Metodiche di indagine per immagini nelle discipline mediche, em E. ALBINO, D. MARTINI e L. MONTELDO (org.). *Conoscenza per immagini.* Roma: Il Rostro, 1989.
BELLONI, Luigi. *Per la storia della medicina.* Sala Bolognese: Arnaldo Forni Editore, 1990.
BERGAMASCO, Massimo. Problemi di interazione con ambienti virtuali, em *Atti del IV Congresso di informatica e neuroscienze - Bari 1983.* Anais, Bari, 1993.
BERTHOZ, Alain. *Le sens du mouvement.* Paris: Odile Jacob, 1997.
BÖHNE, Gernot (org.). *Klassiker der Natur-Philosophie.* München: Beck, 1989.
BOREL, France. *Le vêtement incarné: Les métamorphoses du corps.* Paris: Calmann-Lévy, 1992.
BRINKMANN, D. e E.J. WALTER. Aus der Geschichte der Farbenlehre, em E. BOLLER e

D. BRINKMANN (org.), *Einführung in die Farbenlehre*. Bern: A. Francke, 1947.

BROHM, Jean-Marie, Catherine LARRERE e Pierre LASCOUMES. *Corps. 1. Sociétés, sciences, politiques, imaginaires*. Paris: Berlin, 1992.

BRUSATIN, Manlio. *Storia dei colori*. Torino: Einaudi, 1983.

BUTLER, Judith. *Bodies that Matter: On the Discursive Limits of Sex*. New York and London: Routledge, 1993.

BYNUM, W.F. e Roy PORTER (org.). *Medicine and the Five Senses*. Cambridge: Cambridge University Press, 1993.

CAMPBELL, Bernard G. *Human Evolution: An Introduction to Man's Adaptations*. Chicago: Aldine, 1966.

CAMPORESI, Piero. *Le officine dei sensi*. Milano: Garzanti, 1985.

CANGUILHELM, Georges. *La connaissance de la vie*. Paris: Vrin, 1971.

CAPUCCI, Pier Luigi (org.). *Il corpo tecnologico: L'influenza delle tecnologie sul corpo e sulle sue facoltà*. Bologna: Baskerville, 1994.

CARLINO, Andrea. *La fabbrica del corpo. Libri e dissezione nel Rinascimento*. Torino; Einaudi, 1994.

CESARINI, Jean-Pierre. *La peau*. Paris: Presses Universitaires de France, 1981.

CHANGEUX, J.-P. De la science vers l'art, em J. CLAIR (org.). *L'âme au corps: arts e sciences*. 1793-1993. Catálogo da Exposição. 24.10.1993 - 24. 01.1994. Paris: Gallimard-Electa, 1993.

CHAUMONT, Jean-Michel. Le corps du concentrationnaire: la honte et le regard, em J.-Chr. GODDARD e M. LABRUNE (org.). *Le corps*. Paris: Vrin, 1992.

CHIARELLI, Brunetto. *L'origine dell'uomo*. Bari: Laterza, 1978.

CHURCHLAND, Patrizia S. e Terrence J. SEJNOWSKI. *The Computational Brain*. Cambridge (Mass.): The MIT Press, 1993.

CITTADINI, Giorgio. *Manuale di diagnostica per immagini e radiologia*. Genova: ECIG, 1993.

COMAR, Philippe. *Les images du corps*. Paris: Gallimard, 1993.

COSSU, R.O., O. MARTINOLLI e S. VALERGA. Images as tool for knowledge and representation in biosciences, em E. ALBINO, D. MARINI e L. MONTELDO (org.). *Conoscenza per immagini*. Roma: Il Rostro, 1989.

DAGOGNET, François. *Le vivant*. Paris: Bordas, 1988.

-----. *Rematérialiser*. Paris: Vrin, 1989.

-----. *Corps réfléchis*. Paris: Odile Jacob, 1990.

-----. *Le corps multiple et un*. Le Plessis-Robinson: Synthélabo, 1992.

-----. *La peau découvert*. Le Plessis-Robinson: Synthélabo, 1993.

DE KERCKHOVE, Derrick. Remapping sensoriale nella realtà virtuale e nelle altre tecnologie ciberattive, em P.L. CAPUCCI (org.). *Il corpo tecnologico. L'influenza delle tecnologie sul corpo e sulle sue facoltà*. Bologna: Baskerville, 1994.

DESCARTES. La dioptrique, em *Oeuvres et lettres*. Paris: Gallimard, 1953.

DE VALOIS, Karen K. e Frank L. KOOI. The role of color in spatial vision, em L. HARRIS e M. JENKIN (org.). *Spatial Vision in Humans and Robots*. Cambridge: Cambridge University Press, 1993.

DOLTO, Françoise. *L'image inconsciente du corps*. Paris: Seuil, 1984.

DUFRENNE, M. *L'oeil et l'oreille*. Paris: Jean-Michel Place, 1991.

EHRARD, Jean. *L'idée de nature en France à l'aube des lumières*. Paris: Flammarion 1963.

FERMÜLLER, Cornelia eYiannis ALOIMONOS. The synthesis of vision and action, em M.S. LANDY, L.T. MALONEYe M. PAVEL (org.). *Exploratory Vision The Active Eye*. New York: Springer, 1996.

FISHER, Helen. *Histoire naturelle de l'amour*. Paris: Robert Laffont, 1994.

FOLEY, J.D. *et al. Computer Graphics: Principles and Practice*. Reading (Mass.): Addison-Wesley, 1990.

FORD, Kenneth M., Glimour CLARK e Patrick J. HAYES (org.). *Android Epistemology*. Cambridge (Mass.): The MIT Press, 1995.

FREDDI, Alberto. La realtà virtuale in riabilitazione: il progetto vetir, em neurofisiologia e riabilitazione, 9. Trabalho apresentado no *Meeting nazionale in riabilitazione neuromotoria*. Gubbio, 13 a 18 jun. 1994. Roma: Istituto nazionale di medicina sociale, 1995.

GALIANA, H.L. Oculomotor control, em D.N. OSHERSON, S.M. KOSSLYN e J.M. HOLLERBACH (org.). *Visual Cognition and Action*. vol. II. Cambridge (Mass.): The MIT Press, 1992.

GALIMBERTI, Umberto. *Il corpo*. Milano: Feltrinelli, 1987.

GANGUILHELM, Georges. *La connaissance de la vie*. Paris: Vrin, 1971.

GEHLEN, Arnold. *Der Mensch. Seine Natur und seine Stellung in der Welt*. Bonn: Athenäum Verlag, 1950.

GENZLING, Claude (org.). *Le corps surnaturé: Les sports entre science et conscience*. Paris: Autrement, 1992.

GIBSON, J.J. *The Perception of the Visual World*. Boston: Houghton Mifflin, 1950.

-----. *The Senses Considered as Perceptual Systems*. London: Allen & Unwin, 1966.

GODDARD, Jean-Christophe e Monique LABRUNE (org.). *Les corps*. Paris: Vrin, 1992.

GOETHE, J. Wolfgang. Zur Farbenlehre, em *Sämtliche Werke*, vol. XXIII. Frankfurt: Deutscher Klassiker Verlag, 1993.

GOODMAN, Nelson. *The Structure of Appearance*. Indianapolis: Bobbs-Merrill, 1966.

GORE, M.J. Computers bring medicine's images to light: digital imaging makes inroads. *Clinical Laboratory Science*, V:2, mar. abr. 1992, p. 72-77.

GREGORY, R.L. *Concepts and Mechanisms of Perception*. London: Duckworth, 1974.

GREITZ, Torgny. Brain Imaging. The Past, the Present and the Future, em Th. NEWTON e D. GORDON (org.). *Advanced Imaging Techniques*. San Anselmo (Cal.): Chavadel Press, 1983.

GROS, François. *L'ingénierie du vivant*. Paris: Odile Jacob, 1990.

HARALICK, Robert H. e Linda G. SHAPIRO. *Computer and Robot Vision*. Reading (Mass.): Addison-Wesley, 1993.

HARAWAY, Donna J. *Simians, Cyborgs, and Women: The Reinvention of Nature*. New York: Routledge, 1991.

HARDIN, C.L. *Color for Philosophers*. Indianapolis: Hackett, 1988.

HARRIS, Lawrence e Michael JENKIN (org.). *Spatial Vision in Humans and Robots*. Cambridge: Cambridge University Press, 1993.

HARRIS, Loats L. Biomedical image analysis applications, em E. SWENBERG e J.J. CONKLIN (org.). *Imaging Techniques in Biology and Medicine*. New York: Academic Press, 1988.

HEBB, D.O. *The Organization of Behavior*. New York: Wiley, 1949.

HEISENBERG, Werner. Die Goethesche und die Newtonische Farbenlehre im Lichte der modernen Physik, em *Wandlungen in den Grundlagen der Naturwissenschaft.* Stuttgart: Herzel, 1980.

HEMPEL, C.G. *Aspects of Scientific Explanation.* New York: The Free Press, 1965.

HIROSE, M., K. YOKOYAMA e S. SATO. Transmission of realistic sensation: development of a virtual dome, em *IEEE Vrais '93* (Seattle, Washington), Piscataway (N.J.) 1993.

HÖHNE, K.H. *et al.* A 3D anatomical atlas based on a volume model, IEEE *Comput. Graphics Appl.*, XII:4, 1992, p. 72-78.

HUBEL, David H. *Eye, Brain, and Vision.* New York: Scientific American Books, 1988.

HUISMAN, Bruno e François RIBES (org.). *Les philosophes et la nature.* Paris: Bordas, 1990.

-----. e François RIBES. *Les philosophes et le corps.* Paris: Dunod, 1992.

IWATA, H. Pen-based haptic virtual environement, IEEE *Vrais '93* (Seattle, Washington), Piscataway (N.J.) 1993.

JAY, Martin. *Downcast Eyes. The Denigration of Vision in Twentieth-Century French Thought.* Berkeley and Los Angeles (Ca.): University of California Press, 1993.

JOLLY, Luciano. *Éloge de la main. Le livre du contact.* Toulouse: Les Voix du Corps, 1991.

JORDAN, Michael I. e David A. ROSENBAUM. Action, em M.I. POSNER (org.). *Foundations of Cognitive Science.* Cambridge (Mass.): The MIT Press, 1990.

KANDEL, E.R. e J.H. SCHWARTZ. *Principles of Neural Scienc.* New York: Elsevier, 1985.

KEMP, M. The mark of truth: looking and learning in some anatomical illustrations from the Renaissance and Eighteenth Century, em W.F. BYNUM e Roy PORTER (org.). *Medicine and the Five Senses.* Cambridge: Cambridge University Press, 1993.

KLEIN, Stanley A. *Will robots see?* em L. HARRIS e M. JENKIN (org.). *Spatial Vision in Humans and Robots.* Cambridge: Cambridge University Press, 1993.

KOSSLYN, S.M.e O. KOENIG. *Wet Mind. The New Cognitive Neuroscience.* New York: The Free Press, 1992.

KRÜGER, Wolfgang. Die Rolle von Virtual Reality in der Visualisierung von Daten aus Wissenschaft und Medizin em H.J. WARNECKE e H.J.BULLINGER (org.). *Virtual Reality. Anwendungen und Trends.* Berlin: Springer-Verlag, 1993.

LAOR, Nathaniel e Joseph AGASSI. The computer as a diagnostic tool in medicine, em C. MITCHAM e A. HUNING (org.). *Philosophy and Technology.* Dordrecht: D. Reidel, 1986.

LE BRETON, David. *Anthropologie du corps et modernité.* Paris: Presses Universitaires de France, 1990.

-----. *Corps et sociétés.* Paris: Méridiens Klincksieck, 1991.

-----. *La sociologie du corps.* Paris: Presses Universitaires de France, 1992.

LECLERCQ, Gérard. La vision chrétienne du corps, em F. LEMAIRE, S. RAMEIX e J.-P GHANASSIA (org.). *Le corps à qui appartient-il?.* Paris: Flammarion, 1996.

LE GOFF, Jacques. *L'imaginaire médiéval.* Paris: Gallimard, 1985.

LENOBLE, Robert. *Histoire de l'idée de nature.* Paris: Michel, 1969.

LEVIN, David M. (org.). *Modernity and the Hegemony of Vision.* Berkeley and Los Angeles: (Ca.) University of California Press, 1993.

LEWIS, Edwin R. Some Biological Modelers of the Past, em H.H. PATTEE *et al.* (org.).

Natural Automata and Useful Simulations. Washington: Spartan, 1966.

LOWEN, Alexander. *Physical Dynamics of Character Structure: The Language of the Body*, New York: Grune and Stratton, 1958.

MACH, Ernst. *Die Analyse der Empfindungen und des Verhältnis des Physischen zum Psychischen* [1885]. Jena: Gustav Fischer, 1922.

MAHOWALD, Misha A. e Carver MEAD. The silicon retina. *Scientific American*, maio 1991, p. 40-46.

MALDONADO, Tomás (org.). *Tecnica e cultura. Il dibattito tedesco fra Bismarck e Weimar*. Milano: Feltrinelli, 1979.

-----. *Il futuro della modernità*. Milano: Feltrinelli, 1987.

-----. *Reale e virtuale*. Milano: Feltrinelli, 1992.

MANGILI, F. e G. MUSSO. *La sensorialità delle macchine*. Milano: McGraw-Hill, 1992.

MARINI, Daniele. Dallo schermo al cervello, *Stileindustria*, I:2, maio 1995A, p. 19-21.

-----. La percezione del colore eidomatico e l'interazione con l'elaboratore, em *I colori della vita*, Trabalho apresentado em evento, Torino 27-28 ago. 1995B.

-----. I misteri del colore, *Ottagono*, xxx, dez. 1995 - fev. 1996, p. 34-41.

MARR, David. *Vision*. New York: Freeman, 1982.

MARX, Ellen. *Couleur optique*. Paris: Dessain et Tolra, 1983.

MAUSS, Marcel. *Sociologie et anthropologie*. Paris: Presses Universitaires de France, 1968.

McLEOD, John e John OSBORN, Physiological simulation in general, and in particular, em H.H. PATEE *et al.* (org.). *Natural Automata and Useful Simulations*. Washington: Spartan, 1966.

MEHLER, Jacques. Panorama delle scienze cognitive em SISSA: *Neuroscienze e scienze cognitive*. Napoli: CUEN, 1994.

MEHRABIAN, Albert. *Nonverbal Communication*. Chicago (Ill.): Aldine Artherton, 1972.

MERLEAU-PONTY, Maurice. *Le visible et l'invisible*. Paris: Gallimard, 1964.

MILNE, Eric N.C. (org.). *Models and Techniques in Medical Imaging Research*. New York: Praeger, 1983.

MISRAHI, Robert. *Le corps et l'esprit dans la philosophie de Spinoza*. Paris: Delagrange/ Synthélabo, 1992.

MOSCOVICI, Serge. *Essai sur l'histoire humaine de la nature*. Paris: Flammarion, 1968.

NANCY, Jean-Luc. *Corpus*. Paris: Métailié, 1992.

NEWTON, Isaac. *Manuskript der Sammlung unveröffentlichter*. Texte do Cambridge University Library, ADD 3975.

-----. *Opticks or A Treatise of the Reflection, Refraction, Inflection and Colours of Light*. New York: Dover, 1952.

NIETZSCHE, Friedrich. Also sprach Zarathustra, em *Werke*, vol. III, München: C. Hanser Verlag, 1960.

NULAND, Sherwin B. *Doctors*. New York: Alfred A. Knopf, 1988.

PAILLARD, J. Posture et locomotion: old problems and new concepts, em B. AMBLARD *et al.* (org.). *Posture and Gait: Development, Adaptation and Modulation*. Amsterdam: Elsevier, 1988.

PEDOTTI, Antonio *et al.* Postural synergies in axial movements: short and long-term adaptation, *Experimental Brain Research*, LXXIV, 1989, p. 3-10.

PERROT, Philippe. *Le travail des apparences. Ou les transformations du corps féminin*

XVIII-XIXe siècle. Paris: Seuil, 1984.

PIAGET, Jean. *La construction du réel chez l'enfant*. Neuchâtel: Delachaux et Nietslé, 1950.

PIERANTONIO, Ruggero. *L'occhio e l'idea: Fisiologia e storia della visione*, Torino: Bollati Boringhieri, 1989.

PLAS, F., VIEL, E. e BLANC Y. *La marche humaine: Kinésiologie dynamique, biomécanique et pathomécanique*. Paris: Masson, 1989.

POGGIO, Tommaso. Visione: l'altra faccia dell'intelligenza artificiale, em R. VIALE (org.). *Mente umana e mente artificiale*. Milano: Feltrinelli, 1989.

RAMACHANDRAN, V. S. Interaction between motion, depth, color and form: the utilitarian theory of perception, em C. BLAKEMORE (org.). *Vision: Coding and Efficiency*. Cambridge: Cambridge University Press, 1990.

RAMÓN Y CAJAL, Santiago. *Historia de mi labor científica* [1917]. Madrid: Alianza Universidad, 1981.

REICHHOLF, Josef. *Mouvement animal et évolution*. Paris: Flammarion, 1994.

RICCÒ, Dina. *Il suono dei new media: Un approccio sinestesico ai fenomeni d'interazione sensoriale nei software multimediali*. Dissertação em Desenho Industrial. Milano: Politecnico di Milano, 1996.

RONCHI, Vasco. *Storia della luce*. Bologna: Zanichelli, 1952.

-----. *Introduzione a Scritti di ottica*. Milano: Il Polifilo, 1968.

ROSSET, Clément. *L'anti-nature*. Paris: Presses Universitaires de France, 1973.

-----. *Le réel: Traité de l'idiotie*. Paris: Les Éditions de Minuit, 1977.

ROSSI, Paolo. Cose prima mai viste, em P. ROSSI (org.). *Storia della scienza moderna e contemporanea*. vol. I. Torino: UTET, 1988.

ROVETTA, Alberto. La sala operatoria con satelliti e robot. *If*, I:3, 1993, p. 62-69.

-----. Biorobotica: un futuro in medicina. *Adria Medica*, 10:IV, maio 1994, p. 115-123.

RYAN, C. Reassessing the automacity-control distintion: item recognition as a paradigm case, *Psychological Review*, 90, 1983, p. 171-178.

SAUNDERS, C.M. de, J.B. e Ch.D. O'MALLEY. *Einführung* zu *The Illustrations from the Works of Andreas Vesalius of Brussels*. New York: Dover, 1973.

SAYRE, K.M. e F.J. CROSSON (org.). *The Modeling of Mind*. Notre Dame (Ind.): University of Notre Dame Press, 1963.

SCHILDER, Paul. *The Image and Appearance of the Human Body: Studies in the Constructive Energies of the Psyche*. New York: International Universities Press, 1950.

SERIS, Jean-Pierre. *La technique*. Paris: Presses Universitaires de France, 1994.

SHILLING, Chris. *The Body and Social Theory*. London: Sage, 1993.

SHIMOGA, K.B. A Survey of Perceptual Feedback Issues in Dexterous Telemanipulation (Parte I.: Finger Force Feedback, Parte II.: Finger Touch Feedback), IEEE *Vrais '93* (Seattle, Washigton), Piscataway (N.J.) 1993.

SILBERBACH, Michael e Davis J. SAHN, Three-dimensional echocardiographic reconstruction: from «ice-pick» view to «virtual reality, *Mayo Clinic Proceedings* 68, 1993.

SIMONDON, Gilbert. *Du mode d'existence des objets techniques*. Paris: Aubier, 1958.

STAROBINSKI, Jean. Breve storia della coscienza del corpo, *Intersezioni*, I:1, 1981, p. 27-43.

STELARC. Da strategie psicologiche a cyberstrategie: prostetica, robotica ed esistenza remota. em P.L. CAPUCCI (org.). *Il corpo tecnologico: L'influenza delle tecnologie sul corpo e sulle sue facoltà*. Bologna: Baskerville, 1994.

TESIO, L. Conflitti sensoriali visuo-propriocettivi per la rieducazione dell'equilibrio nelle atassie, *Oftalmologia sociale*, XVII:1-2, jan. – mar. 1994.
-----. P. CIVASCHI e L. TESSARI. Motion of the center of gravity of the body in clinical evaluation of gait. *American Journal of Physical Medicin*, LXIV:2, 1985, p. 57-70.
THOMPSON, Evan. *Colour Vision: A Study in Cognitive Science and the Philosophy of Perception*. London: Routledge, 1995.
TORALDO DI FRANCIA, Giuliano. Goethe und die moderne Naturwissenschaft, em *Goethe und die Natur*. Bern: Peter Lang, 1986.

VELTER, André e Marie-José LAMOTHE. *Les outils du corps*. Paris: Denoël / Gonthier, 1978.
VENIKOV, V.A. *Theory of Similarity and Simulation*. London: MacDonald, 1969.
VIGARELLO, Georges. *Le propre et le sale: L'hygiène du corps depuis le Moyen Age*. Paris: Éditions du Seuil, 1985.
VIRASORO, Miguel Angel. Computer e biosistemi, em A. OLIVERIO (org.). *Dalle molecole al cervello*. Firenze: Giunti, 1987.
VITTADINI, N. Il doppio elettronico in sala operatoria, *Virtual*, 4, dez. 1993, p. 35-39.
VIVIANI, P. Eye movements in visual search: cognitive, perceptual and motor control aspects, em E. KOWLER (org.). *Eye Movements and their Role in Visual and Cognition Processes*. Amsterdam: Elsevier, 1990.
VIVIANI, P. e J.-L. VELAY. Spatial coding of voluntary saccades in man, em J.K. O'REGAN e A. LEVY-SCHOEN (org.). *Eye Movements: From Physiology to Cognition*. Amsterdam: Elsevier, 1987.

WESTFALL, Richard S. *Never at Rest: A Biography of Isaac Newton*. Cambridge: Cambridge University Press, 1980.
WILSON, Catherine. *The Invisible World. Early Modern Philosophy and the Invention of Microscope*. Princeton: Princeton University Press, 1995.
WOOD, Sally L. Visualization and modeling of 3D structures, IEEE *Engineering in Medicine and Biology*, XI:2, jun. 1992.

YARBUS, A.L. *Eye Movements and Vision*. New York: Plenum Press, 1967.

ZEKI, Semir. *A Vision of the Brain*. London: Blackwell, 1993.

4. Pensar a técnica hoje

AKRICH, Madeleine. The description of technical objects, em W.E. BIJKER e J. LAW (org.). *Shaping Technology/Building Society: Studies in Sociotechnical Change*. Cambridge (Mass.): The MIT Press, 1992.

BIJKER, Wiebe E. The social construction of bakelite: toward a theory of invention, em W.E. BIJKER, T.P. HUGHES e T.J. PINCH (org.). *The Social Construction of Technological Systems*. Cambridge (Mass.): The MIT Press, 1989.

-----. e John LAW (org.). *Shaping Technology/Building Society: Studies in Sociotechnical Change*. Cambridge (Mass.): The MIT Press, 1992.

-----. Reply to Richard Hull, *Science, Technology & Human Values*, XIX:2, primavera 1994, p. 245-246.

-----. Sociohistorical technology studies, em S. JASANOFF *et al.* (org.). *Handbook of Science and Technology Studies*. Thousand Oaks: Sage Publications, 1995.

BLOOR, David. *Knowledge and Social Imagery*. Chicago: The University of Chicago Press, 1991.

CALLON, Michel e Bruno LATOUR. Don't throw the baby out with the bath school!, em A. PICKERING (org.). *Science as Practice and Culture*. Chicago: The University of Chicago Press, 1992.

CALLON, Michel. Is science a public good?, *Science, Technology & Human Values*. XIX:4, outono 1994, p. 395-423.

-----. e J. LAW. Agency and the Hybrid Collective, *The South Atlantic Quarterly*, LCIV:2, primavera 1995, p. 481-507.

-----. e Bruno LATOUR. Tu ne calculeras pas ou comment symétriser le don et le Capital. *Revue du MAUSS semestrielle*. 9, 1° semestre 1997, p. 45-70.

CANGUILHEM, Georges. *La connaissance de la vie*. Paris: Vrin, 1965.

CARON, François. The evolution of the technical system of railways in France from 1832 to 1937, em R. MAYNTZ (org.). *The Development of Large Technical Systems*. Frankfurt: Campus, 1988.

-----. *Les deux révolutions industrielles du xxe siècle*. Paris: Albin Michel, 1997.

CHÂTEAU, J-Y. Technophobie et optimisme technologique modernes et contemporains, em COLLÈGE INTERNATIONAL DE PHILOSOPHIE (org.), *Gilbert Simondon. Une pensée de l'individuation et de la technique*. Relatório Paris 1993. Paris: Albin Michel, 1994.

CHIAPPONI, Medardo. *Ambiente: gestione e strategia. Un contributo alla teoria della progettazione ambientale*. Milano: Feltrinelli, 1989.

COLLINS, Harry M. e Steve Yearley. Journey into space, em A. PICKERING (org.), *Science as Practice and Culture*. Chicago: The University of Chicago Press, 1992. DAUMAS, Maurice. *Histoire génerale des techniques*, vol. v, Paris: PUF, 1962-1979.

-----. L'histoire des techniques: son objet, ses limites, ses methods. *Revue d'histoire des sciences et leurs applications*, XXII:7, jan.-mar. 1969, p. 5-32.

DERY, Mark. *Escape Velocity: Cyberculture at the End of the Century*. New York: Grove Press, 1996.

DESSAUER, Friedrich. *Philosophie der Technik*. Bonn: Cohen Verlag, 1927.

-----. *Streit um die Technik*. Frankfurt: J. Knecht, 1956.

DOSI, Giovanni. Technological paradigms and technological trajectories: the determinants and directions of technical change and the transformation of the economy, em C. FREEMAN (org.). *Long Waves in the World Economy*. London: Butterworth, 1983.

-----. *et al.* (org.). *The Nature of the Innovative Process in Technical Change and Economic Theory*. London: Pinter, 1988.

DREYFUS, Hubert L. Phenomenology and Artificial Intelligence, em J.M. EDIE (org.) *Phenomenology in America*. New York: Quadrangle Book, 1967.

-----. Heidegger on gaining a free relation to technology, em A. FEENBERG e A.

HANNAY (org.). *The Politics of Knowledge*. Bloomington: Indiana University Press, 1995.

ELLUL, Jacques. *Le bluff technologique*. Paris: Hachette, 1988.

-----. *La technique ou l'enjeu du siècle*. Paris: Economica, 1990.

FAGOT-LARGEAULT, Anne. L'individuation en biologie, em COLLÈGE NTERNATIONAL DE PHILOSOPHIE (org.). *Gilbert Simondon. Une pensée de l'individuation et de la technique*, Relatório Paris, 1993. Paris: Albin Michel, 1994.

FANO, E. Devoti, eretici e critici del progresso. Introdução ao D.F. NOBLE, *La questione tecnológica*. Torino: Bollati Boringhieri, 1993.

FEBVRE, Lucien. Réflexions sur l'histoire des techniques. *Annales d'histoire économique et sociale*, 36, nov. 1935, p. 531-535.

GEORGHIOU, Luke *et al*. *Post-Innovation Performance: Technological Development and Competition*. London: MacMillan, 1986.

GIANNETTI, Renato e P.A. TONINELLI (org.). Dalla rivoluzione industriale alle traiettorie tecnologiche. La tecnologia tra teoria e storia d'impresa, em *Innovazione, impresa e sviluppo economico*. Bologna: il Mulino, 1991.

GIEDION, Sigfried. *Space, Time and Architecture*. Cambridge (Mass.): Harvard University Press, 1941.

-----. *Mechanization Takes Command*. Oxford: Oxford University Press, 1948.

GILLE, Bertrand. Prolégomènes à une histoire des techniques, em B. GILLE (org.) *Histoire des techniques*. Paris: Gallimard, 1978.

GOFFI, Jean-Yves. *La Philosophie des techniques*. Paris: PUF, 1996.

GÖKALP, Iskender. On the Analysis of Large Technical Systems. *Science, Technology and Human Values*, XVII:1, 1992, p. 57-58.

GOULD, Stephen J. *Ontogeny and Philogeny* Cambridge (Mass.): Harvard University Press, 1977.

-----. Evolution: The Pleasures of Pluralism. *The New York Review of Books*. XLIV:11, 26. jun. 1997, p. 47-52.

GRAS, Alain. *Grandeur et dépendance. Sociologie des macro-systèmes Techniques*. Paris: PUF, 1993. (Edição italiana da UTET-Telecom. Torino, 1997.)

-----. *Les macro-systems techniques*. Paris: PUF, 1997.

HACKING, Ian. Styles of Scientific Reasoning, em J. RAJCHMAN e C. WEST (org.). *Post-analitic philosophy*. New York: Columbia University Press, 1985.

HEIDEGGER, Martin. Die Frage nach der Technik, em *Vorträge und Aufsätze*. Pfullingen: G. Neske, 1954.

-----. *Der Satz vom Grund*. G Pfullingen: Neske, 1957.

-----. *Sein und Zeit* [1927]. Tübingen: Max Niemeyer Verlag, 1967.

-----. *Die Kehre* em *Die Technik und die Kehre*. Pfullingen: G. Neske, 1976A.

-----. Nur noch ein Gott kann uns retten, Entrevista. *Der Spiegel*, 31 maio. 1976B.

-----. *Überlieferte Sprache und technische Sprache*. St.Gallen: Erker, 1989.

HOTTOIS, Gilbert. *Gilbert Simondon et la philosophie de la culture technique*. Bruxelles: De Boeck-Wesmael, 1993.

-----. *Entre symboles et technosciences*. Paris: Champ Vallon, 1996.

HUGHES, Thomas P. The Electrification of America: The System Builders. *Technology and Culture*, XX:1, jan. 1979, p. 124-161.

-----. The Evolution of Large Technological Systems, em W.E. BIJKER, T.P. HUGHES e

T.J. PINCH (org.), *The Social Construction of Technological Systems*. Cambridge (Mass.): The MIT Press, 1989.

HUGHES, Thomas P. La dinamica del cambiamento tecnologico: salienti, problemi critici e rivoluzioni industriali, em R. GIANNETTI e P.A. TONINELLI (org.), *Innovazione, impresa e sviluppo econômico*. Bologna: il Mulino, 1991.

JARVIE, I.C. The social Character of Technological Patterns. Comments on Skolimowski's paper, *Technology and Culture*, VI:3, verão 1966, p. 384-390.

JOERGES, Bernward. Large technical systems: Concepts and issues, em R. Mayntz e T.P. Hughes (org.). *The Development of Large Technical Systems*. Frankfurt: Campus, 1988.

KAUFFMAN, Stuart A. *Self-organization and Selection in Evolution*. Oxford: Oxford University Press, 1993.

KNORR CETINA, Karin. The Couch, the Cathedral, and the Laboratory: On the Relationship between Experiment and Laboratory Science, em A. PICKERING (org.). *Science as Practice and Culture*. Chicago: The University of Chicago Press, 1992.

LANGENEGGER, Detlev. *Gesamtdeutungen moderner Technik*. Würzburg: Königshausen & Neumann, 1990.

LATOUR, Bruno. *Science in Action. How to Follow Scientists and Engineers through Society*. Cambridge (Mass.): Harvard University Press, 1987.

-----. *Nous n'avons jamais été modernes*. Paris: La Découverte, 1991. (Edição italiana Milano: Edição Elèuthera, 1995.)

-----. Where are the Missing Masses? em W.E. BIJKER e J. LAW (org.), *Shaping Technology/Building Society: Studies in Sociotechnical Change*. Cambridge (Mass.): The MIT Press, 1992.

-----. *Aramis ou l'amour des techniques*. Paris: La Découverte, 1993.

-----. *Le métier de chercheur regard d'un anthropologue*. Paris: INRA, 1995.

-----. *Facts, artefacts, fetishes - a reflexion on techniques* [1996], Versão italiana em M. NACCI (org.). *Oggetti d'uso quotidiano*. Venezia: Marsilio, 1998.

-----. *From the Sokal affair to the Wise scandal*, [http://vest.gu.se/vest_mail/0302.html] (26. Mai 1997.)

LATOUR, Bruno e Steve WOOLGAR. *Laboratory Life. The Construction of Scientific Facts* [1978]. Princeton (N.J.): Princeton University Press, 1986.

LAW, John. Technology and Heterogeneous Engineering: The Case of Portuguese Expansion, em W.E. BIJKER, T.P. HUGHES e T.J. PINCH (org.). *The Social Construction of Technological Systems*. Cambridge (Mass.): The MIT Press, 1989.

LEROI-GOURHAN, André. *Evolution et techniques*. vol. II, Paris: Albin Michel, 1943-1945.

-----. *Le geste et la parole. La mémoire et les rythmes*, vol. II, Paris: Albin Michel, 1964-1965.

-----. *Les racines du monde*. Paris: Belford, 1982.

MALDONADO, Tomás (org.). *Tecnica e cultura. Il dibattito tedesco fra Bismark e Weimar*. Milano: Feltrinelli, 1979.

-----. Habermas e le aporie del progetto moderno, em *Il Futuro della modernità*. Milano: Feltrinelli, 1987.

282   Cultura, Sociedade e Técnica

-----. *Disegno industriale: un riesame* [1976]. Milano: Feltrinelli, 1991.

-----. Brevetto: tra virtualità dell'invenzione e realtà dell'innovazione em *Reale e Virtuale.* Milano: Feltrinelli, 1992.

-----. *Critica della ragione informática.* Milano: Feltrinelli, 1997.

MAYNTZ, Renate e Volker SCHNEIDER. The dynamics of system development in a comparative perspective, em R. MAYNTZ e Th. P. HUGHES (org.). *The development of Large Technical Systems.* Frankfurt: Campus, 1988.

MILSUM, J.H. Technosphere, biosphere and sociosphere: an approach to their systems modelling and optimization [1968], em J. BEISHON e G. PETERS (org.) *Systems Behaviour.* New York: Harper & Row, 1972.

MUMFORD, Lewis. *Technics and Civilization.* New York: Harcourt,Brace and Co., 1934 (edição italiana Milano: il Saggiatore, 1964).

-----. *The Myth of the Machine.* London: Seker and Warburg, 1967.

NACCI, Michela e Peppino ORTOLEVA. Introduzione, em A. GRAS, *Nella rete tecnologica. La società dei macrosistemi.* Torino: UTET-Telecom, 1997.

NELSON, Richard R. e Sidney G. WINTER. *An Evolutionary Theory of Economic Change.* Cambridge (Mass.): The Belknap Press of Harvard University Press, 1982.

NOBLE, David F. *America by Design.* New York: Knopf, 1977.

OGBURN, William F. Technology as environment, *Sociology and Social Research*, XLI:41, set.- out. 1956. p. 78-85.

PERRIN, Jacques. Pour une culture technique, em F. BAYLE *et al., L'Empire des Techniques.* Paris: Seuil, 1994.

PINCH, Trevor J. e Wiebe E. BIJKER. The social construction of facts and artifacts: Or how the sociology of science and the sociology of technology might benefit each other, em W.E. BIJKER, T.P. HUGHES e T.J. PINCH (org.), *The Social Construction of Technological Systems.* Cambridge (Mass.): The MIT Press, 1989.

PIZZOCARO, Silvia. *Approcci evolutivi all'analisi dei prodotti e dei sistemi tecnici.* Dissertação. Milano: Politecnico di Milano, 1993.

POPITZ, Heinrich. *Der Aufbruch zur artifiziellen Gesellschaft.* Tübingen: J.C.B. Mohr, 1995.

POSTMAN, Neil. *Technopol: The Surrender of Culture to Technology.* New York: Knopf, 1992.

ROCKMORE, Tom. *Heidegger on Technology and Democracy*, em A. FEENBERG e A. HANNAY (org.). *Technology and Politics of Knowledge.* Bloomington: Indiana UniversityPress, 1995.

ROPOHL, Gunther. *Eine Systemtheorie der Technik.* Vienna: Carl Hanser Verlag, 1979.

-----. Information does not make sense. Or: the relevance gap in information technology and its social dangers, em C. MITCHAM e A. HUNING (org.), *Philosophy and Technology II.* Dordrecht: D. Reidel, 1986.

-----. Friedrich Dessauer's Verteidigung der Technik, *Zeitschrift für Philosophische Forschung,* XLII:2, abr.-jun. 1988, p. 301-310.

ROSENBERG, Nathan. *Perspectives on Technology.* Cambridge: Cambridge University Press, 1976.

-----. *Inside the Black Box: Technology and Economy.* Cambridge: Cambridge University Press, 1982.

-----. *Exploring the Black Box: Technology, Economics, and History*. Cambridge: Cambridge University Press, 1994.

ROSZAK, Theodore. *The Cult of Information. The Folklore of Computers and the True Art of Thinking*. New York: Pantheon Books, 1986.

SCHUMPETER, Joseph A. *Konjunkturzyklen* [1939]. Göttingen: Vandenhoeck und Ruprecht, 1961.

SCHWARZ, Michiel. La culture technologique à la barre, *Alliage*, 16-17, verão-outono 1993, p. 277-283.

SERRES, Michel, *La communication, Hermes I*. Paris: Minuit, 1968.

-----. *La Traduction, Hermes III*. Paris: Minuit, 1974.

-----. *Statues*. Paris: Flammarion, 1989.

-----. *Eclaircissements, Entretiens avec Bruno Latour*. Paris: Flammarion, 1994.

SIMONDON, Gilbert. *Du mode d'existence des objets techniques*. Paris: Aubier, 1958.

-----. *L'individu et sa genèse physico-biologique*. Paris: PUF, 1964.

-----. *L'individuation psychique et collective*. Paris: Aubier, 1989.

-----. Prospectus du monde d'existence des objets techniques, em COLLÈGE INTERNATIONAL DE PHILOSOPHIE (org.). *Gilbert Simondon. Une pensée de l'individuation et de la technique*. Paris: Albin Michel, 1994.

SINGER, Charles *et al*. *A History of Technology*, vol. v, Oxford: Clarendon Press 1954-1958.

SKOLIMOWSKI, Henryk. The structure of thinking in technology, *Technology and Culture*, VII:3, verão 1966, p. 371-383.

SOKAL, Alan. Transgressing the boundaries: Toward a transformative hermeneutics of quantum gravity, *Social Text*, Separata de *Science Wars*, p. 46-47, primavera-verão 1996A, p. 217-252.

-----. A physicist experiments with cultural studies, *Lingua Franca*, maio-jun. 1996B, p. 62-64.

-----. Pourquoi j'ai écrit ma parodie, *Le Monde*, 31 jan. 1997.

THOM, René. COLLÈGE INTERNATIONAL DE PHILOSOPHIE (org.). Morphologie et individuation, em *Gilbert Simondon. Une pensée de l'individuation et de la Technique*. Paris: Albin Michel, 1994.

WENDT, Ulrich. *Die Technik als Kulturmacht*. Berlin: G. Reimer, 1906.

WINOGRAD, Terry e Fernando FLORES, *Understanding Computers and Cognition. A New Foundation for Design*. Norwood (N.J.): Ablex, 1986.

WOLF, K.L. e R. WOLFF. *Symmetrie*. vol. I e II. Münster: Böhlau-Verlag, 1956.

ZSCHIMMER, Eberhard. *Philosophie der Technik*. Jena: Eugen Diederichs, 1914.

5. Os óculos levados a sério

ALBERTOTTI, Giuseppe. *Lettera intorno alla invenzione degli occhiali all'Onorev.mo Senatore Isidoro Del Lungo. Rivendicazione di un'antica gloria veneta*. Roma: Tip. delle Scienze, 1922.

ARMYTAGE, W.H.G. *A Social History of Engineering*. New York: Pitman Publishing Corporation, 1961.

284 Cultura, Sociedade e Técnica

BACHELARD, Gaston. *La poétique de l'espace* [1957]. Paris: Presses Universitaires de France, 1970.

BIJKER, Wiebe E., Thomas P. HUGHES e Trevor J. PINCH (org.). *The Social Construction of Technological Systems*. Cambridge (Mass): The MIT Press, 1989.

BLOCH, Marc. *Lavoro e tecnica nel Medioevo*. Roma-Bari: Laterza, 1974.

BRAUDEL, Fernand. *Civilisation Matérielle et Capitalisme*. Paris: Colin, 1967.

CANON, F. The evolution of the technical system of railways in France from 1832 to 1937, em R. MAYNTZ (org.). *The Development of Large Technical Systems*. Frankfurt: Campus, 1988.

CAPITANI, Ovidio. *La concezione della povertà nel Medioevo*. Bologna: Pàtron Editore, 1983.

-----. *Storia dell'Italia medievale 410-1216*. Roma-Bari: Laterza, 1992.

CIPOLLA, Carlo M. *Storia economica dell'Europa pre-industriale* [1974]. Bologna: Il Mulino, 1975.

CROSBY, Alfred W. *The Measure of Reality. Quantification and Western Society, 1250-1600*. Cambridge: Cambridge University Press, 1997.

DAUMAS, Maurice (org.), *Histoire générale des techniques*, vol. I, *Des origines au xve siècle*. Paris: Presses Universitaires de France, 1962.

De LOTTO, E. *Storia e tecnologia degli occhiali*. Trescore Terme: S. Marco, 1966.

DUBY, Georges. *L'arte e la società medievale* [1981]. Roma-Bari: Laterza, 1991.

FIORENTINI, Adriana. *Occhi e occhiali*. Bologna: Zanichelli, 1962.

FEBVRE, Lucien. *Le problème de l'incroyance au 16e siècle. La religion de Rabelais* [1942]. Paris: Albin Michel, 1974.

GIMPEL, Jean. *La révolution industrielle du Moyen Age*. Paris: Édition du Seuil, 1975.

HASKINS, Charles H. *The Renaissance of the 12th Century*. Cleveland-New York: The World Publishing, 1958.

HUGHES, Thomas P. The Electrification of America: The System Builders, *Technology and Culture*, XX:1, jan. 1979, p. 124-161.

KOYRE, Alexandre, *Les philosophes et la machine. Du monde de l'à-peu-prés à l'univers de la prècision*, em *Etudes d'histoire de la pensée philosophique*. Paris: Max Leclerc et Cle, 1961.

Le GOFF, Jacques. *Les intellectuels au Moyen Age*. Paris: Édition du Seuil, 1959. POOL, Robert. *Beyond Engineering. How Society Shapes Technology*. Oxford Oxford University Press, 1997.

POWER, Eileen. *Medieval People*. London: Methuen & Co., s.d.

RONCHI, Vasco. *Lenti per occhiali*. Bologna: Zanichelli, 1962.

-----. *Storia della luce*. Bologna: Zanichelli, 1952.

SCUDERI, Giuseppe, Corrado Balacco GABRIELI e Santi Maria RECUPERO. *La miopia*.

Roma: Verduci Editore, 1993.

STARK, Lawrence e Gérard OBRECHT. *Presbyopia.* New York: Professional Press Books, Fairchild Publications, 1987.

WHITE, Lynn. Technology and invention during the Middle Ages, *Speculum,* xv, 1940, p. 141-159.

WILSON, Catherine. *The Invisible Word. Early modern philosophy and the invention of the microscope.* Princeton (N.J.): Princeton University Press, 1995.

WISE, M. Norton. *The Values of Precision.* Princeton (N. J.): Princeton University Press, 1995.

8. Notas sobre a iconicidade

ARENS, H. *Sprachwissenschaft.* Freiburg: Karl Alber, 1955.

ARISTOTELES. *Topici,* em *Opere.* Bari: Laterza, 1973.

BAR-HILLEL, Y. Semantic information and its measure, em *Language and Information.* Reading (Mass.): Addison Wesley, 1964.

BAR-HILLEL, Y. e R. CARNAP. *An outline of a theory of semantic information* [1952], em Y. BAR-HILLEL. *Language and Information.* Reading (Mass.): Addison Wesley, 1964.

BERLYNE, D.E. Novelty and curiosity as determinants of exploratory behaviour, *British Journal of Psychology, 41,* 1950, p. 68-80.

BERNAYS, P. Betrachtungen zu Ludwig Wittgenstein «Bemerkungen über die Grundlagen der Mathematik». *Ratio,* I, 1959, p.1-18.

BERTALANFFY, L. Von. *General System Theory.* New York: Braziller, 1969.

BLOCH, E. *Das Materialismus Problem. Seine Geschichte und Substanz.* Frankfurt: Suhrkamp, 1972.

BORING, E.G. *The Physical Dimension of Consciousness.* New York: Dover, 1963.

BORN, M. *Natural Philosophy of Cause and Chance.* New York: Dover, 1964.

BRIDGMAN, P. *The Logic of Modern Physics.* New York: MacMillan, 1927.

----- e P.G. FRANK (org.). *The present state of operationalism.* New York: Collier Books, 1961.

BROAD, C.D. Two lectures on the nature of philosophy, em H.D. LEWIS (org.). *Clarity is not Enough.* London: Allen & Unwin, 1963.

BRUNER, J.S., J.J. GOODNOW e G.A. AUSTIN, *A Study of Thinking.* New York: Science Editions, 1966.

----- *et al., Studies in Cognitive Growth.* New York: Wiley, 1966.

BUNGE, M. Technology as applied science, *Technology and Culture,* VII:3, 1966, p. 329-346.

BUYSSENS, E. *Les langages et le discours.* Bruxelles: Office de Publicité, 1943.

CARNAP, R. *Meaning and Necessity.* Chicago: The University of Chicago Press, 1956.

-----. *Introduction to Semantics and Formalization of logic.* Cambridge (Mass.): Harvard University Press, 1959.

CHURCH, A. *Introduction to Mathematical Logic.* Princeton (N.J.): Princeton University Press, 1956.

COHEN, M.R. e E. NAGEL. *An Introduction to Logic.* London: Routledge & Kegan Paul, 1966.

COONS, S.A. Computer aided design: Architecture and the Computer. *Anais do First*

Boston Architectural Center Conference. Boston (Mass.), 5 dez. 1964.

COPI, I.M. *Symbolic Logic.* New York: Macmillan, 1966.

CORNFORTH, M. *Marxism and the Linguistic Philosophy.* London: Lawrence and Wishart, 1971.

CRELLING, K. Bemerkungen zu Dubislavs Die Definition, *Erkenntnis,* III:2-3, dez. 1932, p. 189-200.

CROSSON, F.J. e K.M. SAYRE. Modelling: simulation and replication, em K.M. SAYRE e F.J. CROSSON (org.). *The Modelling of Mind.* Notre Dame (Indiana): University of Notre Dame Press, 1963.

DAITZ O'SHAUGHNESSY, E. The picture theory of meaning, em A. FLEW (org.). *Essays in Conceptual Analysis.* London: Macmillan, 1966.

DUBISLAV, W. *Die Definition.* Leipzig: Meiner Verlag, 1931.

-----. Bemerkungen zur Definitionslehre, *Erkenntnis,* III:2-3, dez. 1932, p. 201-203.

DUMMET, D. *Frege – Philosophy and Language.* London: Duckworth, 1973.

ECO, Umberto. *La struttura assente.* Milano: Bompiani, 1968.

-----. Codice e ideologie, em *Linguaggi nella societá e nella tecnica.* Milano: Edizioni di Comunitá, 1970.

-----. A semiotic approach to semantics, *VS,* 1, set. 1971 (versão italiana, I percorsi del senso, em *Le forme del contenuto.* Milano: Bompiani, 1971).

-----. Introduction to a semiotic of iconic signs, *VS,* 2, jan.-abr. 1972, p. 1-16.

ERCKENBRECHT, U. *Marx' materialistische Sprachtheorie.* Kronberg Ts: Scriptor Verlag, 1973.

EVANS, E. Tractatus 3.1432, *Mind,* LXIV:254, abr. 1955, p. 259-260.

FÉVRIER, J.G. *Histoire de l'écriture.* Paris: Payot, 1959.

FREGE, G. Sinn und Bedeutung [1892], em G. PATZIG (org.). *Funktion, Begriff, Bedeutung. Fünf logische Studien.* Göttingen: Vandenhoeck and Ruprecht, 1962.

-----. Dialog mit Pünjer über Existenz [circa 1884], em H. HERMES, F. KAMBARTEL e F. KAULBACH (org.). *Nachgelassene Schriften.* Hamburg: Meiner Verlag, 1969.

GALILEI, G. Sidereus Nuncius [1610], em *Opere.* Milano: Ricciardi, 1953.

GELB, I.J. *A Study of Writing: The Foundations of Grammatology.* London: Routledge and Kegan Paul, 1952.

HALL, A.D. *A Methodology for System Engineering.* Princeton (N.J.): D. van Nostrand, 1965.

HELLER, E. Ludwig Wittgenstein. Unphilosophische Betrachtungen, em *Beiheft I.,* Frankfurt: Suhrkamp, 1972.

HERTZ, H.R. Die Prinzipien der Mechanik, vol. III, em *Gesammelte Werke.* Leipzig: Barth, 1894.

JANIK, A. e S. TOULMIN. *Wittgenstein's Vienna.* New York: Simon and Schuster, 1973.

JARDINE, N. e R. SISBON. *Mathematical Taxonomy.* London: Wiley, 1971.

JOHNSON, T.E. *Sketchpad III, Three Dimensional Graphical Communications with a Digital Computer,* Relatório técnico. Electronic Systems Laboratory. Cambridge (Mass.): MIT, 1963.

KAPLAN, B. Genetic psychology, genetic epistemology and theory of knowledge, em T. MISCHEL (org.). *Cognitive Development and Epistemology*. New York: Academic Press, 1971.

KATZ, J.J. *Linguistic Philosophy*. London: Allen & Unwin, 1971.

-----. *Semantic Theory*. New York: Harper and Row, 1972.

KÖHLER, W. *Die physischen Gestalten in Ruhe und im stationären Zustand*. Braunschweig: Vieweg, 1920.

-----. *Gestalt Psychology*. New York: Liveright, 1929.

-----. *The Place of Value in a World of Facts*. New York: Liveright, 1938.

KOYRÉ, A. *Études d'histoire de la pensée scientifique*. Paris: Gallimard, 1966.

LASHLEY, K.S. *Brain Mechanisms and Intelligence*. Chicago: University of Chicago Press, 1929.

-----. Mass action in cerebral function, *Science*, 73, 1931, p. 245-254.

-----. The problem of serial order in behaviour, em L.A. JEFFRESS (org.). *Cerebral Mechanisms in Behavior*. New York: Wiley, 1951.

LEBLANC, H. On definitions, *Philosophy of Science*, XVII, 1950, p. 302-309.

LEIBNIZ, G.W. von. De Analysi Situs [1679], em C.I. GERHARD (org.). *Mathematische Schriften*, vol. v. Hildesheim: G. Olms, 1962.

LEWIS, C.I. *An Analysis of Knowledge and Valutation*. La Salle (Ill.): Open Court Publishing, 1962.

LEYRAZ, J.P. Bertrand Russell et l'impact de Wittgenstein. *Revue internationale de philosophie*, 102, 1972, p. 461-482.

LICHTENBERG, G.Ch. Über Physiognomik, em P. PLETT (org.), *Werke*. Hamburg: Hoffmann and Campe Verlag, 1967.

-----. *Vermächtnisse*. Reinbek bei Hamburg: Rowohlt, 1972.

-----. *Sudelbücher*, em *Schriften und Briefe*, vol. I. W. PROMIES (org.). Frankfurt: Zweitausendeins, 1988.

MACCARO, G.A. La misura della informazione contenuta nei criteri di classificazione, *Annali di microbiologia ed enzimologia*, VII:6, 1958, p. 231-239.

MALCOM, N. *Ludwig Wittgenstein: a Memoir*. Oxford: Oxford University Press, 1958.

MANN, R.W. The «CA» project. *Mechanical Engineering*. maio 1965, p. 41-43.

MARX, K. *Das Kapital*. Berlin: Dietz, 1957.

MARX, K. e F. ENGELS. Die deutsche Ideologie, em *Marx-Engels Gesamtausgabe*, vol. v. Glashütten im Taunus: Verlag Detlev Ausermann, 1970.

MAYS, W. Note on Wittgenstein's Manchester period, *Mind*, LXIV:254, abr. 1955, p. 247-248.

MOORE, G.E. *Philosophical Papers*, Allen & Unwin, London 1959.

MOORHOUSE, A.C. *The Triumph of the Alphabet*. New York: Shuman, 1953.

MORRISON, J.C. *Meaning and Truth in Wittgenstein's Tractatus*. Mouton's Gravenhage, 1968.

NAESS, A. *Four Modern Philosophers*. Chicago: The University of Chicago Press, 1969.

NARSKI, I.S. *Positivismus in Vergangenheit und Gegenwart*. Berlin: Dietz, 1967.

PALIARD, J. *Pensée implicite et perception visuelle*. Paris: Presses Universitaires de France, 1949.

PAP, A. *Analytische Erkenntnistheorie*. Wien: Springer, 1955.

PASQUINELLI, A. *Letture Galileiane*. Bologna: il Mulino, 1968.

PEANO, G. La definizione in matematica, em *Opere Scelte*, vol. II. Roma: Edizione Cremonese, 1958.

PEARS, D. *Ludwig Wittgenstein*. München: Dtv, 1971.

PEIRCE, Ch.S. *Collected Papers*. C. HARTSHORNE e P. WEISS (org.). vol. I-VI. Cambridge (Mass.): The Belknap Press of the Harvard University Press, 1960.

-----. *Collected Papers*. A.W. BURKS (org.), vol. VII e VIII. Cambridge (Mass.): The Belknap Press of the Harvard University Press, 1966.

PIAGET, J. Programme et méthodes de l'épistémologie, em E.W. BETH, W. MAYS e J. PIAGET. *Epistémologie génétique et recherche psychologique*. Paris: PUF, 1957.

-----. *Epistémologie génétique*. Paris: PUF, 1972.

PRICE, H.H. *Thinking and Experience*. London: Hutchinson's University Library, 1969.

PRIETO, L.J. *Messages et signaux*. Paris: Presses Universitaires de France, 1966.

QUINE, W.v.O. *Word and Object*. Cambridge (Mass.): The MIT Press, 1960.

-----. Two dogmas of empiricism, em H.D. LEWIS (org.). *Clarity is not Enough*. London: Allen & Unwin, 1963.

RONCHI, V. *Galileo e il cannocchiale*. Udine: Idea, 1942.

-----. *Storia della luce*. Bologna: Zanichelli, 1952.

ROSSI, P. *Aspetti della rivoluzione scientifica*. Napoli: Morano, 1971.

ROSSI-LANDI, F. *Il linguaggio come lavoro e come mercato*. Milano: Bompiani, 1968.

-----. *Semiotica e ideologia*. Milano: Bompiani, 1972.

RUSSEL, B. *Our Knowledge of the External World* [1914]. London: Allen & Unwin, 1969.

-----. The philosophy of logical atomism [1918], em R.Ch. MARSH (org.). *Logic and Knowledge*. London: Allen & Unwin, 1971A.

-----. On propositions: what they are and how they mean, em R.Ch. MARSH (org.). *Logic and Knowledge*. London: Allen & Unwin, 1971B.

SAYRE, K.M. *Recognition: a study in the Philosophy of Artificial Intelligence*. Notre Dame (Indiana): University of Notre Dame Press, 1965.

SCHAFF, Adam. *Zu einigen Fragen der marxistischen Theorie der Wahrheit*. Berlin: Dietz, 1954.

SHANNON, C. E. A mathematical theory of comunication, *The Bell System Technical Journal*, XXVII:3, jul. 1948, p. 99.

SCHOLZ, H. e H. HERMES. Der wissenschaftliche Nachlass von Gottlob Frege, Actes du Congrés International de Philosophie Scientifique - Sorbonne, Paris 1935, em *Histoire de la logique et de la philosophie scientifique*, vol. VIII. Paris: Hermann, 1936.

SNYDER, H.L. Image quality and observer performance, em L.M. BIBERMAN (org.), *Perception of Displayed Information*. New York: Plenum Press, 1973.

SOKAL, R.R. e P.H.A. SNEATH. *Principles of Numerical Taxonomy*. San Francisco: Freeman, 1963.

STRAWSON, P.F. On referring, em A. FLEW, *Essays in Conceptual Analysis*. London: Macmillan, 1966.

STUART MILL, J. *A System of Logic – Rationative and Inductive* [1834]. London: Longmans, 1961.

SUTHERLAND, I.E. *Sketchpad. A Man-Machine Graphical Communication System*, Relatório Técnico n° 296. Lincoln Laboratory. Cambridge (Mass.): MIT, 1963.

THIEL, Ch. *Sinn und Bedeutung in der Logik Gottlob Freges*. Meisenheim am Glan: Anton Hain, 1965.

VENIKOV, V.A. *Theory of Similarity and Simulation*. London: MacDonald, 1969.
VOLLI, U. Some possible developments of the concept of iconism, *VS*, 3, set. 1972, p. 14-30.

WEAVER, W. *Recent Contributions of Mathematical Theory of Communication*. Urbana: University of Illinois Press, 1949.
WHITEHEAD, A.N. e B. RUSSELL, *Principia Mathematica* [1910]. Cambridge: Cambridge University Press, 1968.
WILLS, A. Grammar. *Meaning and the Machine Anlysis of Language*. London: Routledge & Kegan Paul, 1972.
WITTGENSTEIN, L. *Tractatus Logico Philosophicus*. London: Routledge and Kegan Paul, 1951.
-----. *Philosophical Investigations*. Oxford: Basil Blackwell, 1953.
-----. *Remarks on the Foundations of Mathematics*. Oxford: Basil Blackwell, 1956.
-----. Tagebücher 1914-1916, em *Schriften*, vol. I. Frankfurt: Suhrkamp, 1969.
WOLF, K.L. e R.P. WOLFF. *Symmetrie*. Münster: Böhlau, 1956.
WRIGHT, G.H. von. Ludwig Wittgenstein: A Biographical Sketch. *Philosophical Review*. LXIV:4, 1955, p. 527-545.

9. Falar, escrever e ler

ADLER, Michael H. *The Writing Machine: History of the Typewriter*. London: George Allen & Unwin, 1973.
AMIET, Pierre. Il y a 5000 ans les Elamites inventaient l'écriture. *Archéologie*. 12, 1966, p. 16-23.
ANCESCHI, Giovanni. La forma codex, em A. COLONNETTI (org.). *Disegnare il libro*. Milano: Libri Scheiwiller, 1988.
-----. *L'oggetto della raffigurazione*. Milano: Etaslibri, 1992.
ANTONY, Louis M. e Norbert HORNSTEIN (org.). *Chomsky and his Critics*. Oxford: Blackwell, 2003.

BACON, Francis. *Works*. J. SPEDDING, R.L. ELLIS e D.D. HEATH (org.). vol. IV. Facsimile. Stuttgart-Bad-Cannstatt: Frommann-Holzboog, 1986.
BARON, Denis. From pencils to pixels: The stages of literacy technologies, em G.E. HAWISHER e C.L. SELFE (org.), *Passions Pedagogies and 21st Technologies*. Logan (Utah): Utah State University Press, 1999.
BARTHES, Roland. *Le degré zéro de l'écriture*. Paris: Seuil, 1953.
-----. La mort de l'auteur [1968], em *Ouvres complètes*. Paris: Seuil, 1994.
BICKERTON, Derek. *Languages and Species*. Chicago: The University of Chicago Press, 1990.
BLOOMFIELD, Leonard. *Language*. London: Allen & Unwin, 1935.
BLUMENBERG, Hans. *Die Lesbarkeit der Welt*. Frankfurt: Suhrkamp, 1981.
BOLTER, Jay D. *Writing Space: The Computer, Hypertext, and the History of Writing*. Hillsdale (N.J.): Lawrence Erlbaum Associates Publishers, 1991.

BONFANTE, Larissa *et al.*, *Reading the Pas: Ancient Writing from Cuneiform to the Alphabet*. London: British Museum Publications, 1990.

BORGES, Jorge L. *Prosa Completa*. Barcelona: Bruguera, 1980.

BOULEZ, Pierre. La mémoire, l'écriture et la forme, em *Leçons de musique*. Paris: Christian Bourgois Éditeur, 2005.

BOWLES, Edmund A. On the origin of the keyboard in the late middle age, *Technology and Culture*, VII:2, primavera 1966, p. 152-162.

BROWN, Joseph S. e Thomas H. CARR. Limits on perceptual abstraction in reading: asymmetric transfer between surface forms differing in typicality. *Journal of Experimental Psychology: Learning, Memory, and Cognition.*, XIX:6, nov.1993, p. 1277-1299.

BURBULES, Nicholas C. Rhetorics of the Web: hyperreading and critical literacy, em I. SNYDER (org.). *Page to Screen*. London: Routledge, 1998.

BUTTIMER, Charles H. *Hugonis de Sancto Victore Didascalicon: De Studio Legendi: a Critical Text*. Washington D.C.: The Catholic University Press, 1939.

BUYSSENS, Eric. *Les langages et le discours*. Bruxelles: Office de Publicité, 1943.

CARDONA, Giorgio R. *La foresta di piume*. Roma-Bari: Laterza, 1985A.

-----. *I sei lati del mondo. Linguaggio ed esperienza*. Roma-Bari: Laterza, 1985B.

-----. *Dizionario di linguistica*. Roma: Armando, 1988.

CAVALLO, Guglielmo e Roger CHARTIER. Introduzione, em G. CAVALLO e R. CHARTIER (org.). *Storia della lettura*. Roma-Bari: Laterza, 1998.

CHADWICK, John. A prehistoric bureaucracy, *Diogenes*, 26, 1959, p. 7-18.

CHARTIER, Roger. *Culture écrite et société. L'ordre des livres (XIVe-XVIII siècle)*. Paris: Albin Michel, 1996.

CHOMSKY, Noam. *Syntactic Structures*. The Hague: Mouton, 1957.

-----. Current issues in linguistic theory, em J. FODOR e J. KATZ (org.). *The Structure of Language*. Englewood Cliffs (N.J.): Prentice Hall, 1964.

-----. *Aspects of the Theory of Syntax*. Cambridge (Mass.): The MIT Press, 1965.

-----. *Cartesian Linguistics*. New York: Harper and Row, 1966.

-----. *The Minimalist Program*. Cambridge (Mass.): The MIT Press, 1995.

-----. *On Nature and Language*. Cambridge (Mass.): Cambridge University Press, 2002.

CORBALLIS, Michael C. *From Hand to Mouth: The Origins of Language*. Princeton (N.J.): Princeton University Press, 2002.

CORTÁZAR, Julio. *Rayuela*. Madrid: Suma de Letras, 1963.

COULMAS, Florian. *The Blackwell Encyclopaedia of Writing Systems*. Oxford: Blackwell, 1999.

CURTIUS, Ernst R. *Das Buch als Symbol in der Divina Commedia*. Düsseldorf: L. Schwann, 1926.

-----. Das Buch als Symbol, em *Europäische Literatur und Lateinisches Mittelalter*, Cap. 16. Bern: A. Francke Verlag, 1948.

DAMASO, Antonio R. *The Feeling of What Happens*. London: Hinemann, 1999.

DARWIN, Charles. *The Descent of Man and Selection in Relation to Sex* [1871]. New York: The Heritage Press, 1972.

DEACON, Terrence W. *The symbolic species. The Co-evolution of Language and the Brain*. New York: W.W. Norton, 1997.

DERRIDA, Jacques. *L'écriture et la différence*. Paris: Seuil, 1967A.

-----. *De la grammatologie*. Paris: Minuit, 1967B.

-----. *La voix et le phénomène*. Paris: PUF, 1967C.

-----. *La dissémination*. Paris: Seuil 1972.

DOUGLAS, J. Yellowlees. *The End of Books or Books Without End?* Ann Arbor: The University of Michigan Press, 2001.

DUCROT, Oswald e Tzvetan TODOROV. *Dictionnaire encyclopédique des sciences du langage*. Paris: Seuil, 1972.

DUMIT, Joseph. *Picturing Personhood. Brain Scans and Biomedical Identity*. Princeton (N.J.): Princeton University Press, 2004

ECO, Umberto. *Opera aperta*. Milano: Bompiani, 1962.

-----. *Lector in fabula*. Milano: Bompiani, 1979.

-----. *Interpretation and overinterpretation*. Cambridge: Cambridge University Press, 1992.

-----. Nachwort, em NUNBERG, G. (org.). *The Future of the Book*. Berkeley: University of California Press, 1996.

ELMAN, Jeffrey L. *et al.*, *Rethinking Innateness: A Connectionist Perspective on Development*. Cambridge (Mass.): The MIT Press, 1996.

ERASMO, *La correspondance 1469-1536* (org. A. GERLO e P. FORIERS). Bruxelles: Institut pour l'étude de la Renaissance e de l'Humanisme, 1967-1984.

FEBVRE, Lucien e Henri-Jean MARTIN. *L'apparition du livre* [1958]. Paris: Albin Michel, 1971.

FEVRIER, James G. *Histoire de l'écriture*. Paris: Payot, 1959.

FODOR, Jerry A. *The Modularity of Mind: An Essay on Faculty Psychology*. Cambridge (Mass.): The MIT Press, 1983.

-----. *In Critical Condition. Polemical Essays on Cognitive Science and the Philosophy of Mind*. Cambridge (Mass.): The MIT Press, 1998.

FORMENTI, Carlo. *Incantati dalla rete*. Milano: Raffaello Cortina, 2000.

FOUCAULT, Michel. *Surveiller et punir. Naissance de la prison*. Paris: Gallimard, 1975.

FRIEDRICH, Johannes. *Entzifferung verschollener Schriften und Sprachen*. Berlin: Springer Verlag, 1954.

GARIN, Eugenio. Alcune osservazioni sul libro come simbolo, em *Umanesimo e simbolismo*. Archivio di filosofia. Padova: Cedam, 1958, p. 2-3.

GAZZANIGA, Michael S. *The Mind's Past*. Berkeley (Ca.): University of California Press, 1998.

GELB, Ignace J. *A Study of Writing: The Foundations of Grammatology*. London: Routledge & Kegan Paul, 1952.

GOODY, Jack. *The Logic of Writing and the Organization of Society*. Cambridge: Cambridge University Press, 1986.

-----. *L'homme, l'écriture et la mort*. Paris: Les belles lettres, 1996A.

-----. *The East and the West*. Cambridge: Cambridge University Press, 1996B.

-----. *Representations and Contradictions*. London: Blackwell, 1997.

-----. *The Power of the Written Tradition*. Washington: Smithsonian Institution Press, 2000.

GRAFTON, Anthony. *The Footnote: A Curious History*. Cambridge (Mass.): Harvard University Press, 1999.

GREIMAS, Algirdas J. e Joseph COURTES. *Sémiotique. Dictionnaire raisonné de la théorie du langage*. Paris: Hachette, 1979.

292   Cultura, Sociedade e Técnica

HARRIS, Roy. *The Origin of Writing*. London: Duckworth, 1986.

HAAS, W. (org.). *Writing Without Letters*. Manchester: Manchester University Press, 1976A.

-----. Writing: the basic options, em W. HAAS (org.). *Writing Without Letters*. Manchester: Manchester University Press, 1976B.

HACKING, Ian. *Representing and Intervening*. Cambridge: Cambridge University Press, 1983.

HAVELOCK, Eric A. *Preface to Plato*. Cambridge (Mass.): Harvard University Press, 1963.

HERDER, Johann G. *Abhandlung über den Ursprung der Sprache* [1770]. Stuttgart: Reclam, 2001.

ILLICH, Ivan. *In the Vineyard of the Text: A Commentary to Hugh's Didascalicon*. Chicago: The University of Chicago Press, 1993.

JARDINE, Lisa. *Erasmus, Man of Letters*. Princeton (N.J.): Princeton University Press, 1993.

JOYCE, Michael. *Afternoon, a Story*, CD. Watertown (Mass.): Eastgate Systems, 1987.

-----. *Of Two Minds: Hypertext Pedagogy and Poetics*. Ann Arbor (Mi.): The University of Michigan Press, 1995.

-----. *Othermindedness: The Emergence of Network Culture*. Ann Arbor (Mi.): The University of Michigan Press, 2000.

KERAVAL, P. *Le langage écrit, ses origines, son développement et son mécanisme intellectuels*. Paris: Société d'éditions scientifiques, 1897.

LANGACKER, Roland W. *Language and its Structure: Some Fundamental Linguistics Concepts*. New York: Harcourt, Brace & World, 1968.

LANHAM, Richard A. The electronic word: literary study and the digital revolution, em *New Literary History*, 20, 1989, p. 265-290.

LE GOFF, Jacques. *La civilisation de l'Occident médiéval*. Paris: B. Arthaud, 1964.

LEROI-GOURHAN, André. *Evolution et techniques*, vol. II, Paris: Albin Michel, 1943-1945.

-----. *Le geste et la parol: Technique et langage*. vol. I. Paris: Albin Michel, 1964.

-----. *Le geste et la parole: La mémoire et les rythmes*. vol. II. Paris: Albin Michel, 1965.

-----. *Les racines du monde*. Paris: Belford, 1982.

LICCARO, Vincenzo. *Studi sulla visione del mondo di Ugo di S.Vittore*. Udine: Del Bianco, 1969.

LIEBERMAN, Stephen J. Of clay pebbles, hollow clay balls, and writing: A Sumerian view, *American Journal of Archeology*, 84, 1980, p. 339-358.

LORITZ, Donald. *How the Brain Evolved Language*. Oxford: Oxford University Press, 1999.

LYONS, John. *Introduction to Theoretical Linguistics*. London: Cambridge University Press, 1968.

MALDONADO, Tomás. *Beitrag zur Terminologie der Semiotik*. Ulm-Donau: Korrelat, 1961.

-----. Comunicazione e semiotica, em *Avanguardia e razionalità*. Torino: Einaudi, 1974A.

-----. *Appunti sull'iconicità*, em *Avanguardia e razionalità*. Torino: Einaudi, 1974B.

-----. Mondo e techne. Trabalho apresentado no evento «Novecento. Teoria e Storia del XX secolo». Riva del Garda, 11-13 nov. 1993, em *I viaggi di Erodoto*, 8:22, jan.-abr. 1994), p. 253-258.

-----. *Reale e virtuale*. Milano: Feltrinelli, 1992.

-----. *Che cos'è un intellettuale?* Milano: Feltrinelli, 1995.

-----. *Critica della ragione informatica*. Milano: Feltrinelli, 1997.

MARIN, Louis. Lire un tableau. Une lettre de Poussin, em 1639, em R. CHARTIER (org.), *Pratiques de la lecture*. Paris: Payot & Rivages, 1985.

MARTIN, Ernst. *Die Schreibmaschine und ihre Entwicklungsgeschichte*. Aachen: Verlag Peter Basten, 1949.

MARTIN, Henri-Jean. *Histoire et pouvoirs de l'écrit*. Paris: Albin Michel, 1988.

MAUSS, Marcel. Les techniques du corps, em *Sociologie et anthropologie*. Paris: PUF, 1993.

MITHEN, Steven. *The Prehistory of Mind. Cognitive Origins of Art and Science*. London: Thames and Hudson, 1996.

MOORHOUSE, A. *The Triumph of the Alphabet* New York: H. Schuman, 1953.

NIETZSCHE, Friedrich. *Menschliches, Allzumenschliches: Ein Buch für freie Geister*, vol. II, Leipzig: E.W. Fritzsch, 1886.

-----. *Schreibmaschinentexte* (org. S. GÜNZEL e R. SCHMIDT-GRÉPÁLY). Weimar: Bauhaus Universität Verlag, 2003.

ONG, Walter J. *The Presence of the Word* [1967]. Minneapolis: University of Minnesota Press, 1981.

-----. *Orality and Literacy: The Technologizing of the Word*. London: Methuen, 1982.

-----. *Interfaces of the Word*. Ithaca: Cornell University Press, 1977.

PANOFSKY, Erwin. *Meaning in the Visual Arts*. Garden City (N.Y.): Doubleday Anchor Books, 1957.

PIATTELLI-PALMARINI, Massimo (org.). *Language and Learning: The Debate between Jean Piaget and Noam Chomsky*. Cambridge (Mass.): Harvard University Press, 1980.

PINKER, Steven. *The Language Instinct*. London: Penguin Books, 1995.

PRICE, Cathy J. Brain activity during reading, *Brain,* 117, 1994, p.1255-1269.

PRIETO, Luis. *Messages et signaux*. Paris: PUF, 1966.

PUGH, Kennet R. *et al.*, Predicting reading performance from neuroimaging profiles: The cerebral basis of phonological effects in printed word identification, *Journal of Experimental Psychology: Human Perception and Performance,* XXXIII:2, abr. 1997, p. 229-318.

QUENEAU, Raymond. *Bâton, chiffres et lettres*. Paris: Gallimard, 1950 (versão italiana Torino: Einaudi, 1981).

REALE, Giovanni. *Platone. Alla ricerca della sapienza segreta*. Milano: Rizzoli, 1998.

RICHARDSON, Brian. *Printing, Writers and Readers in Renaissance Italy*. Cambridge (Mass.): Cambridge University Press, 1996.

SAMPSON, Geoffrey. *Writing Systems. A Linguistic Introduction*. Stanford (Ca.): Stanford University Press, 1985.

SAUSSURE, Ferdinand de. *Cours de linguistique générale* (org. T. de MAURO). Paris: Payot, 1972.

SCHEGLOFF, Emanuel A. Sequencing in conversational openings, *American Anthropologist,* 70:6, dez. 1968, p. 1075-1095.

SHEPHERD, Walter. *Shepherd's Glossary of Graphic Signs and Symbols*. London: J.M. Dent & Sons LTD, 1971.

SCHMANDT-BESSERAT, Denise. *Before Writing. From Counting to Cuneiform*, vol. I. Austin: University of Texas Press, 1978.

-----. *How Writing Came About*. Austin: University of Texas Press, 1996.

SCHMIDT, Arno. *Zettels Traum* [1970]. Frankfurt: Fischer Taschenbuch Verlag, 2002.

SICARD, Patrice. Savoirs et sapesse dans une école médievale: le cas de Saint-Victor de Paris, em R. SCHAER (org.). *Tous les savoirs du monde*. Bibliothèque Nationale de France. Paris: Flammarion, 1996.

SINI, Carlo. *Filosofia e scrittura*. Bari: Laterza, 1994.

SNYDER, Ilana (org.). *Page to Screen*. London: Routledge, 1998.

-----. (org.). *Silicon Literacies, Communication, Innovation and Education in the Electronic Age*. London: Routledge, 2002.

SPECHT, Fritz. *Die Schrift und ihre Entwicklung zur modernen Stenographie*. Berlin: Franz Schulze Verlagsbuchhandlung, 1909.

SVENBRO, Jesper. *Phrasikleia. An Anthropology of Reading in Ancient Greece*. Ithaca: Cornell University Press, 1993.

TAYLOR, Jerome. *The Didascalicon of Hugh of Saint Victor*. New York: Columbia University Press, 1961.

TENNER, Edward. *Our own Devices. The Past and the Future of Body Technology*. New York: Alfred A. Knopf, 2003.

UGO di San Vittore. *Didascalicon*. Milano: Rusconi, 1987.

ULRICH, Gerhard. *Kleine Entwicklungsgeschichte der Schreibmaschine*. Leipzig: Fachbuchverlag, 1953.

VEGETTI, Mario. Nell'ombra di Theuth. Dinamiche della scrittura, em Platone, em M. DETIENNE (org.). *Sapere e scrittura in Grecia*. Roma-Bari: Laterza, 1989.

VICO, Gianbattista. *Opere* (org. F. NICOLINI). Milano-Napoli: Ricciardi Editore, 1953.

VOLTAIRE, *Correspondance 1704-1778* (org. Th. BESTERMAN e Fréderick DELOFFRE), vol. XIII, Paris: Gallimard, 1978-1992.

WAQUET, Françoise. *Parler comme un livre: L'oralité et le savoir*. Paris: Albin Michel, 2003.

WILKINS, John. *An Essay Towards a Real Character and a Philosophical Language*. London: Gellibrand and John Martin, Royal Society, 1668.

WITTGENSTEIN, Ludwig. *Tractatus Logico-Philosophicus*. London: Routlege and Kegan Paul, 1951.

-----. *Vermischte Bemerkungen*. Frankfurt: Suhrkamp, 1977.

WUNDT, Wilhelm. *Die Gebärdensprache*, em *Völkerpsychologie: Eine Untersuchung der Entwicklungsgesetze. Sprache, Mythus und Sitte*, vol. I, primeira parte. Leipzig: Wilhelm Engelmann, 1911.

YULE, George. *The Study of Language*. Cambridge (Mass.): Cambridge University Press, 1996.

ZESIGER, Pascal. *Ecrire. Approches cognitive, neuropsychologique et développementale*. Paris: Presses Universitaires de France, 1995.

Impressão e Acabamento: